U0617940

中国债券市场 2022

李 扬 王 芳/主编

目　录

宏观环境篇

市场篇

宏观环境篇

第一章
宏观经济形势

汪红驹*

- 2022 年，受全球金融条件收紧和地缘政治冲突等因素影响，全球经济增速趋缓，部分国家经济衰退风险上升，通货膨胀压力上升；在美联储加息背景下，国际金融市场多类资产价格下跌，美元指数上升。我国经济面临“三重压力”，需求收缩体现为各种原因导致的内需不足，供给冲击包括供应链调整以及大宗商品价格高涨加大通货膨胀压力，预期转弱主要表现为消费信心指数大幅下降，投资信心不足，居民和企业存款增加；美联储加息扩大中美利差，人民币贬值预期加强，等等。“三重压力”相互作用，会更加强化、固化经济低增长惯性。
- 俄乌冲突仍然是影响世界经济的不确定因素，美国经济面临去通胀问题，全球疫情防控态势总体上趋向好转；全球供应链存在不稳定因素。我国出口增幅受全球经济放缓的基本面影响。我们以美联储有节奏加息、美国经济温和去通胀、我国有效应对疫情散发为基准情景，预计 2023 年我国房地产市场以稳为主，房地产投资增速有望从低位回升，国内汽车需求增速可能放缓，新能源汽车面临走出去的机遇，高新技术产业投资继续保持高增长。受低基数影响，预计我国经济 2023 年全年增长 5.0%左右，PPI 涨幅将回落至 2.8%左右，CPI 上涨 2.6%左右。
- 2023 年是党的二十大后加快中国式现代化建设的元年，面对外需收缩幅度可能进一步增大的局面，扭转内需预期进一步转弱的势头，迫切需要加大宏观政策扩张力度，化解“三重压力”，财政赤字率可调整为 3.5%，新增社会融资总量增幅在 30%以上，进一步降低存款准

---

* 汪红驹，中国社会科学院财经战略研究院研究员。

备金率，有力有效扩大内需，促进经济运行在合理区间，为中国式现代化建设开好局。

一　全球经济增速放缓，通胀阴影挥之不去

（一）全球经济下行压力加大，部分国家经济衰退风险上升

受全球金融条件收紧和地缘政治冲突等因素影响，全球经济增速趋缓。世界银行8月调降2022年全球经济增速预期至2.8%，并警示政策利率进一步提高或将诱发2023年全球衰退风险。10月11日，国际货币基金组织（IMF）发布最新一期《世界经济展望报告》，预计2022年全球经济将增长3.2%，与7月预测值持平；2023年全球经济增速将进一步放缓至2.7%，较7月预测值下调0.2个百分点。报告还指出，全球经济前景面临巨大下行风险，在应对通胀问题上，货币政策可能出现失误，更多能源和食品价格冲击可能导致通胀持续更长时间，全球融资环境收紧可能引发广泛的新兴市场债务困境。分类看，美欧经济增长转弱，通胀持续高位，2022年第一、二季度，美国经济环比年率呈现连续负增长态势，第三季度经济环比年率回升至2.6%，但同比仅增长1.8%，与第二季度持平；第三季度，欧盟经济同比增长2.4%，连续两个季度回落；第三季度，日本经济环比年率为负增长2.0%，同比增长1.8%。新兴经济体和发展中国家呈现复杂分化态势。金砖国家中，印度经济维持恢复态势和高速增长，俄罗斯经济已经陷入衰退，巴西经济陷入滞胀，南非经济增长和物价组合仍处于相对温和状态。东南亚国家经济呈现稳健增长，受2021年第三季度低基数影响，2022年第三季度，越南经济增长13.7%。第三季度，中国经济表现为：通胀指数组合较第二季度有所改善，经济增速回升，通胀处于相对低位。2022年第一、二季度发达经济体与新兴经济体GDP和CPI比较见图1-1。

（二）PPI分化回落，CPI仍持续处于高位

随着供应增加和需求走弱，国际粮价已恢复至接近俄乌冲突前水平，能源

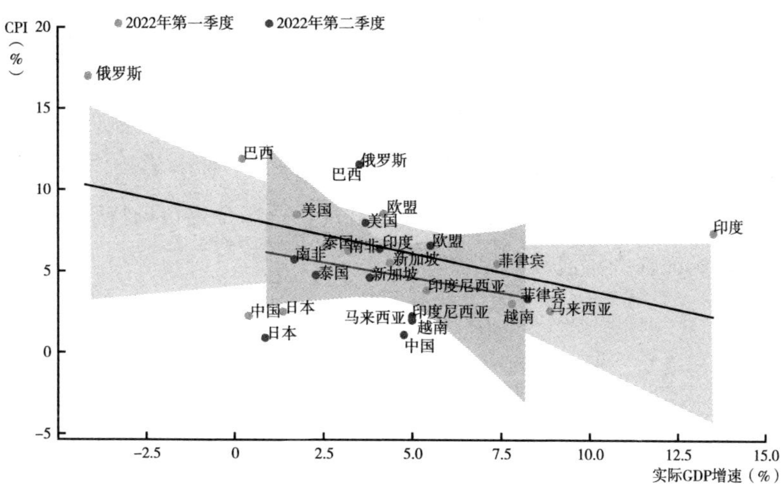

图 1-1　2022 年第一、二季度发达经济体与新兴经济体 GDP 和 CPI 比较

资料来源：CEIC，国家金融与发展实验室。

市场也出现企稳动向。因大宗商品价格分化回调，受俄乌冲突影响，欧盟、德国等地区 PPI 仍处于高位；其余多数国家 PPI 涨幅已出现回落；但各国劳动市场周期不一致，CPI 涨幅分化。2022 年 10 月，美国 CPI 同比增长 7.8%，已连续两个月收窄。虽然劳动市场仍有职位空缺，失业率仍处于历史低位，城市房租仍在上涨，但 10 月剔除食品和能源价格的核心商品 CPI 以及服务业 CPI 同比增速开始出现回落，美国通胀已出现见顶信号。欧盟 CPI 同比持续走高，欧洲央行在治理通胀与防范脆弱成员主权债务危机之间需要权衡，对加息更为谨慎，通胀问题更为棘手。日本 CPI 同比持续创出本国新高，由于对能源进口依赖程度较高以及在对美元利差扩大下日元持续贬值，输入型通胀压力不减。发达经济体 PPI 和 CPI 比较见图 1-2。智利、印度、俄罗斯、中国等新兴市场经济体的 PPI 涨幅回落，CPI 温和上涨（见图 1-3）。

（三）国际金融市场多类资产价格下跌

为应对高通胀，美联储自 2022 年 3 月启动加息程序以来，连续多次提高政策利率，持续对外释放鹰派表态以强化抗通胀预期。因美国经济周期领先世界多数国家，美联储抢先加息，其他国家的加息步伐滞后于美联储，导致美元相对其他国家货币大幅升值。美联储加息叠加全球经济下行压力加大，全球主要股指从高位回落，债券价格下跌，比特币等互联网数字资产泡沫破灭。俄乌冲突发生后，美欧发达国家对俄罗斯实施经济制裁，导致俄罗斯股市和卢布汇率大幅下降。流动性收紧将降低投资者风险偏好，随着通货膨胀侵蚀企业利润和利率进一步上升，下一步可能导致股票、房地产、债券等资产价格继续下跌，并引发全球股市、债市、汇市、房市波动，全球金融市场特别是新兴市场国家金融市场面临大幅波动的风险。

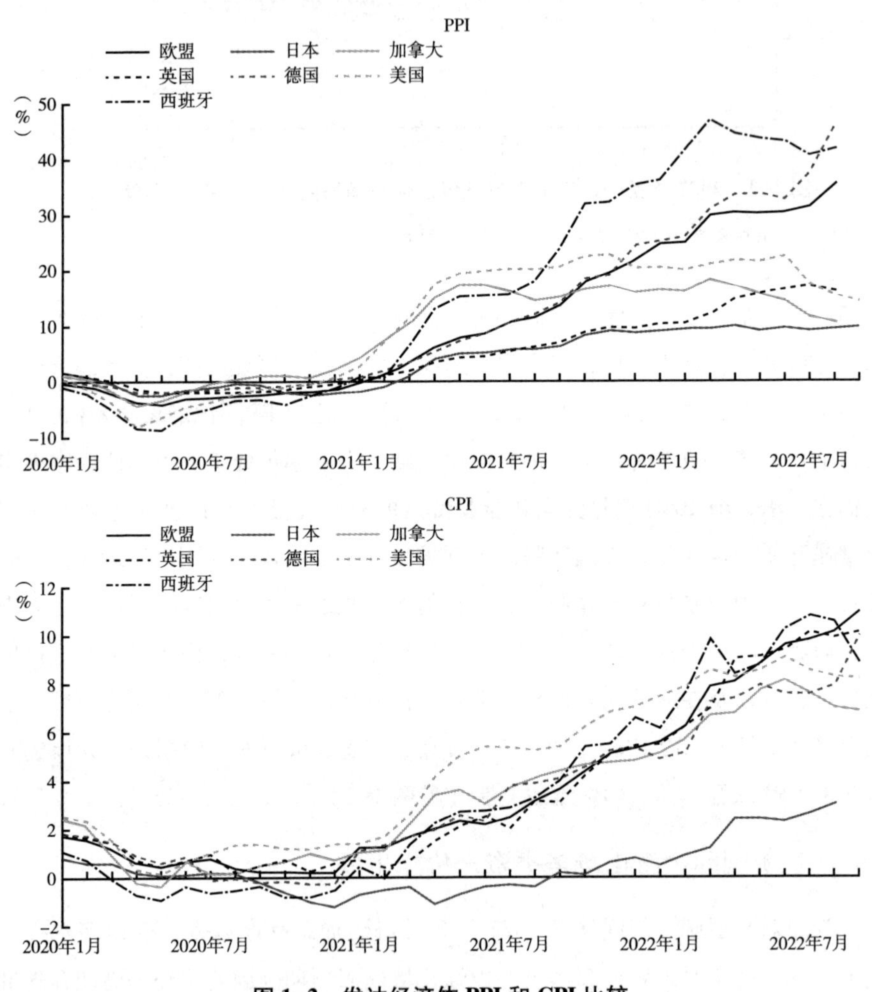

图 1-2　发达经济体 PPI 和 CPI 比较

资料来源：CEIC。

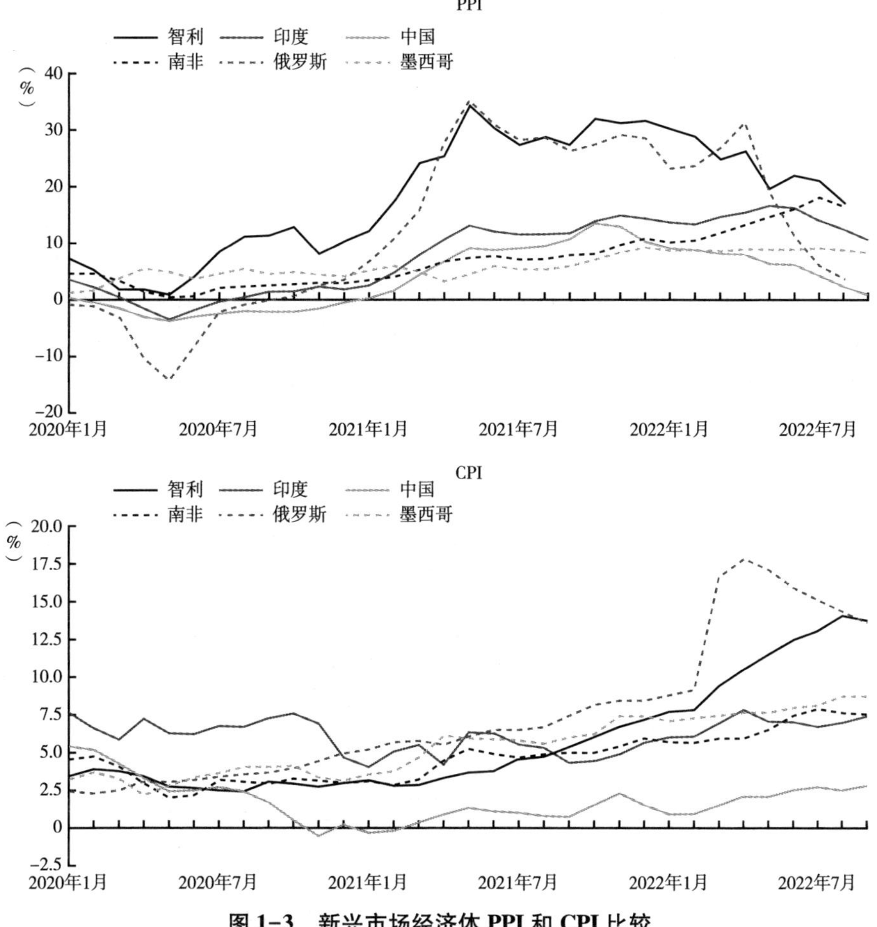

图 1-3　新兴市场经济体 PPI 和 CPI 比较

资料来源：CEIC。

二　2022年中国经济运行态势与特征

（一）制造业和多数三产增长回落，金融业、高新技术和新能源产业保持高增长

受疫情影响，第二季度 GDP 环比负增长 2.6%，同比增长 0.4%，行业分化明显。其中“第一产业”“第二产业：建筑业”“第三产业：金融业”“第三产业：信息传输、软件和信息技术服务业”增长情况较好；“第二产业：工业：制

造业”“第三产业：交通运输、仓储和邮政业”“第三产业：批发和零售业”“第三产业：住宿和餐饮业”“第三产业：房地产业”“第三产业：租赁和商务服务业”“第三产业：其他行业”出现负增长（见图 1-4）。生产端，农业在第一季度受 2021 年第四季度政策提前量影响；工业生产规模同比冲高，第二季度以后受疫情散发、运输瓶颈等因素制约，工业增加值增速显著放缓，行业间分化明显，超 1/3 行业增速为负。汽车行业，特别是新能源汽车增量贡献突出；因大宗商品价格处于景气回落阶段，采矿业增幅较大（见图 1-5），高新技术产业增长较快。主要工业产品中，水泥、玻璃、钢材、手机等产品增速均为负。受疫情影响，3~5 月，服务业生产指数同比持续负增长，全年服务业生产指数累计同比保持低水平。

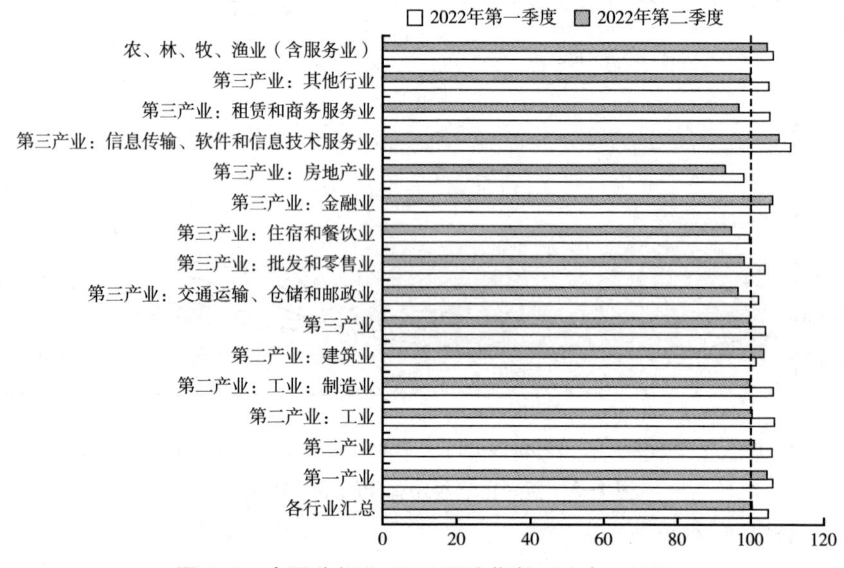

图 1-4　中国分行业 GDP 同比指数（上年 = 100）

资料来源：CEIC，国家金融与发展实验室。

（二）消费需求恢复缓慢，基建投资回升明显

需求端，受自然灾害、疫情反复等因素影响，消费整体恢复较慢，与疫情前增速相比仍有较大距离，餐饮收入同比出现下降，外出旅游与疫情前仍存在较大差距。家具、建材等居住类消费受房地产业拖累，持续低迷。居民消费支出中粮油、食品等必需品支出增幅较高。因政府基建项目和规模增加，基建投资

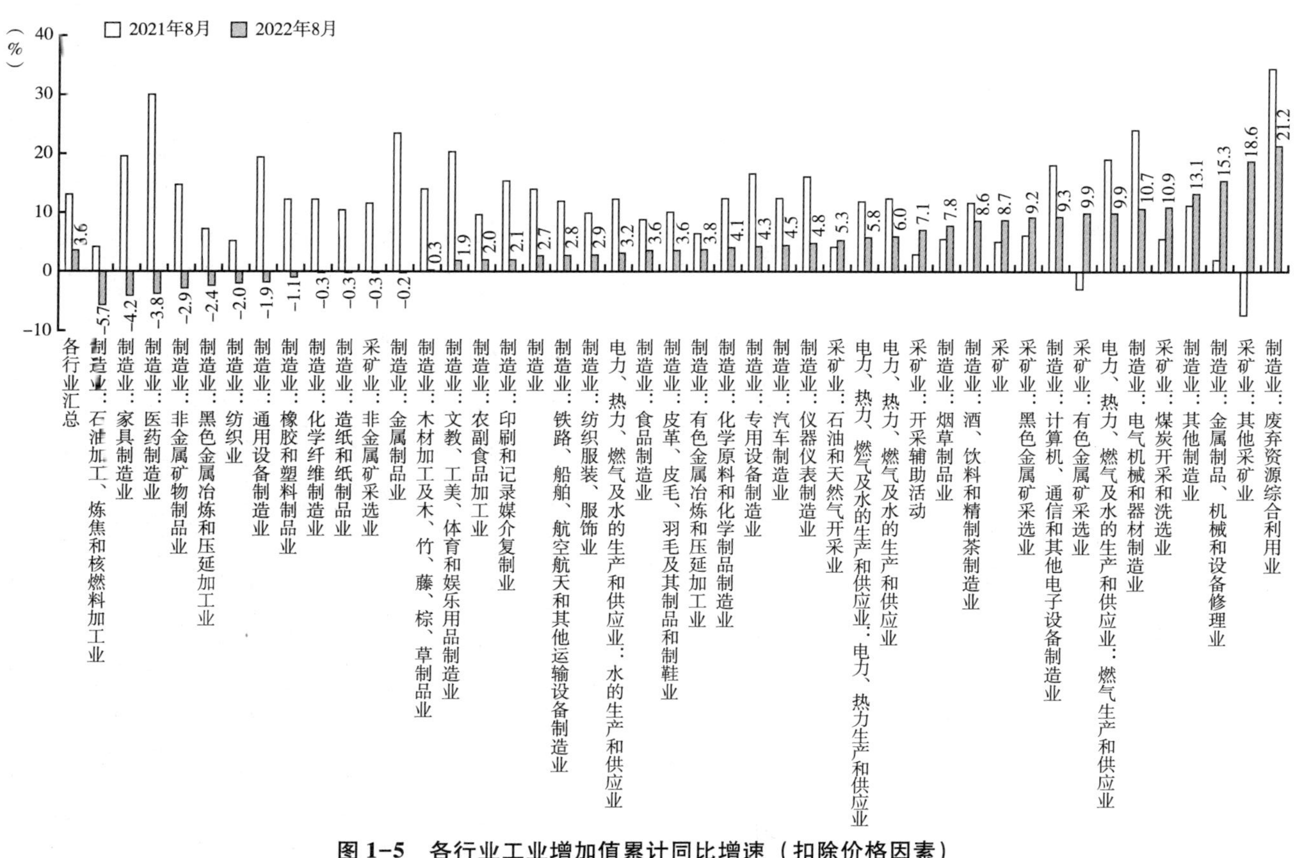

图 1–5　各行业工业增加值累计同比增速（扣除价格因素）

资料来源：CEIC。

累计同比回升，制造业投资增速平稳；但受房地产业销售增速下降、专项债项目管控加强等因素叠加影响，房地产业投资增速大幅下降（见图 1–6）。分主体看，民间投资和外商固定资产投资持续偏弱，国有企业固定资产投资增速加快。

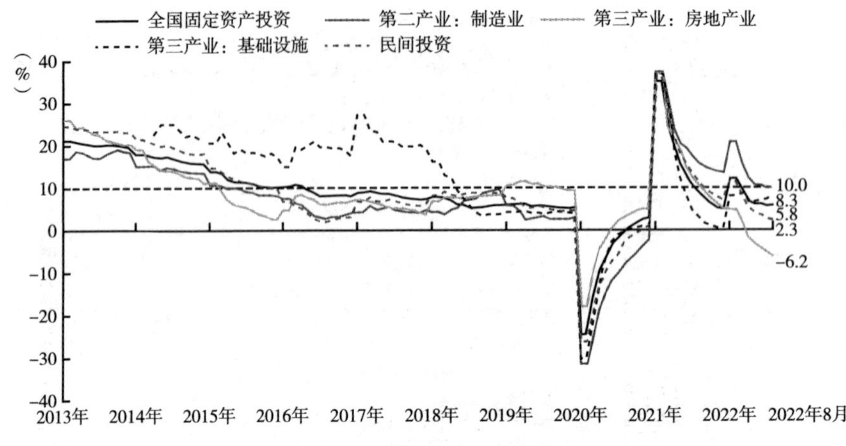

图 1–6　固定资产投资增速

资料来源：CEIC。

（三）全年失业率高于2021年，居民增收压力持续不减

根据中华人民共和国国家统计局数据，因疫情反复，城镇调查失业率基本维持在 5.4%左右，城镇失业率高于 2021 年；下半年疫情暴发弱于上半年，就业有所好转，调查失业率阶段性回落，16~24 岁人口失业率持续处于高位。考虑到季节性和劳动力市场参与调整等因素的作用，就业市场复苏的基础尚待稳固。企业招聘预期更趋谨慎，除汽车及其零部件制造、仪器仪表制造、信息技术等少数行业日均新岗位发布数量下降速度较慢之外，软件制造、电子商务、酒店旅游、房产中介等行业企业新岗位发布数量持续明显收缩。大企业订单不足叠加销路不畅，多数小微企业极限承压，直接制约劳动力需求增长，灵活就业、地摊经济的就业吸纳能力受制于经济活力不足，难以充分释放。大学毕业生就业落实进度整体后延，大专以上学历的年轻劳动力失业率持续高企，农民工城镇就业机会继续收缩。受工资性收入和经营性收入增长乏力的制约，中等收入群体债务支出占收入比重增加，城乡居民可支配收入增长不明显。

（四）PPI 快速回落，核心 CPI 低位稳定

随着全球经济增长势头放缓，主要经济体货币政策转向紧缩，部分国际大宗商品价格逐渐从高位回落，我国面临的输入性通胀压力有所改善，我国经济增长下行压力加大，PPI 快速回落，9 月 PPI 同比增长 0.9%，第四季度可能负增长。由于极端天气、猪价上涨等多重因素叠加共振，国内 CPI 同比回升。PPI 与 CPI 与剪刀差快速收窄，8 月开始由正转负，第四季度剪刀差负缺口加大。总体来看，由于国内需求偏弱，CPI 仍将处于温和可控区间，核心 CPI 稳定在 0.8%左右（见图 1-7），但一些风险因素值得关注，新一轮猪价周期正在

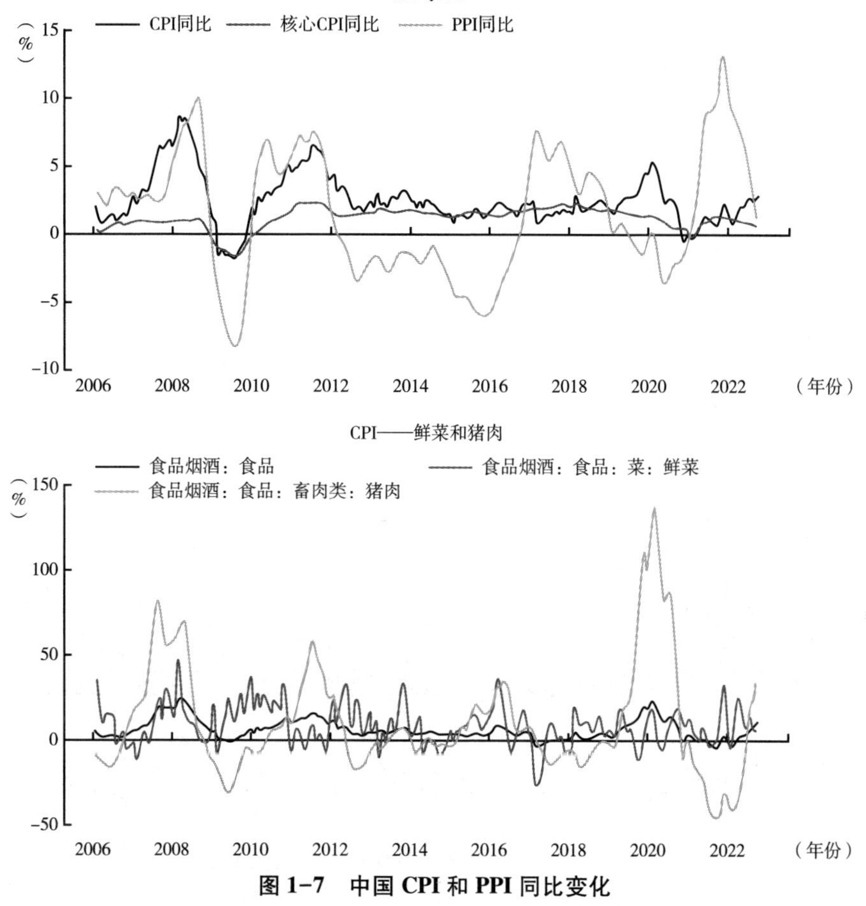

图 1-7　中国 CPI 和 PPI 同比变化

资料来源：CEIC。

开启，9月猪肉消费价格同比上涨36%，对CPI拉升作用不可轻视；同时，受全球局势影响，加之冬季能源需求即将走旺，国际能源价格可能延续高位震荡态势。

（五）出口增速回落，货物贸易顺差扩大

2022年，我国进出口回落，但出口增速高于进口增速，货物贸易顺差和2021年同期相比有比较明显的扩大（见图1-8）。受发达经济体经济增速下行、美国消费需求从商品转向服务、东南亚对我国出口进行替代、国内出口企业因

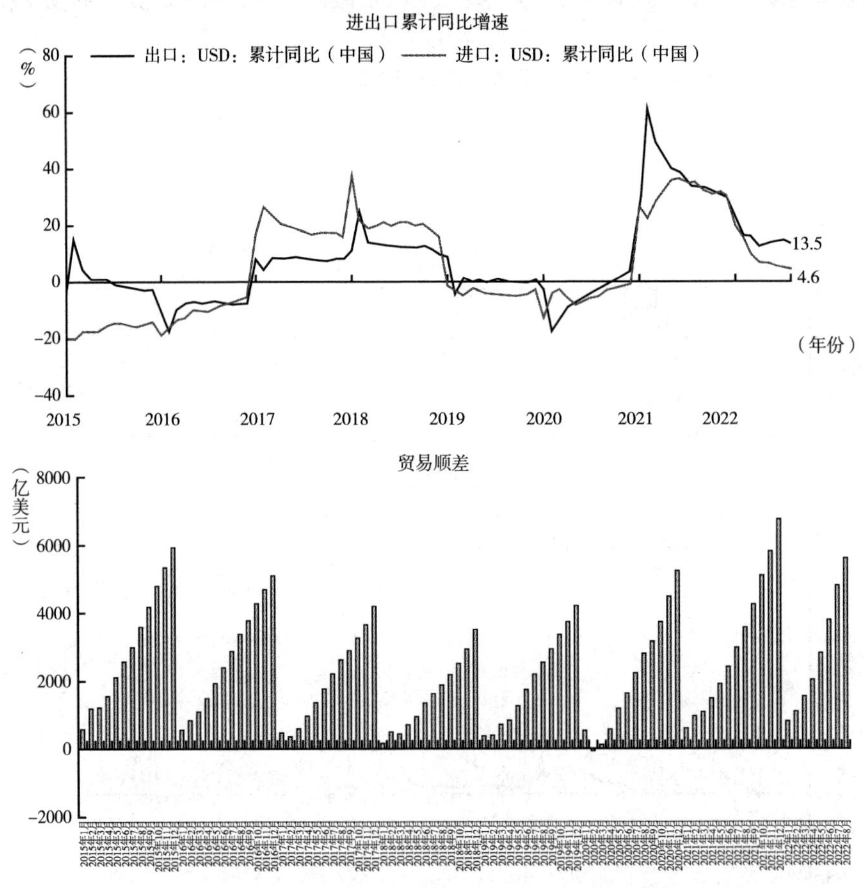

图1-8　中国进出口累计同比增速和贸易顺差

资料来源：中华人民共和国海关总署。

疫情发展的不确定性导致生产中断和谨慎接单等多方面因素影响，我国第三季度出口走弱，8 月出口环比增速已经转负。在内需疲软导致出口转内销难度较大的情况下，出口价格竞争加剧，加之进口价格高涨，我国贸易条件进一步恶化。欧洲能源危机导致我国对欧洲出口呈现结构性变化，在整体走弱的情况下，化工、冶炼、光伏产品及小型取暖设备等出口明显增加。受疫情和国际局势演变影响，我国直接利用外资出现显著波动，7 月大幅反弹后，8 月回落，虽然其增速依然远高于固定资产投资增速，尤其是高新技术行业直接利用外资保持高速增长，但是在外贸增速回落和内需持续疲软背景下，稳外资亦面临较大压力。

（六）财政政策靠前发力，有力支撑稳增长

上半年，财政政策靠前发力，增值税留抵退税力度很大，地方政府专项债较往年提前发行，导致上半年财政收支缺口达到全年最大；下半年受新增留抵退税政策执行力度减弱、经济弱复苏提振以及上年同期低基数的影响，增值税收入显著回升，财政收支缺口有所收窄，但全年收支缺口仍可能超过 2020 年。地区间税收收入分化明显，山西、内蒙古、新疆等资源型省区市税收增速大幅提高；江西、安徽、河北等中部省区市和山东、上海、江苏等经济大省（市）8 月以后财政收入增速回升较快。由于能源价格上涨带动专项收入增加，以及多渠道盘活国有闲置资产、矿产资源等有关收入增加，非税收入延续高增长态势。支出端，受季节性因素、财政收支压力和极端高温天气的干扰，财政支出增速放缓，但与民生领域相关的社保就业、卫生健康与教育支出等较快增长，债务付息支出提速，而农林水、交通运输、城乡社区等与基建相关的支出单月同比增速回落并转负。房地产市场仍处于低迷状态，地方政府土地出让收入减少，导致政府性基金预算收入大幅下降，但政府性基金预算支出仍然保持两位数增长态势，一般公共预算和政府性基金预算（两本账）收支增速差距扩大（见图 1-9），有力支撑经济稳增长。

三　2023年需要重点关注的问题

尽管当前我国经济已处于逐步恢复之中，但“三重压力”仍然存在，需求收缩体现为各种原因导致的内需不足，供给冲击包括供应链调整以及大宗商品价格高涨加大通货膨胀压力，预期转弱主要表现为消费信心指数大幅下降，投资信

心不足，居民和企业存款增加；美联储加息扩大中美利差，人民币贬值预期加强，等等。“三重压力”相互作用，会更加强化、固化经济低增长惯性。

图 1-9　一般公共预算和政府性基金预算（两本账）合计财政收支累计增速比较

资料来源：CEIC，笔者计算。

（一）疫情防控形势依然复杂，稳就业保民生关乎预期和信心

第一，我国疫情常态化防控积累了独特经验，成效显著。虽然 2022 年国内受变异病毒冲击影响，但所发生的点状暴发疫情都被及时有效地控制。第二，全球新增感染人数大幅下降并已基本稳定。2022 年 1 月，全球每日新增病例超过 300 万人，但是 6 月以来，全球每日新增病例大幅减少，10 月基本稳定在 4.5 万人左右。全球新冠肺炎累计和新增病例（7 天移动平均）见图 1-10。外部疫情仍存在较大不确定性。美国、日本等国家已经向完全接种新冠肺炎疫苗的国际人士开放边境，国际人员流动速度加快，不同疫苗接种者相互接触增多，加大新病毒变异的可能性。第三，我国青年群体就业压力持续较大，国家统计局的数据显示，2022 年 7 月，我国 16～24 岁人口城镇调查失业率达到 19.9%。青年群体就业意愿转变、农民工离场、育龄女性劳动参与率下滑、部分新就业形态导致统计范围变化在拉低失业率的同时，掩盖了劳动力市场的深层矛盾。第四，增收入、扩消费和保民生压力加大。就业恢复不充分导致收入不能得到充分恢复，消费信心不足，进一步促成生产供应低迷—就业困难—收入增长缓慢—消费不足的内需萎缩负反馈循环。

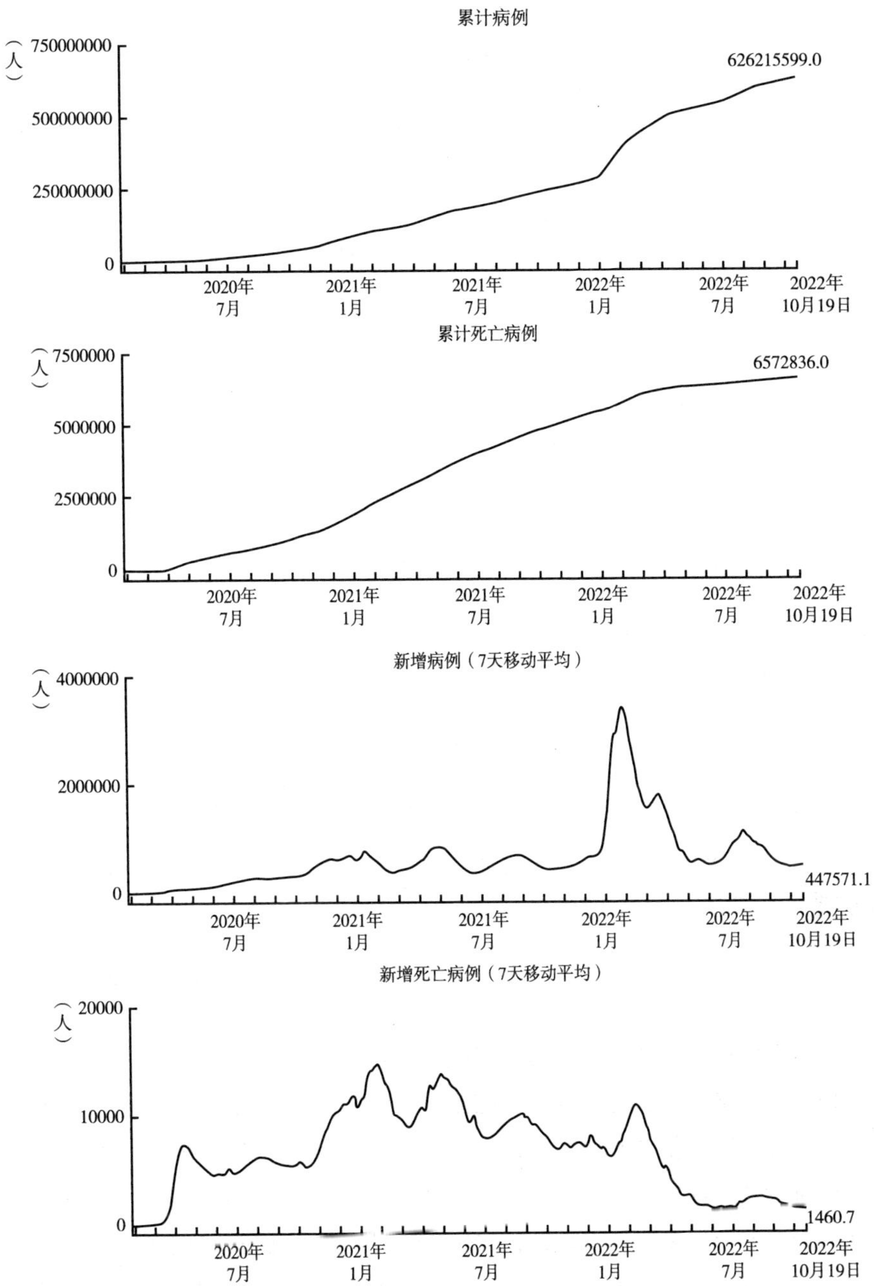

累计病例

（人）

750000000

500000000

250000000

0

626215599.0

2020年7月　2021年1月　2021年7月　2022年1月　2022年7月　2022年10月19日

累计死亡病例

（人）

7500000

5000000

2500000

0

6572836.0

2020年7月　2021年1月　2021年7月　2022年1月　2022年7月　2022年10月19日

新增病例（7天移动平均）

（人）

4000000

2000000

0

447571.1

2020年7月　2021年1月　2021年7月　2022年1月　2022年7月　2022年10月19日

新增死亡病例（7天移动平均）

（人）

20000

10000

0

1460.7

2020年7月　2021年1月　2021年7月　2022年1月　2022年7月　2022年10月19日

图 1-10　全球新冠肺炎累计和新增病例（7 天移动平均）

资料来源：OWID。

（二）中美经济错配可能反转，人民币兑美元贬值预期被打破

一是经济周期错配，宏观指标冷热状态相反。美国失业率处于历史最低水平，仍面临通胀压力，房地产价格上涨，呈现经济过热的特点；中国失业率相对较高，经济增长率低于美国，房地产市场持续低迷，出现经济趋冷的迹象。

二是政策错配。首先是货币政策错配，疫情发生后，2020~2021 年，为配合财政部向住户发放救济金，美联储实施量化宽松货币政策，M1 大幅增加；2022 年，美联储连续加息，其间中国实施稳健的货币政策，2022 年开始降息降准。其次是防疫政策错配，中国实施动态清零政策，以检测封控为主；美国实施疫苗药物防疫政策，以共存开放为主。

三是预期错配。经济周期错配和政策错配决定了资金成本和收益，也决定了跨境资金流向和汇率预期。预期 2023 年人民币利率还有下降空间，美元还有升息空间，中美利差倒挂，人民币对美元存在贬值预期，美元对多数货币存在升值预期，导致美元指数上升。中国银行间国债到期收益率（1 年）和美国短期国库券收益率（1 年）与 1 年期国债收益率中美利差和人民币兑美元汇率（月平均）见图 1-11。

2023 年中国经济增速有望回升，美国经济衰退风险增加。中美经济周期的这种演化对人民币汇率走势起决定性作用。如果中国经济增长率回升，美国经济增速回落，中国人民币利率会高于美国美元利率，人民币兑美元贬值预期被打破，人民币兑美元汇率有望回归双向波动。

（三）美联储加息趋向缓和，货币政策转向宽松还有待时日

随着美联储从 2022 年 3 月开始加息，美国通货膨胀率上涨的势头正在减弱，但美国经济实现去通胀目标可能需要更多耐心。一是地缘政治冲突导致国际油价居高不下，俄乌冲突持续，暂时看不到何时会结束；OPEC 产油国为维持高油价达成原油减产协议，美国战略储备油库存量已不多，继续释放战略储备油来抑制油价的做法不可持续，在这种情况下，除非全球经济出现衰退，原油需求大幅下降，否则国际油价难以大幅下降。二是扩张性财政政策促进美国劳动市场持续好转。2021 年 11 月 15 日，拜登总统签署《基础设施投资和就业法案》（Infrastructure Investment and Jobs Act），要求美国对基础设施建设增

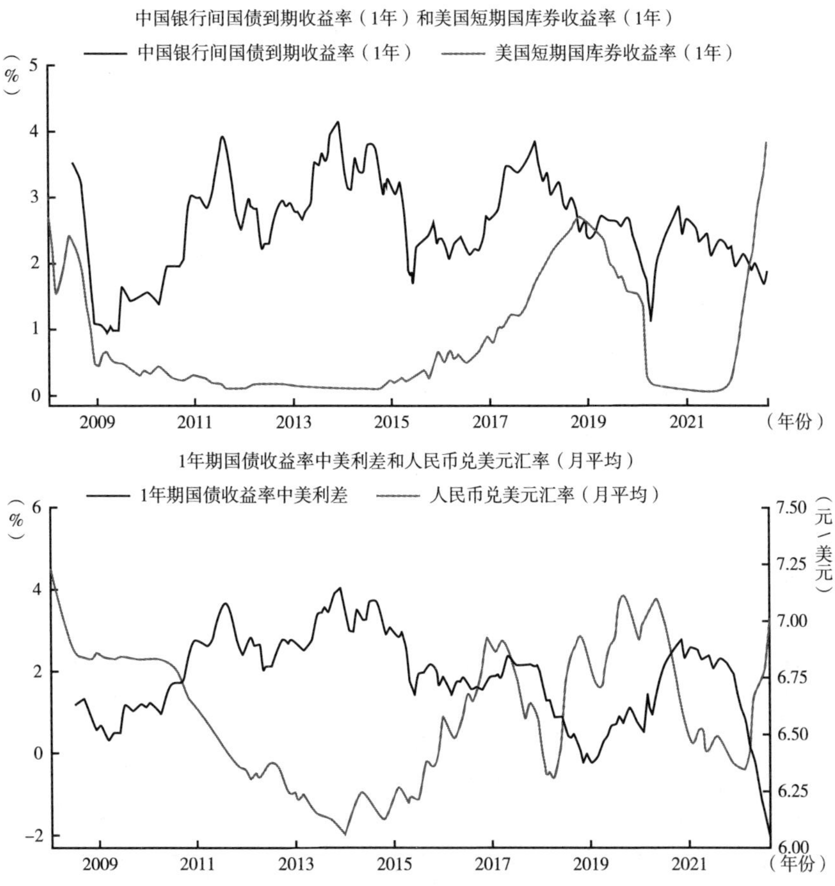

图 1-11　中国银行间国债到期收益率（1 年）和美国短期国库券收益率（1 年）与 1 年期国债收益率中美利差和人民币兑美元汇率（月平均）

资料来源：CEIC。

加大量投资。2022 年，美国又接连推出《2022 年芯片和科学法案》和《通货膨胀削减法案》，前者主要补贴在美国投资半导体和芯片的公司，后者主要补贴新能源项目、新能源汽车。2021 年 11 月 8 日，美国向来自 33 个欧洲、亚洲等国家和地区的完成新冠肺炎疫苗接种的国际旅客开放，加快航空、旅游、餐饮等行业复苏。虽然 2022 年第一、二季度 GDP 环比连续两个季度负增长，但是失业率仍持续保持低位，2022 年 9 月季节性调整后的失业率已降至 3.5%，劳动参与率也回升至 62.2%（见图 1-12），平均工薪稳步上涨，设备产能利用率维持在 80%左右，处于历史高位。三是美国房租上涨，消费者住房支出增加，利率上升虽然增加抵押贷款付息成本，但房地产债务付息占可支配收入的比例低于 2008 年次贷危机前的水平，银行的房地产风险暴露水平低于次贷危机前的水平，总体判断，房地产崩溃的风险较小。四是股债双杀，金融资产价值需要重估。疫情之后，美联储释放了过多流动性，导致股票市场上涨价值超过基本面价值，通胀水平上升后，国内公司利润受工薪上涨因素侵蚀；跨国公司海外收入受俄乌冲突、中国需求下降影响，美国对中国封锁高阶芯片设备出口，美国半导体和芯片行业在中国的销售额大幅下降，高科技公司股价大幅下跌。包括养老基金在内的机构投资者损失惨重，瑞士信贷 CDS 违约率大幅上升。

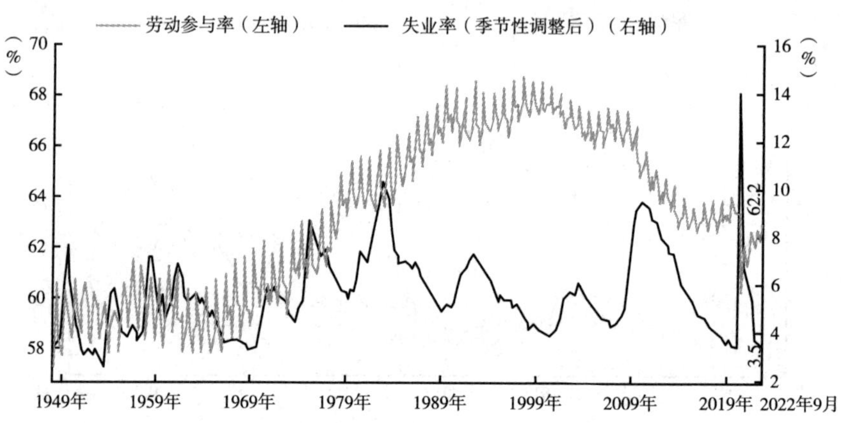

图 1-12　美国劳动参与率和失业率（季节性调整后）

资料来源：CEIC，国家金融与发展实验室。

综合考虑财政政策、劳动市场、房地产市场、股票和债券市场的变动，美联储加息去通胀正面临两难困境。加息过快，可能引爆股票或者债券市场；加息迟缓，可能形成通货膨胀惯性，未来去通胀的难度更大。目前，美国国债收益率已经出现长短期利率倒挂的情况，预示未来通胀率将降低，同时也显示未来经济衰退的风险上升。从历史数据看，联邦基金有效利率必须高于居民消费价格指数才能有效去通胀（见图 1-13），如果这一判断仍然成立，那么为防止美国经济过早衰退，美联储加息进程趋向缓和，当美国通胀率降至目标区间后，美联储货币政策可能转向宽松。

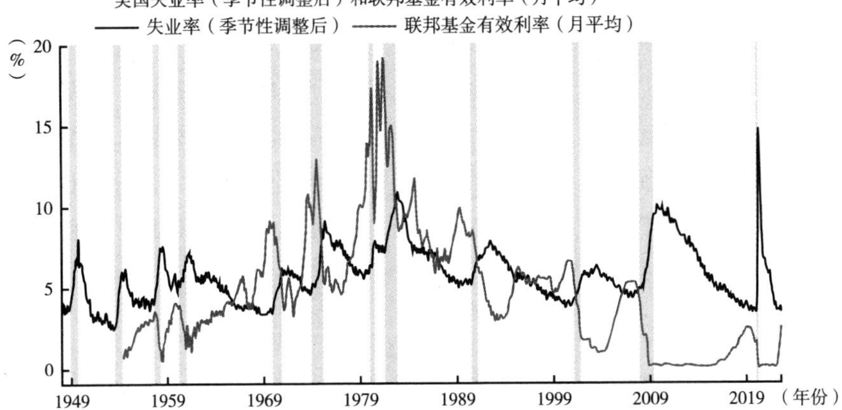

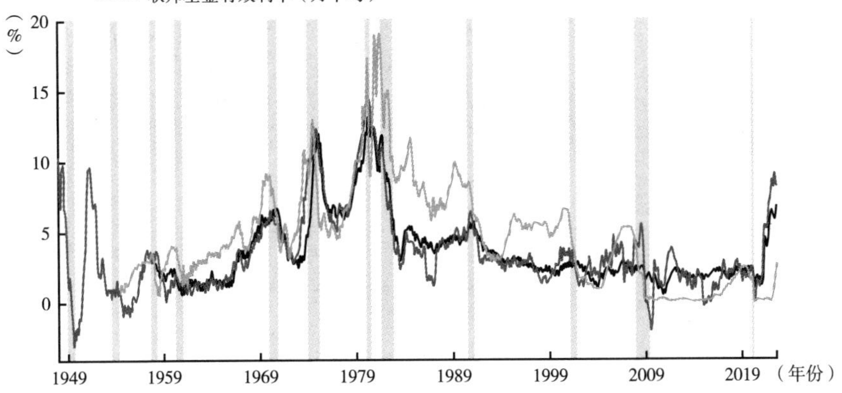

图 1-13　美国失业率（季节性调整后）、美国居民消费价格指数和联邦基金有效利率（月平均）

注：阴影部分为美国经济衰退时期的相关数据。

资料来源：CEIC，国家金融与发展实验室。

（四）居民和企业存款大量增加，信贷需求萎缩制约货币政策传导效果

金融机构的居民和企业存款余额同比增速高企，说明居民有效消费需求特别是改善型消费收缩，预防性储蓄上升；企业避险意识上升，投资意愿不

足；金融体系流动性存贷比和资产流动性上升（见图 1-14）。企业、居民等微观主体风险偏好降低，储蓄意愿加强，信贷需求疲弱，制约货币政策传导效果。2022 年 3 月以来，M2 同比增速逐月攀升，但相比之下，同期社会融资规模存量同比增速偏低，新增社会融资累计增速较低，表明央行增加的货币投放未能有效地促进实体经济信贷扩张，典型的证据是 2022 年下半年生产领域物价下跌和 PPI 负增长，房地产市场持续低迷。货币供应量和社会融资总量同比增速见图 1-15。

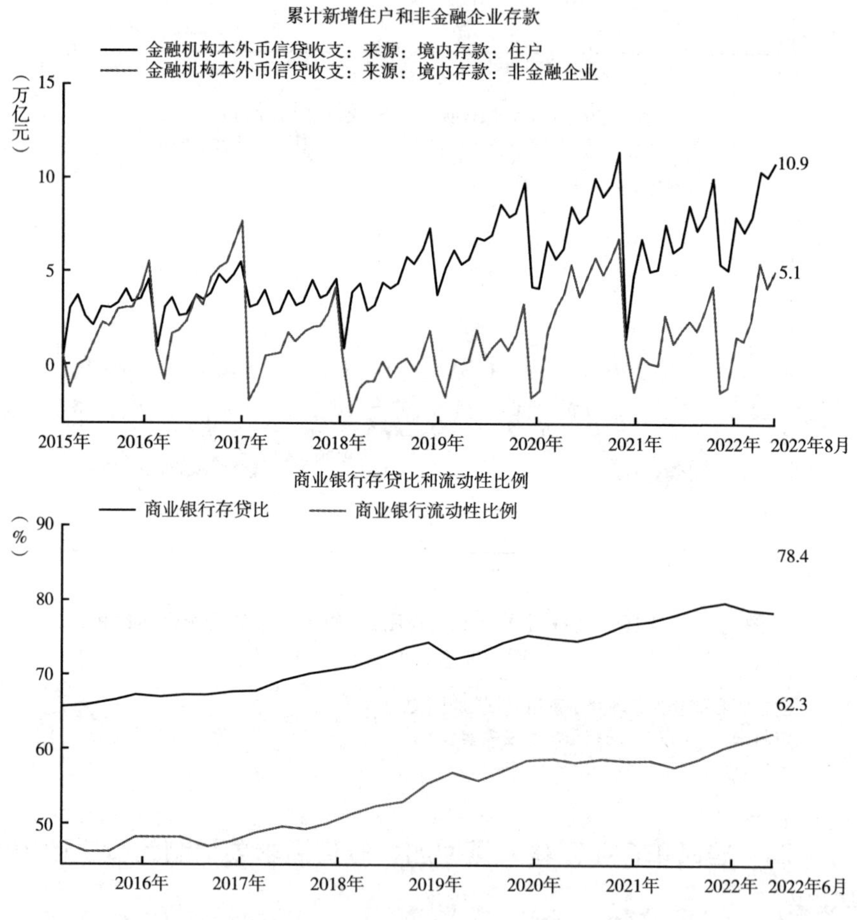

图 1-14　累计新增住户和非金融企业存款与商业银行存贷比和流动性比例

资料来源：中国人民银行。

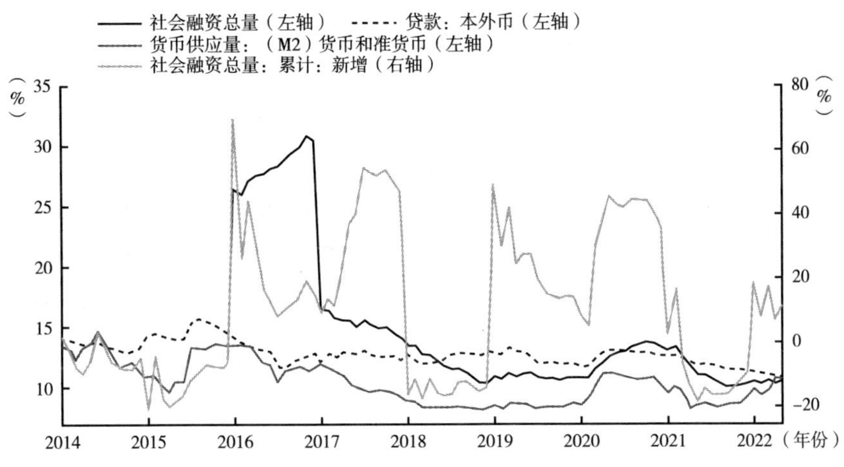

图 1–15　货币供应量和社会融资总量同比增速

资料来源：CEIC。

制造业和非制造业 PMI 分项中，新订单与在手订单持续处于临界值以下，印证了市场有效需求不足，尚未形成经济持续稳定恢复的基础。9 月，我国制造业 PMI 为 50.1%，新订单、新出口订单、从业人员等分项指标均低于 50%（见图 1–16）。

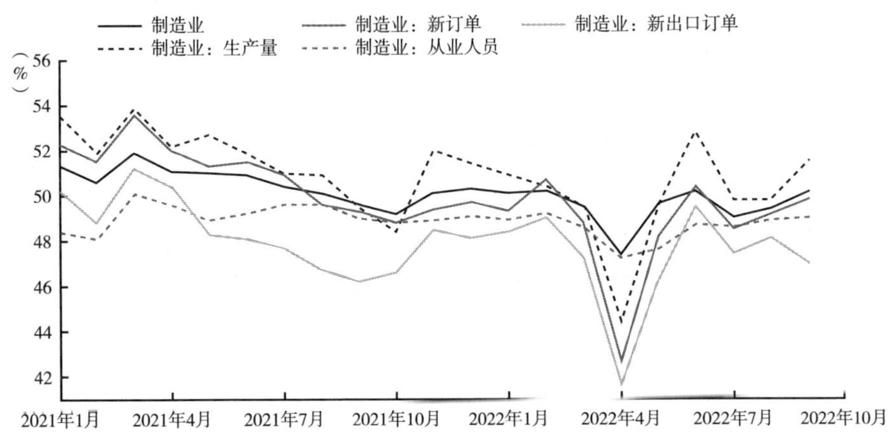

图 1–16　我国制造业 PMI

资料来源：CEIC。

（五）全球产业链供应链持续调整，断链风险强化供给冲击

新冠肺炎疫情冲击、地缘冲突加剧、大国科技博弈等因素引起全球供应链变化。一方面，欧洲能源供应紧张和价格暴涨迫使冶炼、化工等高能耗行业减产，供应缺口转向寻求海外特别是中国填补，引起我国对欧特别是德国化工、冶炼产品出口明显增加，并促使欧洲化工企业加快落地对华相关投资项目。另一方面，美欧持续升级对俄制裁提高全球供应成本，造成全球供应链不稳定，并与移民限制、绿色转型等因素耦合叠加，抬升中长期全球通胀中枢。此外，美国采用产业政策扶持芯片、新能源企业在美国本土投资建厂并生产相关产品。2022 年 8 月 9 日，美国推出《2022 年芯片和科学法案》补贴在美国本土生产半导体和芯片的企业，一是向半导体行业提供约 527 亿美元的资金支持，并为企业提供价值 240 亿美元的投资税抵免，鼓励企业在美国研发和制造芯片；二是在未来几年提供约 2000 亿美元的科研经费支持，重点支持人工智能、机器人技术、量子计算等前沿科技发展。禁止获得联邦资金的公司在中国大幅增产先进制程芯片，期限为 10 年。违反禁令或未能修正违规状况的公司或将需要全额退还联邦补助款。2022 年 8 月 16 日，美国《通货膨胀削减法案》生效，该法案拟在未来十年内，通过对大型企业和富有人群提高征税水平以及降低医疗保险处方药价格等方式，筹集约 7370 亿美元用于推动美国国内经济发展，降低财政赤字和通货膨胀水平。针对该笔资金，美国政府拟将约 4370 亿美元作为应对气候变化和降低健康保险费的预算，剩余约 3000 亿美元用来填补未来的财政赤字。《通货膨胀削减法案》的目的是刺激美国的新能源产品消费和生产，降低美国新能源产品消费对中国的依赖。最后，美国继续扩大中国实体清单，2022 年 10 月 7 日，美国商务部宣布将 28 个中国实体（其中包括 8 家科技企业）列入出口管制“实体名单”（Entity List），禁止这些实体获得美国技术。

全球产业链供应链加速分化重构，给我国产业链供应链安全稳定发展带来一系列全新挑战。一是伴随全球产业链发展逻辑由效率优先转向效率与安全兼顾，产业链分工格局加快从全球化、集中化向区域化、分散化演变，我国产业链供应链面临的分流风险有所加大。美国推出《2022 年芯片和科学法案》《通货膨胀削减法案》对中国汽车、芯片等重点行业和关键零部件进口进行围堵，持

续打压我国高科技产业发展。受持续高温天气影响，皖浙苏川渝等地电力短期供应紧张现象在 2022 年夏季再度出现，这对部分重点领域产业链供应链畅通运转造成一定冲击。

（六）房地产市场持续低迷，房地产供求和预期同时转弱

一是“保交楼”政策效果初显，但房地产行业整体仍处于深度调整期，下行压力没有根本改善。房地产竣工及销售情况均有所修复，扣除基数效应后，整体市场恢复依然脆弱，短期内仍处于持续下行、寻求筑底的阶段。二是供需两端持续疲弱，房价阴跌城市增多。供给端，房企短期拿地意愿不足，土地购置面积和新开工面积延续深跌趋势。需求端，房地产投资降幅扩大，购房者市场预期仍偏悲观。房地产贷款总量季度同比持续回落，2022 年第二季度环比出现负增长（见图 1-17）。价格方面，仅一线城市同比微涨，二、三线城市同比降幅增加，延续分化特征，下跌城市范围也有所扩大。三是短期风险尚未充分释放。在流动性风险未根本缓解的情况下，信用风险维持高位，呈加速暴露态势，多家民营示范房企被下调评级，地产债发行规模也明显下降，债务违约风险增加，部分房企债务违约问题较为严重，存在传导扩散的可能。

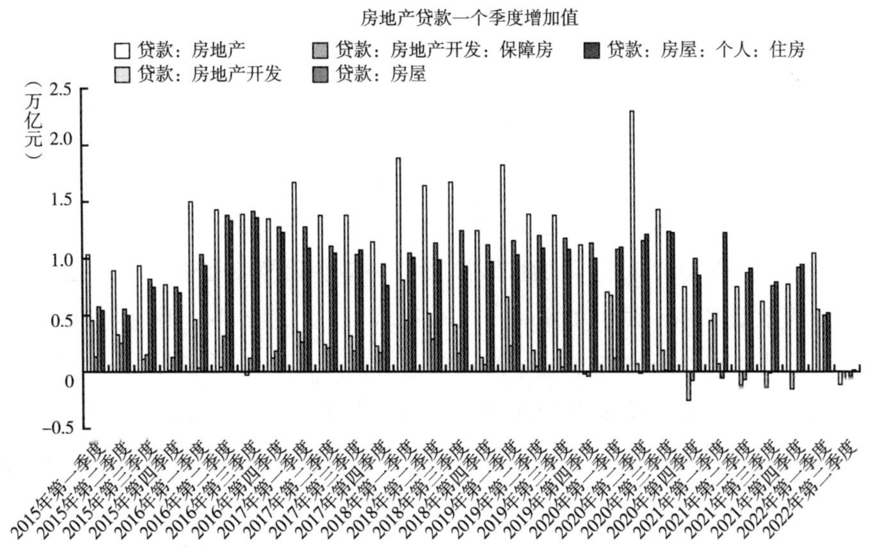

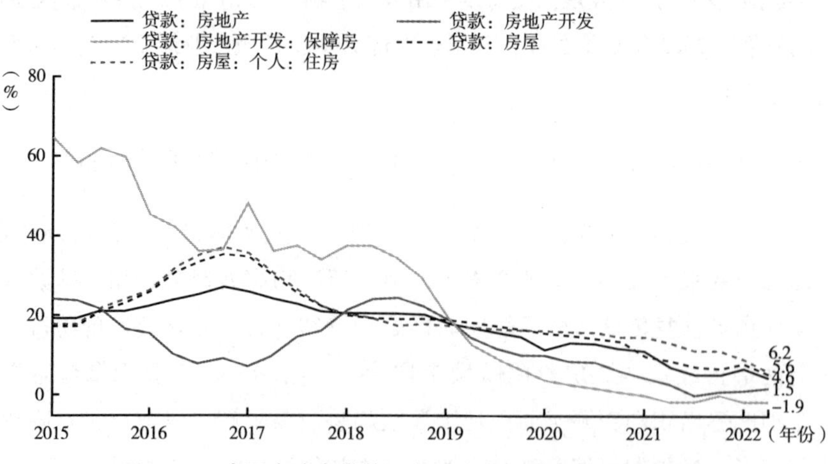

图 1-17　我国房地产贷款一个季度增加值和季度同比增速

资料来源：中国人民银行。

（七）地方政府财政压力加大，总体财政扩张力度受限

与往年同期相比，财政政策靠前发力导致一般公共预算收入和政府性基金收入进度较慢，支出进度较快，全年的预算平衡压力突出。一方面，多数地区政府性基金预算收入大幅减少，房地产—土地出让—基建投资循环明显收缩。房地产市场低迷对房地产相关的税收收入和地方政府性基金收入产生双重打击，拉低两本账收入。另一方面，地方政府支出刚性不减，防疫支出大幅增长，地方政府债务还本付息支出持续增加。非资源型的中西部省区市与部分区县财政收入和“融资腾挪”能力较差，其地方财政“三保”难度加大。一些地方政府性债务支出上升，地方政府财政支出对中央转移支付和债务依赖性加大。此外，一些地方性银行风险暴露，除了存款保险覆盖范围之外，地方政府仍需承担救助责任，额外加大地方政府支出压力。上半年，财政政策靠前发力，两本账收支差额偏离过去几年的均值，留下了巨大的收支缺口，为实现全年预算目标，第四季度需要扭转前三季度支出增速大于收入增速的局面，8月，两本账收支差额趋向回归 2015～2021 年的均值（见图 1-18），第四季度新增专项债发行规模缩小，预示着第四季度财政政策扩张力度减小。在财政平衡思想的影响下，财政大幅扩张的举措将被排除在决策选项之外。

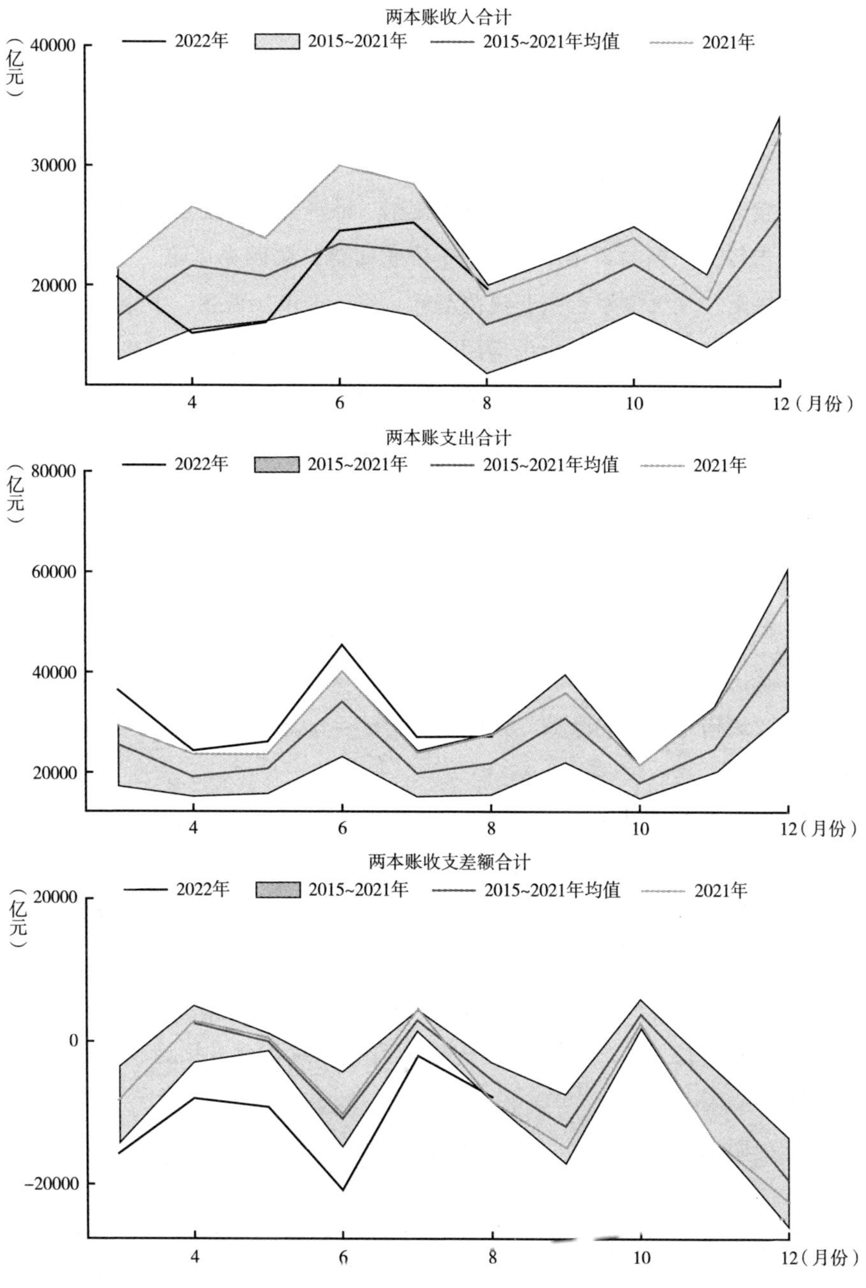

图 1-18　单月两本账收支与 2015~2021 年比较

资料来源：CEIC。

四 总体判断与主要经济指标预测

总体来看，2022 年冲击国际经济的最大意外事件是俄乌冲突，由此导致原油、粮食等大宗商品价格上涨，增加美国、欧洲等地区通货膨胀压力；我国受疫情冲击较大，国内需求不旺，PPI 快速回落，第四季度进入负增长区间，通胀压力缓解；受大型平台企业规范监管、房地产市场低迷、下半年财政增值税留抵退税力度大幅减弱、货币信用收缩等因素叠加共振影响，生产和内需下行压力明显加大，并有加速下滑之势。预计 2022 年全年经济增长 3.1%，PPI 全年上涨 4.1%，CPI 全年上涨 1.9%左右，涨幅偏小。

俄乌冲突仍然是影响世界经济的不确定因素，如果俄乌冲突持续恶化，国际能源和粮食价格将继续维持高位；相反，如果俄乌冲突有所缓和，全球经济面临的通胀压力将减弱。美国经济面临去通胀问题，虽然全球疫情防控态势仍不稳定，但总体上趋向好转；全球供应链受阻的主要原因为美欧对俄罗斯的经济制裁、美国对中国实施的芯片设备禁运以及美国强力调整供应链回归本土、近岸化等政策措施产生的摩擦。我国出口增幅受全球经济增速放缓的基本面的影响。

2022 年，IMF 预计全球通胀率从 2021 年的 4.7%上升到 2022 年的 8.8%，但到 2023 年将降至 6.5%，到 2024 年将降至 4.1%，这是典型的软着陆情景。我们以美联储有节奏加息、美国温和去通胀、我国有效应对疫情散发为基准情景。2023 年，我国房地产市场以稳为主，房地产投资增速有望从低位回升，国内汽车需求增速可能放缓，新能源汽车迎来走出去的机遇，高新技术产业投资继续保持高增长。2023 年疫情防控措施有望持续优化，预计我国经济全年增长 5%左右。

美国中期选举结果公布，共和党获得众议院微弱多数席位。在这一背景下，美国与中国的科技竞争可能会更加激烈。中国将继续深化改革开放，推动共建“一带一路”高质量发展，维护多元稳定的国际经济格局和经贸关系。总体来看，2023 年，全球能源价格具有不确定性，但在美国去通胀的背景下，欧洲将进行能源结构调整，国际能源价格有一定的下行压力。我国疫情防控进入新阶段，可能在 2023 年第一季度迎来新增病例高峰，随后新增病例减少。

因此 2023 年一季度居民消费价格指数保持低位，二到四季度 CPI 持续回升。预计 2023 年全年平均 PPI 涨幅将回落至 2.8%左右，CPI 上涨 2.6%左右。

我们的基准情景假设以美国温和去通胀实现经济软着陆、我国高效应对疫情散发为出发点。如果疫情反复无常，加上美国经济出现快速衰退，引发国际经济需求大幅萎缩，我们预计的中国经济增速和物价涨幅将被下修；如果高效应对新冠肺炎药物和疫苗研发成功，出入境管控放开，我国经济增速预估值将被大幅上调至 8%以上。

五　政策建议

尽管当前我国经济已处于逐步恢复之中，但“三重压力”仍然存在，经济内生增长动能不足，经济增速仍显著低于潜在水平，产出缺口较大。2023 年是党的二十大后加快中国式现代化建设的元年，面对外需收缩幅度可能进一步增大的局面，扭转内需预期进一步转弱的势头，迫切需要加大宏观政策扩张力度，化解“三重压力”，财政赤字率可调整为 3.5%，新增社会融资总量增幅在 30%以上，进一步降低存款准备金率，有力有效扩大内需，促进经济运行在合理区间，为中国式现代化建设开好局。

（一）进一步加大积极财政政策力度，持续发挥财政政策效果

一是显著提高财政赤字率，统筹做好跨年政策接续，确保 2022 年第四季度和 2023 年第一季度积极财政政策维持较强力度，防止出现政策力度明显减弱的情况。2022 年，中国人民银行向中央财政上缴结存利润，总额超过 1 万亿元，缓解了中央财政收支缺口，2023 年是否继续上缴还是未知数。为保持 2022 年实际财政赤字的延续性，2023 年，全国一般公共预算赤字率可设为 3.5%左右。二是优化政策工具选项。在前期大规模减税降费退税政策已取得积极成效、边际效益减弱的情况下，及时谋划针对居民主体尤其是低收入人群和失业者的财税政策工具，强化财税政策稳就业、促消费的功能。三是加强基础设施领域财政金融协作，推进投融资工具创新和机制改革。加快促进国家开发银行和中国农业发展银行两家基础设施投资基金已有额度落地见效，及时形成实物工作量。扩大基础设施 REITs 试点范围，盘活地方政府存量基础设施资

产，带动增量项目建设，形成基础设施投融资良性循环。四是为防范化解房地产领域重大风险和构建住房长效机制储备财政资源，试点探索应对方案。借鉴2008年美国应对“次贷危机”期间的经验，组建特殊目的机构（SPV），向符合条件的出险房企进行注资，促进“保交楼”和助力房地产市场恢复正常运行，待风险彻底缓释后再退出。对于人口净流入、保障性住房需求较大的城市，地方政府或相关国有企业也可考虑收购一部分市场暂时难以消化的存量住房，将其转化为保障性租赁住房或市场化长租公寓。

（二）加大货币政策总量调控力度，提高结构性货币政策功能

兼顾好短期与长期、内部均衡与外部均衡，为稳经济和防风险创造适宜的流动性环境。一是强化货币政策的总量功能。促进实体经济信贷总量适度增长，2023年新增社会融资总量增长30%以上，进一步降低存款准备金率。一方面要为企业和居民等私人主体融资创造便利、减轻负担，另一方面要适度增加公共部门信贷，弥补私人部门融资缺口。二是重点围绕促转型和补短板两个方向，发力结构性货币政策工具。加大货币政策对绿色低碳转型、技术创新与产业转型升级、新兴基础设施建设等领域的支持力度；同时促进普惠金融发展，为小微企业、“三农”、公共服务等短板领域提供适宜的低成本资金。三是以“中性利率”为锚制定政策利率，降低名义利率。随着经济增速下行和宏观资本回报率降低，当前我国的中性利率水平相比之前高速增长阶段已大幅下降。尽管近年来政策利率和各类市场利率有所下降，但相较中性利率而言仍然偏高，从而将部分利率敏感型企业、居民融资挤出市场，这不利于货币金融体系在新阶段实现新均衡。四是加强货币政策与宏观审慎政策协调配合。及时处置化解房地产、中小银行等重点领域风险，防止风险跨地域、跨市场蔓延。提高中小银行和非银行金融机构的资本金水平，增强它们的风险定价、风险管理、风险处置以及吸收损失的能力。五是在中美经济三重错配的背景下，防范外部经济、金融风险向我国溢出。增强人民币汇率双向波动弹性，通过汇率市场化调整缓释、对冲外部风险。加强跨境资金流动宏观审慎管理，防止汇率贬值叠加资本外流形成单边预期。密切监测各种渠道跨境资本流动，尤其是证券交易项下的热钱流动，避免陷入汇率贬值与资本外流相互加剧的恶性循环。

（三）继续抓好疫情防控，根据国际疫情形势，争取有条件开放人员国际往来

一是持续做好常态化疫情防控工作，统筹局部疫情防控与经济发展。科学管理各口岸的人员和物流进出，避免疫情防控措施对人员往来和货物运输的过度阻碍。在人流密集的口岸建设先进的、科学的留观区域，形成高效的检测、监测防控机制。对国内散点病例和区域坚持目标责任制，把疫情防控限制在局部范围，实施更加科学的检测和隔离防控政策，尽最大努力减少防疫对生产、生活的不必要干扰。为应对潜在大规模暴发风险，加大力度做好医疗后备资源建设。二是进一步提高疫苗防疫效力，加快推进治疗新冠肺炎药物研发和使用。把使用有效疫苗和治疗药物作为疫情防控的最终出路。继续加大国内疫苗研发力度，开发、生产新疫苗。加快引进国外疫苗，提高疫苗接种率，防止国际疫苗鸿沟阻断国际交流。综合评估国际疫情形势和国内疫苗及药物的效力，并早日实现有条件开放人员国际往来。

（四）精准施策，有效应对价格结构性上涨态势

对猪肉等重点民生物资加强逆周期调节，以财政政策为主，综合施策。一是密切监测生猪养殖户的日常运营情况，加强疫情防控，防止疫情使猪肉价格"火上浇油"。二是稳定养殖企业和农户的情绪，给予生猪养殖户适当补贴，加强正面引导，防止非理性情绪导致猪肉供给进一步萎缩。三是灵活运用政府收储等政策工具，加大储备冷冻猪肉投放力度，调节市场供给。四是推广生猪养殖险等农业保险，降低养殖企业和农户的抗风险能力，增强猪肉的供给弹性。五是坚决打击游资炒作和囤积行为，防范生猪金融化放大猪肉价格波动幅度。六是给予低收入阶层适当价格补贴，保障困难群众基本生活。七是增加猪肉进口量。八是出台政策支持生猪、猪肉等农产品的仓储物流企业发展，降低流通环节的成本加成。九是落实菜篮子市长负责制等，适当增加替代性产品供给。同时加强对牛、羊、禽类养殖及海产品、水产品价格走势的关注和供给端的政策支持。十是基于近期 CPI 上行、核心 CPI 稳定、PPI 下行的结构性特征，向饲料生产、生猪养殖和加工企业提供优惠贷款。

（五）有力有效扩大内需，稳定市场预期

第一，紧抓世界经济发展趋势，加大产业政策支持投资力度。推进都市圈建设，加快新能源产品、芯片、半导体、物联网等重点项目建设。第二，落实科技强国政策，加大科技研发力度。继续推进数字政府建设，发挥市场力量，优化经济治理基础数据库，夯实宏观调控基础设施。第三，处理好互联网平台规范监管和整顿教培行业的后续遗留问题，实现部分企业转型。第四，健全消费环境。支持物流行业发展，降低物流成本，扩大网络消费和线上消费规模。对于不同城市，做到分类施策。完善都市圈发展环境，解决城市停车不便和交通拥堵难点，放开汽车限购。规划引导健康消费，完善医疗保健预防制度，加大城市公共体育设施建设力度。第五，提振居民的消费信心。加大力度保障就业岗位，建立居民对未来收入水平的稳定预期，从而缓解预防性储蓄动机挤压消费支出；努力保障餐饮、旅游等线下消费行业经营活动的可持续性，更大限度释放居民的消费需求。

（六）增强产业链供应链韧性，提高产业国际竞争力

第一，以产业应用需求为牵引点，聚焦重点领域和核心零部件，靶向攻关“卡脖子”关键技术，巩固、提升全产业链优势，并行推进补短板与锻长板。充分调动地方的积极性，发挥行业龙头企业的引领作用，引导和推动产业链上下游企业在原料供应、物流配送等方面展开深度合作，着力提升产业链供应链韧性与稳定性。前置做好迎峰度冬供电保障工作。第二，以国际产业合作为发力点，推进高水平对外开放，拓展高层次交流渠道，支持企业深度融入全球生产网络，着力增强制造业国际竞争力，推动构筑互利共赢的全球产业链供应链体系。加强与主要经济体的政策沟通和协调，支持行业骨干企业参与6G、新能源汽车等重点领域的国际标准制定。第三，以防范化解风险为出发点，前瞻性研究少数国家对我国高端产业发展的围堵布局与遏制政策，有针对性地构建基于国际形势变化的战略洞察体系，强化系统应对，细化预案举措，全面提升产业链供应链响应与处置外部冲击的能力。加强多部门多地区多行业协调联动，持续推进产业链供应链风险预警监测体系建设。

（七）防范化解房地产市场风险，加快构建住房新模式

第一，多措并举推进“保交楼，稳民生”。加强地方政府、金融机构、企业协同发力，通过设立地产纾困专项基金、引入国资平台、并购重组、专项贷款支持等纾困方式，保障项目复工交付。第二，城市要千方百计地创造就业机会，增加普通劳动者收入，把人留住，恢复市场信心。第三，因城施策，加大房地产政策优化调整力度，供需双侧发力扭转预期。供给端，健全商品房预售资金分类监管制度，通过国有资本定向增资、战投、并购和重组高风险房企，充分释放房企流动性风险及信用风险。需求端，支持刚性和改善型住房需求，加强房地产预售管理，优化房贷利率、首付比例、公积金贷款、贷款延期、契税补贴等政策，降低居民购房负担，提振消费信心。第四，扩大保障性租赁住房供给，考虑收购一部分市场难以消化的存量住房，将其转化为保障性住房或市场化长租公寓。建立“人地房钱”联动新模式，增加人口净流入大城市、都市圈、城市群土地供给和资金保障。

（八）激励创造就业岗位，促进重点群体就业

第一，坚持就业优先导向，注重保市场主体各类举措的稳就业效果。做到政策分派主动直达、无偿性纾困政策全面免申即享，支持服务业等吸纳就业的重点领域加快脱困复苏步伐。鼓励正常经营的大中型企业增加人员需求，形成高质量就业生力军。对确实无力维持的小微市场主体，支持其适度剥离业务负担，将溢出人员及时纳入公共就业服务范围，更加注重对再就业人员的直接帮助。第二，发挥以工代赈对农村劳动力就业增收的作用。以质量和安全等为前提，重大工程和公共建设项目能设尽设以工代赈岗位，建立县域乡镇未就业但有意向的农民工台账，按工种技能要求推送招工信息进户，给予零就业家庭和唯一劳动力家庭优先务工保障。第三，密切关注高校毕业生就业进度，让扩招计划、见习计划、科研助理计划、“三支一扶”等措施发挥更大的就业缓冲作用，支持高校根据实际情况创新促就业举措，提升市场化社会化机制对毕业生就业的吸纳作用。推进人才培养改革，促进毕业生更好适应劳动力市场新变化。第四，强化职业培训和岗位推介的针对性，有序恢复线下人才市场、劳务市场，加快供需匹配步伐，建立公共就业服务机构无偿提供大容量零工市场和灵活就业市场的机制。

第二章
宏观金融形势

费兆奇　谷丹阳*

- 在疫情反复、俄乌冲突不断升级和美联储持续大幅加息的多重背景下，全球经济的衰退压力持续加大。我国经济虽然自5月以来逐步反弹，但反弹基础尚待夯实。其中，通胀问题复杂化、房地产市场持续走低、地方政府收支矛盾加大和居民部门出现去杠杆趋势等问题，将约束国内经济持续反弹的空间。
- 在金融运行方面，随着稳增长政策的持续发力，M2自4月以来持续出现两位数增长；但是M2和社融增速之间的剪刀差走阔，说明市场主体实际融资需求的边际增长速度低于货币供给速度，流动性向实体经济的传导存在阻滞。从货币市场的流动性看，市场利率中枢稳中有降，流动性分层问题逐步缓解。受外部冲击和国内经济下行压力的影响，国内股市出现较大幅度的下行态势。受政策靠前发力和促消费扩内需的影响，地方政府债规模扩大；但在城投融资严监管、民营房地产企业难融资的情况下，信用债供给不足。尽管政府自2022年以来对房地产市场的监管有所放松且支持力度不断加码，但政策显效仍需时间，房地产市场复苏情况不及预期。在强美元周期叠加中美货币政策分化的背景下，人民币逐步释放对美元的贬值压力。
- 进入2023年，国内经济复苏会经历一个渐进的过程，主要取决于统筹疫情防控与经济发展、房地产市场企稳程度、基建配套融资难题能否破解等。宏观金融形势在总体上可能维持稳健偏宽松的状态。预计

* 费兆奇，国家金融与发展实验室高级研究员，中国社会科学院金融研究所研究员；谷丹阳，中国社会科学院大学金融系博士研究生。

美联储的加息周期可能止于2023年上半年，这将极大地减轻中美货币政策分化对国内政策的掣肘，国内宏观金融形势在2023年有望呈现先紧后松的态势。

一　宏观金融运行的经济背景

（一）全球经济的衰退压力加大

在疫情反复、俄乌冲突不断升级和美联储持续大幅加息的多重背景下，全球经济的衰退预期逐渐升温，金融市场动荡加剧。2022年10月，国际货币基金组织（IMF）预计2022年全球经济将增长3.2%，全球贸易增速将下滑至4.3%，原油价格增长率预计将达到41.4%，非燃油价格增长率预计为7.3%。与此同时，IMF对2023年全球经济增速的预测进一步下调至2.7%，较2022年7月的预测值降低0.2个百分点。全球经济运行情况见图2-1。具体来看，全球经济形势主要呈现如下几个特点。一是俄乌冲突继续冲击全球经济稳定性，造成能源危机、粮食紧缺，增加生活成本。俄罗斯不仅是世界最大的天然气出口国，在全球煤炭和原油出口中也占有一定的份额，俄乌冲突的爆发给能源类大宗商品市场带来了极大扰动，推动了各种燃料价格的普遍上涨。能源价格的波动一方面会直接影响能源进口国和出口国的商品价格及经济活动，另一方面会间接掣肘相关国家的货币和财政政策空间，进而造成全球产出的下降和生活成本的上升。此外，俄罗斯和乌克兰还是粮食出口大国，俄乌冲突进一步拉大了全球粮食贸易的供给缺口。联合国粮农组织（FAO）预计2022年全球谷物产量同比下降3890万吨，谷物价格指数同比上升11.4%。二是存续已久的通胀压力不断扩大，各国货币当局的判断可能进一步引发政策风险。在区域战争、能源危机、供给冲击、产能升级等长短期因素的共同作用下，全球通胀压力不断加大，根据IMF的预测，全球通胀水平将从2021年的4.7%上升到2022年的8.8%。美国9月CPI同比增速为8.2%，物价水平超预期上涨与经济的下行风险使各国的政策权衡面临很多困难，降低成本、稳定价格成为各国的主要发力点，政策的收紧程度显得尤为重要。一方面，收紧不足会延长通胀的持续时间，削弱央行公信力，造成通胀预期脱锚；另一方面，过度收紧则会加剧经济衰退，金融市场也将难以承受过快收紧的步伐。三是国际金融市场出现动荡，美元快速走强，新兴市场面临严峻压力。2008 年金融危机后，全球利率一直维持在低位运行，金融市场波动性较小。随着通胀达到数十年以来的高水平，发达经济体正在通过回归常态化的货币政策来稳定国内市场价格，各方均面临金融环境无序收紧的风险，且这些风险还可能被多年来累积的金融脆弱性放大。在能源危机和美国货币政策收紧的作用下，美元大幅升值；与此同时，投资者为避免金融动荡，转而寻求美国国债等避险资产的保护，这使美元进一步走强。在欧元区，由于天然气短缺且分裂潮再起，经济的衰退预期日渐加剧，金融市场出现紧张态势，资产被低价抛售。新兴市场国家面临的形势则更为严峻，居高不下的通胀水平、剧烈波动的大宗商品市场、不断收紧的发达经济体政策、持续攀升的美元币值，使其本就较弱的基本面雪上加霜。在这种环境下，政府债务的利息支出增加了流动性压力，很可能引发新一轮债务违约风险。

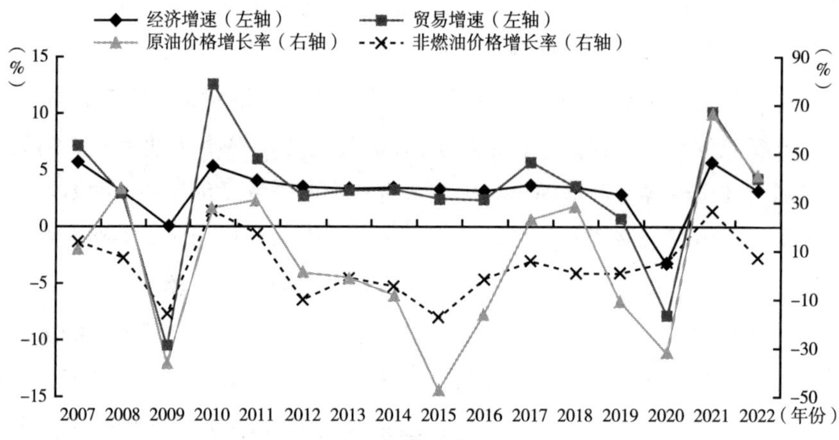

图 2-1　全球经济运行情况

注：2022 年数据为 IMF 预测值。
资料来源：根据 IMF 数据整理得到。

（二）国内经济经历“V”形反转，但反弹基础尚待夯实

在多重复杂因素的冲击下，国内经济在 2022 年的波动有所加大。根据我们估算的高频宏观经济先行指数，国内经济运行经历了快速下降和缓慢回升两

个阶段（见图 2-2）。第一季度的宏观经济运行偏弱但尚处于合理区间；在 4 月出现“断崖式”下跌；此后在 5 月以来开启反弹，但反弹动能有待夯实。高频宏观经济先行指数显示当前的宏观经济仍然处于下行压力较大区间，说明总需求仍然很弱。导致经济在 2022 年前 4 个月下行压力持续加大的主要原因如下。一是监管叠加冲击仍然延续。上年房地产行业监管政策叠加，已经使房企和居民部门信心转弱，2022 年叠加疫情冲击，使房地产销售、投资下滑更加迅猛。二是新冠肺炎疫情的反复对 4 月国内经济的供需两端形成强冲击，包括对消费的冲击（4 月全国社零消费同比增速断崖式下跌至-11.1%）、对生产的冲击（4 月工业增加值同比增速为-2.9%）、对出口的冲击（4 月出口同比增速从 3 月的 14.6%断崖式下跌至 3.9%）。三是居民和企业部门预期转弱的问题更加突出。随着经济和就业市场的转弱，居民部门预防性储蓄上升，挤压消费（消费者预期指数从 3 月的 116.2 下滑至 4 月的 86.8）。企业部门的投资活动预期也快速转弱（消费者信心指数从 3 月的 113.2 断崖式下跌至 4 月的 86.7；采购经理指数 PMI 从 3 月荣枯线下方的 49.5 继续下滑至 4 月的 44.4）。在政府持续出台“稳增长”政策、拉动经济的背景下，国内经济自 5 月开启了反弹历程。一是制造业修复带动工业增加值回升。二是基建投资保持高速增长。三是商品零售增速逐步回升。四是外贸进出口显著回升。五是失业率环比回落。

但是，当前经济运行的下行压力仍然存在，在“双循环”的背景下，影响我国经济持续复苏的几个问题值得关注。其一，通胀问题复杂化。一是随着国内投资缺口（储蓄率和投资率之差）的趋势性收窄，净出口率理应随之下降；但是受新冠肺炎疫情和俄乌冲突影响，全球工业品供需错配，自 2020 年以来持续加大了对我国的出口需求。投资缺口收窄和净出口率高增同时出现，加大了我国在短期面临的通胀压力。二是全球的能源、粮食和大宗商品主要以美元定价，而我国对相关产品的依赖度仍然较高且定价能力较弱，在国内大循环中，如遇供给端引发的输入型通胀，向外转移通胀的难度较大。其二，需求收缩在延续。国内大循环的本质要求是扩内需，但国内需求收缩的现象尚未得到根本性改善。两个代表性问题如下。一是房地产行业自 2021 年以来持续走低。由于房地产行业涉及的产业链较长，它不仅直接影响投资，而且触及消费的各个细分领域；为此，房地产行业走弱导致投资和消费两端均出现低迷。二是地方政府的资金、收入来源面临越来越大的压力。一方面，为了应对疫情，

“增支减收”使地方政府的收支矛盾突出。另一方面，国有土地出让收入是地方政府性基金收入的重要来源；房地产市场持续低迷引发的国有土地出让收入快速下降，导致地方政府收入压力持续加大。为此，地方政府在基建投资、政府性消费等方面进展缓慢。三是居民部门出现去杠杆趋势。2022 年前三季度居民信贷需求大幅低于上年水平，居民部门新增贷款累计同比少增 2.9 万亿元，其中，居民中长期贷款主要受房地产市场持续走弱的影响；短期贷款主要受疫情反复的制约。当前居民部门出现资产负债表衰退的迹象。发达经济体的经验显示，居民开始趋势性缩减资产负债表，对经济增长的冲击将更加持久。

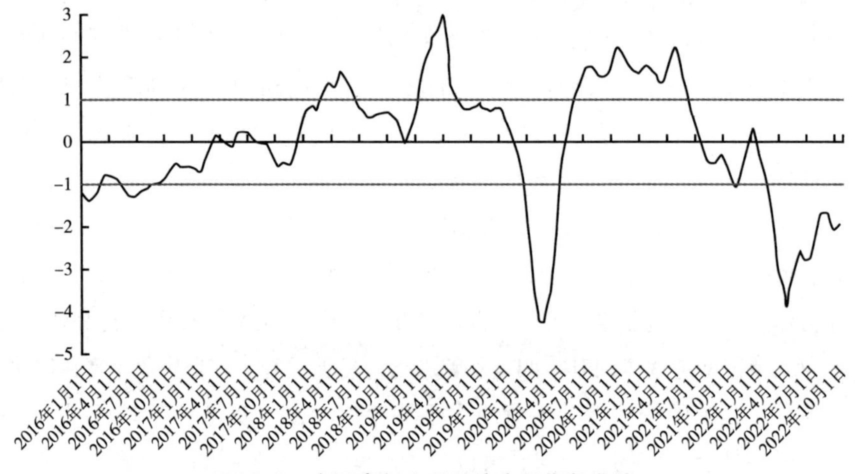

图 2-2　中国高频宏观经济先行指数曲线

注：（1）估算高频经济先行指数的指标包括国债期限利差、股票指数、广义货币供应量、消费者预期指数、工业产品产销率、物流指数、房地产开发投资先行指数、中游产业工业品价格指数和重要部门开工率。（2）高频经济先行指数曲线是围绕“0 值”波动的曲线，其中“0 值”代表经济运行的长期趋势；当指数正向偏离“0 值”时，意味着经济运行转暖，反之意味着经济运行转冷。“+1”和“-1”代表经济运行的监测走廊，当指数正向偏离“+1”时，意味着经济过热；当指数负向偏离“-1”时，意味着经济下行压力较大。

二　宏观金融形势分析

（一）流动性合理充裕，央行因势“变表”

新冠肺炎疫情发生以来，我国始终坚持稳健的货币政策取向，不搞“大水漫灌”，而是综合使用多种结构性货币政策工具“精准滴灌”，截至2022年第三季度末，央行向市场上净投放资金2680亿元，并通过全面下调存款准备金率的方式释放流动性约5000亿元。2022年1月，在春节错位和高基数效应的影响下，M1出现负增长，同比增速下降为-1.9%。进入3月后，国内外经济环境均遭受巨大冲击，多种政策靠前发力，专项债提前发行，金融机构对政府债券的投资力度加大，M2增速连续多月两位数运行。下半年，在准财政和宽货币的协同发力下，经济有所回暖，市场主体对未来的预期出现好转，流动性淤积问题得到改善，M1、M2增速剪刀差结束了2月以来的走阔态势（见图2-3）。

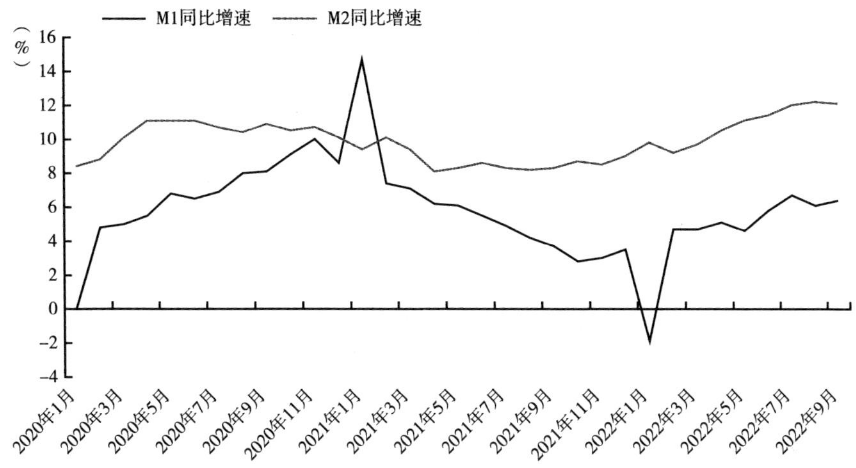

图2-3 M1和M2同比增长率的变化趋势

资料来源：中国人民银行。

从央行资产负债表的规模变动情况来看，2022年初，经济缓慢复苏，在“稳增长”政策的指导下，我国货币发行量有所下降，央行资产负债表规模同时呈现缩减态势。随后，由于国内疫情出现反复、国际环境动荡不安，货币政策基调转松，6月央行总资产规模达到39.26万亿元，环比增长7235亿元，持续三个月的缩表态势宣告结束。此次扩表在资产端主要体现为央行对其他存款性公司的债权增长，具体来看，央行逆回购操作净投放4000亿元；常备借贷便利（SLF）余额较5月末小幅增加12亿元；中期借贷便利（MLF）和央行票据互换均等量续作，对其他存款性公司债权规模没有影响；抵押补充贷款（PSL）余额与5月末保持一致。在负债端主要体现为其他存款性公司在央行存款的增加和政府存款规模的减少，说明6月财政支出力度大、居民存款意愿高、商业银行贷款多进而带动存款性公司在央行的存款规模增加。7月，由于央行进一步降低逆回购操作量，央行资产负债表规模收缩为约38.56万亿元，较6月减少6927亿元。但我国央行资产负债表主要反映的是央行和银行之间的关系，这反而是市场上流动性较为宽松的表现。具体来看，资产端，央行对其他存款性公司债权规模较6月减少7170亿元，是央行总资产规模发生变动的主要原因。2015年以来，SLF、PSL、MLF、再贴现、再贷款等已经成为央行投放基础货币的重要方式，在当前流动性充足的情况下，公开市场一级交易商投标量减少，央行相应减少逆回购操作量造成其对其他存款性公司债权规模下降，这恰恰是资金面宽松的表现。负债端，其他存款性公司在央行的存款规模较6月减少约1.04万亿元，降至约20.21万亿元，是央行总负债发生变动的主要原因。央行负债端发生变动一方面是由于央行减少逆回购操作使其对其他存款性公司债权减少，进而带动其他存款性公司在央行的存款准备金下降。另一方面，由于财政拨付力度不及预期，7月政府存款规模较6月增加4375亿元（见表2-1）。商业银行的超额存款准备金转化为政府在央行的存款，使央行资产负债表的负债科目发生了结构性变动。

表2-1　2022年7月央行资产负债表及其变动情况

单位：亿元

资产	规模	环比	负债	规模	环比
国外资产	225615	249	储备货币	324179	-10055
外汇	213180	-8	货币发行	101513	284
货币黄金	2856	0	其他存款性公司存款	202093	-10377
其他国外资产	9579	256	非金融机构存款	20591	37
对政府债权	15241	0	不计入储备货币的金融性公司存款	6026	-416
其中：中央政府	15241	0	发行债券	950	0
对其他存款性公司债权	119635	-7170	国外负债	1554	241
对其他金融性公司债权	1743	-1	政府存款	50123	4375

续表

资产	规模	环比	负债	规模	环比
对非金融性部门债权	0	0	自有资金	220	0
其他资产	23394	-5	其他负债	2557	-1073
总资产	385627	-6927	总负债	385627	-6927

资料来源：中国人民银行。

综合来看，2022 年前三季度，国内货币政策依旧坚持稳增长的取向，在降低实体经济融资成本方面持续发力，刺激居民和企业的信贷需求，但在外部加息节奏加快和内部物价增长的制约下，央行多通过结构性工具释放流动性，从而实现对特定重点领域的支持。

（二）政策支持效用初显，融资需求内生回暖动力有待加强

2022 年前三季度，社会融资规模增量累计达 27.77 万亿元，同比增加 3.02 万亿元；其中，2022 年 9 月社会融资规模新增 3.53 万亿元，是近年来同期最高水平，月末存量达到 340.65 万亿元，同比上升 10.6%（见表 2-2）。

表 2-2 社会融资规模增量和存量

单位：万亿元

时间		社会融资规模	其中							
			人民币贷款	外币贷款	委托贷款	信托贷款	政府债券	未贴现银行承兑汇票	企业债券	非金融企业境内股票融资
增量	2021 年前三季度	24.75	16.83	0.25	-0.11	-1.23	4.42	-0.22	2.43	0.81
	2021 年全年	31.34	19.94	0.17	-0.17	-2.01	7.02	-0.49	3.29	1.24
	2022 年前三季度	27.77	17.89	-0.22	0.33	-0.13	5.91	-0.08	2.19	0.87
存量	2021 年 9 月末	308.05	188.42	2.35	10.93	5.14	50.46	3.28	29.25	9.06
	2021 年	314.12	191.54	2.23	10.87	4.36	53.06	3.01	29.93	9.46
	2022 年 9 月末	340.65	209.4	2.18	11.21	3.86	58.98	2.92	31.49	10.34

资料来源：中国人民银行。

2022 年上半年，社融增量主要由政府类融资引导，基建投资仍是稳增长的主要驱动力。6 月之后，由于专项债额度已经基本发放完毕，政府债券融资明显减少，对社融的贡献大幅下降。随着 6000 亿元政策性开发性金融工具的落地和 2000 亿元设备更新改造专项再贷款的发放，企业融资需求有所复苏，成为新的社融拉动项。此外，得益于金融监管的边际松动和政策性金融工具的支持，表外融资规模在下半年有所增加，成为社融的重要支撑因素。

在信贷方面，经中国人民银行初步统计，2022 年前三季度，人民币贷款新增 17.89 万亿元，同比增加 1.06 万亿元。分部门看，住户贷款增加 3.41 万亿元，其中，短期贷款增加 1.09 万亿元，中长期贷款增加 2.32 万亿元；企（事）业单位贷款增加 14.48 万亿元，其中，短期贷款增加 3.28 万亿元，中长期贷款增加 8.65 万亿元，票据融资增加 2.55 万亿元；非银行业金融机构贷款增加 224 亿元。

从企业端看，在基建和制造业的拉动下，金融机构对公贷款景气度高，上半年的票据冲量行为逐渐消退，信贷结构得到改善。6 月以来，各种稳增长措施纷纷落地，三大政策性银行共计 6000 亿元基础设施基金于 9 月底前投放完毕，对企业中长贷起到了良好的推动作用。在此基础上，央行于 9 月 28 日创设 2000 亿元专项再贷款，定向支持科教文卫、产业转型、节能降碳等领域的设备购置与更新改造，以拉动形成更多融资，提升企业的短期贷款需求。

从居民端看，一方面，2022 年上半年，疫情反复、多点散发，居民消费意愿疲软，短期信贷需求持续低于往年。随着疫情逐渐趋稳和促消费政策的出台，居民消费信心日渐恢复，居民短期贷款持续增加。另一方面，受悲观预期和房企爆雷影响，居民购房意愿在 2022 年初较为低迷。进入第三季度后，在降息、减税以及房地产市场供需两端的政策支持下，市场逐渐企稳，居民按揭贷款需求得到提振。居民中长期贷款新增 3456 亿元，同比虽延续负增长，但环比继续增加 798 亿元，为第三季度以来的最高水平。

值得注意的是，尽管企业和居民的贷款需求有所回暖，但主要是由政策推动的，市场主体贷款（融资）需求动力依旧不足。2022 年以来，M2 和社融之间的剪刀差持续走阔，说明市场主体实际融资需求的边际增速弱于货币供给增速，金融体系淤积的流动性在内部空转，较难传导至实体经济。下一阶段，要继续促进“宽货币”向“宽信用”转变，激发居民和企业的内生消费和投资需求。

（三）市场利率中枢稳中有降，流动性分层现象有所缓解

2022 年初，我国经济开局平稳，随后俄乌冲突进一步加剧，国内疫情出现反复，市场主体受到冲击，经济运行环境更加严峻复杂。在这种情况下，央行加大稳健货币政策的调控力度，靠前发力、灵活调整，银行体系流动性合理充裕，货币市场规模显著增加，市场利率中枢稳中有降。

从交易情况看，2022 年上半年，银行间市场债券回购累计成交 630 万亿元，日均成交 5.2 万亿元，同比增长 33.7%；同业拆借累计成交 67.3 万亿元，日均成交 5515 亿元，同比增长 15.8%。隔夜产品依旧是最主要的交易品种，隔夜回购成交量占回购总量的 85.6%，占比较上年同期上升 2 个百分点；隔夜拆借成交量占拆借总量的 88.3%，占比较上年同期下降 0.9 个百分点。2021 年上半年和 2022 年上半年金融机构回购、同业拆借资金净融出、净融入情况见表 2-3。

表 2-3　2021 年上半年和 2022 年上半年金融机构回购、同业拆借资金净融出、净融入情况

单位：亿元

类别	回购市场		同业拆借	
	2022 年上半年	2021 年上半年	2022 年上半年	2021 年上半年
中资大型银行	-2010169	-935415	-197651	-145893
中资中型银行	-819288	-777320	-78357	-49245
中资小型银行	1363	62461	38862	51987
证券业机构	811036	601295	185566	105388
保险业机构	94317	48897	604	131
外资银行	39356	35594	-6167	-12808
其他金融机构及产品	1883386	964488	57141	50439

资料来源：中国人民银行。

从利率运行看，2022 年第一季度，国内经济复苏态势良好，央行于 1 月先后下调中期借贷便利操作利率、贷款市场报价利率（LPR），货币市场利率相对稳定，以政策利率为中枢略有波动。从 4 月起，国内疫情出现反复，经济复苏受阻，央行将金融机构存款准备金率下调 0.25 个百分点，在上缴结存利

润的同时，通过设立科技创新再贷款、养老普惠再贷款的方式加大流动性投放力度，引导货币市场利率下行，2022 年第二季度，DR007、R007 均值分别为 1.72%、1.85%，较上一季度均值分别下行 37.06BP、39.84BP。R007 和 DR007 走势见图 2-4。进入第三季度后，在经济下行压力加大、信用扩张乏力的背景下，中美货币政策进一步背离，央行于 8 月 15 日再度超预期下调 MLF 利率。

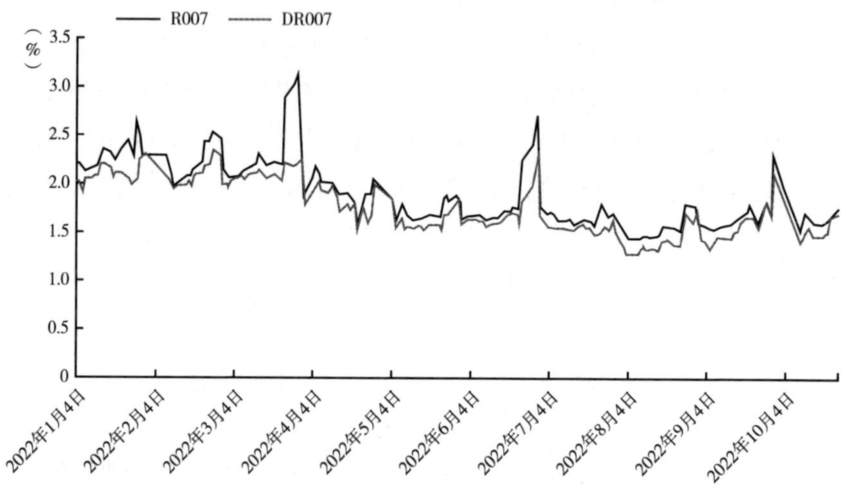

图 2-4　R007 和 DR007 走势

资料来源：Wind。

总结来看，2022 年前三季度，银行体系流动性整体比较宽松，市场利率中枢逐季下行，货币市场量价出现新特征是由资金供需两端的新变化共同造成的。从供给端看，货币政策和财政政策协调联动机制有所加强，使资金能够直达实体经济。3 月 8 日，央行发布公告，依法向中央财政上缴 1 万亿元结存利润，这些资金可以通过财政机制直达基层市场主体，缩短了信用传递链条，提高了信用创造效率。宽松高效的流动性环境直接带来了温和的品种利差，流动性分层状况有所缓解，除跨季时点外，2022 年前三季度，R007 和 DR007 品种利差总体在 20BP 以内窄幅波动。从需求端看，微观主体资金需求不足导致银行体系流动性有所累积。从 4 月开始，我国经济下行压力加大，居民消费意愿、企业投资需求疲软，即使不存在资金约束，银行体系也缺少信贷投放的积极性。在有效信贷需求不足的制约下，银行体系流动性向实体经济的传导出现梗阻，继而增加在货币市场上的操作，票据融资额大幅增加。进入下半年，随着经济基本面的不断修复，居民、企业预期回暖，信贷结构得以重塑，“票据冲量”情况有所改善。展望第四季度，随着稳地产政策的密集出台以及基建和制造业对稳增长的推动，经济基本面会持续得到修复，流动性将延续宽松格局，资金利率可能会继续向政策利率收敛。

（四）股票市场整体大幅下跌，债券市场发行规模小幅上升

1. 股票市场

2022 年初以来，全球通胀高企、地缘冲突加剧，经济复苏步履维艰。国内疫情多点散发、行业非系统性风险频现，情况同样不容乐观。在国内外一系列利空因素的影响下，股票市场整体呈现下跌态势，截至 9 月 30 日收盘，上证指数下跌 16.91%，深证成指下跌 27.45%，创业板下跌 31.11%。

从二级市场看，2022 年 A 股迎来了 ETF 正式纳入互联互通范围、科创板做市商制度落地等政策利好，但在低迷的经济环境下，市场走势依旧跌宕起伏，经历了板块分化和个股轮转，多部委频频发声维护资本市场平稳运行。截至第三季度末，A 股共有上市公司 4943 家，总市值约为 81.53 万亿元。前三季度，A 股总成交金额为 173.60 万亿元，比 2021 年同期减少 17.44 亿元，大部分申万一级行业指数呈下跌态势，电子、计算机、传媒跌幅甚至超过 30%。美国于 9 月启动一项国家生物技术和生物制造倡议，涉及医药研发合同外包的研究类公司概念股集体大跌，前几年势头强劲的医药板块也开始回调，前三季度跌幅达 27.95%。而由于欧洲能源危机引起的供需错配，煤炭板块则逆势上扬 32.68%。

从一级市场看，与二级市场相比，A 股市场的融资表现相对稳健。2022 年前三季度，A 股市场共发生融资事件 660 起，同比减少 227 起；股权融资共募得资金 11714.13 亿元，同比下降 5%。其中，IPO 项目为 307 起，同比减少 90 起；募集金额为 4370.38 亿元，同比上升 15%。增发项目为 219 起，同比减少 157 起；募集金额为 4737.31 亿元，同比下降 23%。配股项目为 7 起，同比增加 3 起；募集金额为 567.18 亿元，同比上升 290%（见表 2-4）。从全球维度来看，A 股市场前三季度 IPO 上市融资规模远超美国和中国香港股市，其是全球新股发行规模最大的市场。

表 2-4　2022 年前三季度 A 股股权融资方式分布情况

类型	金额(亿元)	数量(起)	金额所占比重(%)
IPO	4370.38	307	37.31
增发	4737.31	219	40.44
可转债	1663.94	103	14.20
可交换债	375.32	24	3.20
配股	567.18	7	4.84
合计	11714.13	660	100.00

资料来源：Wind。

在各融资行业中，资本货物行业募集资金最多，以 2223 亿元位列第一；材料行业募得资金 1763 亿元，排名第二；半导体与半导体生产设备行业以 1168 亿元的募资金额排名第三；技术硬件与设备和多元金融行业的募资金额紧随其后。消费者服务与零售业的融资表现则较为低迷，仅分别募得 8 亿元与 7 亿元。

2. 债券市场

2022 年前三季度，在增量财政政策不及预期、央行降息、地产断贷、疫情反复的催化下，资金利率中枢不断下行。7 月 27 日，DR001 下滑至 1.00%，为 2020 年 1 月以来的最低点；8 月 8 日，DR007 下滑至 1.29%，为 2020 年 5 月以来的新低。在融资需求逐步复苏的刺激下，债券市场发行规模保持稳中有增的态势，2022 年前三季度，我国各类债券发行规模合计约为 46.76 万亿元，同比增长 3%，其中利率债累计发行约 17.41 万亿元，信用债累计发行约 13.73 万亿元，同业存单累计发行约 15.63 万亿元（见表 2-5）。

表 2-5　2022 年前三季度债券发行情况

债券类别	数量(只)	发行规模(亿元)	发行规模同比增长率(%)
利率债	2581	174114.7	17
信用债	14247	137275.7	-6
同业存单	19550	156251.7	-1
合计	36378	467642.1	3

资料来源：Wind。

利率债方面，受政策靠前发力和促消费扩内需的影响，地方政府债增长幅度最大，2022 年上半年发行只数同比上涨 129.62%；国债发行数量有所下降，发行规模同比增幅达到 21.91%；央行票据的发行情况基本持平，只有政策性银行债的发行数量和规模都有所下降。2022 年初，在疫情多点散发、房地产“断供潮”迭起的影响下，利率债收益率呈下行趋势。8 月下旬，经济金融数据好于预期，加之政府稳定经济的信心，利率债收益有所反弹，9 月 23 日，10 年期国债收益率回升至 2.68%。

信用债方面，体现非金融企业融资情况的狭义信用债净供给呈下降态势，净融资额甚至在第三季度转为-3981 亿元。出现这种“资产荒”的情况主要是由于在城投融资严监管、民营房地产企业难融资的情况下，信用债供给不足，特别是评级在 AA 级及以下的低资质债券融资主体有较大的流失。此外，随着央行降息及下调 LPR 和存款利率，利率中枢持续下移，由此带动信用债收益率大幅下降，信用利差有所缩窄。

（五）房地产市场持续低迷，政府多措并举提振行情

在疫情逐渐趋稳、消费缓步回升的背景下，房地产市场依旧延续下行趋势，购销两端双重承压。为改善政策环境，在“房住不炒”的底线下，中央多次强调“因城施策”“一城一策”，支持地方政府因地制宜优化房地产政策；为修复置业者信心，“限购令”松绑，“保交楼”政策出台，多种利好政策持续发布。尽管如此，房地产市场的回暖步伐依旧缓慢，总体仍延续低位。

一是房价走势低迷，成交活跃度不高。2022 年前三季度，百城新建住宅价格累计上涨 0.12%，为 2015 年以来的同期最低水平；二手房方面，2022 年前三季度百城二手住宅价格累计下跌 0.18%，其中第三季度跌幅较第二季度扩大了 0.34 个百分点。重点城市商品住宅成交活跃度同样不容乐观，2022 年 1~8 月，全国商品房销售面积同比下降 23.0%，商品房销售额同比下降 27.9%。从各梯队城市水平来看，前三季度，一线城市商品住宅成交面积同比降幅最小，第三季度降幅较第二季度有所收窄；由于二线城市中市场规模较大的天津、重庆、武汉、郑州等地同比降幅偏大，二线城市第三季度商品住宅成交面积同比减少 33.5%。二是在市场修复难、资金承压大的情况下，房企开工推盘意愿不足。2022 年 1~8 月，全国房屋新开工面积为 8.5 亿平方米，同比

下降 37.2%，4~8 月，已经连续五个月同比降幅超四成。随着“保交楼”政策的出台和推进，房屋竣工进程有所提速，8 月房屋竣工面积同比降幅较 7 月收窄了 33.5 个百分点。在市场低迷和疫情管控等因素的影响下，2022 年前三季度，重点 50 城商品住宅月均新批上市面积同比下降 45.1%，是近几年的同期最低水平。与此同时，各地可售库存依旧高位运行，市场出清压力较大。三是各线城市市场出现分化态势，企业迎来结构性机会。2022 年上半年，外部环境错乱复杂，国内疫情多点散发，我国经济下行压力大，房地产行业陷入整体低迷的状态。进入第三季度后，各项稳经济政策接续出台，“稳定房地产”成为下半年政策优化的方向。在中央的支持下，各地方政府积极把握自主权，“因城施策”刺激房地产市场复苏。一线城市中，北京放宽贷款政策，上海放松临港片区非户籍人才的购房门槛，广州调整限价政策，市场回暖态势明显；二线城市中，苏州放松限购政策，合肥推出二手房“带押过户”模式，市场活跃度有所提升，但对于大多数二线城市来说，购房者信心恢复仍需要一定的时间；由于常住人口流失严重、经济内生发展动力不足，三、四线城市的整体调整压力则比较大，即使行政限制性措施有望全部取消，未来的市场情绪仍不容乐观。

房地产市场需求端持续低迷，既有中长期因素的影响，又有短期因素的扰动。从中长期来看，我国住房需求释放动能减弱，一方面，我国现有居民的住房需求已经基本得到满足，购买住房不再是大部分家庭的刚需；另一方面，我国人口出生率逐年下降，人口红利已接近尾声，城镇化的步伐也开始放缓，住房需求逐步回落。从短期来看，国内疫情反复，国外局势动荡给我国宏观经济带来了较大的挑战，在收入预期不稳定的情况下，居民的置业意愿更偏谨慎。此外，由于个别房企风险暴露、延期交付，购房者置业信心进一步被削弱。

（六）强美元周期叠加中美货币政策分化，人民币逐步释放对美元贬值压力

2022 年 3 月以来，人民币兑美元汇率冲高回落，经历了两次贬值波动。4 月 19 日第一轮贬值周期开启，直到 5 月 13 日，人民币兑美元汇率中间价以 6.8 收盘。第二轮贬值周期始于 8 月 15 日，9 月 15 日晚间，离岸人民币兑美

元汇率跌至 7 整数关口，9 月 16 日在岸人民币开盘后也迅速破 7，是 2020 年 7 月以来的首次（见图 2-5）。

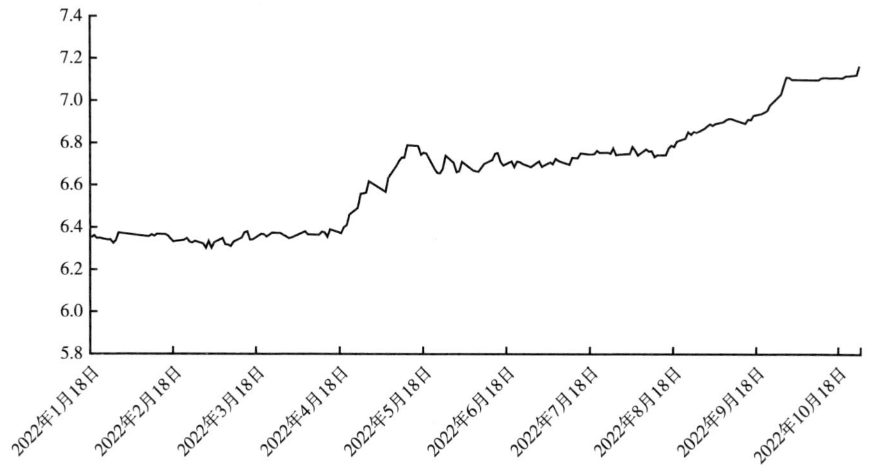

图 2-5　人民币兑美元情况

资料来源：Wind。

与前一轮人民币破 7 相比，此次美元表现得更加强势，人民币本身走势并不弱，10 月 20 日，CFETS 人民币汇率指数为 101.83，BIS 货币篮子人民币汇率指数为 107.04，SDR 货币篮子人民币汇率指数为 98.40，人民币有效汇率指数变化比较平稳（见图 2-6）。近些年，人民币汇率总体呈现稳中走强的特征，特别是新冠肺炎疫情趋稳后，我国率先实现复工复产，出口贸易顺差和大量资本流入为人民币的坚挺奠定了基础，此次人民币兑美元贬值主要是受强美元周期和中美货币政策分化的影响，国内经济基本面并没有大的变化。

具体来看，一是在美联储紧缩货币和欧元区经济不断走弱的背景下，美元指数大幅上升，受此影响，包括人民币在内的多种非美元货币受挫承压。此外，由于国际局势动荡不安，美元的避险属性被进一步加强，推升了美元币值，令人民币被动贬值。二是由于国情不同，中美货币政策进一步分化，人民币兑美元的贬值压力加大。美国前期错判了通胀的严重性，从 3 月开始超预期大幅加息，而中国则坚持“以我为主”的货币政策独立性，通过降准降息应对房地产市场风险和经济下行压力，由此导致中美各期限利差出现倒挂，并从

8 月中旬开始迅速扩大。连创新高的美国国债收益率使很多逐利跨境资本回流到美国，相比其他在第二季度就开始大幅波动的主要货币，人民币表现得异常平稳，此次快速贬值也是前期积累的贬值压力的集中释放。

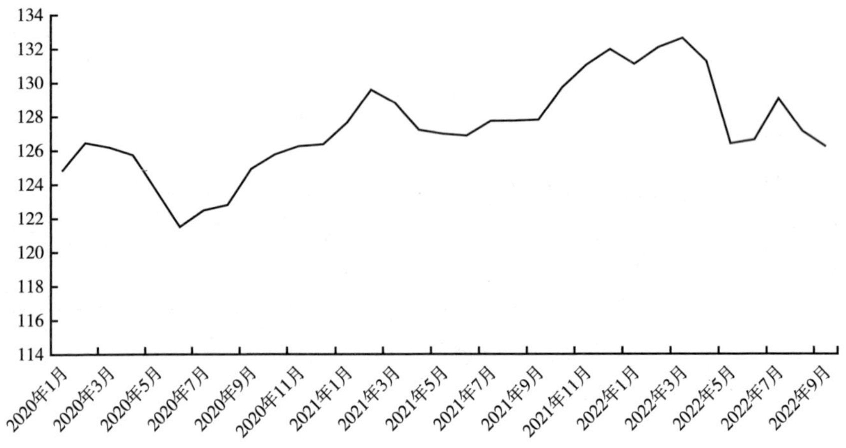

图 2-6　人民币有效汇率指数

资料来源：Wind。

目前，美国的通胀水平仍然没有出现拐点，美联储的政策收紧步伐依旧领先于欧、日央行，美元的阶段性强势可能还会持续一段时间。但在国内经济基本面不断修复以及国际收支基本项目保持较高顺差的支持下，人民币汇率稳定和外汇市场平稳运行有着坚实的基础。此外，中国人民银行也有丰富的政策工具以应对汇率超调：4 月底和 9 月初，央行先后下调金融机构外汇存款准备金率，9 月底又宣布上调远期售汇的外汇风险准备金率，向市场释放了维稳信号。未来，若人民币汇率出现异常波动，央行还可以适时重启逆周期因子，进一步引导市场预期，防范外汇市场顺周期行为引发的“羊群效应”。

三　展望和建议

（一）宏观形势展望

虽然我国经济在 5 月以来已逐步企稳，但经济复苏的基础仍然有待夯实，这主要取决于统筹疫情防控与经济发展、房地产市场企稳的程度、基建配套融资难题能否破解。经济在第四季度和 2023 年的复苏可能经历一个渐进的过程：在短期是餐饮为代表的消费、工业生产的“深蹲”反弹；在中短期是“稳增长”政策逐步见效，包括房地产销售—房价—投资的企稳回升，基建投资的持续发力，汽车和家电消费的潜力被激发。从中长期视角看，党的二十大报告“以中国式现代化推进中华民族伟大复兴”为主线，为我国未来的经济发展方向和增长动能提出了“顶层设计”。

2022 年国内宏观金融形势呈现大幅波动的特征，这种波动在 2023 年预计将逐步收敛；宏观金融形势在总体上可能维持稳健偏宽松的状态。预计美联储的加息周期可能止步于 2023 年上半年，这将极大地减轻中美货币政策分化对国内带来的外部冲击，国内宏观金融形势在 2023 年有望呈现先紧后松的态势。债券市场方面，受限于中美利差倒挂和资本外流压力，中美货币政策的分化程度将有所收敛，国内中长期利率债收益率在 2023 年可能呈现先升后降的趋势。房地产市场方面，我们估算的高频房地产开发投资先行指数在经历了近 1 年半的持续下行后，于 2022 年 5 月下旬触底并在第三季度维持低位震荡；但在样本末期（9 月末）的负向缺口（先行指数与 0 值的缺口）依然较大。指数的运行特征意味着房地产市场虽然企稳但仍然处于十分疲弱的状态。展望 2023 年，在以“保交楼”为核心的供给端和以“稳销售”为重心的需求端政策持续发力的背景下，房地产市场有望逐步回升。但在人口老龄化和市场发展不均衡等问题的约束下，本轮房地产市场的复苏将是一个逐步回归长期趋势（均衡水平）的过程，即高频房地产开发投资先行指数逐步回归至 0 值附近（负向缺口逐步收敛），并围绕 0 值小幅波动。大宗商品方面，受美联储持续大幅加息和全球经济衰退风险持续加大的需求端影响，2023 年，国际大宗商品价格在总体上可能呈现震荡下行的趋势；同时，地缘政治风险和军事冲突可能对商品价格带来短期扰动。

（二）政策建议

党的二十大报告提出，“坚持把发展经济的着力点放在实体经济上”。这意味着，要继续坚持金融服务实体经济的宗旨，提升金融供给与实体经济的匹配性，引导金融资源更好地支持经济社会发展的重点领域和薄弱环节。

第一，实施以财政为主、以货币为辅的扩张性政策组合。在美联储持续大幅加息和国内“宽货币”“紧信用”的货币金融环境下，单一货币政策对稳增长的边际拉动作用逐步降低，且易引发资金在金融体系空转和资本外流等方面的金融风险。为此，2023 年的稳增长将更多倚仗于积极的财政政策，稳健偏宽松的货币政策则应更多地发挥其辅助作用。在国际收支平衡的理论假设下，只有在财政开支大于税收或赤字开支的情况下，国内私人部门才可能有净盈余；为此，在以国内大循环为主的经济发展模式下，财政赤字是推动经济可持续增长的一项重要政策安排。在当前宏观部门资产负债表面临衰退风险的背景下，通过扩张公共部门资产负债表替代私人部门资产负债表收缩，是逆周期调控有效且可行的办法。鉴于赤字融资同时是一个金融问题，在保证金融稳定的前提下便利赤字融资便成为实施货币金融政策必须考虑的要素。在当前经济下行压力不减叠加财政收支矛盾加剧和货币政策传导受阻等复杂因素的背景下，加快壮大国债市场规模，并为国债提供低的融资利率，成为实施以财政为主、以货币为辅的扩张性政策组合的有效途径。

此外，货币政策在宏观调控方面仍然发挥关键性作用。一是保持流动性合理充裕，加大对实体经济的支持力度。在中长期保持货币供应量和 GDP 名义增速与社融增速基本匹配；着力疏通货币政策的传导机制，与财政、产业等相关政策共同撬动全社会的有效融资需求，实现从“宽货币”到“宽信用”。二是持续完善利率市场化改革，通过贷款市场化报价利率改革，推动金融机构持续降低实际贷款利率，进一步降低实体企业和居民部门的融资成本。三是继续用好结构性货币政策，定向支持引领我国经济新增长动能的相关行业，如科技创新、新型基建、清洁能源相关基建等；持续支持“三农”、小微企业发展。

第二，多措并举，稳定地方政府的收入来源和资金供给模式。在稳增长进程中，扩内需需要地方政府发挥重要作用；但近年来受收入来源和资金供给下滑的影响，地方政府在基建投资、政府性消费等方面进展较为缓慢。由此，如何稳定地方政府收入来源和资金供给模式，成为地方政府扩内需的核心问题。从中长期看，应加快税制改革，提高直接税比重，逐步完善房地产税和推进其实施，深化资源税扩围，研究数据税、碳税征收机制，增加地方财政收入来源。在短期，应保持投融资渠道的稳定性，搭建市场化融资平台，着力稳定地方政府资金供给。一是积极盘活存量资产，增加地方政府财政收入来源。鼓励社会资本参与高附加值产业，通过市场配置资源；针对闲置的土地、房屋，探索“政府回购+土地补偿”机制，重新释放资产价值；对短期内难以变现的资产，通过“政府出租+独立运营”模式，拓展收益来源；在处置手段上，积极运用 REITs、兼并重组、交易所挂牌等，最大限度盘活资产。二是支持财政实力较强省区市发行新增专项债以为重大基建项目筹资，适度增加专项债额度以弥补建设资金短板，加大地方政府专项债与市场化融资的联动力度。三是积极尝试以引进项目的方式来进行融资，加强项目共享，促进商业银行与政策性开发性金融工具对接，增加项目配套融资，满足项目资金需求。

第三，以房地产市场平稳发展提振内需。房地产市场的平稳复苏对于短期的“稳住经济大盘”及后续国民经济的持续健康发展至关重要。从中长期看，应重视解决房地产市场结构不均衡问题。一是把房地产市场发展重点聚焦到增加大城市住房供给、存量住房改造上。顺应都市圈、城市群一体化发展趋势，将新建住宅供应集中在中心城区周边的通勤区，满足中心城市住房需求。健全老旧小区改造市场化机制，带动市政基础设施、生活设施、服务设施发展。二是着力解决新市民等群体住房问题。多渠道盘活存量土地，政府引导、市场参与，增加保障性租赁住房供给，发挥住房保障民生兜底作用。在短期措施上，需要从供需两端协同发力。供给端以“保交楼”为核心，通过设立房地产纾困基金、政策性银行专项借款、城投平台入场接盘等方式盘活烂尾楼盘、救助困难房企。需求端以“稳销售”为重点，局部阶段性下调购房首付比例和房贷利率，提供购房补贴和税收优惠，进一步释放购房需求。

第三章
国际债券与外汇市场

胡志浩　李晓花　李重阳*

- 截至2022年第一季度，全球未偿债券余额（含国内、国际债券）为143.20万亿美元，同比上升5.22%，占全球GDP比重保持在150%左右。全球经济弱复苏，愈加呈现“滞胀”特征。在通胀高企的背景下，主要发达经济体先后开启货币政策正常化进程（日本除外），货币紧缩力度空前，国债利率整体呈现快速上行的态势。受经济衰退预期的影响，国债利率也一度回调。具体来看，近一年来，主要发达经济体国债收益率曲线走势大致经历“熊陡—熊平”两个阶段。由于紧缩节奏和力度的不同，美国国债利率反弹和波动最大，欧元区次之，日本最小。需要关注的是，美国10年期和3个月期国债利差出现倒挂，这预示着美国未来出现经济衰退的概率会进一步提升。新兴经济体在面临持续高通胀、资本外流和货币贬值的压力下，普遍延续加息政策，国债收益率曲线整体呈现熊平态势。中美国债利差迅速大幅收窄且持续倒挂，10年期国债利差大幅收窄243BP，降至-107BP；3月期国债利差大幅收窄365BP，降至-173BP。未来，全球经济“滞胀”风险或将进一步深化，经济步入衰退的概率进一步提升。
- 从2021年9月30日至2022年10月31日，美元指数大幅上行18.39%，其六大构成货币均有明显贬值。其中，欧元、日元和英镑均创近20年来最大贬幅。由于美联储持续实施大幅紧缩政策，全球

* 胡志浩，中国社会科学院金融研究所研究员，国家金融发展实验室副主任；李晓花，国家金融与发展实验室研究员；李重阳，国家金融与发展实验室研究员。

24 个主要货币兑美元汇率，除了卢布升值 18.2%，其余均呈现不同程度的贬值。人民币兑美元贬值 11.45%，但仍强于欧元、日元和英镑等全球主要货币。考虑到未来中美货币政策仍保持分化，在美国持续加息的背景下，人民币或将继续承压。但由于当前定价早已吸收政策分化的预期，人民币贬值压力已得到较大释放。同时，在预期未来美国经济衰退、紧缩政策放缓的前提下，一旦美联储紧缩政策出现明显转向迹象，人民币汇率将迅速企稳并回升。

- 2022 年，央行数字货币发展提速。国内数字人民币取得亮眼成绩，交易笔数和交易金额显著增长，零售和对公场景快速铺开。我们认为未来数字人民币有两大主攻方向，一是依托政府端场景形成流通闭环，二是搭建数字经济原生场景，提供定制金融服务。国际上，美国一改此前暧昧态度，果断推进数字美元研发，甚至计划将之引入加密资产领域充当名义锚，以维护美元在数字时代的霸权。与此同时，跨境支付安排成为关注重点，中国人民银行数字货币研究所参与的 mBridge 项目进行了试点并发布报告详细地阐述了其设计思路及未来蓝图；无独有偶，SWIFT 断连也披露了其央行数字货币和加密资产领域跨境支付的实验成果，新的解决方案和既有的基础设施之间的博弈已悄然上演。
- 2022 年，受美联储紧缩政策、俄乌冲突以及算法稳定币暴雷等事件影响，加密资产市场剧烈波动，比特币、以太坊等主流加密资产市值较 2021 年 11 月高点蒸发近 7 成。9 月 15 日，以太坊完成“合并”，从工作量证明（PoW）转向权益证明（PoS）。此举一方面大幅增强了以太坊的环境友好性，另一方面优化了以太坊的利益结构。未来，其进一步提升交易效率的多次升级值得关注。在俄乌冲突及对俄金融制裁的背景下，加密资产的去中心化属性引发高度关注。但当前的加密资产还远不能承载对去中心化交易系统的需求，其在治理、体量和交易效率等方面均有待提升。随着美西方加快将加密资产纳入正规监管的脚步，其技术和机制创新能力可能进一步被激发。

一　全球债券市场发展

（一）全球债券市场存量

截至2022年第一季度，全球未偿债券余额（含国内、国际债券）为143.20万亿美元，同比上升5.22%，占全球GDP的比重保持在150%左右。债券市场规模最大的国家依次为美国、中国和日本，其全部债券的未偿余额分别为50.4万亿美元、22.5万亿美元和12.8万亿美元（见图3-1），与2021年同期相比分别增加5.13%、18.27%和-6.69%。美国约占全球债券市场未偿余额的35.2%，三者之和约占全球债券市场未偿余额的59.8%。与2021年同期相比，美国、中国和日本未偿债券余额占GDP的比重由224%、125%和271%变为219%、127%和260%。

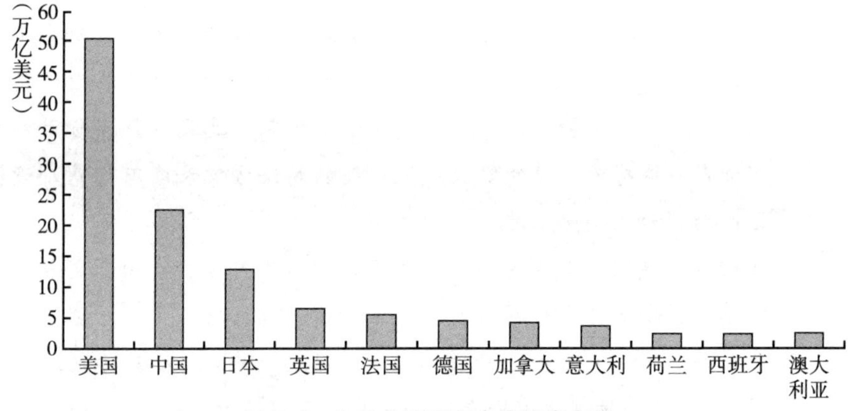

图3-1　全球主要国家未偿债券余额

注：未偿债券包括国内债券和国际债券，各国未偿债券余额为2022年第一季度末公布的数据。

资料来源：BIS。

全球未偿债券余额中约有20%为国际债券①，其中发达国家占国际债券未偿余额的66.1%。截至2022年第二季度，国际债券未偿余额总体规模为26.89

① 发行人居住地如与证券注册地、发行法规颁布地、挂牌市场所在地三项中的任意一项不符，则视为国际债券。

万亿美元，同比下降 2.64%，约占全球未偿债券余额的 18.78%。其中，发达国家国际债券未偿余额始终占据主导地位（见图 3-2），但份额逐渐下降，其规模占国际债券未偿余额的比例由 2010 年第一季度的 83.5%逐步降至 2022 年第二季度的 66.1%。发展中国家国际债券未偿余额占比较小，但其规模和份额均有稳步上升。从 2008 年末的 0.89 万亿美元增长到 2022 年第二季度末的 3.11 万亿美元，占总规模的比例也从 4.70%上升到 11.57%。其中，截至 2022 年第二季度，中国国际债券未偿余额由 2008 年的 200 亿美元增长至 2417 亿美元，占国际债券未偿总金额的比例升至 0.90%。

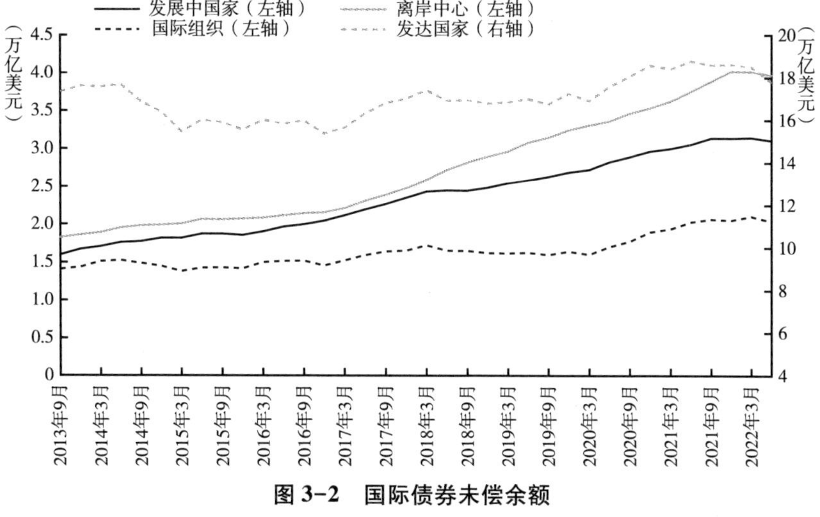

图 3-2 国际债券未偿余额

资料来源：BIS。

（二）全球债券市场发行量

2022 年，发达国家和发展中国家国际债券净发行额较 2021 年同期均有明显回落，发展中国家在第二季度甚至出现净发行额为负值的情况（见图 3-3）。2022 年，全球经济保持弱复苏态势，为应对高通胀，美联储引领全球加息浪潮，导致全球金融条件收紧，融资利率大幅上行，国际债券市场融资需求收缩，净发行额明显回落。2022 年上半年，发达国家净发行国际债券 2287 亿美元，与 2021 年同期的 5215 亿美元相比，减少 56.15%；发展中国家净发行国际债券 132 亿美元，与 2021 年同期的 1140 亿美元相比，减少 88.42%。

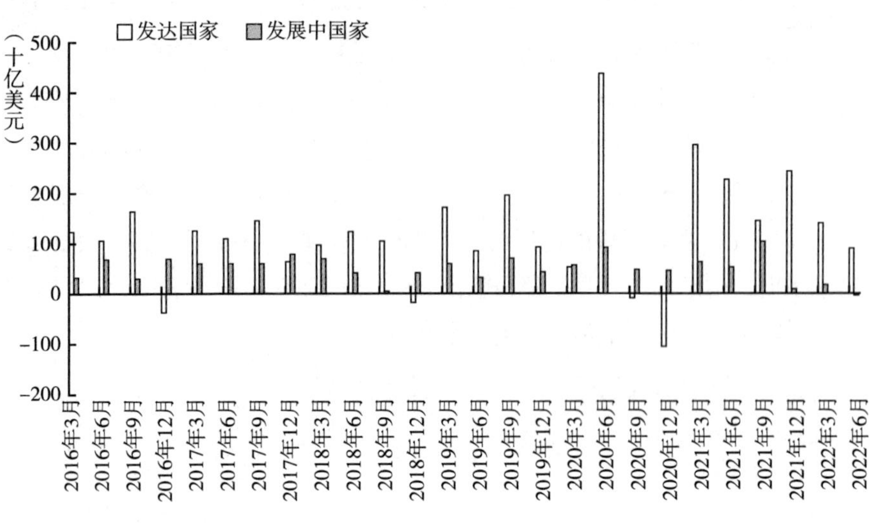

图 3-3　2016 年 3 月至 2022 年 6 月国际债券净发行额

资料来源：BIS。

2022 年 1～9 月，美国债券累计发行 7.2 万亿美元，较 2021 年同期的 10.35 万亿美元下降了 30.43%。2022 年，美国货币政策转向，逐渐退出量化宽松政策，并于 2022 年 6 月开启缩表进程，金融环境收紧，融资成本上升，各部门债券融资规模较 2021 年同期有明显的收缩。从结构上看，美国国债和抵押贷款相关债券分别发行 3.11 万亿美元和 1.85 万亿美元，处于美国债券市场发行构成的前两位，占比分别为 43%和 25%。企业债券、市政债券和资产支持证券分别发行 1.15 万亿美元、3127 亿美元和 2572 亿美元，同比下降 27.6%、13.7%和 38.7%。联邦机构证券发行 5567 亿美元，同比增长 2.7%（见图 3-4）。

2022 年 1～4 月，欧元区债券净发行 3156 亿欧元，同比下降 35.0%。其中，中央政府债券净发行占净发行总额的比重为 61.2%。2022 年 1～4 月，欧元区通货膨胀持续飙升，财政与货币刺激政策逐步减码，市场利率快速上行，欧元区债券净发行相比 2021 年同期，有明显下降（见图 3-5）。其中，政府类债券净发行 1526 亿欧元，占比 48.4%，同比减少 55.5%；货币金融机构债券净发行 1461 亿欧元，占比 46.2%，同比增长 79.9%；非金融企业债券净发行 168 亿欧元，占比 5.3%，同比减少 33.3%。

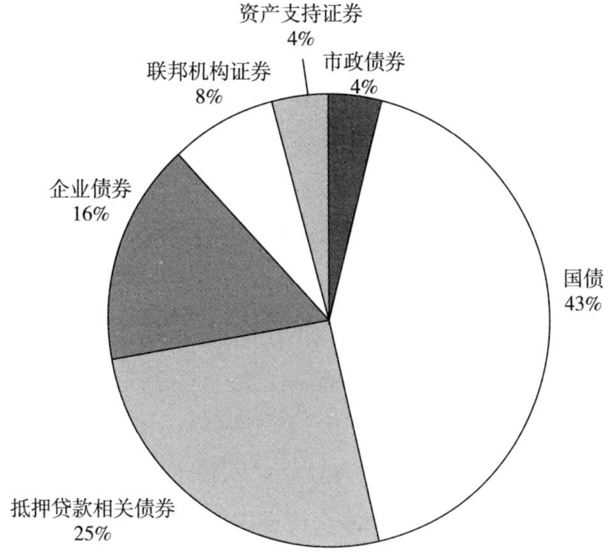

图 3-4 2022 年 1~9 月美国债券市场的发行构成

资料来源：Wind。

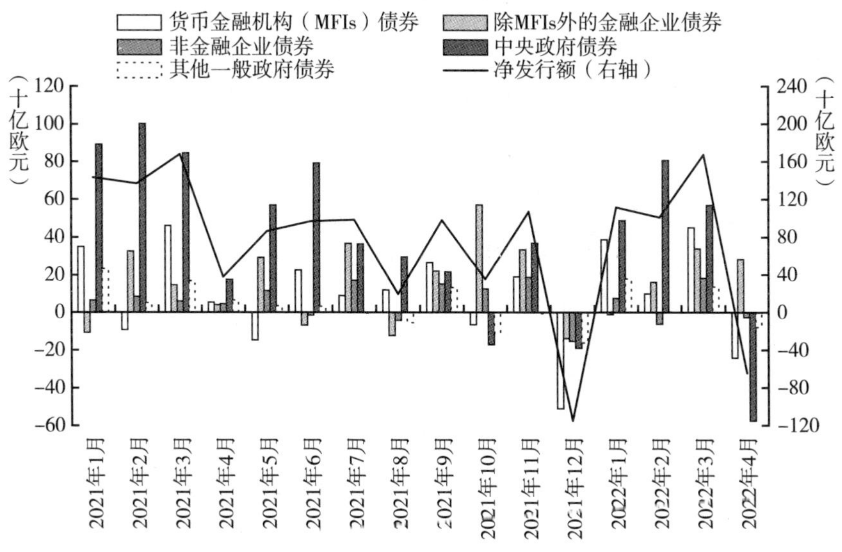

图 3-5 2022 年 1~4 月欧元区债券净发行情况

资料来源：Wind。

（三）债券境外投资

截至2022年第二季度末，持有美国国债份额最多的为海外投资者，占比为30.12%，持有份额相对稳定，规模呈下降趋势；其次为货币当局，占比为22.48%（见图3-6），较2020年初大幅飙升9.5个百分点，由于Taper和缩表的原因，相较于2021年同期货币当局持有份额有小幅下降。美国证券业及金融市场协会（SIFMA）数据显示，截至2022年第二季度，美国国债余额约为25万亿美元，由疫情期间大幅增长逐渐回归稳定，较2021年同期小幅增长约1000亿美元。其中，海外投资者持有约7.5万亿美元，国内投资者持有约17.5万亿美元。在美国国内投资者中，货币当局、养老基金和共同基金的持有规模较大，占比分别为22.48%、13.32%和12.82%。由于美国国债利率快速上行，国债配置功能显现，养老基金持有份额增加，超过共同基金，共同基金持有份额相对减少。

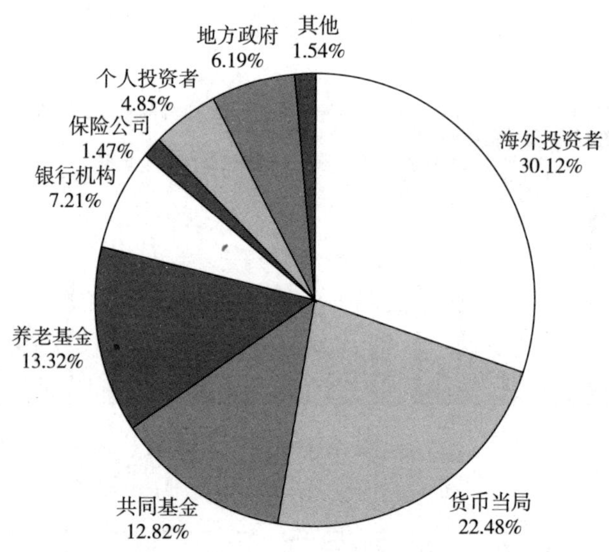

图3-6　截至2022年第二季度末美国国债持有者结构

资料来源：Wind。

1996~2021年，海外投资者一直是美国国债的配置主力，整体保持增持趋势（见图3-7）。然而，2022年以来，海外投资者开始减持美国国债。一方面，各国央行正在积极探索外汇储备投资的多元化，追求外汇储备的安全性；另一方面，各国央行对冲资本外流导致本币有贬值压力。在美国海外投资者中，日本和中国大陆是两大持有方。截至2022年第二季度末，日本、中国投资者分别持有1.236万亿美元和9678亿美元，占海外投资者持有总额的16.48%和12.90%，且在2022年分别减持680亿美元和1001亿美元。由于海外投资者是美国国债的重要配置力量，并且开始抛售美国国债，美国国债中长期国债市场出现流动性问题，美国国债流动性指标（MOVE）也达到疫情发生以来的最差水平。美联储当前处于紧缩进程，对于美国国债流动性支持的操作比较困难。2022年10月以来，美国财政部长耶伦（Yellen）多次暗示未来可能会采取回购美国国债的方式来呵护美国国债市场流动性。具体操作通过发行短期国债来置换缺乏流动性的中长期国债老券。总体来看，作为全球流动性最好的债券市场，美国国债市场流动性面临压力，但总体可控。同时，在各国央行减持美国国债的背景下，由于美国国债利率相对较高，且未来上行空间有限，海外个人投资者的头寸在不断增加。

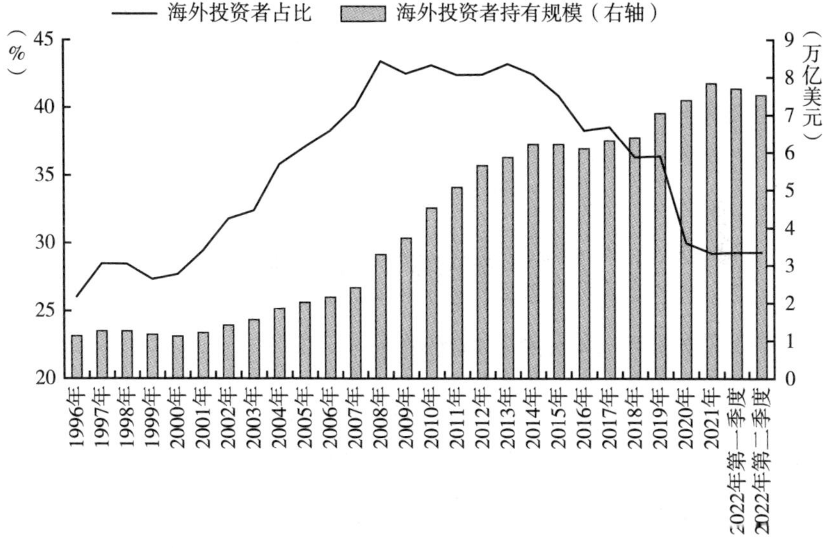

图3-7　海外投资者持有美国国债情况

资料来源：Wind。

2022 年，境外投资者持有的中国国债规模和份额有所下降（见图 3-8）。截至 2022 年 9 月，境外投资者持有中国国债 2.29 万亿元，占比 9.41%，较 2021 年年底减少 1638 亿元，占比下降 1.47 个百分点。根本原因在于中美利差大幅下滑并持续倒挂。未来，伴随美联储加息放缓以及国内经济企稳，中美利差或将逐渐收敛，境外投资者持有中国国债或将保持稳定后逐渐回升。

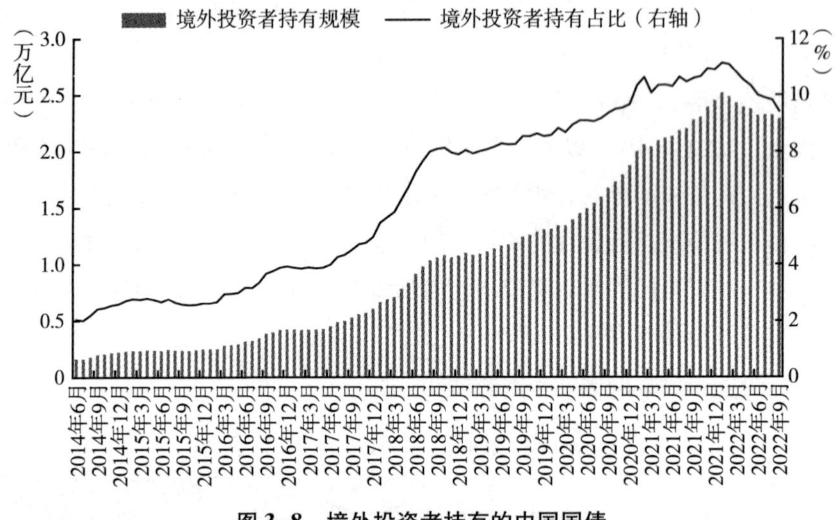

图 3-8　境外投资者持有的中国国债

资料来源：中债估值中心。

二　全球债券收益率

（一）发达经济体国债收益率情况

近一年来，主要发达经济体国债收益率曲线走势大致经历“熊陡—熊平”两个阶段。近一年来，全球经济从疫情中缓慢复苏，但“滞胀”的特征愈加明显，在货币政策正常化且大幅收紧的背景下，主要发达经济体国债利率整体呈现加速上行的态势。在高通胀主导的前提下，经济衰退预期影响国债利率在 2022 年第二季度前后有所回调。由于经济复苏、通胀压力不同，主要发达经济体货币政策正常化的进程不同，不同国债收益率曲线走势也呈现不同步、不一致的情况。具体而言，美国经济率先复苏，在 2022 年 3 月开启加息进程，与此同时，主要发达经济体国债收益率曲线由熊陡转为熊平；欧元区深陷俄乌冲突，复苏较缓，在高通胀和欧元贬值的压力下，于 2022 年 7 月开始加息；日本通胀相对温和，但疲软的经济、持续的贸易逆差以及高债务率使得日本央行仍保持宽松政策，国债利率上行幅度最小。（主要发达经济体国债收益率曲线水平与斜率分别见图 3-9 与图 3-10。）

图 3-9　主要发达经济体国债收益率曲线水平

资料来源：Wind。

图 3-10　主要发达经济体国债收益率曲线斜率

资料来源：Wind。

近一年来，以美联储开启加息为分界点，美国国债收益率曲线大致经历“熊陡—熊平”两个阶段。持续高通胀和货币紧缩政策主导利率走势，同时，经济衰退预期也曾短暂影响利率的波动。

第一阶段：2021 年第四季度至 2022 年第一季度，美国国债收益率曲线呈现熊陡态势。2021 年第四季度，美国经济持续复苏，同时通胀迅速飙升至近 40 年来新高。美联储最终放弃之前秉持的“暂时通胀”立场，政策转向逐渐强化，2021 年 11 月实施 Taper，加息时点不断提前，力度也不断强化，美国国债利率上行。2022 年第一季度，美国劳动力市场强劲，通胀持续超过预期，2022 年 3 月美联储继 Taper 之后开启加息进程，美国国债利率快速上行。在此阶段，由于短端利率受制于联邦基准利率，在尚未完全开启加息的情况下，就业市场强劲复苏与持续高通胀对长端利率影响更为显著，美国国债收益率曲线呈现熊陡态势。

第二阶段：2022 年第二季度至 2022 年第三季度，由于多次大幅加息，美国国债收益率曲线整体呈现熊平态势，同时，收益率倒挂由曲线中长端快速向短端蔓延。在此阶段，俄乌冲突加剧美国通胀压力，CPI 屡创近 40 年来新高，PCE 和 PPI 创指标有史以来新高。为应对通胀，美联储继 3 月首次加息 25BP 后，分别在 5 月、6 月、7 月加息 50BP、75BP、75BP，5 个月内累计加息 225BP，是 1982 年以来最强的加息力度。与此同时，美国于 6 月开启缩表，每月减持 475 亿美元资产（300 亿美元国债和 175 亿 MBS），9 月开始增加到 950 亿美元（600 亿美元国债和 350 亿 MBS）。大幅紧缩政策导致美国国债收益率曲线水平上行，斜率扁平化趋势明显，备受关注的 2 年期和 10 年期在 7 月以来持续倒挂，此指标通常被认为是经济步入衰退的先兆。同时，2022 年第一季度和第二季度，美国 GDP 环比年化增长率分别为-1.60%和-0.60%，连续两个季度处于负区间，美国经济步入“技术性衰退”，受此影响，美国国债利率在 2022 年 5 月和 7 月也曾出现暂时回调。未来，美国国债利率走势将取决于美国“滞”和“胀”发展路径以及美联储的政策抉择。其中，一个重要的观测对象是美国的就业市场。第一，从历史数据来看，美国劳动力工时与产出高度正相关；第二，劳动力市场的紧张程度是影响（核心）通胀走势的重要参考变量。根据美国劳工部的最新数据，2022 年 10 月，美国的失业率为 3.7%，处于历史低位，但较 9 月上升 0.2 个百分点；劳动参与率为 62.2%，距离疫情前的 63.4%还有较大距离，且 2022 年以来一直处于 62.1%至 62.4%之间，并没有继续改善的趋势，说明疫情放开后，相较疫情前，美国劳动力市场丧失的400多万劳动力似乎难以恢复；2022年9月，美国职位空缺率处于6.5%的高位，显示美国劳动力市场依然紧张；雇佣率4.0%和离职率2.7%均有所下行，与疫情前差距不大，显示雇主招聘的人数和自愿离职的人数有所减少。

综上可以看出，第一，处于高位的职位空缺率显示当前美国劳动力市场依然紧张；第二，美国劳动力紧张的情况，很大程度是劳动力供给大幅减少导致的，且短期内，劳动力紧张的现象难以扭转；第三，美国劳动力市场拐点隐现。雇佣率的下降显示雇主招聘理想雇员的人数有所减少；同时，由于就业数据是滞后指标，随着美联储加息政策影响的深化，劳动力市场需求或将受到压制。未来，劳动力市场衍化路径可能使劳动力供给短期内难以改善，加息导致需求下降，劳动力市场供求关系达到新的平衡。在此情况下，美国经济衰退概率或将进一步提升。

近一年来，日本国债收益率曲线整体呈现熊陡态势，在2022年7月出现短暂回调，波动幅度明显低于美国。首先，经济缓慢复苏以及通缩转为温和通胀，日本国债利率曲线整体呈现上行态势；其次，2022年7月，由于全球经济衰退以及美联储加息放缓预期，日本国债利率跟随美国有所回调；最后，由于日本经济复苏缓慢且通胀相对温和，国债利率波动幅度较小。此外，由于日元复苏缓慢以及持续的贸易逆差（2022年8月，逆差创历史纪录），日本仍保持货币宽松和收益率曲线控制政策，其中，10年期国债利率上限为0.25%。与此同时，日本国债收益率曲线斜率与水平保持同向变动。在通胀转正且超过2%的目标以及日元汇率持续贬值的背景下，日本央行与市场博弈，2022年4月以来，日本10年期国债利率曾多次超越上限。未来，日本央行收益率曲线控制政策仍将是制约日本国债利率曲线走势的最重要因素。

近一年来，欧元区公债收益率曲线整体呈现熊陡态势，但在2022年7月呈现牛平态势。其中，曲线水平终于摆脱负区间，步入正区间。2021年第四季度，在高通胀和全球货币政策转向预期的影响下，欧元区公债利率有所上行；在11月，由于新变异毒株导致新一轮疫情暴发，欧元区公债收益率曲线水平有所回调，整体保持小幅上行。2022年第一季度，俄乌冲突令欧洲面临更严重的供应链中断和原材料价格上涨问题，且该地区急于摆脱对俄罗斯能源的依赖进一步加剧了通胀压力，欧洲央行3月会议纪要释放“鹰”派信号，许多决策者认为货币政策正常化存在立即实施的必要，资产购买计划在夏季结束可以为第三季度的加息铺平道路。欧元区公债利率开始加速上行。由于通胀飙升和欧元大幅贬值，欧洲央行被迫于7月开启近11年以来的首次加息，加息幅度为50BP。在加息和经济衰退预期强化背景下，7月欧元区公债收益率曲线转为牛平态势。在通胀持续高企背景下，欧元区迟迟不愿加息的原因在于经济衰退风险以及对欧元区外围国家（如希腊、意大利、爱尔兰、葡萄牙等）的债务危机的担忧。但由于通胀的持续恶化以及欧元对美元跌至平价，欧洲央行不得不选择加息应对。此后，2022年9月和11月，欧元区又分别大幅加息75BP，曲线形态转为熊陡。在通胀高企、欧元疲软、经济预期悲观的背景下，欧洲央行面临较大挑战和痛苦抉择。

（二）新兴经济体国债收益率情况

近一年来，在俄乌冲突持续以及欧美大幅收紧政策的背景下，新兴经济体在面临持续高通胀、资本外流和货币贬值的压力下，普遍延续加息政策，国债收益率曲线整体呈现熊平态势。中国率先控制住疫情，经济逐渐回归新常态，在增速面临下行压力、货币政策偏松的背景下，国债收益率曲线整体呈现牛陡态势。部分新兴经济体国债收益率曲线水平与斜率见图3-11、图3-12。

图3-11　部分新兴经济体国债收益率曲线水平

资料来源：Wind。

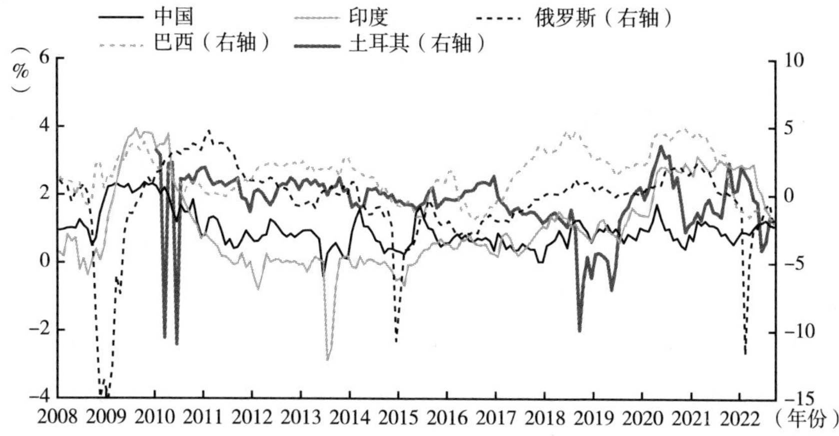

图 3-12　部分新兴经济体国债收益率曲线斜率

资料来源：Wind。

近一年来，印度国债收益率曲线大致经历“震荡—熊平”两个阶段。2021年第四季度至2022年第一季度，印度经济缓慢复苏，通胀相对温和，政策利率稳定在3.35%，印度国债利率保持小幅震荡态势。因2022年第二季度以来，受通胀高企和加息的影响，印度国债收益率曲线呈现熊平态势。自2022年4月以来，印度CPI同比增速连续超过7%；同时，印度贸易逆差扩大、资本加速外流使得印度卢比汇率承压，2022年以来卢比兑美元汇率贬值10%，为应对通胀和稳定汇率，印度自2022年5月以来已四次加息，基准利率累计上调100BP，至5.9%。在加息的背景下，印度国债收益率曲线呈现熊平态势。

近一年来，俄罗斯国债收益率曲线大致经历“熊平—牛陡”两个阶段。2021年第四季度，在通胀飙升和贬值压力下，俄罗斯延续加息政策；2022年第一季度，俄乌冲突以及西方集团对于俄罗斯的金融经济进行全方位的制裁，俄罗斯金融市场接连受挫，卢布一个月之内大幅贬值超过50%，俄罗斯通胀恶化，3月CPI同比增速达到16.69%。俄罗斯采取资本管制，同时将政策利率由9.5%大幅提升至20%，国债收益率曲线呈现熊平态势。自2022年第二季度以来，俄罗斯将卢布与黄金和大宗商品挂钩以及强制卢布结算的策略，稳住了货币和金融系统。卢布汇率逐渐走强，6月底卢布兑美元的汇率一度升至51.15∶1，比3月初的最低点升值超过一倍，也远远高于俄乌冲突前的78.8∶1，目前稳定在60∶1左右。在此背景下，俄罗斯采取降息措施，由4月的20%连续五次降息，在9月

19 日降至 7.5%，俄罗斯国债收益率曲线呈现牛陡态势。

近一年来，巴西国债收益率曲线大致经历“牛平—熊平—牛平”三个阶段。2021 年第四季度，由于高通胀和贬值压力，巴西延续加息政策，但由于新变异毒株导致新一轮疫情暴发，巴西国债收益率曲线水平有所回调，巴西国债收益率曲线呈现牛平态势。2022 年第一季度和第二季度，作为全球大宗商品的主要出口国之一，在诸如通胀飙升和债务高企等不利因素之外，巴西出口受益于大宗商品价格的上升，贸易顺差扩大。受美联储紧缩影响，巴西于 2 月、3 月、5 月、6 月和 8 月连续加息五次，累计加息 450BP，至 13.75%，巴西国债收益率曲线呈现熊平态势。2022 年第三季度，随着 PMI 指数和通胀数据下降，巴西国债收益率曲线呈现牛平态势。

近一年来，土耳其国债收益率曲线大致经历“熊市—牛平—牛陡”三个阶段，且曲线基本保持倒挂状态。2021 年第四季度和 2022 年第一季度，土耳其面临通胀和贬值压力，CPI 同比增速飙升至 61.14%，在通胀飙升的情况下，总统埃尔多安反对加息政策，采取降息抗通胀的策略。从 2021 年 9 月开始连续降息四次，累计降息 500BP，至 14%。伴随着多次降息，土耳其里拉急剧贬值，两个季度贬值超过 60%，土耳其国债收益率曲线水平呈现上行态势，斜率保持震荡。2022 年第二季度，土耳其通胀恶化，通胀率继续上升，但低于市场预期，国债收益率曲线呈现牛平态势。2022 年第三季度，土耳其重启降息政策，于 8 月和 9 月各降息 100BP，土耳其国债收益率曲线呈现牛陡态势。

近一年来，中国国债收益率曲线整体呈现牛陡态势，波动幅度较小。近一年来，由于疫情冲击和房地产等行业调控，中央经济工作会议指出“我国经济发展面临需求收缩、供给冲击、预期转弱三重压力”，经济下行压力较大，四个季度 GDP 同比增速分别为 4.0%、4.8%、0.4% 和 3.9%。在此背景下，央行实施较为宽松的货币政策，以维护金融市场流动性、降低实体经济融资成本。2021 年 12 月央行降准 0.5 个百分点，2022 年 1 月央行降息 10BP（1 年期 MLF 和 LPR 利率均降息 10BP，分别至 2.85% 和 3.70%），2022 年 8 月央行降息 10BP（1 年期 MLF 和 7 天期 OMO 利率降息 10BP），中国国债收益率曲线整体呈现牛陡态势。由于中国基本面和政策调整相对稳定，预期偏差较小，利多与利空因素交织，中国国债收益率曲线波动幅度相对较小。以 10 年期国债利率为例，近一年来，基本保持在 2.5%~3.1%。

（三）中美国债利差情况

近一年来，中美国债利差迅速大幅收窄且持续倒挂（见图 3-13）。截至 2022 年 9 月末，中美 3 月期国债利差由上年同期的 192BP 降至-173BP，降幅高达 365BP；中美 10 年期国债利差由上年同期的 136BP 降至-107BP，降幅达 243BP。同时，中美 10 年期国债利差于 2022 年 4 月开始出现自 2008 年美国次贷危机以来的首次倒挂，中美 3 月期国债利差也于 2022 年 6 月出现倒挂，且一直持续至今。近一年来，中美经济环境和货币政策取向不同，主导中美国债利差走势。中国受疫情冲击，经济下行压力凸显，有效需求不足，通胀温和，货币政策偏宽松；美国经济处于复苏阶段，通胀持续飙升，货币政策大幅收紧。未来，在美联储加息持续的背景下，中美国债利差或将维持高位倒挂；在美联储紧缩政策放缓以及中国经济企稳的背景下，中美国债利差或将逐渐收敛。

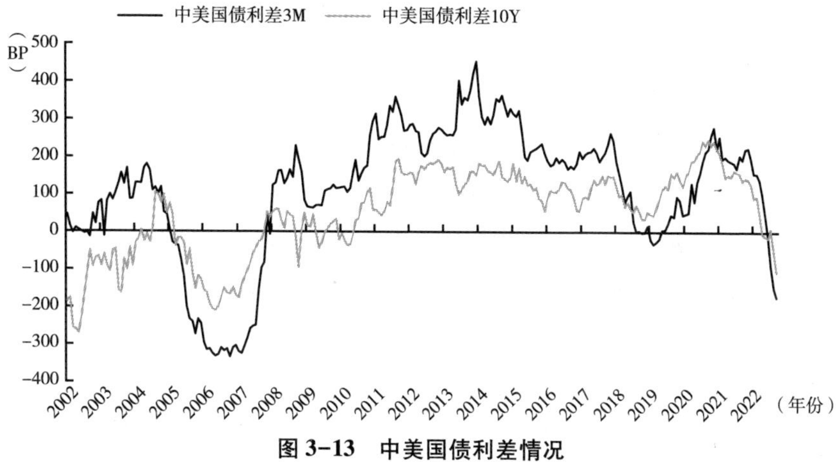

图 3-13　中美国债利差情况

资料来源：Wind。

注：利差=中国国债对应期限收益率-美国国债对应期限收益率。

三　全球外汇市场

（一）人民币汇率走势

近一年来，人民币汇率走势经历“平升—急贬—平稳—急贬”四个阶段，整体呈现贬值行情，从2021年9月30日至2022年10月31日，美元兑人民币由6.46升为7.30，人民币贬值11.45%（见图3-14）。

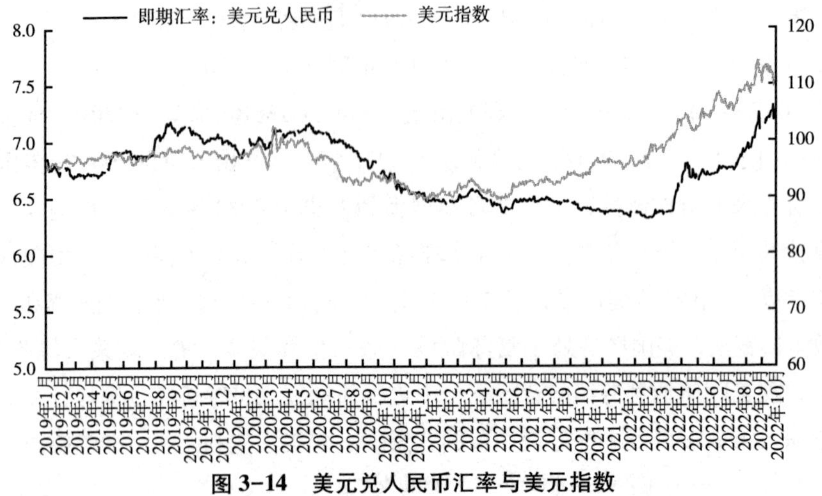

图3-14　美元兑人民币汇率与美元指数

资料来源：Wind。

第一阶段：2021年9月30日至2022年3月8日，美元兑人民币汇率从6.46变为6.31，人民币升值2.35%。在此阶段，美元兑人民币汇率与美元指数呈正相关。通常来说，美元指数上行时，人民币兑美元会贬值。在此期间，美元指数上行的同时，人民币兑美元仍升值，主要原因在于中国强劲出口带来的贸易顺差以及中美利差仍处于高位带来的资本项目顺差。由于中国率先从疫情中恢复，同时得益于中国供应链的完整和成熟度，2021年中国出口大幅增加，基本每个月都保持在20%以上。尤其是在2021年下半年，疫情导致的基数效应基本可以忽略，出口强劲增长且远超预期。以美元计算，2021年10月至2022年1月，贸易顺差均超700亿美元，屡创历史新高。同时，在此期间，由于其他主要国家利率仍处于历史低位，中国利率处于正常水平，比如中美利差超过100BP，吸引国际资本流入。经常项目和资金项目双顺差支撑人民币汇率上行。

第二阶段：2022年3月9日至2022年5月16日，美元兑人民币汇率从6.31急升为6.80，人民币贬值7.10%。在此阶段，人民币兑美元汇率与美元指数重回负相关。此次人民币汇率贬值主要是由于中美货币政策分化，美国加息导致中美利差快速收窄，进而导致跨境资本流出。在此期间，中美10年期国债利差急速下降超过100BP，步入负区间。中美3个月期国债利差也明显收窄近100BP，至0.53%。

第三阶段：2022年5月17日至2022年8月12日，美元兑人民币汇率基本在6.60至6.80区间小幅波动。人民币兑美元未延续贬值势头，主要是因为美国2022年第一季度GDP环比下降，引发美国经济衰退和美联储加息放缓的预期。

第四阶段：2022年8月13日至2022年10月31日，美元兑人民币汇率从6.73急升为7.30，人民币贬值7.72%。在此期间，美国通胀持续飙升，CPI和核心CPI均创40年以来新高，美联储实施了连续的大幅加息政策，继3月和5月分别加息25BP和50BP之后，6月、7月和9月均连续加息75BP。中国通胀相对温和，在稳经济的政策目标下，货币政策保持适度宽松，中美10年期国债利差持续倒挂后，中美政策利率和3月期国债利差也逐渐倒挂。中美政策分化持续影响人民币汇率。

（二）国际汇率走势

2021年9月30日至2022年10月31日，美元指数六大构成货币均出现明显贬值，美元指数大幅上行18.39%。其中，欧元、英镑、日本、加元、瑞典克朗和瑞士法郎兑美元分别贬值14.64%、25.17%、14.91%、6.92%、20.70%和6.96%。

2021年9月30日至2022年10月31日，欧元兑美元汇率由1.16降为0.99，欧元贬值14.64%（见图3-15）。欧元区经济复苏较为缓慢，俄乌冲突前，美联储货币政策收紧，欧元区仍保持宽松政策，美元利率始终高于欧元利率且利差逐渐走阔。俄乌冲突对欧元区经济造成巨大冲击，北溪2号天然气管道被炸，造成其面临长久的能源危机和屡创新高的通胀。欧元兑美元汇率持续贬值，一度跌破平价，创近20年来新低。

2021年9月30日至2022年10月31日，美元兑日元汇率由111升为149，日元贬值33.64%（见图3-16）。日本经济复苏更加缓慢，自2021年8月以来，出口外向型经济连续出现逆差，且在2022年8月创下282万亿日元的历史纪录。在美联储持续收紧政策且大幅加息的背景下，日本为了支持经济，仍保持资产购买计划和收益率曲线控制政策，10年期国债利率控制在±0.25%之间，美日元利差快速走阔，日元兑美元汇率持续贬值，创近30年来新低。

2021年9月30日至2022年10月31日，英镑兑美元汇率由1.35降为

1.15，英镑贬值 14.91%（见图 3-15）。英国持续动荡的政治局势、激进的经济政策以及俄乌冲突的影响，导致英镑兑美元汇率持续贬值，一度逼近 1985 年 2 月的历史最低点 1.05。

图 3-15 欧元、英镑兑美元汇率与美元指数

资料来源：Wind。

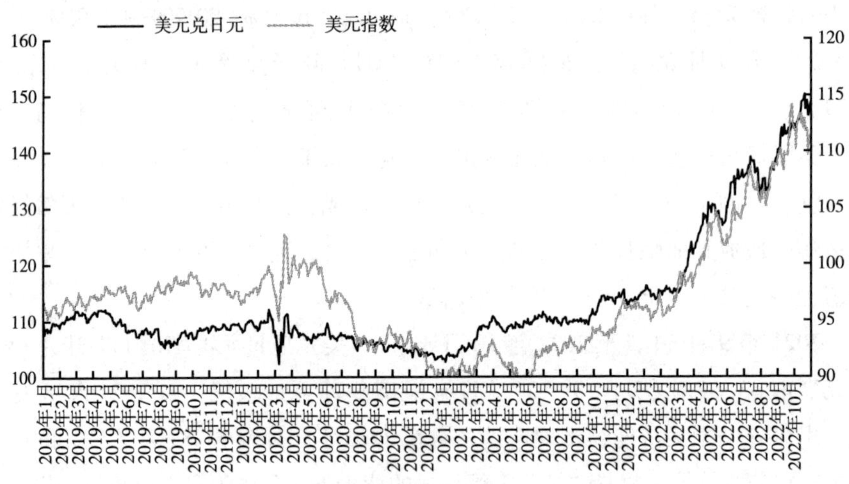

图 3-16 美元兑日元汇率与美元指数

资料来源：Wind。

比较24个主要国家（地区）货币对美元的汇率变化情况，如图3-17所示。2021年9月30日至2022年10月31日，只有卢布兑美元升值18.2%，其他货币均有不同程度的贬值。相对来说，资源输出国货币表现坚挺，如卢布、巴西雷亚尔、澳大利亚元等；资源进口国货币表现较差，如日元、韩元等。由于土耳其采用降息抗通胀的反传统措施，通胀率飙升至80%以上，在24个主要国家（地区）货币中汇率表现最差。人民币表现尚可，尤其是相对于欧元、日元、英镑等全球主要货币，依旧坚挺。

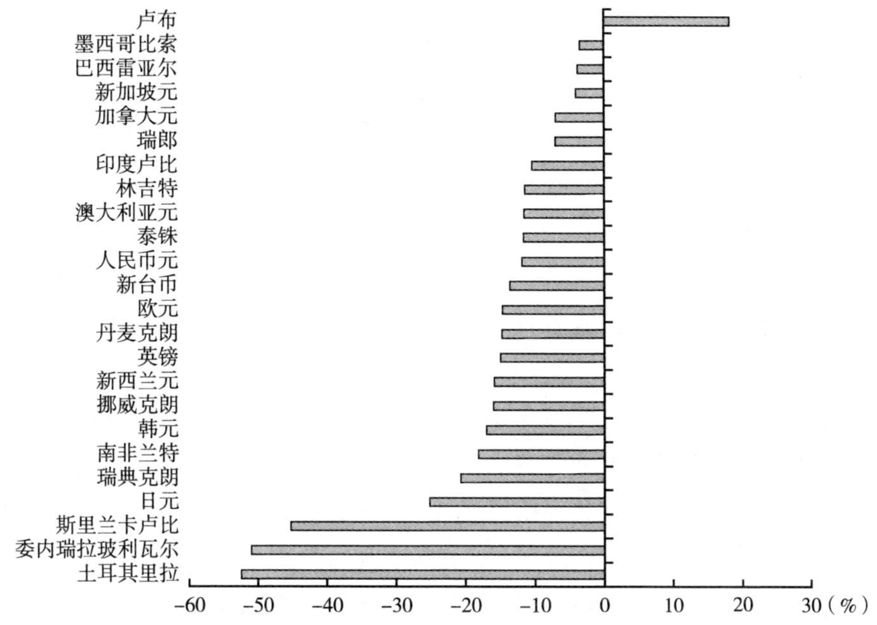

图3-17　主要国家（地区）货币汇率变化（2021年9月30日至2022年10月31日）

四　央行数字货币发展提速

（一）数字人民币取得亮眼成绩

2020年以来，中国人民银行持续推进数字人民币试点工作，先后形成了10家指定运营机构，选择了15个省份的部分地区开展试点。据统计，截至

2022 年 8 月底，数字人民币试点地区累计交易笔数 3.6 亿笔、金额 1000.4 亿元，支持数字人民币的商户门店数量超过 560 万个。

考虑到数字人民币 M0 的定位，目前的试点仍主要围绕零售、餐饮、文旅、普惠等场景，以发放带有特定交易限制的红包为手段，促进数字人民币的消费使用。同时也可以看到，2022 年以来，数字人民币更多地向政府（G 端）延伸。多地电子政务服务平台开通数字人民币支付服务，支持线上线下渠道办理各类公共事业缴费，利用数字人民币发放退税资金、医保月结款专项资金、困难群众帮扶资金、“专精特新”企业扶持资金等。

目前，第三方支付在个人零售支付中占有大量市场份额，数字人民币既定位于 M0，且又难以从传统零售领域找到提升市场份额的突破口。我们认为，数字人民币未来的一个主攻方向应该是 G 端。通过与税费、医疗、住房、教育、债券等财政账户绑定，拉动私人部门特别是企业部门使用数字人民币。由于有了 G 端的需求，企业部门就会形成数字人民币存量，进而企业与个人之间的工资或红利发放、企业与企业之间的账目交易就可能使用数字人民币结算，并通过税收等活动再返回 G 端——如此才真正形成了数字人民币的流通闭环。

另一个主攻方向是数字经济原生场景的搭建。数字经济将引发图片、音乐、视频、游戏等数字化生产的大爆炸，创作者经济已经初见端倪。目前，创作者还需要依附于各大平台获得流量，从而势必要被平台分走相当可观的利润。而支付作为重要的金融工具，也被看作必争之地，不同的支付平台在其生态内部可以便捷地转账、支付，但在跨平台方面则障碍重重。未来，数据和创意的主权一定是要回归个体手中的，个体将有权决定将多少数据、哪些数据开放给哪个平台，从而拥有自身数字资产的完全掌控权。这意味着整个数字空间有融合而非分化的趋势。数字人民币作为数字形态的法定货币，凌驾于单个商业银行或第三方支付手段之上，可以打通不同平台之间的交易壁垒，更适应兼容并包的数字经济原生场景对货币的需求。正如余额宝之于支付宝的引爆性意义一样，当金融机构纷纷转向纯数字场景，为数字人民币提供专门的数字化理财与借贷产品之时，可能就是数字人民币需求迸发之日。

（二）数字美元呼之欲出

针对央行数字货币，美国在很长时间都没有明确的官方表态，但其政界、学界、业界一直在持续关注、研究和评估，目前似乎已经有了决断，即准备发行数字美元，融合央行数字货币与加密资产的优势，确保数字时代的美元霸权。

2022 年 1 月 20 日，美联储发布数字美元讨论文件《货币与支付：数字化转型时代的美元》（Money and Payments：The U. S. Dollar in the Age of Digital Transformation，下称《讨论文件》），这是美联储首次系统阐述央行数字货币（CBDC）并征求利益相关方的意见。《讨论文件》描述了 CBDC 的经济背景、主要政策考虑以及发行数字美元的潜在风险和好处。美联储认为，CBDC 的潜在优势在于，它能够安全地满足数字时代的支付需求、改善跨境支付、支持美元国际货币角色、促进金融普惠、提供公众获取中央银行安全货币的渠道。同时，美联储也认为 CBDC 存在可能的风险，包括改变金融行业结构、触动金融体系安全稳定、影响货币政策渠道和有效性、增加隐私保护和网络安全等风险隐患。《讨论文件》指出，美联储尚未就是否发行 CBDC 做出决定，其关键考量将是上述潜在优势是否大于潜在风险，以及发行 CBDC 是否优于其他替代性方案（比如私人稳定币）。

2022 年 3 月 9 日，美国总统拜登签署行政命令，其中一个重要内容是呼吁在整个政府范围内紧急关注 CBDC 的研发。该行政命令要求对 CBDC 的潜在利益和风险进行全面评估，评估视角包括消费者、投资者以及整个美国金融系统。拜登要求研究和报告由财政部牵头，其他联邦机构包括商务部和国土安全部也要提供意见。5 月，在稳定币出现市场动荡后，美联储副主席 Brainard 表示，将有意推动数字美元进入加密领域充当名义锚。这一表态不仅传达了美联储对加密货币发展的积极态度，更摆明了美国在数字货币领域充满野心的战略规划：一方面，通过纳入监管框架和允许美国银行持有头寸的方式对加密货币予以“收编”，在支持创新的同时防范金融风险；另一方面，通过引入数字美元“跑马圈地”，将加密领域纳入美元霸权版图。

一直以来，美国对 CBDC 始终保持相当审慎的态度，但在俄乌冲突背景下，美国的一系列动作预示着在数字时代的货币竞争中，美国仍会积极扩张美元霸权的势力范围。如果说之前中国在 CBDC 的赛道取得了领先，但由于行政禁令而放弃了加密资产赛道，从而在数字货币问题上面临“双赛道”不确定性的局面，那么 Brainard 有意推动的这一战略则直接将两条赛道合二为一。积极筹备数字美元并将之推入加密资产领域充当名义锚，不仅意在稳住美元在细分市场的存在感，更着眼于未来全球网络基础设施将基于加密技术和分布式框架搭建的可能性，企图确保美元在数字化时代的全球金融系统中仍能处于核心地位。

（三）跨境支付成为博弈重点

在货币数字化进程中，跨境支付是备受关注的核心问题之一。在传统的跨境支付中，大多交易是通过代理行安排进行的。这种安排涉及多个机构，同时还要考虑报文标准、监管合规、时差、汇率变动、税费、代理行网络覆盖等多方面的差异，从而大大增加了交易摩擦和风险，以致产生了较高的跨境支付成本。此外，代理行的大部分结算使用商业银行信用，从而可能产生信用风险和流动性风险，结合跨境交易大额、周期长的特点，这种风险会比境内支付的风险更大。

为此，许多数字货币创新设计的动因之一就是实现高效的跨境支付。2022 年，俄乌冲突爆发后，美西方通过 SWIFT 断连制裁俄罗斯。由于 SWIFT 在全球交易中的主导地位，SWIFT 断连将导致大量交易无法迅速、便捷地达成，从而对俄罗斯的政府、企业以及个人在贸易和金融等方面产生重大不利影响。跨境支付进一步由成本考量上升到金融安全领域，许多国家和机构开始寻找绕开 SWIFT 的跨境支付替代方案。在此背景下，跨境支付将成为未来数字货币博弈新重点。

2022 年 9 月底，由国际清算银行（香港）创新中心、香港金融管理局、泰国中央银行、阿联酋中央银行和中国人民银行数字货币研究所发起的多边央行数字货币桥（mBridge）项目，在 8 月 15 日至 9 月 23 日期间首次成功完成了基于四个不同司法辖区央行数字货币的真实交易试点测试，来自四个不同司法辖区的 20 家商业银行基于 mBridge 平台为其客户完成以跨境贸易为主的多场景支付结算业务。测试中发行的央行数字货币折合人民币 8000 余万元，交易业务逾 160 笔，交易总额折合人民币超过 1.5 亿元。其中，mBridge

实现了境内向香港跨境汇款分钟级到账，成功测试了境内与阿联酋等的跨境汇款。

10月26日，mBridge项目发布报告《“货币桥”项目：通过央行数字货币连接各经济体》（Project mBridge：Connecting economies through CBDC），详细地阐述了上述试点的运行成果，技术设计，法律、政策、监管方面的考虑及未来蓝图。该报告显示，mBridge开发了一个定制的分布式账本（被称作mBridge账本，简称mBL）。mBL可以托管多个CBDC的通用基础设施，在该平台上，各国金融机构可以直接持有和交易中央银行发行的CBDC。本次试点实现了不同CBDC的发行与赎回、实时点对点的跨境支付以及外汇对付（PvP）交易，并证明其在速度、透明度、效率、弹性、准入、成本和结算风险降低等方面均具有优势。我们认为，mBridge项目具有三方面优势。一是兼容性，mBridge平台不仅能连接CBDC网络，而且实现了与传统清算系统之间的互操作性。二是开放性，mBridge项目的源代码开放，所有项目成员都可以查阅和编辑。同时，mBridge项目还邀请诸多其他央行和国际组织的代表作为观察员加入项目，提高了其透明度和影响力。三是平衡了监管合规与隐私控制。mBridge上的交易细节只能被交易双方、交易双方属地的央行以及交易使用货币的发行者查看，而对其他参与者保持匿名。这同时保证了交易者的匿名需求，相关央行掌握本国跨境资金流动和实施货币政策的需求，以及反洗钱、反恐怖融资和实施制裁的需求。

当然，mBridge项目目前也存在一系列问题。其一，在现行体系下，mBridge的系统效能很大程度上仍受传统账期和系统营业时间的影响。在试点中可以发现，与单向跨境支付相比，外汇对付交易数量有限。这是因为一些央行要求在日终前平账，而参与项目的四个法域存在时差，能够实现外汇对付交易的重叠时间有限。其二，mBridge尚缺乏有效的汇率发现机制。目前平台上外汇交易的价格是在链外单独确定的，这无疑使流程复杂化，同时增加了价格风险。

根据该报告披露，项目意识到，mBridge与国内CBDC和传统支付基础设施的集成能力、链上CBDC发行和赎回流程的自动化，对mBridge的未来推广至关重要。因此，项目计划2023年和2024年在以下方面重点发力：提升与国内支付系统的互操作性和自动化水平，将汇率发现和匹配机制整合到平台中，引入流动性管理工具，改进数据隐私保护工具，进一步整理政策和监管合规内容，继续完善法律框架、平台条款，并吸纳更多的央行和私人部门参与，试点更多的业务类型。

紧随 mBridge，10 月初环球银行金融电信协会（SWIFT）在官网公布了其用于 CBDC 和加密资产领域跨境支付的试验结果，并披露了未来发展的相关规划。此次试验参与者包括多个国家央行及全球性商业银行等 14 家机构，法国央行、德国央行、汇丰银行、渣打银行、瑞银集团、富国银行等均在其列。针对 CBDC 跨境，SWIFT 提供了一套互联的基础设施，其核心是“联结网关”（Connector Gateway）。该网关是各法域 CBDC 网络和 SWIFT 平台之间的标准化接口，为跨境支付提供统一出入口。网关提供智能合约、条件支付和监管功能，可以兼容各法域间不同的基础设施。目前，SWIFT 已经成功测试了两种基于不同分布式账本技术（DLT）的 CBDC 之间的双向交易、基于 DLT 的 CBDC 与不基于 DLT 的 CBDC 之间的双向交易，以及 CBDC 与实时全额支付系统（RTGS）即传统法定货币之间的交易。针对加密资产，SWIFT 模拟了通证发行、二级市场交易以及与法定货币的相互转换等功能，表明 SWIFT 有能力为各种加密资产网络提供一点接入，使加密资产、CBDC 和传统货币与资产能够相互跨境交易。

mBridge 与 SWIFT 的跨境方案有相似之处，即二者都试图兼容不同的 CBDC 系统和设计，并高度重视智能合约的应用。在差异方面，mBridge 实质上是为多边 CBDC 建立了一个“走廊网络”，使用单一 DLT 构建点对点的跨境交易。相较于建立在传统代理行模式基础上的 SWIFT，这种单一的 DLT 更容易实现透明、高效与低成本，且通过引入货币当局作为验证节点，更有利于维护各国货币主权、实现多样化的货币政策意图，以达成共赢的局面。SWIFT 的跨境方案至少有两个重大优势。一是基于其在传统跨境交易的深厚基础，SWIFT 不仅能实现 CBDC 跨境交易，还能打通 CBDC、加密资产与传统法定货币和证券的跨境交易，这种一点接入的优势是不容小觑的。二是 SWIFT 跨境方案的联结网关报文格式沿用了现行的 ISO 20022 标准，尽可能保障了一致性与延续性。这将大大地简化各个国家和地区、金融机构以及加密资产网络参与互联的工作量，从而形成相当强的商业惯性。相较之下，mBridge 主要面向 CBDC，易受制于其他国家 CBDC 的研发意愿和落地进度，并面临与更多货币当局协作开发可能带来的成本。

总之，在数字经济时代的大背景下，数字货币发展的脚步已经不可逆转。跨境支付作为其中的重要问题，已经产生了不同路径的解决方案。SWIFT 作为上个时代既有金融基础设施参与其中，享有商业惯性的优势，也势必有固化旧格局的商业动机；诸如 mBridge 等新的入场者能否开辟一席之地，则还需要提供更多更显著的差异化竞争优势。

五　加密资产市场巨变

近年来，美欧等主要经济体正逐步接纳加密货币并构建相应监管框架。中国虽然采取禁止态度，但对智能合约、NFT、元宇宙等技术和场景仍比较重视。我们认为，加密资产的本质是记录价值转移的分布式账本，具体而言，它通过密码学和链式结构保证账本不可篡改，通过 PoW、PoS、BFT 等机制促成共识，通过各种形式的挖矿奖励代币形成经济激励，通过提供接近图灵完备的系统使其能够执行智能合约，以期在不信任的环境下，由全体验证者共同维护一套安全高效运行的数字化价值转移账本。加密货币与法定货币并不是非此即彼，而是竞争与合作的关系。为适应数字经济的新形态，法定货币必须有所转变，而加密资产网络则正为法定货币的数字化转变提供了一个全新的技术和机制创新的试验场，并极有可能改善金融中介的效率，推动国际金融新秩序的形成。

（一）近一年加密资产市场走势回顾

刚刚过去的 12 个月可谓是加密资产市场相当黑暗的一年。加密资产从 2021 年 11 月初的高点一路下跌，资产价值蒸发近 7 成。以比特币和以太坊为例，2021 年 11 月 8 日，二者收盘价一度冲高到 67566.83 美元和 4812.09 美元。然而，截至 2022 年 11 月 2 日，比特币和以太坊分别下跌至 20159.50 美元和 1519.71 美元，跌幅达 70.16%和 68.42%（见图 3-18）。

分阶段来看，比特币和以太坊两大头部加密资产大致经历了下跌、反弹、再次下跌和震荡四个阶段。

（1）2021 年第四季度，美联储缩表和加息提上议程，全球流动性预期悄

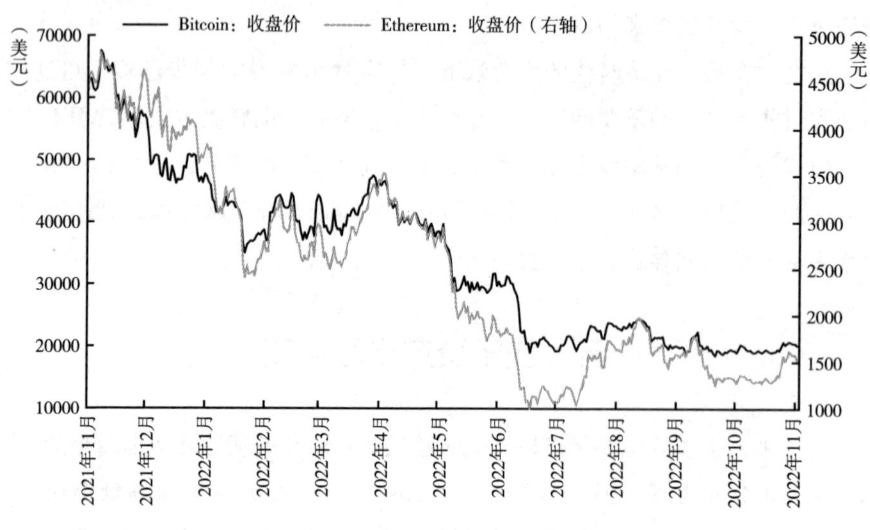

图 3-18　2021 年比特币、以太坊主要事件及价格走势

资料来源：CoinMarktetCap。

然变化。12 月 FOMC 会议上，美联储宣布加快 Taper 速度，紧缩信号增强，比特币和以太坊等加密资产价格迅速走低，这一行情一直延续到 2022 年 1 月 22 日，比特币和以太坊收盘价分别是 35000 美元和 2400 美元，这与 11 月下跌前的高点相比已是腰斩。这一时期的下跌主要来自预期层面。

（2）2022 年 2 月末俄乌冲突爆发。当时市场预期俄罗斯将面临严重制裁、卢布将会暴跌，于是比特币等加密资产似乎成为俄罗斯寡头和民众绕开制裁的救命稻草。因此，冲突发生后的几天内，比特币价格拉升超过 10%，在 3 月 1 日收盘价接近 4.5 万美元。然而，加密资产成为避险和逃脱制裁手段的猜测很快被证伪，一方面，无论是比特币还是整个加密资产市场，其体量都不足以容纳俄罗斯这样一个体量的国家所需的市值和交易量；另一方面，美欧在加密领域的制裁接踵而至，比特币价格再度跌回 3.8 万美元价格线。不过，随着冲突导致的紧张情绪逐渐恢复，3 月下半月，比特币和以太坊重新上涨，几乎回到年初的价格。在这一阶段，由于以太坊 Klin 测试网部署完毕，其“合并”计划的推进也反映在价格的超涨上。3 月 15 日至 3 月 31 日，以太坊价格上涨 25.2%，同时期比特币价格仅上涨 15.7%。以太坊跑赢比特币，究其原因，一方面，以太坊向 POS 的过渡可以成功地减少碳足迹并提升交易效率，从而受到市场追捧；另一方面，看好以太坊的投资者已经在 ETH2.0 合约上锁定了超过 1000 万的以太币，这本身也减少了以太币的供应，从供求角度助推价格上涨。

（3）从 4 月到 7 月的暴跌行情。这一轮暴跌叠加了美联储加息的宏观环境和算法稳定币暴雷事件双重因素。5 月 9 日，算法稳定币 TerraUSD（UST）与美元脱钩，Terra 区块链上的两大加密资产 UST 和 Luna 形成“死亡螺旋”，在短短数天内被“双杀”，一度被追捧为“算稳龙头”的 Terra 项目终结，一时间诸多稳定币、加密货币、交易所及场外市场受到波及。进入 6 月以来，随着美联储加息的开展，加密资产集体暴跌，山寨币的跌势甚至更加惨烈。加密资产市场的动荡也传导至诸多平台和机构：知名加密资产对冲基金三箭资本（Three Arrows Capital）因无力缴纳交易保证金而面临清算，寻求救助方案；加密资产交易平台 AEX 遭遇挤兑；加密资产借贷平台 Celsius 于 6 月 14 日宣布暂停提现，Babel Finance 于 6 月 17 日宣布暂停所有账户提款，CoinLoan 也宣布从 7 月 4 日起将用户每日提款限额从 50 万美元下调至 5000 美元。

（4）第三季度以来，加密资产整体处于震荡走势。与其他风险资产在第三季度的下跌相比，加密资产在震荡中稍有上涨可谓“亮眼”。这主要得益于以太坊“合并”的完成以及美国可能出台的关于加密资产监管的全面框架的预期。

（二）以太坊完成“合并”

2022 年 9 月 15 日，以太坊“合并”（The Merge）顺利完成，主网正式从工作量证明（PoW）转向权益证明（PoS）。“合并”最显而易见的好处是大幅增强了以太坊的环境友好程度。据测算，PoW 时代的以太坊，其能耗约为每年 112 太瓦时，占全球总能源消耗的 0.20%；二氧化碳的年排放量则与新加坡整个国家的排放量相当。而以太坊切换到 PoS 机制后，就无须为争夺出块权而进行毫无意义的数学运算，其总能耗将减少约 99.95%。

“合并”更为深远的影响则是整个以太坊利益结构的调整。“合并”后，以太坊的用户不用购买显卡和矿机，只需质押 ETH 就可以参与以太坊挖矿。关于 PoW 和 PoS 的差异，一言以蔽之，如果说 PoW 是算力占比越高获得出块权的概率越大，那么 PoS 则是质押 ETH 占比越高获得出块权的概率越大。这实际上是将以太坊的记账权从PoW矿工手里转移到持有ETH的用户手中。从既有的生态发展角度上看，PoW时代以太坊的发展已经证明，相当大比例的矿工其实对以太坊生态建设和未来发展并不关心。这些矿工具有明显的逐利特征，他们购入显卡和矿机，寻找电费低廉、政策宽松的法域，时刻计算着成本、收益和回本周期，其经济激励与以太坊的核心开发者以及生态使用者并不一致，甚至可能成为未来以太坊升级的掣肘。而转向PoS后，参与质押的人都是持有ETH的用户，他们手中加密资产的升值与以太坊网络的长远利益被更紧密地捆绑在一起，将更有利于以太坊的下一步发展。

对于整个加密资产领域，以太坊的“合并”具有里程碑意义。以太坊通过提供接近图灵完备的操作系统，为加密资产网络引入了智能合约，从而衍生出去中心化金融（DeFi）、去中心化自治组织（DAO）、非同质化通证（NFT）乃至元宇宙和Web3.0等愿景，这是加密资产领域创新最为活跃和集中的网络。以太坊的“合并”一方面将为后续其他加密货币网络提供示范效应，使更多新入场者转向使用PoS而非PoW共识机制；另一方面，它也提供了一次颇具积极意义的去中心化改革实践。作为头部加密资产网络，以太坊是一个市值千亿美元的大型平台，其生态运行着数百个DeFi项目，牵动着数以百万计用户的切身利益，调整共识机制的难度和阻力是极大的。从最初的设想，到蓝图擘画，再到最终一步步升级完成“合并”，以太坊经历了数年之久。据统计，9月15日以太坊“合并”当日，有7000余个活跃节点一同写作、42万人参与验证，最终绝大多数用户选择留在“合并”后的以太坊主网，完成了在不停机状态下，通过去中心化的方式切换共识机制的创举。

“合并”只是以太坊升级之路上的一座里程碑，而非终点站。此前，以太坊一直面临网络拥堵、交易费用高企和碳足迹等诸多问题。通过“合并”，能耗问题已经被解决。下一步，以太坊将着力提升其交易效率。目前，以太坊的TPS只有15笔，然而其生态正吸引越来越多的用户参与交易，链上每天有百万级的交易等待成交。特别是在加密货币价格大幅波动的情况下，用户主动交易与合约自动执行的两方面需求叠加，极易导致网络拥堵，交易费用也随之增加。网络拥堵使得很多本应及时发生的交易无法达成，在价格动荡的情况下极易发生“踩踏”风险；而交易费用高企也使许多用户“望Gas费而却步”，一些提升市场有效性的套利机制也将失去作用——这两方面共同抬升了以太坊生态的交易成本，极大地限制了其在应用程序构建、实时数据处理和其他高级用例中的前景。此前，以太坊规划了三个阶段的升级，分别是部署信标链、合并和分片。信标链已于2020年12月1日上线，而合并也已完成。未来，以太坊计划在2023年到2024年前后引入分片机制，允许节点仅存储数据子集，并与基于Rollup技术的二层网络（Layer 2）扩容方案协同，提升以太坊可扩展性。根据以太坊创始维塔利克·布特林（Vitalik Buterin）发布的路线图，以太坊至少还将执行四次重大升级，包括：起飞（The Surge），引入分片机制；边界（The Verge），降低节点大小；清除（The Purge），简化数据存储；狂欢（The Splurge），其他升级，以保证网络平稳运行。

（三）俄乌冲突背景下重新审视加密资产

2022年2月爆发的俄乌冲突，不仅使传统军事战场上硝烟弥漫，战场之外的"制裁战""金融战"也愈演愈烈。与此同时，加密资产被推到风口浪尖，一时间规避制裁、监管调整、新货币体系等各种说法层出不穷，主流加密资产也经历了一波倒V形的涨跌走势。事实上，极端事件为市场带来了重新审视加密资产的重要时间窗口，许多似是而非的概念将在这一时期得到证实或证伪。

俄乌冲突之初，鉴于SWIFT对俄罗斯断连、对俄罗斯的出口限制、冻结俄罗斯主权及私人境外资产等全面制裁，俄罗斯被迫宣布接受比特币等虚拟货币作为国际支付手段，以削弱美西方制裁的影响。市场上也出现了诸多通过加密资产网络规避制裁的猜想。但事实证明，一方面，加密资产没有足够的市场规模和流动性来满足像俄罗斯这样体量的主权国家的需求；另一方面，美西方也不允许在其货币霸权下存在这样的可能。2022年3月初，美国政府出手制裁，要求加密资产交易所不要为制裁名单内的个人和实体提供交易便利，确保俄罗斯无法通过加密资产规避现有制裁手段。随后，总部位于美国的Coinbase宣布其已屏蔽了2.5万多个与俄罗斯个人或实体有关的账户。虽然Coinbase并没有具体说明这些账户涉嫌参与了何种被禁止的活动，但宣称其中许多账户是通过平台主动调查确定的，且所有账户信息已经移交给美国当局。以太坊生态系统的两个关键服务——以太坊钱包MetaMask和API服务商Infura宣布出于法律合规原因，停止了其在俄等司法辖区的服务。总部位于美国纽约的全球最大NFT交易平台OpenSea开始禁止受到美国制裁规定的俄罗斯、伊朗、朝鲜和叙利亚用户登录其平台。除了美国，欧盟也将加密资产划归“可转让证券”范围，并将之补充到针对俄罗斯和白俄罗斯的制裁当中，以加密资产为抵押向俄罗斯和白俄罗斯提供贷款也将遭到禁止。即便是全球最大加密货币交易所、注册地位于开曼群岛的币安（Binance），纵然在美西方呼吁加密交易所制裁俄罗斯之初表示不会封锁所有俄罗斯用户或 IP 地址，一个多月以后也不得不发表声明，表示将不允许持有超过 1 万欧元加密资产的俄罗斯个人、实体进行交易或存款。

经过俄乌冲突制裁与反制裁的博弈，美西方也进一步注意到加密资产在规避制裁方面的潜力，并在立法和执法方面迅速反应，在短时间内形成应对措施并实施，充分展现出美西方金融法律与监管方面的完善能力，也进一步证实了美国在加密资产领域“长臂管辖”的能力。从防范金融制裁的角度，我们可以获得两方面的启示。一方面，冲突与制裁为世界播下了一颗“去中心化”的种子。从 SWIFT 报文系统到交易所，凡使用中心化的服务就难以避免账户信息被披露、资产被冻结和没收，制裁使这一问题暴露无遗。在这一背景下，加密资产的“去中心化”价值急剧凸显，这种价值将不仅局限于经济利益或者个人隐私的范畴，而应该从国家安全和金融安全的更高维度来重新定义。另一方面，当前的加密资产还远远不能承载人们对去中心化系统的需求。这不仅是因为加密市场体量不足，更因为现实中加密资产的“去中心化”在很大程度上是一个伪命题。从算力到治理，从钱包托管到交易所，无不存在“中心”的影子。在这场制裁中，我们可以发现，总部位于美国的加密资产平台响应制裁更为积极；而哪怕不在各国监管范围内的平台，囿于自身未来发展、形象建设、用户诉求、政治压力等原因，也最终参与了对俄制裁。因为纵然加密资产网络是开放的、无国界的和中立的，但交易平台却有自己的注册地和自身的利益。通过交易平台的活动，无论这些交易标的如何宣称去中心化，投资者却始终没有逃离“中心”的控制——国家机器的制裁依旧，加密资产交易所的行为和过去中心化交易所的拔网线、断电也如出一辙。

在俄乌冲突之后，美西方加快了对其“监管收编”的进度。其思路非常明确，即遵循“同样的风险、同样的活动、同样的对待”原则，首先将加密资产分为两大类型。第一类加密资产是传统资产的数字化表达，由于其价值有传统资产支撑，因此其风险实质就是标的传统资产的风险加上通证化所带来的额外风险，可以参照既有的风险对待举措，并附加对加密网络及其数字基础设施的审慎监管。稳定币就属于这一类资产。第二类加密资产是不具有传统资产支持的加密资产，比特币、以太坊等都属于这一类，目前美西方监管者对这类资产采取允许持有但计提100%风险资本的措施。目前，巴塞尔委员会已围绕这一问题发布了两版对加密资产风险敞口的审慎对待讨论文件（见表1），形成了较为完备的标准文本以及照顾各相关方诉求的审慎对待方案，并将在2022年底正式纳入巴塞尔体系当中。美欧也在积极推动相关立法，明确金融机构和企业参与加密资产相关活动的法律依据和行为准则，其总体原则和思路与巴塞尔基本相同。

表1　巴塞尔《审慎对待文件》对加密资产的分类及监管框架

审慎性条件	第1组加密资产		第2组加密资产	
	1a组	1b组	2a组	2b组
分类标准	通证化的传统资产	具有有效稳定机制的加密资产（稳定币）	不满足第1组分类条件，但符合风险对冲识别标准	不属于第1组和2a组的所有其他加密资产
最低资本要求	遵循与非通证化传统资产相同的规则以确定信用风险加权资产	根据储备资产适用现行规则； 根据稳定币的具体机制，识别所有风险敞口，并分别适用相应资本要求	按净敞口计算风险资本，计提100%资本费用	按总敞口计算风险资本，计提100%资本费用
基础设施风险附加	风险敞口价值的2.5%		N/A	
风险敞口上限	N/A		第2组加密资产的风险敞口上限为一级资本的1%	
其他最低要求（最低流动性要求、杠杆率、大额风险敞口）	适用现有的巴塞尔框架要求和附加指导			
银行风险管理和监管审查	银行应遵循巴塞尔委员会关于操作风险管理的现有声明； 监管者在第2支柱下评估银行相对于其风险的资本要求，并酌情采取监管措施			
披露	要求银行定期披露有关加密资产敞口的定量和定性信息			

资料来源：BIS。

第四章
全球利率环境

周莉萍　许　蕴*

- 2022年，由于通胀高企，全球主要国家和地区开启了加息周期。全球通货膨胀高位运行的原因在于：一方面，部分国家和地区采取了宽松的货币政策和积极的财政政策刺激经济，使得居民消费需求有所回升；另一方面，新冠肺炎疫情和俄乌冲突等因素给供应链造成压力，使得部分经济体劳动力短缺，进而推动工资上涨。也就是说，需求端、供给端因素共同推动了主要国家和地区通货膨胀水平的激增。
- 2022年，中国人民银行引导公开市场7天期逆回购操作利率、MLF利率、1年期和5年期以上LPR适度下行，发挥LPR改革效能和指导作用，促进企业综合融资成本稳中有降。中国经济基本面稳健、通货膨胀温和可控、人民币汇率具有韧性，货币政策的主基调仍然“以我为主”，在内需相对不足、通胀压力相对较低的背景下，中国货币政策预计将继续维持宽松以推动经济稳增长。
- 2022年，全球主要国家国债收益率在通货膨胀预期和加息潮的影响下震荡上行。其中，美国10年期国债收益率于2022年10月突破4%；德、法等欧元区核心国家10年期国债收益率接近3%。欧元区边缘国家和新兴经济体由于主权债务违约风险上升，长期国债收益率上涨幅度更大，意大利、希腊等欧元区国家10年期国债收益率接近5%，匈牙利、巴西等新兴经济体10年期国债收益率接近或超过10%。

---

* 周莉萍，中国社会科学院金融研究所副研究员，国家金融与发展实验室债券研究中心高级研究员；许蕴，北京化学工业集团有限责任公司投资助理。

- 目前，发达经济体主要面临通货膨胀刷新历史新高的问题，需要在通货膨胀与尚在恢复过程中的经济状态做出取舍；新兴经济体除了面对通货膨胀与经济增长的双重压力，更需要承担国际资本撤离、本币贬值、国内金融市场动荡和主权债务风险飙升的沉重负担，货币政策的选择难以综合解决上述问题。未来一段时间内至出现流动性危机预兆前，预计全球主要经济体仍将维持货币紧缩政策，以缓和高通胀。
- 美联储加息对全球经济造成扰动，同时对其他各国货币政策造成溢出影响。美联储加息使得国际资本加速撤离新兴经济体，新兴经济体被迫采取加息政策抵挡本币贬值的压力。对于中国而言，受中美利差缩小的影响，短期资本净流出增加，证券投资项下流出压力加大，但国际资本对中国经济未来发展长期向好抱有信心，长期资本并未显现明显的净流出现象。

一　全球主要国家和地区的官方基准利率：同步加息

新冠肺炎疫情发生后，主要国家和地区采取了大力度宽松货币和积极的财政政策刺激经济，推高居民消费需求；疫情和俄乌冲突造成供应链压力、劳动力短缺，推动工资上涨，需求端、供给端因素共同推动了主要国家通货膨胀水平的激增。2022 年，由于通胀高企，全球主要国家和地区开启了加息周期。

从表 4-1 看，全球主要国家和地区货币政策基准利率调整方向趋于一致，美联储、英格兰银行、欧洲央行等主要发达国家和地区中央银行走出低利率政策区间。2022 年（截至 10 月 10 日），美联储累计加息五次，达到 3. 25%的基准利率水平；英格兰银行累计加息六次，达到 2. 25%的基准利率水平；欧洲央行下半年加息三次，达到 2. 00%的基准利率水平。

为应对主要发达国家和地区加息带来的资本流出压力和本国国内通货膨胀压力，主要新兴经济体在 2022 年激进加息。2022 年（截至 10 月 10 日），阿根廷累计加息九次，巨幅加息 3700BP，秘鲁、匈牙利、波兰等国均加息五次以上。与大多数国家相比，中国和日本的货币政策基准利率调整方向呈现不同的特点。

表 4-1　全球主要国家和地区货币政策基准利率走势（截至 2022 年 10 月 27 日）

利　率	当前水平(%)	变动方向	之前水平(%)	最新变动时间
美国联邦基金利率	3.250	⬆	2.500	2022 年 9 月 21 日
澳大利亚基准利率	2.600	⬆	2.350	2022 年 10 月 4 日
智利基准利率	11.250	⬆	10.750	2022 年 10 月 13 日
韩国基准利率	3.000	⬆	2.500	2022 年 10 月 12 日
巴西基准利率	13.750	⬆	13.250	2022 年 8 月 4 日
英格兰银行基准利率	2.250	⬆	1.750	2022 年 9 月 22 日
加拿大基准利率	3.750	⬆	3.250	2022 年 10 月 26 日
中国人民银行基准利率	3.650	⬇	3.700	2022 年 8 月 22 日
捷克共和国基准利率	7.000	⬆	5.750	2022 年 6 月 22 日
丹麦基准利率	1.400	⬆	0.800	2022 年 10 月 27 日
欧洲央行基准利率	2.000	⬆	1.250	2022 年 10 月 27 日
匈牙利基准利率	13.000	⬆	11.750	2022 年 9 月 27 日
印度基准利率	5.900	⬆	5.400	2022 年 9 月 30 日
印度尼西亚基准利率	6.500	⬇	6.750	2016 年 6 月 16 日
以色列基准利率	2.750	⬆	2.000	2022 年 10 月 3 日
日本基准利率	-0.100	⬇	0.000	2016 年 2 月 1 日
墨西哥基准利率	9.250	⬆	8.500	2022 年 9 月 29 日
新西兰基准利率	3.500	⬆	3.000	2022 年 10 月 5 日
挪威基准利率	2.250	⬆	1.750	2022 年 9 月 22 日
波兰基准利率	6.750	⬆	6.500	2022 年 9 月 7 日
俄罗斯基准利率	7.500	⬆	8.000	2022 年 9 月 16 日
沙特阿拉伯基准利率	3.750	⬇	3.000	2022 年 9 月 22 日
南非基准利率	6.250	⬆	5.500	2022 年 9 月 22 日
瑞典央行基准利率	1.750	⬆	0.750	2022 年 9 月 20 日
瑞士基准利率	0.500	⬆	-0.250	2022 年 9 月 22 日
土耳其基准利率	10.500	⬇	12.000	2022 年 10 月 20 日

资料来源：全球主要国家和地区央行，https：//www.global-rates.com/en/。

（一）主要发达经济体：开启加息周期

通货膨胀高位运行。新冠肺炎疫情引起全球经济陷入衰退后，主要发达经济体的央行均采取了大规模资产购买、量化宽松的政策，向市场投放流动性，促进经济恢复。由于大力度刺激政策后需求回升、疫情反复加剧全球供给压力、地缘政治冲突引发全球能源和粮食供应紧张、劳动力市场供需错配加剧“工资物价”螺旋等多方面因素，自2021年以来，主要发达经济体通货膨胀水平居高不下（见图4-1）。2021年末，美国CPI同比上涨7%；2022年第二季度末，美国CPI同比上涨9.1%，为20世纪70~80年代滞胀时期后的最高值。第三季度末，英国CPI同比上涨10.1%，创40年来新高；欧元区HICP（调和CPI）同比上涨9.9%，为20世纪末有统计以来的新高。从长期和更深层次来看，主要发达经济体通货膨胀的持续源于全球一体化、劳动力供给充裕等平抑通货膨胀的有利因素发生逆转，全球化在英国脱欧、中美贸易战、新冠肺炎疫情、俄乌冲突等一系列因素冲击之下进入了退潮期。因此，本轮通货膨胀在高水平区间持续的时间可能比以往更为长久。

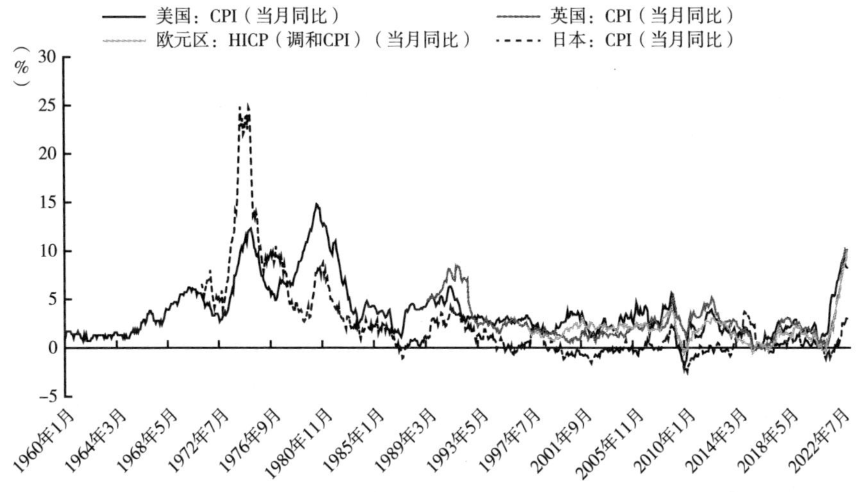

图4-1 主要发达经济体通货膨胀情况

资料来源：Wind。

开启加息周期。面对通货膨胀与经济“硬着陆”之间的两难选择，各主要发达经济体的货币政策措施趋于一致。2021年下半年，美联储开始逐渐退出量化宽松政策，货币政策基调趋向于收紧。2021年11月，美联储FOMC会议决定于当月起开始缩减购债，每月国债和抵押贷款支持证券的购买规模分别缩减100亿美元和50亿美元。2021年12月，美联储FOMC会议加快缩减购债步伐，美国开始进入货币政策紧缩周期。2022年，美联储按照缩减购债（Taper）—加息（Hike）—缩表（QT）的步骤推进紧缩进程，回收市场流动性。2022年3月，美联储结束Taper，首次加息25BP，并在后续的5月、6月、7月、9月继续加息，将联邦基金目标利率提高至3%～3.25%的区间。同时，美联储制定缩表计划，即从6月开始的3个月过渡期内每月缩表475亿美元（300亿美元国债和175亿美元MBS），之后缩表规模提升至每月950亿美元（600亿美元国债和350亿美元MBS）。2022年7月21日，欧洲央行将主要再融资利率、存款便利利率、边际贷款便利利率分别提升50BP，为欧洲央行10年以来首次加息。9月8日、10月27日，欧洲两次大幅加息各75BP将主要再融资利率、存款便利利率、边际贷款便利利率分别提升至2%、1.5%、1.25%的水平。英格兰银行从2021年12月开始加息，2022年累计加息六次，累计200BP，将货币政策利率提升至2.25%的水平。其他主要发达经济体如澳大利亚、加拿大、新西兰、挪威也纷纷于2022年加息，大多加息至2%～4%的区间。在主要发达经济体的加息潮中，日本央行是少数的例外，其货币政策利率仍然保持在自2016年以来的-0.1%的水平，继续选择维持负利率政策。截至2022年10月美国、英国、欧元区基准利率调整情况见表4-2。

表4-2　截至2022年10月美国、英国、欧元区基准利率调整情况

单位：%

日期	美国	英国	欧元区
2022年10月			2.00
2022年9月	3.25	2.250	1.25
2022年8月		1.750	
2022年7月	2.50		5.00
2022年6月	1.75	1.250	
2022年5月	1.00	1.000	
2022年3月	0.50	0.750	
2022年2月		0.500	

资料来源：https：//www.global-rates.com/en/。

（二）新兴经济体：激进加息

提前布局加息。2021 年，一些新兴经济体已先于主要发达经济体开始加息，其中拉美地区经济体普遍先于亚洲新兴经济体开始加息，加息幅度也相对较大。例如，巴西于 2021 年 3 月开始加息，至 2022 年中累计加息 1125BP；墨西哥于 2021 年 6 月开始加息，至 2022 年中累计加息 375BP；智利于 2021 年 7 月开始加息，至 2022 年中累计加息 850BP。部分新兴经济体大幅、提早加息主要是由于：一方面，部分新兴经济体国内通货膨胀水平高涨，2021 年 9 月，巴西 CPI 同比上涨 10.25%，2021 年 10 月，俄罗斯 CPI 同比上涨 8.13%，均为 5 年以来的最快增速；另一方面，2021 年下半年，欧美等主要发达经济体开始释放加息信号。在 2015 年上一轮美联储货币政策收紧的周期中，一些新兴经济体遭受了流动性危机，为了更好地应对 2022 年美联储加息，稳定本国货币汇率，预防国际资本外流，尽管经济复苏动能仍较为疲软，一些新兴经济体也采取了预防性加息的政策。

货币贬值，继续加息。2022 年 3 月，美联储在本轮货币政策紧缩周期中首次加息，在第二季度引起全球主要经济体汇率大幅贬值，主要新兴经济体中，土耳其、阿根廷货币贬值超过 10%，南非、泰国、马来西亚货币贬值超过 5%。从图 4-2 看，美联储发布的对新兴经济体的名义美元指数在 2021 年大致维持在 120~125 的区间，2022 年 9 月以来，该指数大幅上涨至接近 135 的水平（2006 年 1 月 = 100）。主要新兴经济体 2022 年货币贬值的主要原因包括如下三点：其一，截至 2022 年 9 月末，美联储在 2022 年加息五次，累计加息 300BP，美元强势引起资本纷纷撤离新兴经济体；其二，地缘政治冲突加剧、全球通胀高位运行、新冠肺炎疫情反复、能源粮食供应危机引起世界经济增长动能减弱，出于对经济衰退的预期，国际资管机构风险偏好下降，从新兴市场经济体，乃至亚洲发达经济体中大规模撤出资金；其三，俄乌冲突和疫情造成供应链压力，推高大宗商品价格，套利资本纷纷看涨巴西、哥伦比亚等资源出口型新兴经济体货币币值，押注资源出口型新兴经济体经常项目顺差增加，资金大量涌入此类新兴经济体。自 2022 年 7 月以来，随着衰退交易迅速替代通胀交易，大宗商品价格持续回调使得资源出口型新兴经济体经常项目顺差大幅缩水，引起套利资本争相撤离。国际金融协会（The Institute of International

Finance）的公开数据显示，2022 年 3 月至 7 月，新兴经济体连续五个月出现投资组合资金净流出，这也是自 2005 年以来，新兴经济体连续净流出时间最长的纪录（见图 4-3）。

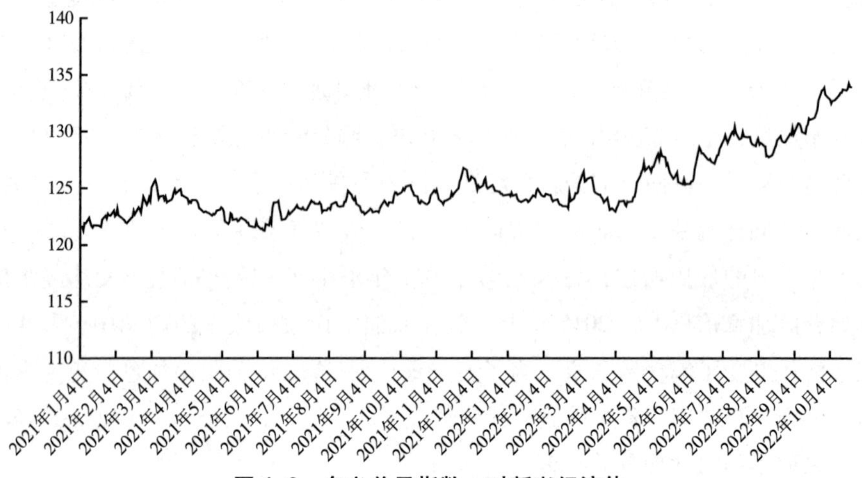

图 4-2 名义美元指数：对新兴经济体

注：2006 年 1 月 = 100。

资料来源：Wind。

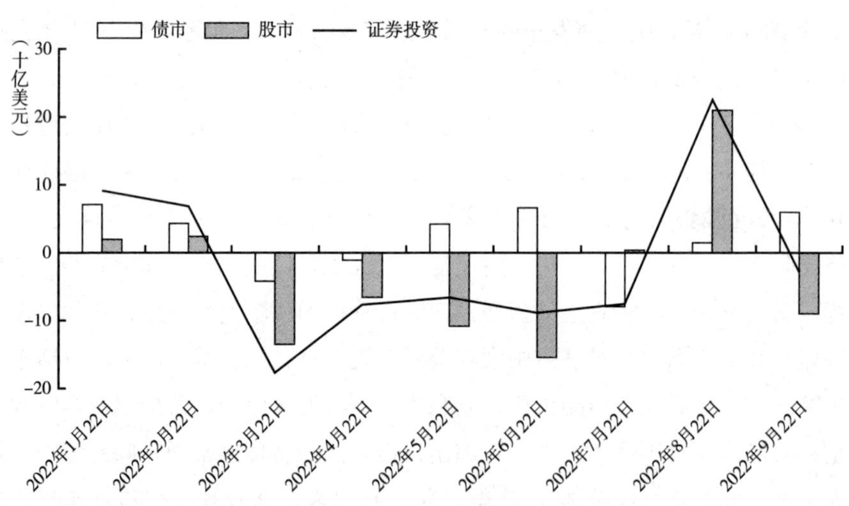

图 4-3 新兴经济体证券投资资本流动情况

资料来源：The Institute of International Finance。

面对仍旧居高不下的通货膨胀水平，和本币币值大幅贬值的压力，主要新兴经济体选择继续推进加息，收紧国内货币政策。截至 2022 年 10 月底，经过数次加息，巴西基准利率达到 13.75%，智利基准利率达到 11.25%，匈牙利基准利率达到 13%。2022 年土耳其与俄罗斯的基准利率调整方向与主要新兴经济体显著差异化。早在 2021 年 3 月，土耳其已将基准利率推高至 19%，此后直至 2022 年 10 月末，土耳其累计降息七次才将基准利率调低至 10.5%。俄罗斯出现相反调整方向的原因则是，2022 年 2 月 24 日，俄乌冲突爆发，俄罗斯经济面临的外部条件发生剧烈变化，2 月 28 日，俄罗斯将基准利率由 9.5%大幅提升至 20%，以应对欧美制裁导致商品断供、加剧本币贬值与通货膨胀的风险，维持金融与价格稳定，保护民众储蓄；此后，由于政治局势和国内通货膨胀和缓，俄罗斯连续降息六次将基准利率调低至 7.5%。

加息难以抵挡贬值压力。新兴经济体持续提高政策利率的做法并未扭转货币普遍贬值的趋势，反而，由于担忧持续加息引发新兴经济体主权债务的兑付危机，叠加政治冲突及通胀等各方面因素引起的经济衰退预期，国际投资机构纷纷减持风险属性偏高的新兴经济体国债，国际资本加速撤离主要新兴经济体，流向美国国债等避险属性更高的主要发达经济体资产，主要新兴经济体货币汇率大幅下跌。相比采取激进的货币政策紧缩措施，对于新兴经济体来说，将资金投向国内重要产业与大型基建项目，促进本国经济恢复到稳健增长的态势，也许才是吸引外商直接投资与金融资本流入、根本性扭转资本流出压力的方法。目前，越来越多的新兴经济体意识到，经常账户顺差与外商直接投资才是稳定跨境资本流动的基本因素，但这需要本国经济基本面稳健增长作为支撑。

（三）中国的利率走势

2022 年 4 月 25 日，中国人民银行全面下调金融机构人民币存款准备金率 0.25 个百分点，为加大对小微企业和“三农”的支持力度，对没有跨省经营的城市商业行和存款准备金率高于 5%的农村商业行，在下调存款准备金率 0.25 个百分点的基础上，再额外多降 0.25 个百分点。此次降准后金融机构加权平均存款准备金率为 8.1%，优化金融机构资金结构，增加金融机构长期稳定资金来源，增强资金配置能力，加大对实体经济的支持力度；引导金融机构积极运用降准资金支持受疫情严重影响的行业和中小微企业；降低金融机构资金成本，通过金融机构传导可促进降低社会综合融资成本。

在政策利率方面，中国人民银行引导公开市场 7 天期逆回购操作利率、MLF 利率、1 年期 LPR 和 5 年期 LPR 适度下行，发挥 LPR 改革效能和指导作用，促进企业综合融资成本稳中有降。2022 年 1 月，中国人民银行引导 1 年期 LPR 下行 0.10 个百分点，5 年期 LPR 下行 0.05 个百分点，下调常备借贷便利利率 0.10 个百分点；8 月，中国人民银行引导 1 年期 LPR 下行 0.05 个百分点，5 年期 LPR 下行 0.15 个百分点，下调常备借贷便利利率 0.1 个百分点，带动企业贷款利率稳中有降，企业融资成本明显下降。2022 年 6 月，贷款加权平均利率为 4.41%，同比下降 0.52 个百分点；企业贷款加权平均利率为 4.16%，较 2021 年同期下降 0.42 个百分点，处于有统计以来低位。

2022 年，全球主要国家和地区纷纷提高本国货币政策基准利率，进入货币政策紧缩周期；与此相对比，中国央行引导政策利率和市场基准利率适度下行，带动企业综合融资成本稳中有降。中国政策利率的调整方向独立于部分国家和地区基准利率调整的趋势主要原因在于以下几点。首先，中国的通货膨胀水平整体可控。2022 年上半年，中国 CPI 同比增长 1.7%，扣除食品和能源价格的核心 CPI 同比上涨 1%，国内通货膨胀水平温和上涨、整体可控。面对国际冲突加剧和经济衰退的压力，相比发达经济体长期采取的超低利率政策，中国政策利率水平仍有下行的操作空间；相比主要发达经济体与新兴市场经济体接近或超过 10%的通货膨胀率水平，中国通货膨胀率温和可控，无须被高通胀倒逼加息。其次，人民币汇率双向波动，长期来看人民币币值将保持相对稳定的状态。美国进入加息周期以来，欧元、英镑、日元等主要发达经济体货币对美元大幅贬值；美联储加息、中美长期利率倒挂对人民币汇率造成一定影响，人民币兑美元小幅贬值，对一篮子货币保持相对稳定。外汇局最新数据显示，2022 年前三个季度，中国银行结售汇顺差 1185 亿美元，银行代客涉外收支顺差 714 亿美元，中国涉外经济保持活跃，跨境资金流动总体平稳有序。中国经济稳健发展的基本面与外贸景气度持续高位运行的表现，加之中国央行拥有充足的稳汇率工具确保人民币汇率在合理均衡汇率水准平稳波动，包括宏观审慎调节系数、逆周期因子、外汇存款准备金率等，以上综合因素奠定了人民币币值长期稳定的信心。相比于主要新兴经济体在美联储加息、强势美元、资本加速撤离和本币贬值压力下被迫加息，中国稳健的经济基本面和丰富的汇率政策工具箱将为稳定跨境资本流动、消解人民币汇率大幅贬值压力提供支撑，引导利率体系适度下行是符合中国国情的审慎政策选择，要保持战略定力，坚定做好自己的事。

二　全球金融市场关键利率

（一）美国

1. 美联储货币政策回顾

继续缩减资产购买计划（Taper）。一方面，美联储在新冠肺炎疫情发生后的大力度量化宽松政策推动了消费需求回温和经济复苏；另一方面，需求回暖叠加疫情封锁、俄乌冲突造成的能源、粮食等供应危机，劳动力短缺推升企业用人成本等多方面因素推高了美国通货膨胀水平。2022 年，美国通货膨胀率屡创新高，2022 年 6 月美国 CPI 同比增长 9.1%，达到阶段性峰值（见图 4-4）。面对通货膨胀居高不下的局面，美联储于 2021 年 11 月开始缩减购债，于 12 月扩大缩减规模，2022 年继续缩减资产购买计划，最终于 3 月结束缩减、退出量化宽松。

开启加息周期（Hike）。缩减购债结束当月，美联储开启加息周期，在 2022 年 3 月、5 月、6 月、7 月、9 月共加息五次，累计加息 300BP，联邦基金利率目标区间从 0.25%～0.50%提高到目前的 3.00%～3.25%（见表 4-3）。2022 年前两个季度美国季调实际 GDP 分别环比回落-0.4%和-0.1%，美国经济一度陷入技术性衰退期。尽管如此，美联储在加息方面的态度仍然偏“鹰”，抑制通胀和稳定就业在美联储货币政策目标中有更高的优先级。2022 年 9 月，美国失业率水平约为 3.5%，较低的失业率水平为美联储加息提供了政策空间。圣路易斯联储主席 James Bullard 表示赞成提前大幅加息的政策，希望 2022 年年底联邦基金利率能达到 3.75%～4%的水平。

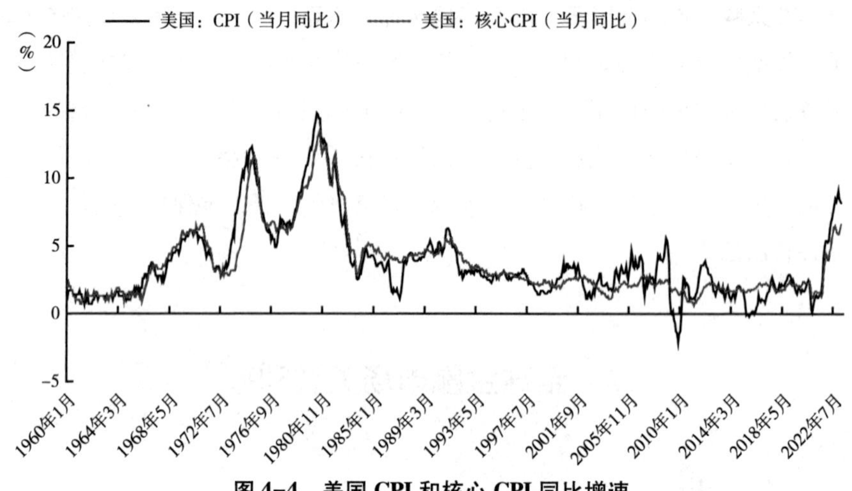

图 4-4　美国 CPI 和核心 CPI 同比增速

资料来源：Wind。

表 4-3　2022 年联邦基金目标利率区间调整

日期	加息幅度	联邦基金利率目标区间
2022 年 3 月 16 日	25BP	0. 25%～0. 50%
2022 年 5 月 4 日	50BP	0. 75%～1. 00%
2022 年 6 月 15 日	75BP	1. 50%～1. 75%
2022 年 7 月 28 日	75BP	2. 25%～2. 50%
2022 年 9 月 21 日	75BP	3. 00%～3. 25%

资料来源：https：//www. global-rates. com/en/。

开启缩表进程（QT）。除加息外，2022 年 5 月 FOMC 会议上，美联储宣布了缩表计划，即从 6 月开始的 3 个月过渡期内每月缩表 475 亿美元（300 亿美元国债和 175 亿美元 MBS），之后缩表规模提升至每月 950 亿美元（600 亿美元国债和 350 亿美元 MBS）。美联储总资产由 2022 年 3 月接近 9 万亿美元的规模下降到 10 月的约 8. 7 万亿美元的规模（见图 4-5）。美联储开启缩表进程主要是因为加息主要作用于短端利率，对长端利率的影响有限，而缩表的作用集中在长端利率上，对于长端利率的影响比加息更为直接，是弥补加息对远期利率影响不足的另一紧缩工具。缩表为数量型工具，无法直接锚定利率，更多的是通过改变证券的供需情况来影响利率。美联储缩表通过增加市场上美国国债的供应，推升长端利率，与加息提升短端利率相配套，助力美债收益率曲线陡峭化，进而进一步打开加息空间，也可为对冲“硬着陆”风险而进行再度扩表预留空间，彰显美联储货币政策的决策与执行效率。

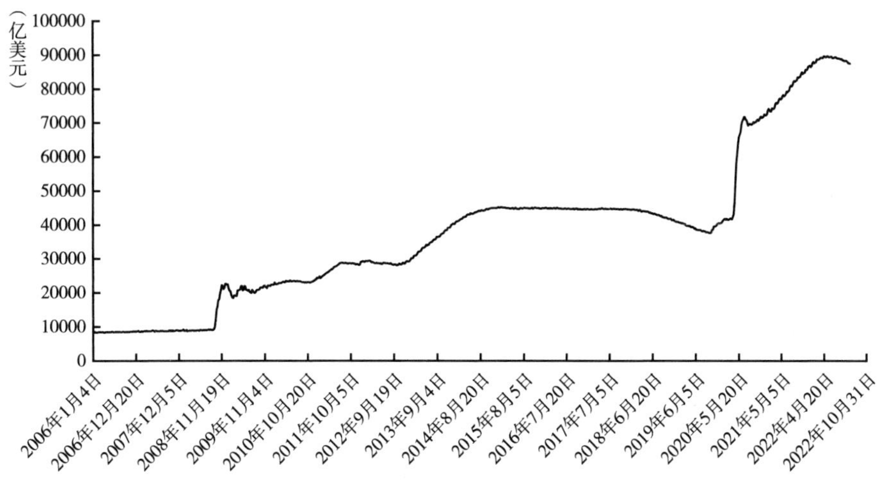

图 4-5　美联储总资产规模

资料来源：Wind。

2. 美国金融市场代表性利率分析

自 2022 年美联储加息以来，联邦基金利率从 3 月的 0. 33%上升至 10 月下旬的 3. 08%，在美联储联邦基金利率目标区间内上行（见图 4-6）。自 2022 年年初以来，紧缩预期与衰退预期交织，美国 10 年期国债收益率在震荡之中大幅上行。2022 年年初至 6 月上旬，伴随着加息预期不断向上调整，美国 10 年期国债收益率从 1. 5%快速上行至 3. 5%；6 月中旬至 7 月，市场对于经济衰退的担忧阶段性升温，美国 10 年期国债收益率下行 2. 6%；8 月以来，就业与零售数据呈现韧性、衰退担忧缓和，叠加紧缩预期升温，美国 10 年期国债收益率于 10 月中旬突破 4%。

2022 年，2 年期与 10 年期、5 年期与 30 年期等备受关注的收益率曲线在许多时间里都出现明显倒挂。美国 10 年期与 2 年期国债收益率在 4 月初短暂倒挂，7 月上旬以来，再次陷入倒挂，倒挂程度最大超过 50BP。自 2022 年 10 月以来，美国国债收益率曲线更加平坦化。10 月 18 日以及 10 月 25 日以后，美国 10 年期与 3 个月期国债收益率自新冠肺炎疫情暴发后首次出现倒挂。10 月 18 日，美国 10 年期和 3 个月国债收益率倒挂 17BP，10 月 25 日、26 日分别倒挂 11BP 和 9BP，反映出市场对经济的预期更为悲观。美国 3 个月期和 10 年期国债收益率曲线倒挂的出现被市场视为衰退的前兆，也是美联储颇为重视的一条国债收益率曲线。2020 年 3 月，美国 3 个月期和 10 年期国债收益率曲线倒挂程度曾经达到-0.28%，2000 年、2007 年和 2019 年美国 3 个月期和 10 年期国债收益率曲线都曾经深度倒挂，而且都发生在美联储紧缩周期的尾声。

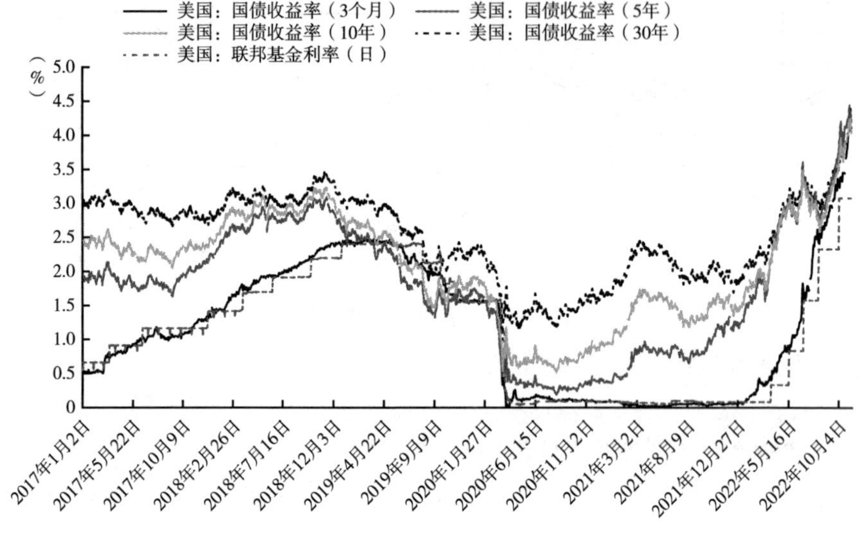

图 4-6　美国的代表性利率水平

资料来源：Wind。

2022 年，美国国债市场流动性压力增大。2020 年中至 2022 年 3 月，美国国债市场流动性压力较小，长期国债实际平均收益率处于-0.5%～0 的区间（见图 4-7）。自 2022 年美联储加息以来，长期国债实际平均收益率从 0 附近上行到 2%附近。3 月加息以来，10 年期国债期限升水大部分时间处于正区间，8 月落入负区间。

美联储比上几轮紧缩周期更快节奏和更大力度的加息计划和缩表计划目前并未造成流动性危机和“美元荒”的出现。主要原因在于以下几点。首先，充足的准备金构成了流动性压力的缓冲垫。一方面，目前美联储准备金总量远超上

图 4-7 美国的长期利率和国债流动性压力

资料来源：美联储圣路易斯分行。

轮缩表前的规模，准备金对 GDP 的占比达到 26%，大大高出上一轮的 14%；另一方面，由于政策利率高出市场利率，非银行金融机构可能选择将资金盈余存入 ON RRP 账户，除此之外，财政部增发国债后形成的现金也会存入 TGA 账户，提升美联储准备金规模。其次，美联储主动把控缩表的节奏与进程，避免出现紧缩恐慌。自缩表开始的三个月，美联储平均减持国债额度 253 亿美元，低于减持目标。缩表有主动和被动两种方式，前者是主动抛售未到期的持有债券，后者是减少到期债券的再投资，美联储官方表述称本轮缩表仍然以被动方式为主。美联储以被动方式进行缩表，对市场流动性的影响可控，有利于稳定市场预期，力避流动性短缺对市场形成的冲击。美国金融市场的金融压力指标见图 4-8。

（二）欧元区

2022 年，欧元区晚于美联储和英格兰银行，于 7 月开始加息。此前，欧洲央行行长拉加德表示，不急于加息的原因主要是欧洲央行认为通货膨胀主要由供给端因素引起，疫情和俄乌冲突加剧推升成本，引发成本推动型通货膨胀；而加息等需求管理政策只对收缩国内需求有显著影响，不能作用到供给端因素。另外，欧洲央行行长此前认为，美国出现高水平职位空缺率的局面在欧元区并不存在，欧元区用人成本可控，未造成工资—价格螺旋和“第二轮效应”、持续推升通货膨胀水平。

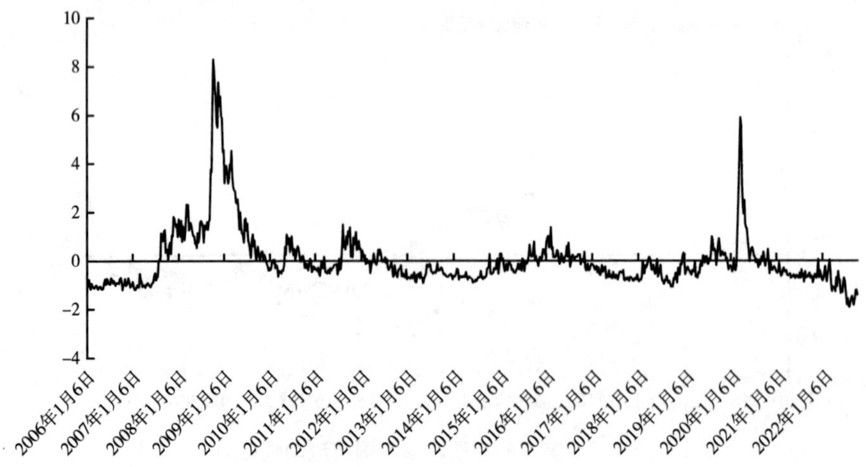

图 4-8　美国金融市场的金融压力指标

资料来源：美联储圣路易斯分行。

根据欧盟统计局公布的最新数据显示，欧元区和欧盟 9 月的 CPI 分别同比上涨了 9.9%和 10.9%，两组数据不仅均高于 8 月（9.1%和 10.1%），而且刷新了欧元区成立以来的新高。欧元区 HICP 与核心 HICP 当月同比数据见图 4-9。德国央行行长兼欧洲央行理事约阿希姆·纳格尔（Joachim Nagel）表示，目前欧洲的通货膨胀数据明确地指明了大幅加息的方向，持续的高通胀是经济增长最大的阻碍，控制通胀享有最高优先级。2022 年 7 月 21 日，欧洲央行将主要再融资利率、存款便利利率、边际贷款便利利率均提升 50BP，这是欧洲央行十年以来的首次加息。9 月 8 日、10 月 27 日，欧洲两次大幅加息各 75BP，并将主要再融资利率、存款便利利率、边际贷款便利利率分别提升至 2.00%、1.50%、1.25%的水平（见图 4-10）。

2022 年，欧元相对于美元大幅贬值（见图 4-11），并在 8 月以来欧元兑美元汇率跌破平价。欧元贬值的主要原因在于美联储数次加息，欧元区与美国两大经济体之间存在利差。相比于 3 月起便已经连续五次累计加息 300BP，并将联邦基金利率区间提升至 3%～3.25%区间的美联储，欧洲央行直到 7 月 21 日才首次加息 50BP。就能源对外依存度较高的欧元区国家而言，弱势的欧元将进一步推高广泛以美元计价的国际能源和大宗商品价格，疲软的欧元汇率也是逼迫欧洲央行无法停下加息步伐的因素。

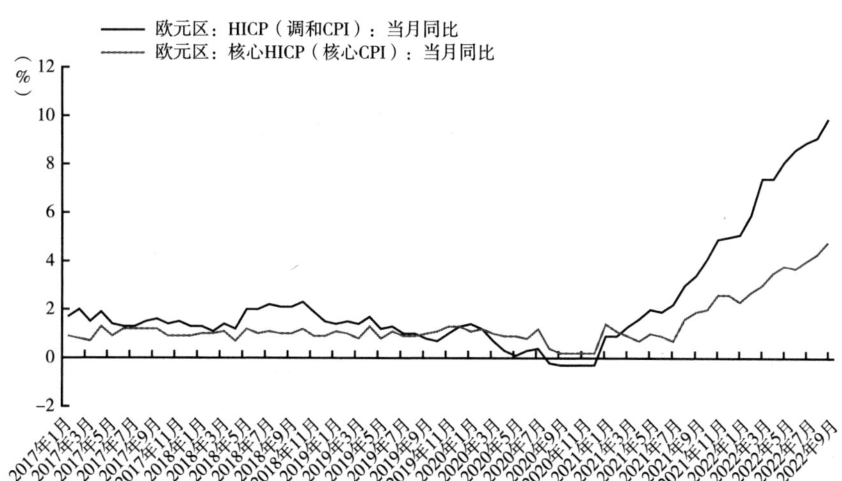

图 4-9　欧元区 HICP 与核心 HICP 当月同比

资料来源：Wind。

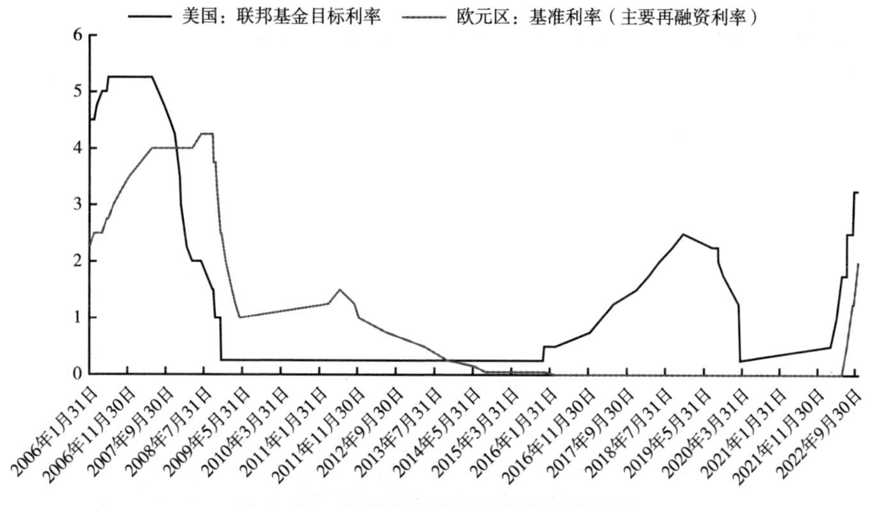

图 4-10　美联储与欧元区货币政策利率

资料来源：Wind。

2022 年，欧元区不同期限公债收益率曲线均震荡上行。上半年，由于俄乌冲突加剧，能源、粮食供应危机引发通货膨胀预期飙升，3 个月期、5 年期、10 年期公债收益率均出现明显上涨；经过 7 月的阶段性下行后，通货膨胀居

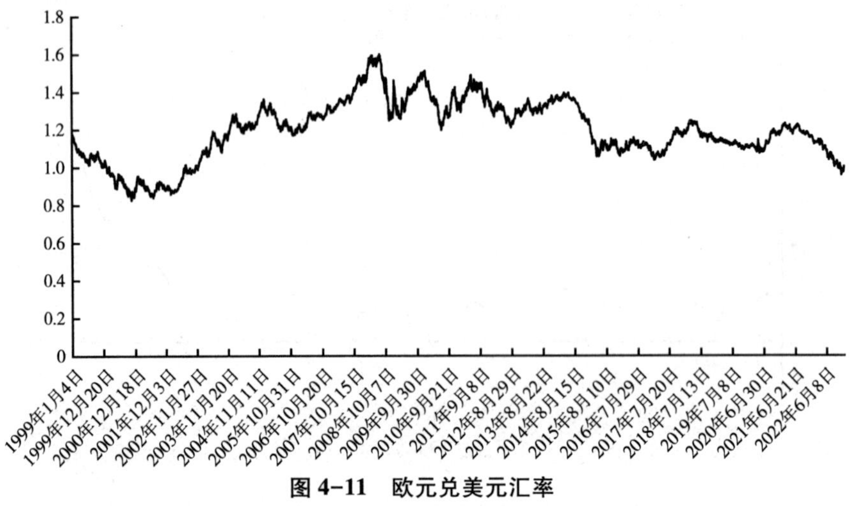

图 4-11　欧元兑美元汇率

资料来源：Wind。

高不下、全球加息潮使得欧元承压、欧洲央行开始布局加息，欧元区各个期限公债收益率增速明显。目前，欧元区 5 年期、10 年期公债收益率已从 2022 年初的负利率上浮到 10 月下旬超过 2%的水平；3 个月期公债收益率从 2022 年初的负利率上行到 10 月下旬 0. 87%的水平（见图 4-12）。

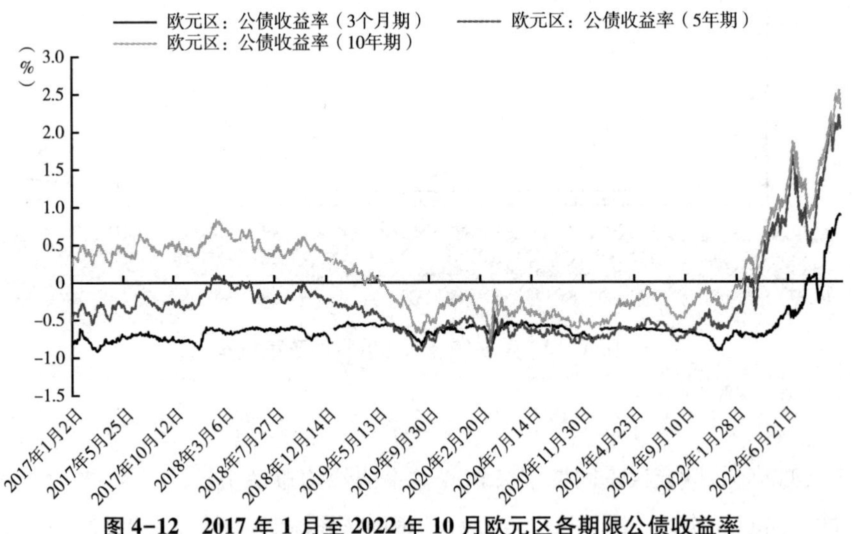

图 4-12　2017 年 1 月至 2022 年 10 月欧元区各期限公债收益率

资料来源：Wind。

2022 年，在通货膨胀预期和加息的推动下，欧元区主要国家 10 年期国债收益率表现出相似的上行趋势（见图 4-13）。欧元区核心国和边缘国国债收益率利差走阔，10 月下旬，德国、法国 10 年期国债收益率上行到 2%~3%的区间；希腊、意大利 10 年期国债收益率则上行至接近 5%。这主要是由于希腊、意大利、西班牙等欧元区边缘国家主权债务违约风险较大，意大利、希腊一般政府债务占 GDP 的比重分别达到 152.6%、189.3%；同时，这些国家国内经济增长疲弱，市场风险偏好下降。

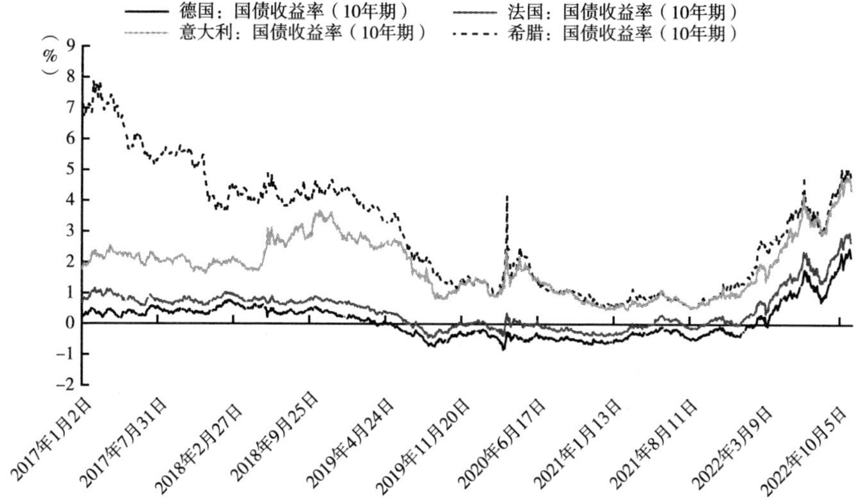

图 4-13 欧元区主要国家 10 年期国债收益率

资料来源：Wind。

（三）日本

2022 年，日本表现出与主要发达经济体加息步调不一致的步伐，选择继续推行宽松货币政策，未走出负利率区间。日本央行在 10 月 28 日货币政策会议上宣布，将继续坚持现行的超宽松货币政策，维持利率水平不变，并大幅上调 2022 财年的通货膨胀预期。日本央行 10 月 28 日发表公告称，继续保持当前的货币政策宽松力度，将短期利率维持在负 0.1%的水平，并通过购买长期国债，使长期利率维持在 0 左右。

日本继续推行宽松货币政策，主要原因是：一方面，日本经济复苏乏力，在能源与原材料供应危机和新冠肺炎疫情反复影响下，经济增长动能缺乏，2022年第一季度日本GDP仅增长0.6%；另一方面，日本通货膨胀水平在2022年由于国际供应链压力上升，CPI同比增长率从年初的0.5%上升到9月的3%（见图4-14），但是相比欧元区和美国的高通胀，日本目前的通货膨胀水平相对温和，日本银行不急于改变货币政策宽松基调，仍旧坚持负利率政策，继续试图挽救疲软的经济形势。

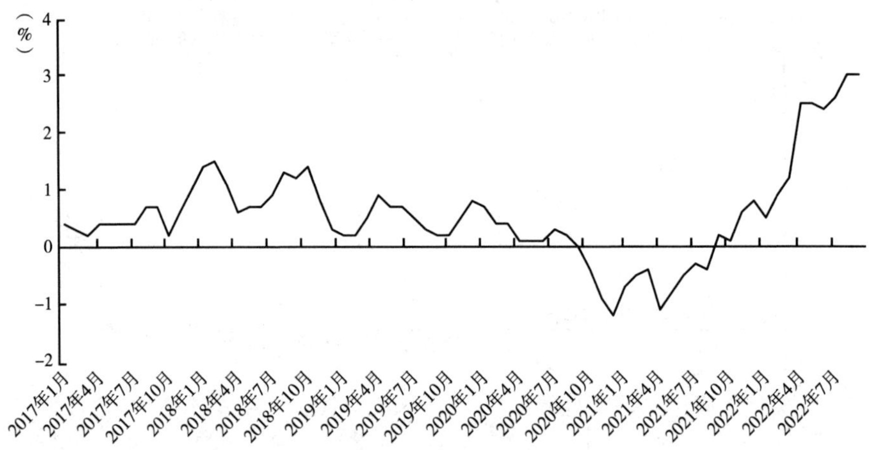

图4-14　日本CPI当月同比

资料来源：Wind。

2022年，日本5年期国债收益率在-0.1%~0.1%的区间，10年期国债收益率在0~0.3%的区间，日本中长期国债收益率仍处在较低水平（见图4-15）。但是，受全球加息潮的影响，日本的国债收益率在较低水平区间内缓慢上行。日本央行10月28日宣布，11月将增加债券购买频率，计划每月3次购买2500亿日元的10~25年期国债，高于10月的2次；计划每月3次购买1000亿日元的25年期以上国债，高于10月的2次。由于资产购买计划规模扩大，日本30年期国债收益率下跌4BP，至1.400%；日本20年期国债收益率下跌4.5BP，至1.035%；日本40年期国债收益率下跌3.5BP，至1.620%。

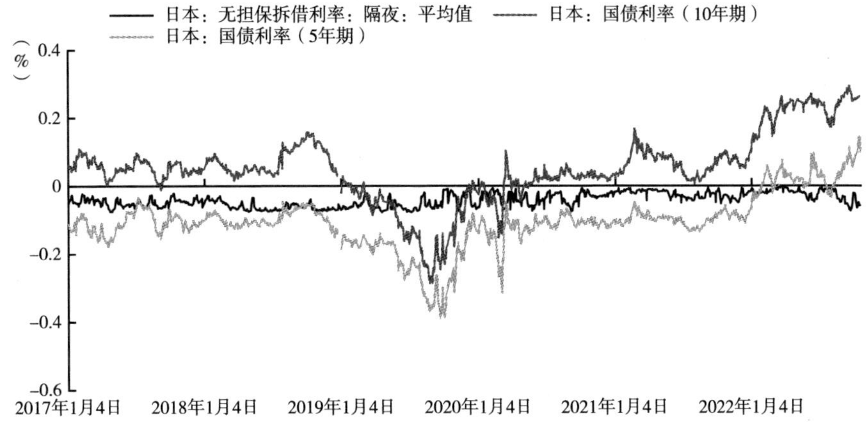

图 4-15　日本的代表性利率水平

资料来源：Wind。

三　全球利率走势展望

2022 年，在通货膨胀高位运行压力下，全球主要国家纷纷收紧货币政策，多次布局加息，部分国家步入缩表进程。其中，发达经济体主要面临通货膨胀刷新历史新高的问题，需要在通货膨胀与尚在恢复过程中的经济状态做出取舍；新兴市场经济体除了面对通货膨胀与经济增长的两重压力，更需要承担国际资本撤离、本币贬值、国内金融市场动荡和主权债务风险飙升的沉重负担，货币政策的选择难以综合解决上述问题。未来一段时间内至出现流动性危机预兆前，预计全球主要经济体仍将维持货币紧缩政策，以缓和高通胀。

（一）美联储

2022 年，面对高通胀压力，美联储连续加息五次、累计加息 300BP。目前，美国通货膨胀压力仍然很大，核心 PCE 在 5% 的水平上下徘徊（见图 4-16）。失业率作为美联储最为重视的两大货币政策目标之一，截至 2022 年 9 月仍然处于 4% 以下的水平（见图 4-17），失业率数据目前不会成为美联储退出紧缩的因素。此外，美国职位空缺率仍然维持高位（见图 4-18），企业用人成本高，工资—物价螺旋推升通货膨胀的压力依然存在。因此，预计未来一段时间，美联储仍将推进加息、缩表，维持货币政策紧缩。

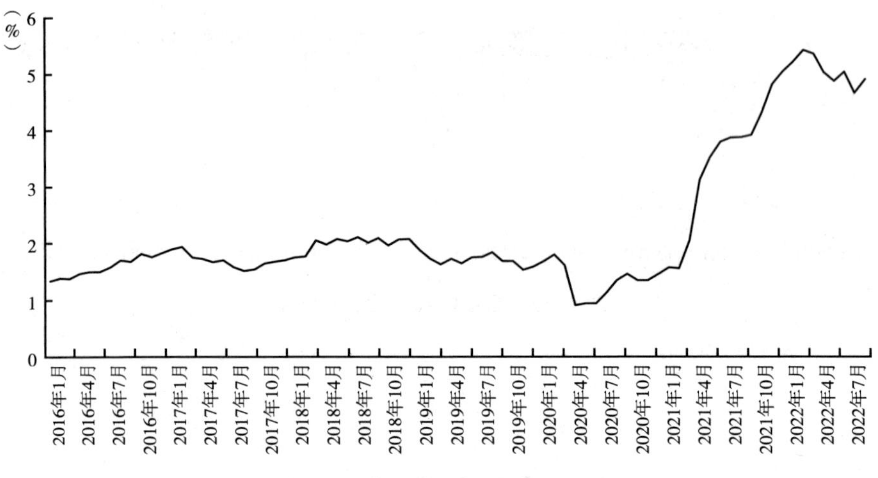

图 4-16　美国核心 PCE 当月同比（季调）

资料来源：Wind。

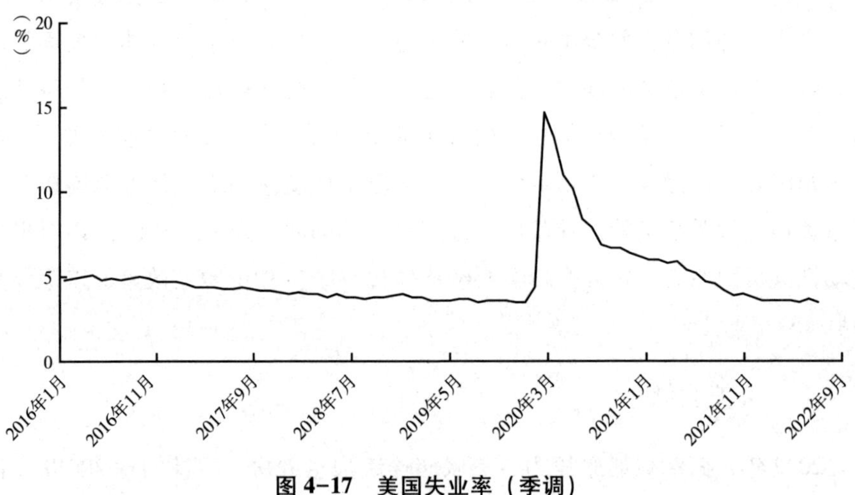

图 4-17　美国失业率（季调）

资料来源：Wind。

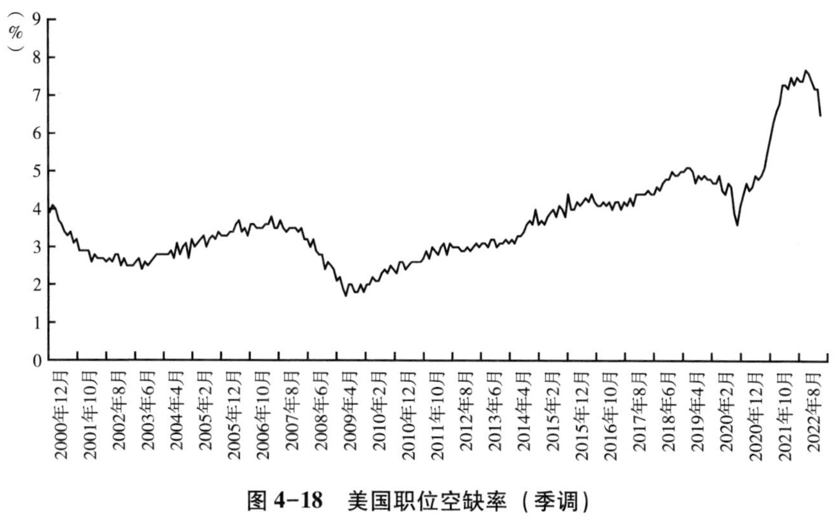

图 4-18　美国职位空缺率（季调）

资料来源：Wind。

面对高通货膨胀，美联储加息的步伐激进，而缩表的推进则较为谨慎。这是因为，在上一轮货币政策紧缩周期中，缩表曾造成紧缩恐慌和“美元荒”。此轮紧缩周期中，美联储准备金规模较上一轮规模更大，出现流动性危机的可能性相对较低。然而，美联储推进加息以来，采购经理指数、消费者信心指数等经济景气度前瞻指标已出现衰退迹象，但美联储看中的失业率数据并未出现大幅上升，预计美联储仍然维持“快加息、慢缩表”的紧缩力度，大幅度加息和谨慎缩表，在致力于缓和通货膨胀的同时避免出现流动性危机。

（二）欧元区、日本与新兴经济体

欧元区：2022 年，欧元区货币政策紧缩和加息步调晚于美联储和英格兰银行，于 7 月首次加息，加息推进的进程落后进一步使得欧元区通货膨胀水平屡创新高。第三季度末，欧元区 HICP（调和 CPI）同比增速上涨 9.9%，为 20 世纪末有统计以来的最高水平。受美联储加息和强势美元影响，欧元兑美元汇率大幅贬值，推高美元计价的商品进口成本；同时，欧元区受俄乌冲突影响大，能源、粮食供应缺口大，通货膨胀压力仍然巨大。因此，预计欧元区将继续推进加息，以缓和通货膨胀压力。

日本：2022 年，日本央行继续坚持现行的超宽松货币政策，维持利率水平不变。日本央行28日发表公告称，继续保持当前的货币政策宽松力度，将短期利率维持在-0.1%的水平，并通过购买长期国债，使长期利率维持在0左右。由于日本央行和美联储之间的货币政策分化日益明显，2022年，日元兑美元汇率一度跌至24年以来低点。日本央行行长黑田东彦表示日元急速贬值对经济不利，不过也同时表示，目前尚没有计划改变其保证2%通货膨胀目标稳定实现的货币政策，也不会提高其长期利率目标。主要原因是日本仍然需要宽松的货币政策来保证薪资水平继续增长，目前薪资增长步伐尚赶不上通货膨胀上升的速度，预计日本央行仍将维持宽松货币政策，在未来一段时间内不会退出超低利率区间。

新兴经济体：2022年，面对居高不下的通货膨胀水平和本币币值大幅贬值的压力，主要新兴经济体选择继续推进加息，收紧国内货币政策。截至2022年10月底，经过数次加息，巴西基准利率达到13.75%，智利基准利率达到11.25%，匈牙利基准利率达到13%。由于缺乏经济基本面和经常账户顺差的强有力支撑，新兴经济体以加息救汇率的做法不一定能取得明显的效果，由于全球经济增长动能转弱、风险偏好下降，资本加速撤离，新兴市场主权债务风险加大、货币继续贬值的可能性较大。在美联储大概率推进加息的情况下，新兴经济体预计将继续被迫加息。

（三）中国利率政策：继续保持稳健的货币政策

2022年，中国人民银行引导公开市场7天期逆回购操作利率、MLF利率、1年期LPR和5年期LPR适度下行，中国经济基本面稳健、通货膨胀温和可控、人民币汇率具有韧性，货币政策的主基调仍然“以我为主”。在国内内需相对不足、通货膨胀压力低的背景下，中国货币政策预计将继续维持适度宽松以推动经济稳定增长。

未来，美联储“鹰”派加息带动全球加息潮对于中国总量货币政策存在窗口期的限制，经济“稳增长”需靠结构性货币政策、财政和宽信用政策发力，更好地推动经济基本面预期修复以及经济稳增长。中国人民银行将加大稳健货币政策实施力度，发挥好货币政策工具的总量和结构双重功能，主动应对，提振信心，搞好跨周期调节，兼顾短期和长期、经济增长和物价稳定、内部均衡和外部均衡，坚持不搞“大水漫灌”，不超发货币，为实体经济提供更有力、更高质量的支持。

四　美联储加息的溢出效应

美联储加息对全球主要国家和地区造成了广泛的外溢效应，利差变动引发主要发达经济体和新兴经济体货币兑美元汇率贬值，通过美元计价的商品影响其他经济体贸易和国内物价情况；美国紧缩政策收缩其国内需求，对其经济体而言外部需求锐减，影响贸易和经济状况。为应对美联储加息压力，许多经济体被迫加息以应对货币贬值和资本流出压力。然而，激进加息并不能从根本上稳定跨境资本流动和货币币值，本国货币币值的韧性最终取决于国内经济基本面和经常账户收支情况。

（一）对中国的溢出效应

具体来看，美联储加息可能通过如下渠道对中国产生溢出影响。

1. 汇率渠道与贸易渠道

汇率渠道与贸易渠道主要通过改变两国间经常项下的国际收支来传导。汇率渠道是指，当中心国家紧缩货币政策时，依据利率平价理论，两国利差变动引发的汇率变化最终会影响两国间的贸易状况。伴随着美联储快速加息，美元指数持续走强，2022 年 4 月人民币兑美元汇率出现较大幅贬值。美联储加息带来中美国债收益率出现一定倒挂，也给人民币汇率带来压力。但随着新冠肺炎疫情逐渐缓解、中国政府加大推出支持经济政策，中国经济逐渐企稳，6 月制造业 PMI 达到 50.2，重返扩张区间。2022 年第二季度中国顶住国内外压力实现 GDP 正增长，第三季度中国经济基本面改善，GDP 同比增长达到 3.9%。持续的经济增长叠加良好的国际收支顺差，将在未来一段时间内支撑人民币汇率继续保持韧性。

贸易渠道是指，中心国家货币政策调整会影响其国内的消费和投资，进而通过改变对他国的进口需求，影响到两国间的贸易状况。提前补充库存导致进口需求增加，中国对美贸易顺差因此扩大。美联储加息导致美元走强，带动人民币相对贬值，有利于中国企业的出口贸易。从海关公布的数据来看，2022 年 5 月中国出口出现反弹，带动贸易差额回升，对外贸易显现较强的韧性。但与此同时，美联储开启紧缩周期将影响全球经济复苏的步伐，短期内也可能会带来外需走弱、出口下降的风险。从中长期来看，中国巨大的制造业体量、紧密链接的供应链系统、不断提升的创新能力，仍是中国出口的核心竞争力，未来中国对外贸易仍将保持合理的顺差水平。

2. 金融渠道

金融渠道主要从利率渠道和资本流动渠道两方面造成外溢性。

（1）利率渠道：根据蒙代尔—弗莱明模型，当外围国家汇率制度不是完全浮动或资本可自由流动时，货币政策独立性受限，当中心国家加息时，为保持汇率稳定，外围国家的加息压力随之上升。新冠肺炎疫情期间，中美为了应对疫情对经济的冲击，均采取了宽松的货币政策，最终市场利率的变动也基本趋于一致；美国经济过热期间，无论是经济周期还是货币政策操作，两国均不同步，随着人民币汇率弹性增加，中国货币政策的独立性上升，汇率市场有能力释放政策调控内部均衡带来的外部均衡压力，两国利率呈现的正相关性是有限的。

（2）资本流动渠道：在资本可自由流动的环境下，中心国家紧缩货币、收紧流动性会使全球资本流向中心国家，对外围国家金融市场流动性形成冲击。美元作为全球货币体系的主导货币，美联储紧缩货币对其他国家的资本流动冲击尤其突出，美元升值，其他国家投资项目的预期收益率将会下降，融资需求也随之降低，当地银行会主动降低杠杆率，缩小跨国银行借贷规模，导致全球流动性收缩的同时跨国资本回流美国。从中国资本流动与中美利差关系可以看出，2020 年 9 月至今，中美 10 年期国债收益率经历了较大程度的利差缩小。在美国紧缩货币政策的同时，中国货币政策却处于宽松周期，中美货币政策的严重错配导致本次中美 10 年期国债收益率利差缩小，甚至一度出现倒挂。该时期资本流动的特点，直接投资持续保持较大规模的资本流入，证券投资出现资本流入大规模减少，尤其在 2022 年第一季度，股权和债券均出现严重的资本流出，并且外国投资者抽回债券投资的规模创有史以来最高。

美联储加息叠加 2022 年 3 月以来奥秘克戎变异毒株在中国引发新一轮疫情传播，给中国的资本流出带来一定压力。根据国际金融协会的数据，2022 年 3 月中国资本流出总额达到 373 亿美元，创单月资本流出新高，但 4 月、5 月随着中国经济的企稳，国际资本再次变为净流入。中国对外资仍有持续的吸引力，国际资本大规模流出的可能性不大。当前人民币资产估值相对合理，疫情缓解推动复工复产，也使得中国资产对于国际资本具有吸引力，很多国际投资者把目光投向中国，加大对中国的资产配置。7 月 4 日，A 股、港股 ETF 互联互通正式启动，首批 87 只 ETF 产品开始交易，也将进一步助力国际资本投资中国市场。

本次欧美发达国家紧缩货币对中国的溢出效应主要呈现三方面的特征。第一，中国对美贸易状况得到改善。受新冠肺炎疫情和全球高通胀影响，在美国对中国出口产品依赖度增加、中国产业链竞争力增强以及美国零售商增加库存等多重因素作用下，对美贸易顺差持续扩大。第二，市场利率上升空间有限。由于两国所处的经济周期和货币政策背离，市场对中美货币政策联动性的预期也会削弱，美联储紧缩货币对中国市场利率的溢出影响有限。第三，短期资本流出规模较大但长期资本较为稳定。受中美利差缩小的影响，短期资本净流出增加，证券投资项下流出压力加大，但国际资本对中国经济未来发展长期向好抱有信心，长期资本并未显现明显的净流出现象。

（二）对其他新兴经济体的溢出效应

美联储加息对部分新兴经济体的影响与对中国的影响差异明显，主要原因在于部分新兴经济体国内经济基本面不能形成强有力的支撑，主权债务负担重，过分依赖境外资本，因此往往被动跟随美联储的加息步伐。具体来看，美联储加息可能对新兴经济体资本流动、货币政策、财政政策都造成显著的溢出效应。

1. 对新兴经济体资本流动的影响

2008 年全球金融危机后，主要发达经济体宽松货币政策的溢出效应叠加新兴经济体较高的收益率水平，使得跨境资本大量涌入新兴经济体，推动新兴经济体资产及汇率全面上涨。然而，2010 年以后，虽然美联储仍保持了较为宽松的货币政策环境，但随着新兴经济体国际收支状况的不断恶化，新兴经济体资本流动指数持续下行。同时，当新兴经济体违约率显著高于发达经济体时，资本会更青睐持有发达经济体主权债务而抛售新兴经济体主权债务，导致新兴经济体主权债收益率与美国国债利差走阔，资本流出新兴经济体。

综上，新兴经济体的资本流动固然无法摆脱发达经济体货币政策的影响，但相比之下，其经济增长、国际收支、主权信用等内生因子也影响其在跨境资本流动中占据重要角色。当新兴经济体经济增速较快、国际收支健康、主权信用稳定时，即使发达经济体收紧货币政策，跨境资本仍有望流入新兴经济体；否则，即便发达经济体实施货币宽松政策，新兴经济体也依然将面临资本流出压力。

2. 对新兴经济体货币政策的影响

从全球资产配置角度出发，新兴经济体资产较发达经济体通常需要维持相对收益率优势方可吸引跨境资金流入，但在以美联储为代表的发达经济体采取货币紧缩政策时，发达经济体资产收益率快速走升，吸引套息资金回流美国等发达经济体市场。新兴经济体为了缓解资本外流压力，稳定本国货币币值和通货膨胀预期，往往会采取跟随式甚至更激进的加息方式。经济体量较大的新兴经济体在面对发达经济体货币紧缩周期时，自身经济调节和适应能力较强，货币政策的选择更多地注重经济体内部的实际发展需求；而经济体量较小的新兴经济体，其在国际经济贸易分工体系中的角色影响力较小，其货币政策受发达经济体紧缩政策的影响更大，自身经济抗压能力较弱，因而加息幅度也更剧烈。此外，资源型新兴经济体，由于自身的大宗商品资源禀赋较好，往往可以依托贸易顺差赚取足额外汇储备，因而资金外流造成的本国货币贬值、通胀预期上升的隐患相对可控，其平均加息幅度也不如美联储激进。

3. 对新兴经济体财政政策的影响

在发达经济体货币紧缩周期中，新兴经济体往往面临着本币贬值、通胀预期上升和公共债务偿付负担加大等问题。在此经济环境下，一方面，新兴经济体外币债务偿付负担增加，债务发行主体自身信用资质下降，继续发行外币债券融资的难度增大；另一方面，加息周期里发债主体的利息成本也呈走高态势，新兴经济体政府发债融资的意愿也降低了。面临融资难及融资成本上行的两难境地，新兴经济体在发达经济体加息周期里，其财政政策扩张的力度会有所减弱。

第五章 全球大宗商品市场

黄国平　方 龙*

- 2022年，受新冠肺炎疫情反复持续、俄乌冲突冲击、全球通胀不断高企及欧美等多国加息潮下市场利率普遍上行等因素影响，世界经济正面临增速放缓加剧、滞胀风险抬升及新一轮深度衰退危机，特别是新兴市场经济体受美元走强的负面冲击更甚，本币贬值、通胀失控等使部分国家经济遭受严重的债务危机。中国受国际环境复杂多变、国内疫情散发等超预期因素影响，经济同时面临需求收缩、供给冲击、预期减弱“三重压力”，复苏之路步履蹒跚。展望2023年，新冠肺炎疫情反复、俄乌冲突及金融市场流动性收紧仍将对全球经济形成一定拖累，预计全球经济增速或进一步放缓甚或衰退，同时世界政治经济不稳定性将有所上升。尽管面临外部矛盾复杂多变、内部疫情反复冲击等一系列不利因素，但随着经济结构转型步伐加快、稳增长政策持续发力，中国经济有望率先走出低谷并企稳上行。总体上，未来大宗商品需求端将受制于全球经济增速放缓甚或衰退而有所下行，受俄乌冲突、疫情反复等对供应链冲击的影响，供给端的恢复尚需时日，预计未来大宗商品市场整体或面临一定下行压力，但短期价格中枢仍将维持高位，同时全球政治经济不稳定局势下大宗商品价格波动或将上升。

* 黄国平，中国社会科学院金融研究所研究员、国家金融与发展实验室投融资研究中心主任，博士生导师；方龙，经济学博士，光大兴陇信托有限责任公司投资经理。

一　2022年全球大宗商品市场走势

（一）大宗商品市场总体形势

2022 年，新冠肺炎疫情持续不退，各国经济复苏动力趋缓，俄乌冲突更加剧全球通胀，对世界政治经济稳定造成严重冲击，同时以美联储为代表的多国央行纷纷开启货币紧缩进程，使本就脆弱的全球经济面临新一轮深度衰退危机。发达经济体中，美国经济虽表现相对强劲，但高通胀压力迫使美联储不得不“追赶式”加息，美元、美债收益率双双飙升，美国经济由“胀”转“滞”，衰退风险加剧；欧元区经济受俄乌冲突溢出效应拖累，通胀率持续攀升，经济或面临停滞；日本经济虽温和复苏，但受输入性通胀压力以及货币加剧贬值影响，经济恢复势头有所减弱。受国际环境复杂多变、国内疫情散发等超预期因素影响，中国经济同时面临需求收缩、供给冲击、预期减弱“三重压力”，复苏之路步履蹒跚，而其他新兴市场经济体则普遍受到发达国家紧缩性货币政策的负面冲击，经济增速放缓，甚至一些经济体在本币贬值、通胀失控压力下出现严重的债务危机。2022 年以来，受俄乌冲突影响，全球大宗商品供给端遭受巨大冲击，尤其是供需关系恶化导致能源、粮食等价格不断创出新高。从世界银行（World Bank）商品价格统计数据来看，2022 年，大宗商品价格指数总体延续上行趋势，累计涨幅为 23.67%。其中，能源与非能源价格指数走势分化加大，前者飙升至十年来新高，累计涨幅为 39.96%；后者呈倒“V”字形走势，小幅回落，累计跌幅为 2.81%。从年度均值来看，2022 年，大宗商品价格综合指数较上年保持大幅上行（如图 5-1 所示），涨幅高达 42.61%。

（二）主要能源类商品价格走势

1. 国际原油

2022 年，受俄乌冲突带来的短期供给冲击以及其后欧美等国对俄罗斯能源领域实施制裁等因素影响，国际原油市场供需紧张关系进一步加剧，原油价格持续上涨且不断突破新高，并于 3 月突破 10 年来的高点。此外，全球经济

图 5-1　国际大宗商品价格指数

资料来源：世界银行数据库。

加速复苏背景下，终端需求大幅改善也对以原油为代表的大宗商品价格上行形成有力支撑。而随着大宗商品价格持续高企，全球通胀风险担忧显著加剧，以美联储为代表的多国央行开启货币紧缩进程以抑制通胀进一步抬升，在金融流动性收紧、融资条件恶化的形势下，市场对未来经济增长放缓甚或衰退预期出现升温，这使国际原油价格明显承压，并于高位开始震荡回调。当前，俄乌冲突对原油市场短期冲击已趋于减弱，随着 OPEC 维持增产且不排除有新的增产计划出现，原油供需关系或迎来改善，加之美联储持续加息的作用，全球经济衰退风险面临上行，长期来看将对以原油为代表的大宗商品需求端形成压制。不过，考虑到原油短期供需紧张局面仍难以迅速缓解，原油价格整体可能将维持高位震荡，价格重心或小幅下移。从世界银行商品价格统计来看，2022 年，原油价格综合指数总体保持上行，其间飙升至 10 年来新高但随后回落，累计涨幅为 21.07%。其中，英国布伦特轻质原油、迪拜中质原油及美国 WTI 重质原油价格指数的年度涨幅分别为 21.33%、24.56%、17.25%。从年度均值来看，原油价格综合指数较上年延续大幅上行趋势（如图 5-2 所示），涨幅高达 46.30%。

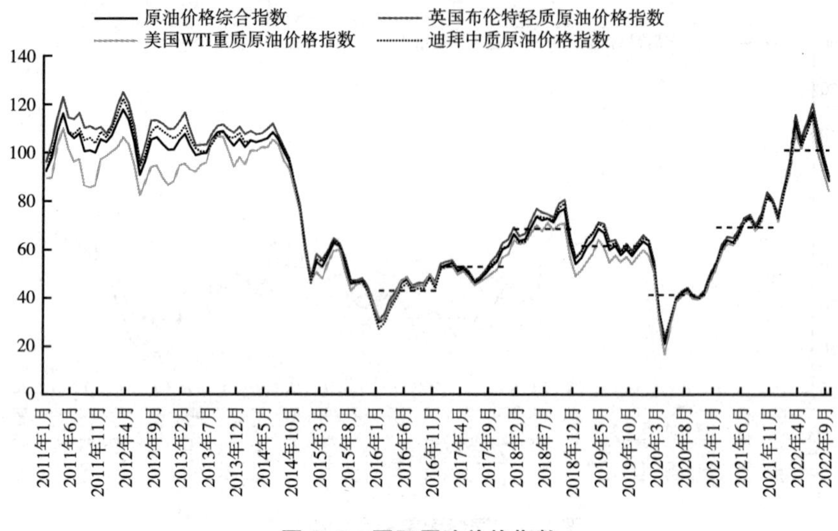

图 5-2　国际原油价格指数

注：原油价格综合指数为英国布伦特轻质原油、迪拜中质原油及美国 WTI 重质原油价格的等权重平均指数。

资料来源：世界银行数据库。

2. 煤炭

2022 年，国际能源供应受俄乌冲突等多重因素影响，石油价格一路高企，动力煤作为石油的替代资源，在世界范围内需求明显增加，价格也持续上涨，国际煤价不断突破前高。由于受保供稳价政策影响，中国煤炭生产高位运行，原煤产量明显上升，加之疫情散发影响下全社会用电需求有所回落，煤炭市场供需格局相对平衡，价格总体保持在合理区间，且与国际煤价出现明显倒挂。当前，供应端方面，在保供政策影响下，国内煤炭产量将逐渐修复，但疫情散发对主产区生产、运输形成一定制约，加之大秦铁路线秋检持续，造成煤炭在产地堆存增多但终端到货减少，产业链上下游市场出现分歧；需求端方面，随着冬季气温回落，北方开启集中供暖，煤炭需求出现一定回升，预计国内煤炭价格高位运行仍有支撑。国外方面，受俄乌冲突等因素影响，国际能源紧张局面仍未得到有效缓解，在未来供应收缩形势下，不排除国际煤炭价格出现进一步冲高的可能。从统计数据来看，2022 年，中国环渤海动力煤现货、焦煤期货及焦炭期货价格整体表现为高位震荡、小幅下跌，累计跌幅分别为 0. 27%、

4.77%、3.87%。与国内不同，2022 年以来，国际煤价因供需矛盾恶化呈现一路飙升的态势，澳大利亚动力煤、南非动力煤现货价格较上年末大幅上行（见图 5-3），累计涨幅分别高达 157.77%、125.60%。

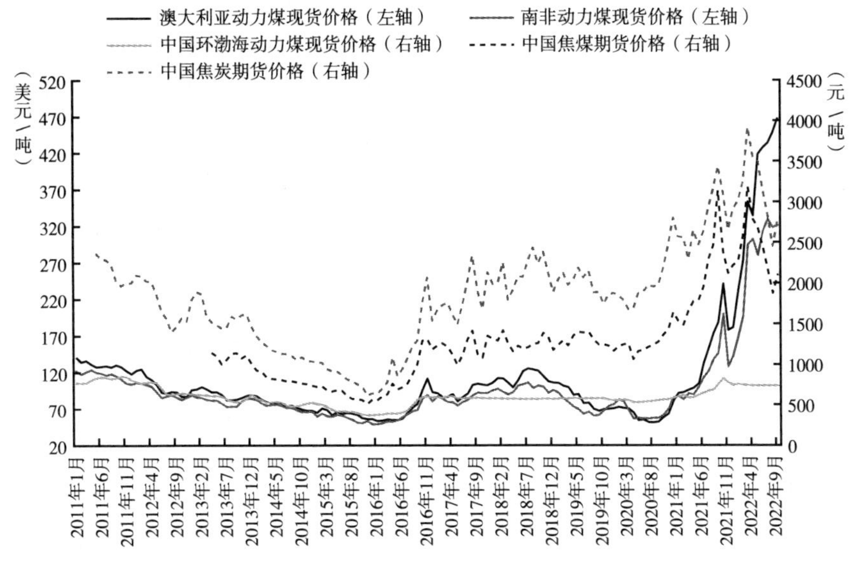

图 5-3　煤炭市场价格

资料来源：世界银行数据库，Wind。

（三）主要非能源类商品价格走势

1. 金属矿石

工业金属方面。2022 年，受全球通胀及俄乌冲突等多重因素影响，工业金属价格普遍出现较大波动，整体呈现前高后低倒“V”字形走势。2022 年初，工业金属市场整体延续高位震荡，但第一季度末俄乌冲突爆发引发市场对工业金属供应短缺的担忧，铜、铝、锌等多种金属价格大幅上行且突破前高。其后，为遏制通胀持续抬升，美国、欧盟等多个经济体纷纷转向实施紧缩性货币政策，美元及美债收益率大幅上行，市场对加息引发经济增速放缓甚或衰退预期升温，工业金属价格受宏观基本面不利影响面临一定下行压力。同时，由于世界多地仍遭受疫情反复冲击，工业金属产品运输及下游企业生产受限，需求端萎缩明显且信心受挫，这也使工业金属价格加速向下调整。当前，全球通胀水平仍处于高位，美联储加息短期将持续，美元强势或对工业金属价格形成一定压制，加之俄乌冲突引发欧洲能源危机恶化，全球经济面临新一轮深度衰退风险，未来工业金属市场供强需弱局面或会强化，价格整体也将延续震荡向下趋势。经统计，2022 年，无论国内还是国外，工业金属价格总体都呈现高位回落态势，其中铜、铝、铅价格跌幅相对较大，伦敦铜、中国铜分别累计下跌 18.87%、12.91%；伦敦铝、中国铝分别累计下跌 17.34%、10.48%；伦敦铅、中国铅分别累计下跌 18.84%、2.24%；锌跌幅相对较小，伦敦锌、中国锌分别累计下跌 7.91%、1.44%。伦敦工业金属价格见图 5-4。中国工业金属价格见图 5-5。

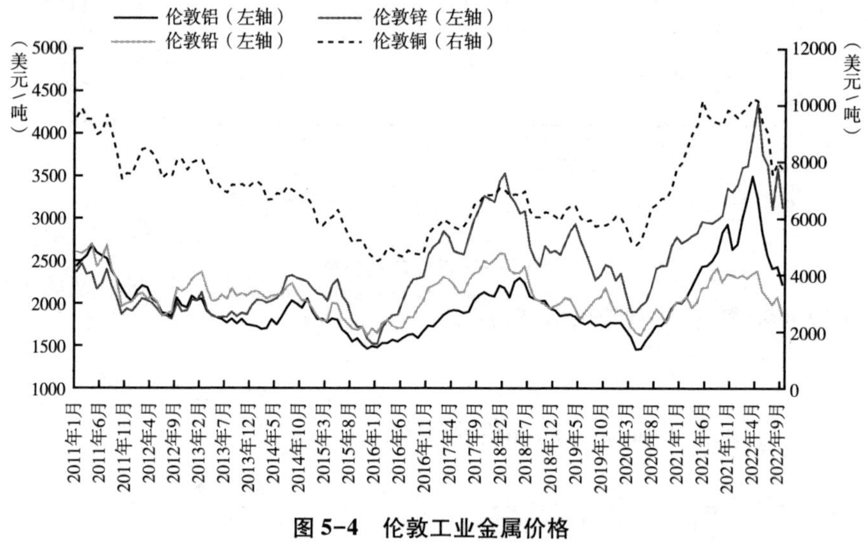

图 5-4　伦敦工业金属价格

资料来源：世界银行数据库，Wind。

矿石钢铁方面。2022 年，受疫情、通胀、俄乌冲突等多重因素的影响，黑色系商品价格波动明显加剧。其中，铁矿石价格基本呈现前高后低走势，前期由于钢材消费环比改善，钢厂生产复苏预期下补库表现积极，加之铁矿石供应面临外部因素冲击，在下游需求支撑下，价格出现明显上行；其后，受国内压产政策影响，叠加房地产加速下行拖累，下游需求复苏缓慢，钢厂成材库存积压，而“房住不炒”总基调下市场对政策大规模刺激需求的预期落空，在

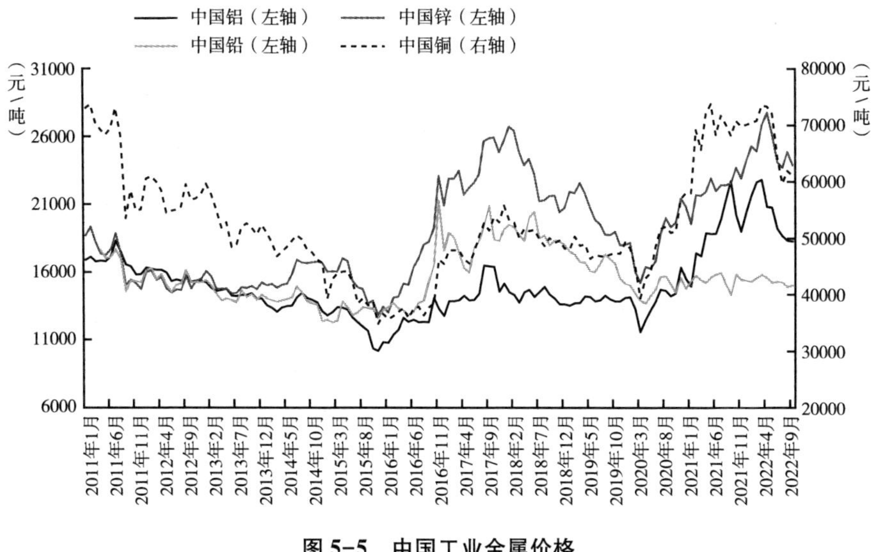

图 5-5 中国工业金属价格

资料来源：Wind。

多种不利因素作用下，铁矿石价格自高位开始震荡回落。从当前来看，在俄乌冲突以及美联储加息大背景下，全球经济面临新一轮衰退危机，海外钢材消费将延续下行趋势；而国内方面，受疫情反复冲击、钢厂利润处于低位及压产政策限制等因素影响，铁矿石需求端仍难有起色，预计未来铁矿石市场将逐渐向供强需弱格局转变，铁矿石价格或“易涨难跌”。世界银行商品价格统计显示，2022 年以来，国际铁矿石现价自阶段底部反弹后又快速下行，累计跌幅为 14. 67%。钢铁方面，2022 年初至 9 月钢铁行业运行基本呈现“高开低走”态势，第一季度，地区冲突导致国际能源价格大幅上涨，国外钢价快速上行拉动国内钢价反弹回升，其后受疫情及经济衰退预期影响，国内钢材需求走向低迷，钢价在供大于求的背景下又迅速回落。从当前来看，由于原材料价格高企，行业利润显著下行，加之政策端进一步推动粗钢产量压减及绿色低碳转型，未来钢铁生产供给或仍处于低位，钢材价格有望在供需格局改善中逐步寻底。经统计，2022 年，中国螺纹钢价格总体表现为震荡下行（见图 5-6），累计跌幅为 11. 11%。

2. 农产品

一般而言，农产品本身价格弹性系数较小，其走势主要受实际供需关系影

图 5-6　中国进口铁矿石、螺纹钢价格

资料来源：世界银行数据库，Wind。

响。近年来，全球农产品市场需求相对稳定，其价格变化受供给方面的影响更为强烈。2022 年，俄乌冲突、极端天气、疫情持续等对农产品供给端形成剧烈冲击，以致国际农粮市场价格在上半年一度强势上行至近 10 年来的高点，且波动性明显加大。当前，全球通胀水平仍居高不下，一方面，俄乌冲突导致化肥等原料价格大幅上行，粮食生产成本显著抬升；另一方面，世界正广泛遭遇罕见的持续三年之久的“拉尼娜”气候现象，这对美国各地以及巴西和阿根廷等重要作物地区的粮食种植产生不利影响，且欧洲、印度等地区 2022 年的严重干旱少雨也对水稻等农作物生产造成较大拖累，预计全球农产品供给端或面临持续冲击，农产品价格大概率将维持高位震荡且波动性明显上升。从世界银行商品价格统计数据来看，2022 年，农产品价格指数自年初以来先延续上行趋势后又震荡回落（见图 5-7），累计涨幅为 2. 86%。其中，不同农产品价格走势显著分化，CBOT 小麦、CBOT 玉米价格涨幅较大，分别上涨 19. 56%、14. 20%；其次是泰国大米价格，累计上涨 9. 75%；CBOT 大豆价格仅小幅上行，累计上涨 1. 90%。

3. 贵金属类

黄金方面。作为全球最重要的硬通货之一，黄金长期以来受到机构及个人

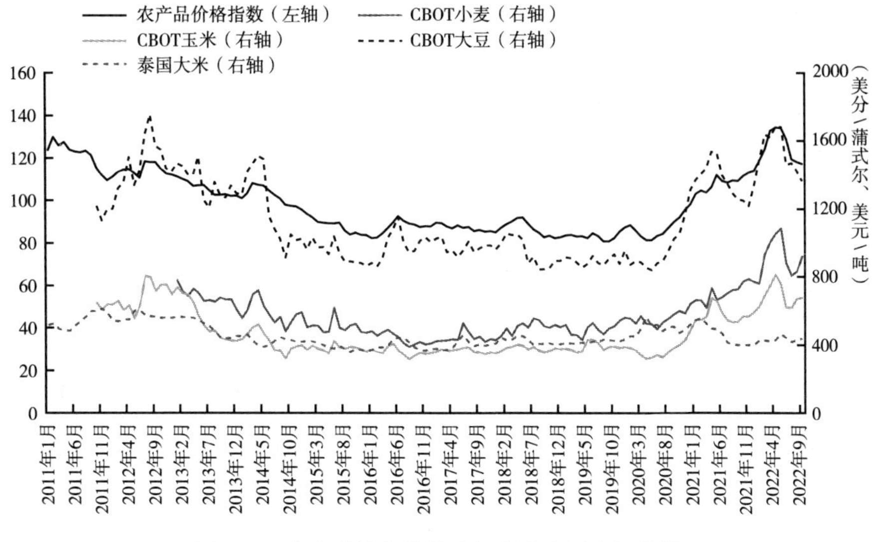

图 5-7　农产品价格指数及部分农产品市场价格

资料来源：世界银行数据库，Wind。

投资者青睐，尤其在全球利率下行或金融市场流动性普遍泛滥的背景下。另外，黄金本身所具有的抗通胀与避险功能，亦使其无论是在通胀预期上升还是全球地缘政治冲突升级之时都备受资本市场追捧。2022 年初以来，受全球低利率环境下通胀大幅上行以及俄乌冲突引发市场避险需求升温影响，国际市场黄金价格于第一季度持续上行，并接近 2020 年历史高点。随后，由于俄乌局势短期冲击减弱，叠加以美联储为代表的多国央行开启货币紧缩进程以抑制通胀，美元及美债收益率在加息政策推动下大幅上涨。在全球流动性持续紧缩压力下，黄金价格开始从高位显著回落、震荡下行。当前，全球经济在高通胀、紧货币及局部地缘冲突等不利因素影响下正面临新一轮衰退危机，美欧经济增速趋于放缓，美联储加息恐难长期持续，一旦政策转向，美元强势就会告一段落，黄金价格或迎来转机。经统计，2022 年，黄金市场价格总体自高位震荡回落、略有下行（见图 5-8），其中伦敦现货黄金、COMEX 黄金期货价格累计跌幅分别为-8.15%、-8.56%；受汇率贬值影响，上金所黄金（人民币计价现货黄金）T+D 及上期所黄金期货价格则录得小幅上涨，累计涨幅分别为 4.37%、4.22%。

白银方面。作为贵金属之一，白银的工业属性较其金融属性更为突出，其价格走势受实体经济、供需基本面影响较大；与此同时，黄金价格与白银价格长期走势高度相关，二者之间的相对强弱指标——“金银比”在大多数时间处于 20~80 的合理区间内。对比图 5-8、图 5-9 中黄金与白银市场价格可以发

图 5-8　黄金市场价格

资料来源：Wind。

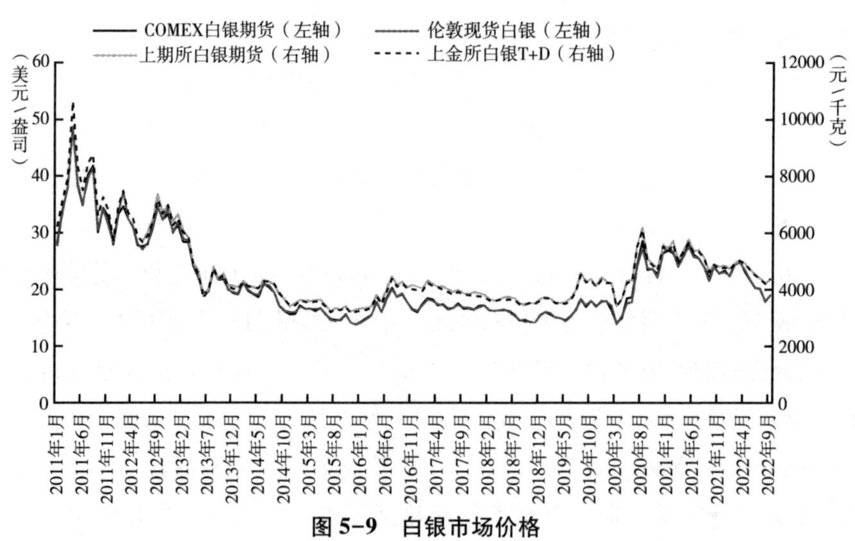

图 5-9　白银市场价格

资料来源：Wind。

现，二者走势基本一致。2022 年初，受俄乌冲突影响，黄金市场价格在避险情绪提振下大幅拉升，白银市场价格受金价带动亦小幅上涨，但其后由于全球通胀持续上行，美联储等多国央行开启货币紧缩政策，美元表现异常强势，全球流动性趋于收紧，而俄乌冲突造成的负面溢出效应仍在持续，市场对全球经济增速放缓以致衰退担忧加剧，白银市场价格在美元走强及经济基本面利空压制下开始一路震荡下行，跌幅明显超过黄金。经统计，2022 年，白银市场价格整体表现为震荡下行，其中伦敦现货白银、COMEX 白银期货价格累计跌幅分别为-17.61%、-18.47%；受汇率贬值的影响，上金所白银（人民币计价现货白银）T+D 及上期所白银期货价格跌幅较小，累计跌幅分别为-8.41%、-9.72%。

二　大宗商品市场主要影响因素

（一）经济周期

2022 年，新冠肺炎疫情持续不退，俄乌冲突使全球通胀显著抬升，对世界政治经济稳定造成不利冲击，同时以美联储为代表的多国央行纷纷开始加息，美元及美债收益率不断飙升。流动性持续紧缩压力下，各国经济复苏步伐明显放缓，全球面临新一轮衰退危机，尤其一些新兴经济体普遍遭受发达国家紧缩性货币政策负面冲击，在资本外流加剧、融资成本上升与本币贬值压力下，面临严重债务危机。中国经济受外部环境复杂多变、国内疫情散发等超预期因素影响，下行压力仍然较大，复苏之路步履蹒跚。在此背景下，全球大宗商品价格波动明显上升，前期因供给端遭受巨大冲击，以能源、粮食为代表的商品价格不断上行且突破历史前高，其后由于美联储加息快速推进，在高通胀、紧货币及地缘冲突引发的能源危机等不利因素影响下，各国对全球经济衰退的担忧加剧，大宗商品价格自高位开始震荡回落，同时能源、非能源商品价格走势亦显著分化。

从图 5-10 中全球主要国家和地区的 PMI 走势可以看出，各国经济复苏步伐并不统一，2022 年以来，受国内疫情反复及房地产下行等因素拖累，中国制造业 PMI 延续底部震荡趋势，多数时间处于荣枯线下方；美国、欧元区制造业 PMI 在高通胀、紧货币及俄乌冲突对经济负面冲击影响下一路下行，二者于 9 月已基本回落至荣枯线附近。当前，考虑到美联储等多国央行仍普遍坚持货币紧缩立场，加之全球通胀居高不下、欧洲能源危机愈演愈烈，海外经济增速放缓几成定局，而国内受疫情反复冲击、房地产延续下行等拖累，经济复苏亦较为乏力。未来，在经济基本面趋于不利形势下，大宗商品市场需求端或不容乐观，价格也将面临一定下行压力。

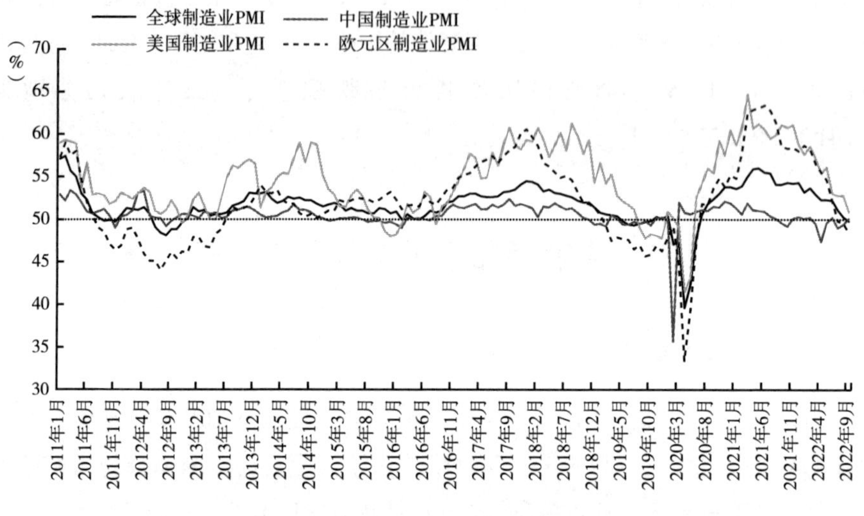

图 5-10　全球主要国家和地区的 PMI

资料来源：Wind。

（二）产业供求

2022 年，俄乌冲突爆发对原油供给端造成强烈冲击，市场供弱需强格局短期加剧，原油价格也一路飙升并突破近十年来的高点。随后，由于美欧等发达经济体纷纷开启加息进程以抑制通胀，加之欧洲能源危机对经济负面冲击日益显现，全球经济衰退压力上升，原油需求量亦见顶回落；同时，由于 OPEC 维持增产、美国释放战略原油储备等进一步支撑市场供给端稳步向上，原油供求紧张局势缓解，油价亦高位回落、震荡下行。从图 5-11 中全球原油供给量与需求量的相对变化可以看出，2022 年初，全球原油需求量受俄乌冲突影响短期冲高，导致供需缺口明显扩大，油价亦快速飙升，连破前高；其后，由于美联储等多国央行纷纷开始加息以抑制通胀，全球流动性持续收紧，美欧经济增速明显放缓，市场对全球经济面临新一轮衰退的担忧加剧，原油需求量高位回落，在供需趋于平衡的形势下，油价开始从高位震荡向下。展望未来，随着俄乌冲突对原油供给端的冲击减弱，加之 OPEC 维持增产且不排除有新的增产计划出现、美国战略原油储备陆续释放及原油产量增加，原油市场供给端未来或延续上行趋势；需求端方面，美联储加息快速推进，市场流动性持续收紧，俄乌冲突阴影挥之不去，全球经济衰退风险加剧。长期来看，大宗商品需求端回暖速度放缓，原油供求紧张局面或进一步改善，油价整体可能维持震荡回调走势。

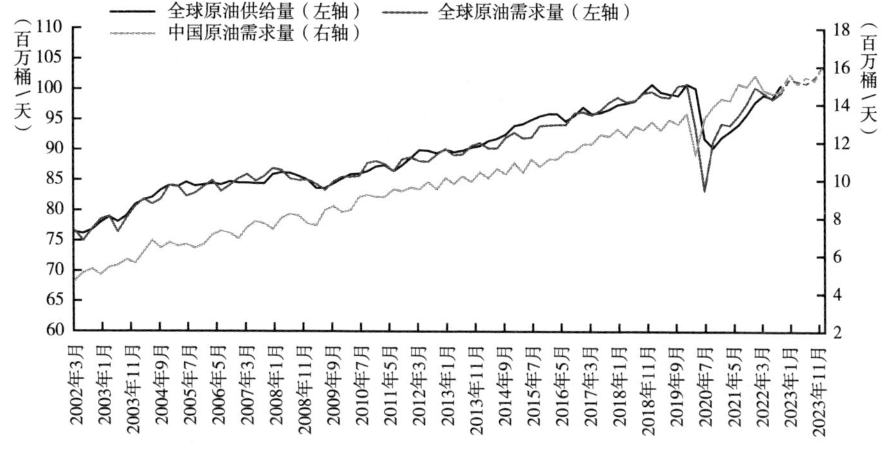

图 5-11 全球原油供给量与需求量和中国原油需求量

注：图中 2023 年数据为预测数据。

资料来源：Wind。

国内方面，2022 年以来，受国际国内煤炭供求形势差异化拉大影响，中国动力煤市场价格相比国际煤价出现明显倒挂。国外方面，受俄乌冲突等多重因素影响，国际能源供应紧张形势加剧，石油、天然气等价格一路高企，煤炭作为替代资源在世界范围内的需求量明显增加，国际煤价持续上行并不断突破前高；国内方面，主要受保供稳价政策影响，煤炭生产高位运行，原煤产量稳步上升，而疫情散发影响下全社会用电需求下降，煤炭市场供需趋于平衡，价格总体保持在合理区间，且与国际煤价的差距扩大。中国动力煤总供给量、总需求量、净进口量与供需缺口走势见图 5-12。从当前来看，供应端方面，国内保供政策将持续实施，煤炭供给产能逐渐恢复，原煤产量大概率维持高位，不过疫情反复、环保限产等突发因素可能对煤炭生产、运输造成一定扰动，未来煤炭保供压力仍存；需求端方面，冬季采暖季来临之际，北方开启集中供暖，煤炭季节性需求将出现回升，因此短期市场供求可能维持紧平衡状态，预计国内煤炭价格受此支撑将维持高位。国外方面，当前俄乌冲突对能源供应负面冲击影响仍在持续，欧洲能源危机局势尚未出现转机，国际煤炭供需错配形势加剧或导致价格进一步冲高。

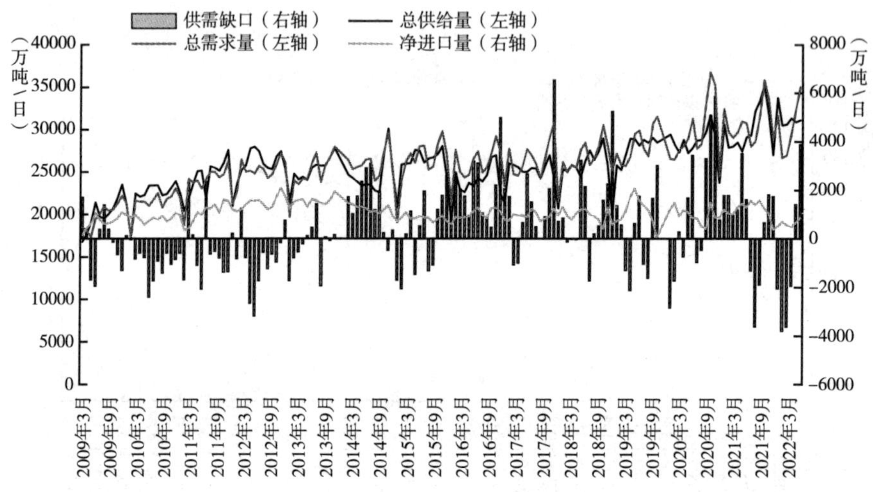

图 5-12 中国动力煤总供给量、总需求量、净进口量与供需缺口走势

资料来源：Wind。

（三）市场流动性

2011 年后，中国、美国的货币与准货币（M2）增长速度一直处于高位，尤其中国 M2 同比增速基本保持在 10% 以上水平，大幅超过名义 GDP 增速，导致 M2 占名义 GDP 比例一路攀升（如图 5-13 所示）。2016 年后，随着全球货币正常化进程加快，紧缩性政策背景下，美国、欧元区、中国及日本 M2 同比增速齐步向下，流动性紧缩导致新兴市场经济下行压力加大，同时，资本市场波动明显加剧。2020 年，由新冠肺炎疫情所导致的经济深度衰退迫使以美联储为代表的各国央行先后采取超大规模货币宽松及财政刺激政策，各主要经济体的 M2 同比增速均大幅攀升。而后，随着全球经济加速复苏，加之通胀率抬升，主要发达经济体的货币宽松节奏边际放缓，M2 增速亦开始高位回落并向中枢附近回归。2022 年初，俄乌冲突爆发引发欧洲能源、粮食急剧短缺，原油、农产品等价格飙升驱动全球通胀率持续上行，美欧等发达经济体纷纷开启加息进程，货币紧缩政策下，M2 增速进一步向下探底。金融市场流动性趋紧压力下，大宗商品价格可能延续回落趋势，波动性或上升。

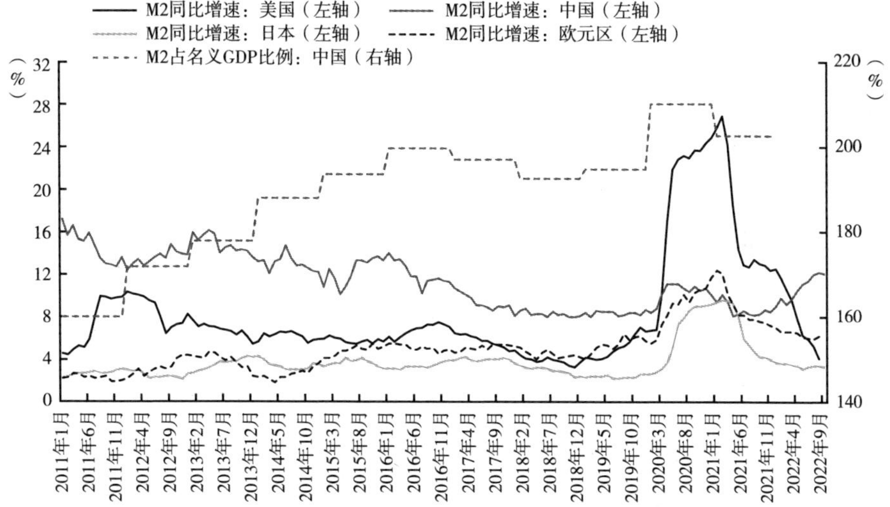

图 5-13　全球主要国家和地区 M2 同比增速与中国 M2 占名义 GDP 比例

资料来源：Wind。

（四）美元强弱因素

长周期内，美元与原油、黄金价格基本表现为负相关的反向波动关系，当美元进入上升周期时，原油、黄金价格往往会经历比较大的调整下跌；反之，当美元开始走弱时，原油、黄金价格会出现强有力的反弹回升。短周期内，这种反向变动关系则变得比较复杂，影响原油、黄金价格的因素有国际政治格局、地缘冲突及限产限购等一系列突发事件，它们都有可能与美元指数呈现同涨同跌的走势，如 2016 年英国“脱欧”、OPEC 减产协议达成以及 2022 年俄乌冲突爆发，美元与黄金、原油在不同阶段表现出比较明显的齐涨态势。此外，美元对大宗商品价格产生影响的背后往往还存在经济周期的变化规律，如2011年后美元进入长期升值通道，伴随着全球经济增速放缓尤其是新兴经济体投资增速放缓、需求下降，大宗商品价格足足经历了五年漫长的熊市。

2022年，俄乌冲突对欧洲能源、粮食供应形成持续冲击，原油、农产品价格上行使全球通胀率进一步抬升。为遏制通胀失控风险，以美联储为代表的多国央行实施货币紧缩政策。随着加息进程快速推进，美元及美债收益率大幅上行，全球流动性持续收紧，黄金价格在强势美元压制下从高位开始震荡回落、持续下行；与此同时，由于受高通胀、紧货币政策以及俄乌冲突等不利因素影响，全球经济增速放缓，各国对经济衰退的担忧明显加剧，原油价格在美元走强叠加经济基本面趋于不利作用下自高位开始显著回落、震荡下行。从当前来看，随着美联储加息持续推进，加之全球通胀率仍高位运行、俄乌冲突尚无转机，世界经济正面临新一轮衰退危机。在美欧经济增速开始放缓并趋于下行的形势下，美联储加息或已进入中后期，未来，一旦预期政策转向，美元指数就将由强转弱，快速下行，黄金、原油价格或迎来转机。美元指数与布伦特原油、伦敦现货黄金价格见图5-14。

图5-14　美元指数与布伦特原油、伦敦现货黄金价格

注：美元指数无单位。

资料来源：Wind。

三 2022年大宗商品市场展望

（一）全球经济形势展望

2022 年，新冠肺炎疫情尚未消退，俄乌冲突爆发，世界政治经济不稳定性明显上升，欧洲能源危机加重，全球通胀率不断抬升，以美联储为代表的多国央行加快推行货币紧缩政策，受此影响，全球经济增速明显放缓，滞胀风险趋向上升，世界或面临新一轮深度衰退危机，尤其新兴市场经济体普遍受到发达国家加息政策负面冲击，本币贬值压力加之通胀失控等使部分国家经济面临严重的债务危机。10 月 11 日，IMF 在《世界经济展望报告》中表示，当前全球经济面临诸多挑战，诸如通货膨胀率达到几十年来最高水平，大多数地区金融环境收紧，乌克兰危机以及新冠肺炎疫情持续不退等，严重影响全球经济增长前景。预计 2022 年全球经济增速为 3.2%；美国、欧元区经济增速将分别达到 1.6%、3.1%；中国经济增速有望达到 3.2%，中国仍然是全球经济增长的主要引擎。此外，IMF 还预计 2023 年全球经济增速将进一步放缓，增速或为 2.7%；发达经济体受高通胀、紧缩性货币政策及局部地区冲突等不利因素影响，经济增速将显著放缓至 1.1%，而中国经济受益于宽松货币政策、稳增长系列举措等积极因素，增速将企稳回升，至 4.4%。总体来看，受新冠肺炎疫情反复、俄乌冲突及高通胀下金融货币条件收紧等一系列因素影响，全球经济增长势头明显放缓，滞胀风险有所抬升，经济可能面临新一轮衰退危机；同时，更多的能源、食品价格冲击可能导致通胀持续时间超出预期。经济下行压力下如何抑制高通胀对各国制定货币政策也带来更大挑战，未来世界政治经济或长期面临不确定性因素。尽管面临外部矛盾复杂多变、内部疫情反复冲击等一系列不利因素，但随着经济结构转型步伐加快、稳增长政策持续发力，中国经济有望走出疫情阴影并在高质量发展之路上稳步前行。

（二）全球通胀走势预判

2022 年，美欧超宽松货币财政政策的负面效应持续显现，疫情反复冲击下，全球产业链供应链尚未完全恢复，尤其俄乌冲突进一步导致能源、粮食等供给紧张局势升级，全球大宗商品价格指数总体延续大幅上行趋势，推动世界通胀水平不断抬升，各主要经济体 PPI、CPI 上行至历史高位且波动分化明显加大，部分国家甚至创下多年新高。发达经济体方面，美国 PPI 于 3 月创下有记录以来的高点，为 11.7%（见图 5-15）；CPI 于 6 月飙升至 40 年来的新高，为 9.1%（见图 5-16）。欧元区受俄乌冲突影响最甚，PPI、CPI 延续飙升态势且尚未出现见顶之势；8 月，PPI 同比高达 43.3%；9 月，CPI 同比冲至 9.9%，双双创历史新高。日本经济长期低迷，货币贬值压力下，输入性通胀压力空前，9 月，PPI、CPI 分别上行至 9.7%、3.0%的阶段高点。新兴经济体方面，印度经济虽保持高增速但通胀压力亦较为显著，尤其上游资源品价格高企使 PPI 大幅上行并于 5 月创下历史高点 16.63%，同时 CPI 亦处于高位；由于综合采取产能释放、储备调节、市场监管、预期引导等一系列措施，持续加大保供稳价工作力度，中国取得了积极成效，PPI 延续大幅下行趋势，CPI 处于低位，中国成为全球通胀的重要“稳定器”。10 月 11 日，IMF 在《世界经济展望报告》中表示，通胀压力是摆在各国面前一道共同的难题，劳动力市场的极端紧张与能源价格冲击等多重因素导致全球通胀压力比预期更广泛、更持久。预计 2022 年全球通胀率将从 2021 年的 4.7%上涨至 8.8%，2023 年、2024 年将分别下降到 6.5%、4.1%。考虑到 2023 年美欧等大部分国家经济将出现下行情况甚或衰退，预计全球通胀率于 2022 年底见顶，但维持高位的时间或长于预期。

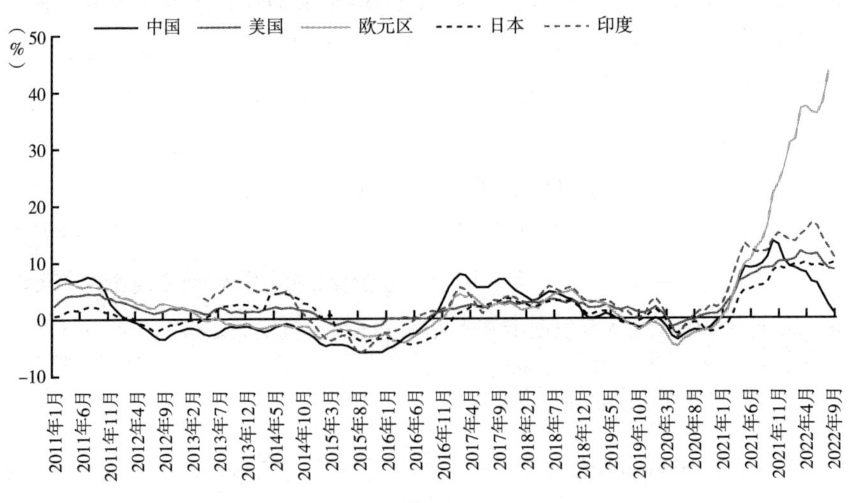

图 5-15　全球主要国家和地区的 PPI

资料来源：Wind。

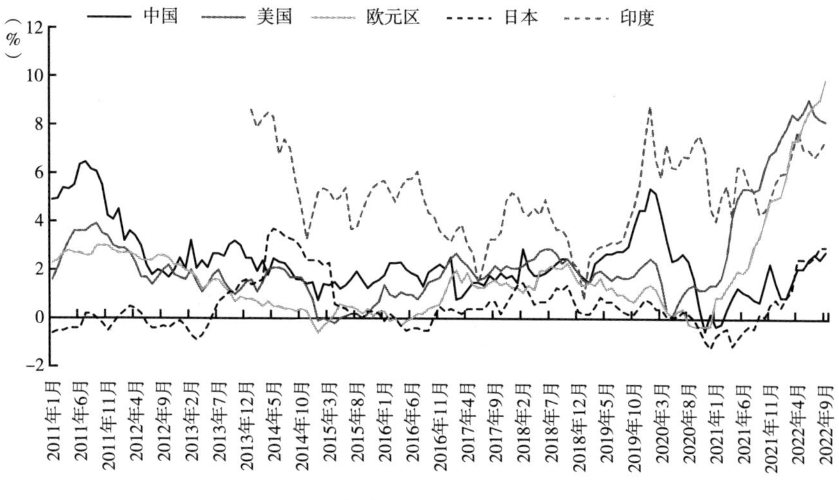

图 5-16　全球主要国家和地区的 CPI

资料来源：Wind。

（三）政策突发事件分析

货币流动性方面。2022 年，受俄乌冲突影响，欧洲能源、粮食供应面临严重冲击，资源、农产品价格上行不断推动全球通胀高企，美欧等发达经济体为遏制通胀进一步上行纷纷实施货币紧缩政策，美元指数及美债收益率持续飙升，市场流动性加快从新兴市场回流美国。尽管俄乌冲突对大宗商品供给端造成短期冲击，使能源、粮食价格显著上行，但随着金融货币环境趋于收紧，市场利率普遍上行，流动性逐渐从商品等风险类资产转移退出，加之全球经济衰退预期加剧，这些在一定程度上阻止了大宗商品价格进一步飙升，并自高位开始震荡回落。从当前来看，俄乌冲突尚未迎来转机，欧洲能源、粮食供给形势依然严峻，全球高通胀持续时间或长于预期，以美联储为代表的多国央行的货币紧缩立场短期内尚难扭转，金融流动性仍趋于收紧，资本回流对强势美元的支撑依然存在，这对以美元计价的大宗商品价格将产生一定下行压力，同时将导致市场波动性上升。未来，若全球经济衰退超出预期，不排除美联储的货币政策将从紧缩重新转向宽松，届时，在市场流动性回暖、强势美元回落的条件下，大宗商品价格或逐渐寻得底部支撑并再次企稳上行。

产业供需方面。俄乌冲突能否迎来转机、疫情对供给产能的影响能否缓解、OPEC 成员是否有新的增产计划等将对未来国际原油供需平衡及油价走势产生重要影响。除此之外，诸如伊核谈判、中东地缘政治冲突或局部地区紧张局势升级等也将对原油供给产生短期扰动或冲击。当然，长期来看，随着全球经济增速趋于放缓甚或出现衰退，原油需求端或面临一定下行压力，而在供给端，尽管短期冲击仍在，但长期影响趋弱，原油供需紧张局势有望逐渐改善，油价也将从高位进一步震荡下行。煤炭方面，俄乌冲突使欧洲能源供给形势严峻，对俄制裁与俄罗斯反制裁严重干扰国际煤炭供给恢复，而油价高企使对煤炭的替代性需求持续回升。在国际煤炭市场供求紧张的局势下，煤价或存在进一步冲高的可能；国内方面，随着保供稳价政策持续发力，煤炭、钢铁等行业供给端的稳定性逐步上升，优质产能有序释放，预计国内煤炭等能源类商品的供需紧张关系将进一步缓解，长期来看或趋于平衡。当然，不排除外部环境冲击、内部能耗双控、环保限产、安全以及季节性需求等在短期内对煤价可能造成一定扰动。另外，“拉尼娜”极端气候依然持续，造成局部地区严重干旱少雨，加之局部地区冲突尚存，全球农作物生产供应仍面临冲击，这将对农产品价格形成一定支撑。

突发性因素方面。2022 年，俄乌冲突对世界政治经济造成严重冲击，欧洲能源、粮食供应等面临巨大挑战，当前，冲突持续时间及双方制裁与反制裁措施尚有诸多不确定性，加之世界各地疫情反复持续，全球供应链面临的短期冲击仍然存在，一旦供需错配情况加剧，通胀高位运行时间或长于预期，这将对全球经济复苏形成重大拖累。除此之外，诸如美国中期选举、伊核谈判、中东地缘政治冲突以及局部地区紧张局势升级等一系列潜在突发因素，可能加重全球经济下行压力，使经济深度衰退风险进一步上升，届时一旦美联储加息政策转向，大宗商品中具有独特避险价值与货币属性的黄金等贵金属的价格则可能会因全球局势不稳定以及强势美元回落等迎来转机。此外，诸如“拉尼娜”等极端自然天气大概率仍将持续，并对全球粮食生产造成一定冲击。

（四）大宗商品价格走势预判

对于未来全球大宗商品的价格走势，世界银行给出了一系列预测。从表5-1可以看出，2022 年、2023 年、2024 年，大宗商品价格指数平均水平预计分别为 139.9、124.3、113.4，其中 2022 年相对上一年的变动率为 37.8%，这反映出 2022 年大宗商品市场整体仍表现不俗，特别是能源类商品表现强势，2022 年能源价格指数平均水平相对上一年上涨 50.5%，其中煤炭表现最为亮眼，2022 年价格平均水平相对上一年的涨幅为 81.0%；原油价格平均水平显著抬升，2021~2022 年变动率达 42.0%。非能源价格指数表现相对可观，2021~2022 年变动率为 19.2%，其中，受全球通胀高企、俄乌冲突对供应链冲击以及极端异常自然天气等因素影响，农产品、食品价格指数涨幅较大，2021~2022 年变动率分别为 17.7%、22.9%；接着是金属矿石价格指数涨幅，2021~2022 年变动率为 15.8%，受美联储加息及全球利率上行影响，贵金属价格指数涨幅最小，2021~2022 年变动率为 3.0%。

表 5-1　全球大宗商品价格或价格指数及年变动率

指标	实际值			预测值			变动率(%)		
	2019 年	2020 年	2021 年	2022 年	2023 年	2024 年	2020~2021 年	2021~2022 年	2022~2023 年
大宗商品价格指数	78.1	64.4	101.5	139.9	124.3	113.4	57.6	37.8	-11.1
非能源价格指数	81.7	84.4	112.0	133.5	121.7	117.8	32.7	19.2	-8.8
金属矿石价格指数	78.4	79.1	116.4	134.8	120.6	112.1	47.2	15.8	-10.5
贵金属价格指数	105.4	133.5	140.2	144.4	131.5	127.0	5.0	3.0	-8.9
农产品价格指数	83.3	87.5	108.7	127.9	118.0	117.8	24.2	17.7	-7.7
食品价格指数	87.0	93.1	121.8	149.7	134.2	133.5	30.8	22.9	-10.4
能源价格指数	76.0	52.7	95.4	143.6	125.8	110.8	81.0	50.5	-12.4
原油价格($/bbl)	61.4	42.3	70.4	100.0	92.0	80.0	66.4	42.0	-8.0
煤炭价格($/mt)	77.9	60.8	138.1	250.0	170.0	154.7	127.1	81.0	-32.0

注：大宗商品价格指数按能源、非能源加权平均价格指数计算得到。
资料来源：世界银行数据库。

综合来看，2022 年，受新冠肺炎疫情反复持续、俄乌冲突冲击、全球通胀不断高企及欧美等多国加息潮下市场利率普遍上行等因素影响，世界经济正面临增速进一步放缓、滞胀风险抬升及新一轮深度衰退危机，特别是新兴市场经济体受美元走强的负面冲击更甚，本币贬值、通胀失控等使部分国家经济遭受严重的债务危机。受国际环境复杂多变、国内疫情散发等超预期因素影响，中国经济同时面临需求收缩、供给冲击、预期减弱“三重压力”，复苏之路步履蹒跚。总体上，需求端，大宗商品价格未来将受制于全球经济增速放缓甚或衰退而有所下行；供给端，主要受俄乌冲突、疫情反复等对供应链冲击的影响，产量恢复尚需时日，预计未来大宗商品市场整体或面临一定下行压力，但短期价格中枢仍将维持高位，同时，在世界政治经济不稳定的局势下，大宗商品价格波动亦将显著上升。当然，也应关注美联储加息节奏调整放缓、OPEC成员增产计划以及“拉尼娜”极端自然天气等因素可能对大宗商品市场造成的冲击与扰动。

市场篇

第六章 货币市场运行

李　刚*

- 2022年是中外经济周期、货币周期错位运行的一年，国内货币市场利率再创新低，成交量再创新高，票据市场利率更是多次出现接近0的利率水平。这反映出在美欧高通胀、高加息预期，而国内经济需求不足、实体融资需求不足的背景下，货币市场承担了宏观调控的重要职责，同时也成为机构投资者和个人投资者避险的主要市场之一。
- 货币市场整体运行表现为六大特征：一是成交总规模继续快速上升，成为货币市场传导的重要渠道；二是银行间回购市场占比有所提升，拆借市场受信贷规模影响也有所提升；三是货币市场利率水平总体震荡下行，波动有所降低；四是总体杠杆水平保持稳定，并未出现大幅上升，非银金融机构和银行机构的融资利差明显走阔，表明整体风险可控；五是同业存单发行和存量规模继续上升，受信用风险担心的影响，高等级和低等级在量、价上继续分化；六是受信贷需求不足的影响，票据市场成交明显增长，利率下行。
- 从货币市场制度和创新方面来看，票据市场制度不断完善，现金管理类产品新规也逐步实施，货币市场发展更为规范。同业存单指数基金作为创新产品的出现，有利于进一步丰富货币市场工具。

一　货币市场概况

作为货币市场的重要组成部分，债券回购、同业拆借和同业存单等市场

* 李刚，博士，副研究员，惠升基金管理有限公司联席总裁、合伙人，国家金融与发展实验室特聘高级研究员，教育部就业指导委员会金融委员，资产管理论坛理事。

交易总规模继续大幅上升，反映出国内总体宽松的货币政策取向，并没有受到人民币贬值的影响。债券回购总量和增量继续创出历史新高，并成为货币市场占比和增速最快的品种，在市场仍然担心信用风险的情况下，银行同业存单发行主要以国有和股份制银行为主。从融资结构来看，由于市场流动性较为宽松，非银行金融机构净融资规模大幅增长，其中拆借规模的回升可能与银行信贷投放不足有关，因为银行通过拆借融出资金给非银行金融机构被纳入信贷规模。

（一）交易规模——交易量绝对水平再度显著回升

2022 年，货币政策总体基调是不搞大水漫灌，但疫情反复和房地产下行压力加大的背景下，货币政策量、价、结构全面放松，货币市场交易量再度显著回升。截至 2022 年 9 月末，滚动 1 年累计交易量达到 1522 万亿元（上年同期 1139 万亿元）（见图 6–1），其中债券回购、同业拆借和同业存单滚动 1 年累计交易量分别达 1341 万亿元、145 万亿元和 36 万亿元（见图 6–2），同比增速分别为 36. 6%、22%和–9%。

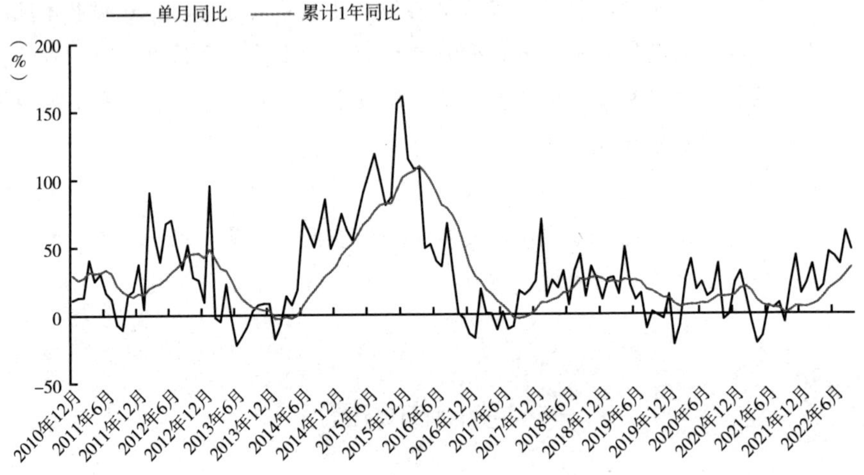

图 6–1　货币市场成交额同比增长率

资料来源：Wind。

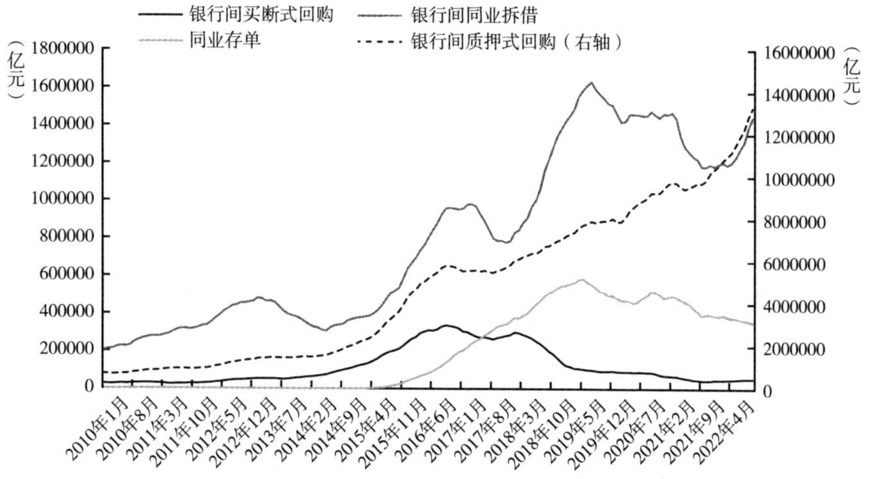

图 6-2　货币市场年度累计交易量

资料来源：Wind。

（二）交易品种结构——债券回购占比继续提升

从交易品种结构来看，债券回购业务仍然占据主导地位（见图 6-3），截至 2022 年 9 月末，债券回购、同业拆借和同业存单交易量占比分别为 88.1%、9.5%和 2.4%，同比变动分别为 0.44 个百分点、1.14 个百分点和-1.6 个百分点。以债券回购业务为主导的交易品种结构主要受整体信用环境、交易期限、经济资本占用和交易便捷程度等因素影响。从整体信用环境来看，当前我国整体信用水平不高，且在严监管下交易对手的信用风险更为突出。由于银行间债券回购以债券作为质押，且所押债券大部分为国债、政策性金融债券和同业存单等低风险债券，相比信用拆借业务，信用风险相对较小。从交易期限来看，银行间债券回购期限大部分低于 7 天，相比同业存单和票据贴现期限更短，因而交易频率更高，导致累计后交易量更大。从经济资本占用来看，大部分银行间债券回购占用经济资本系数不到 25%，相比同业拆借业务经济资本占用系数低。从交易便捷程度来看，债券回购业务通过银行间市场和交易所市场进行，标准化程度和透明化程度均较高。

同业存单市场仍然呈现总量稳步增长、结构分化的特点，融资主力仍然是国有和股份制银行等 AAA 评级的高等级银行，AA+及以下的发行总量仍然较

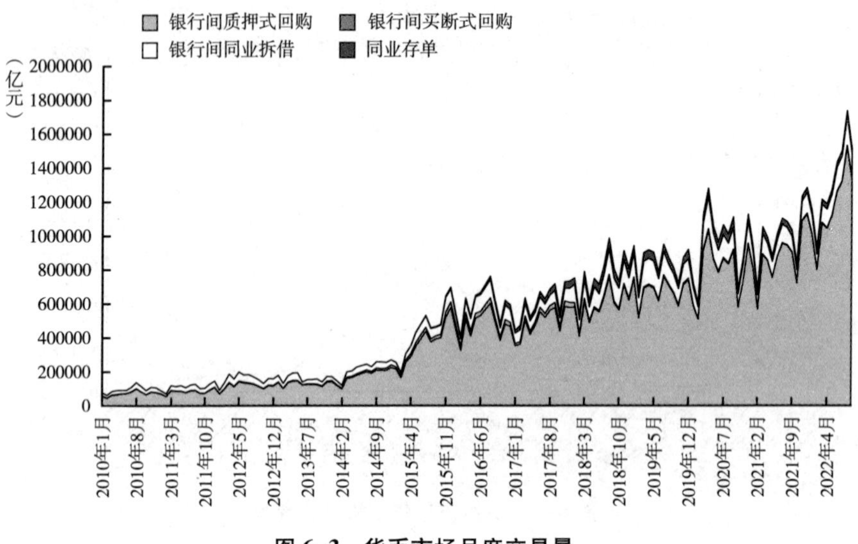

图 6-3　货币市场月度交易量

资料来源：Wind。

低（见图 6-4、图 6-5）。从认购倍数上看，AAA 同业存单的认购倍数稳步上升，但 AA+及以下的认购倍数明显下降，反映出经济下行压力下，市场对中小银行信用风险的担心有所提升。（同业存单发行认购率见图 6-6。）

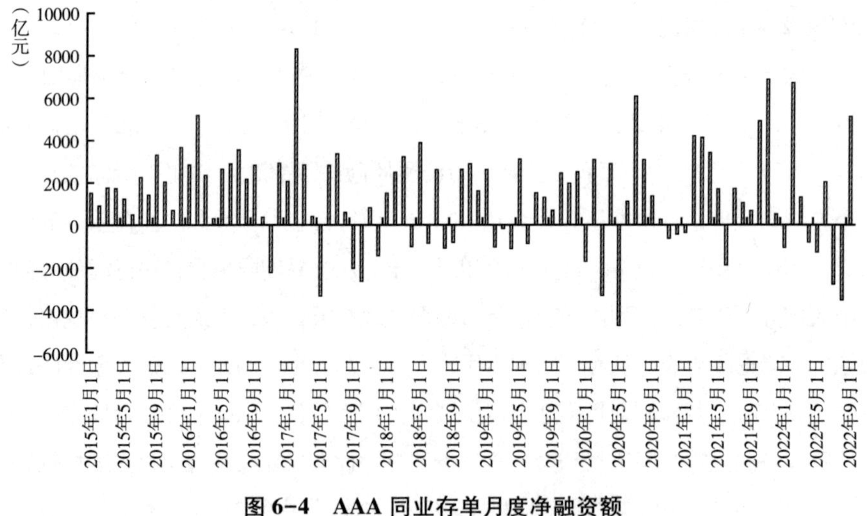

图 6-4　AAA 同业存单月度净融资额

资料来源：Wind。

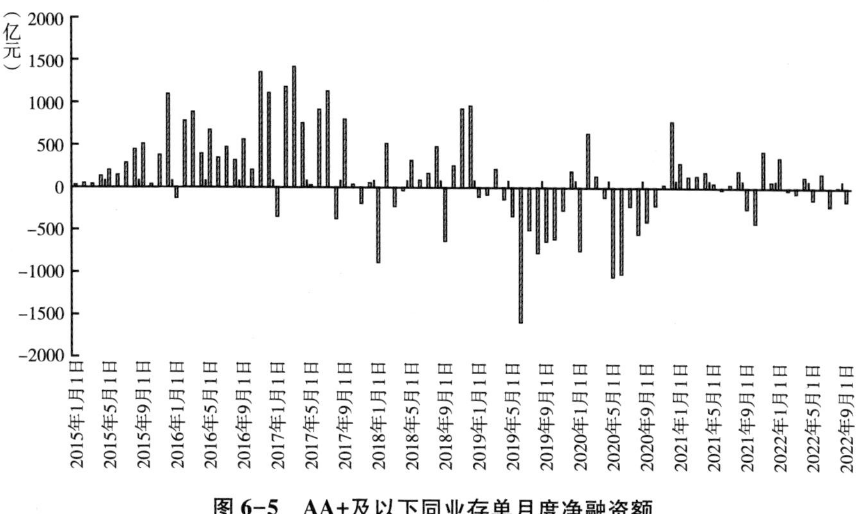

图 6-5　AA+及以下同业存单月度净融资额

资料来源：Wind。

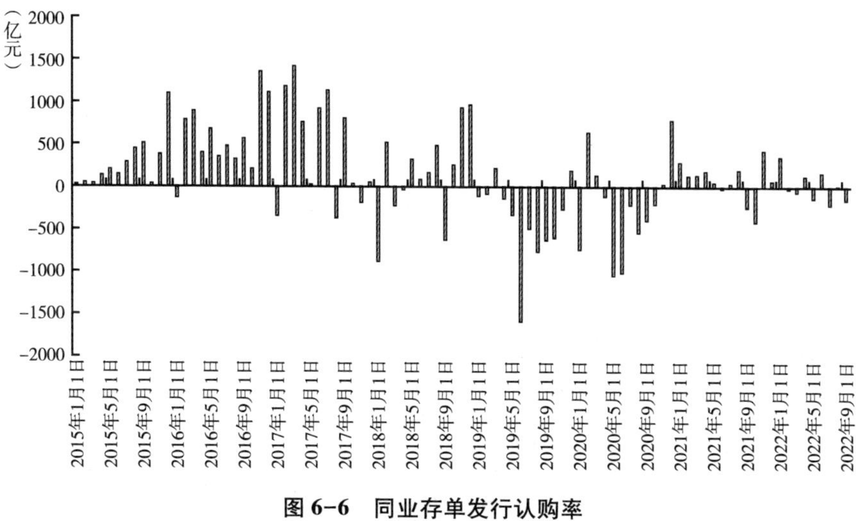

图 6-6　同业存单发行认购率

资料来源：Wind。

（三）客户融资结构——非银行金融机构净融资大幅增长

从客户融资结构来看，中资大型银行、中资中型银行为资金主要净融出方，中资小型银行、证券业机构、其他金融机构及产品为主要净融入方（见表6-1）。

表6-1　金融机构回购、同业拆借净融资情况

单位：亿元

类别	回购市场		同业拆借	
	2022年上半年	2021年上半年	2022年上半年	2021年上半年
中资大型银行	-2010169	-935415	-197651	-145893
中资中型银行	-819288	-777320	-78357	-49245
中资小型银行	1363	62461	38862	51987
证券业机构	811036	601295	185566	105388
保险业机构	94317	48897	604	131
外资银行	39356	35594	-6167	-12808
其他金融机构及产品	1883386	964488	57141	50439

资料来源：中国人民银行货币政策执行报告。

银行间回购和拆借交易活跃。2022年上半年，银行间市场债券回购累计成交630万亿元，日均成交5.2万亿元，同比增长33.7%；同业拆借累计成交67.3万亿元，日均成交5515亿元，同比增长15.8%。从期限结构看，隔夜回购成交量占回购总量的85.6%，占比较上年同期上升2个百分点；隔夜拆借成交量占拆借总量的88.3%，占比较上年同期下降0.9个百分点。交易所债券回购累计成交192.8万亿元，同比上升23.4%。从融资主体结构看，主要呈现以下特点：中资大中型银行为货币市场的资金融出方，融出量同比回升；证券业机构与其他金融机构及产品是货币市场的资金主要融入方；证券业机构和保险业机构融入资金保持快速增长。

（四）期限结构——隔夜占比小幅提升

2022年隔夜占比整体维持较高水平，尤其是春节后，随着上海疫情的加剧，资金利率走低，隔夜占比回升（见图6-7），整体高于同期水平。三季度，受 6 月信贷增长较快、人民币汇率贬值加速的影响，隔夜占比明显下降，资金利率也在低位水平波动（见图 6-8）。

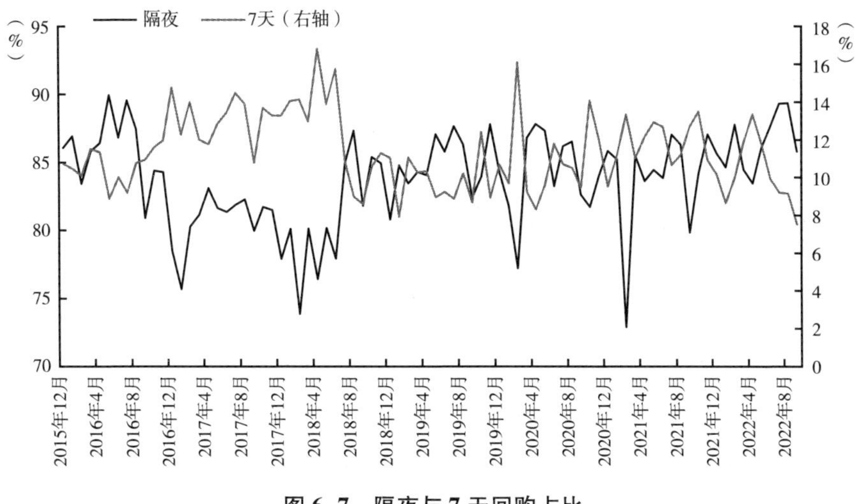

图 6-7　隔夜与 7 天回购占比

资料来源：Wind。

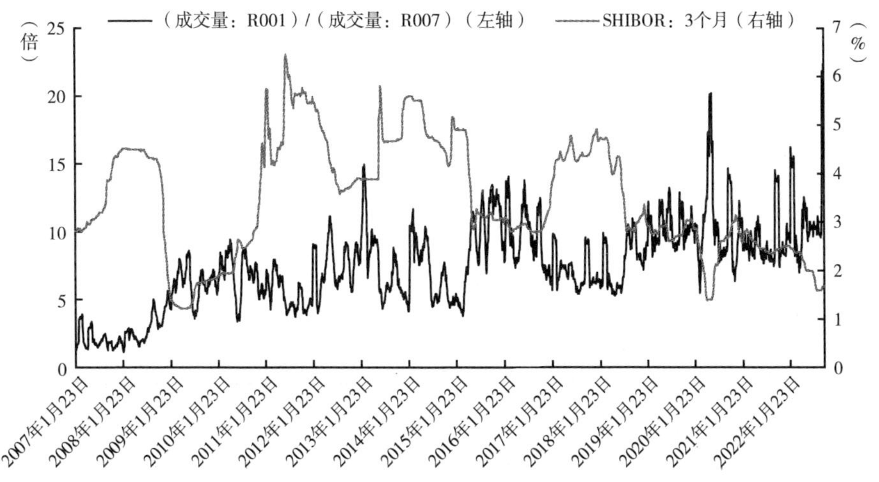

图 6-8　隔夜与 7 天成交量受资金面影响较大

资料来源：Wind。

二　货币市场主要子市场发展动态

（一）债券回购市场

受经济下行压力加大的影响，债券回购成交量增长较快，非银行金融机构杠杆率小幅上升，但由于金融监管的加强，各类资管机构和自营机构都受到法律法规的限制，所以杠杆率总体仍然维持在较低水平。

1. 经济下行压力下，银行间回购市场交易量大幅增长

整体而言，2022 年上半年，国内疫情多点散发，市场主体受到较大冲击，央行进一步加大稳健货币政策的实施力度，多种货币政策工具靠前发力，银行体系流动性保持充裕。货币市场成交量显著上升，利率中枢明显下行。截至 2022 年 9 月末，银行间回购成交量为 132. 6 万亿元，交易所回购成交量为 30. 4 万亿元（见图 6-9）；银行间回购成交量同比增速为 47. 7%，较上年同期大幅上升 48. 9 个百分点，交易所回购成交量同比增速为 9. 5%（见图 6-10），较上年同期降低了 7. 5 个百分点。

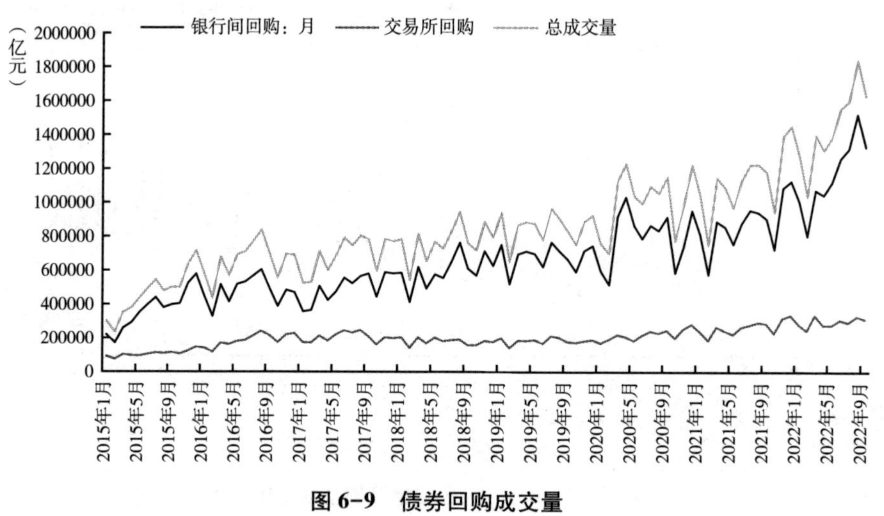

图 6-9　债券回购成交量

资料来源：Wind。

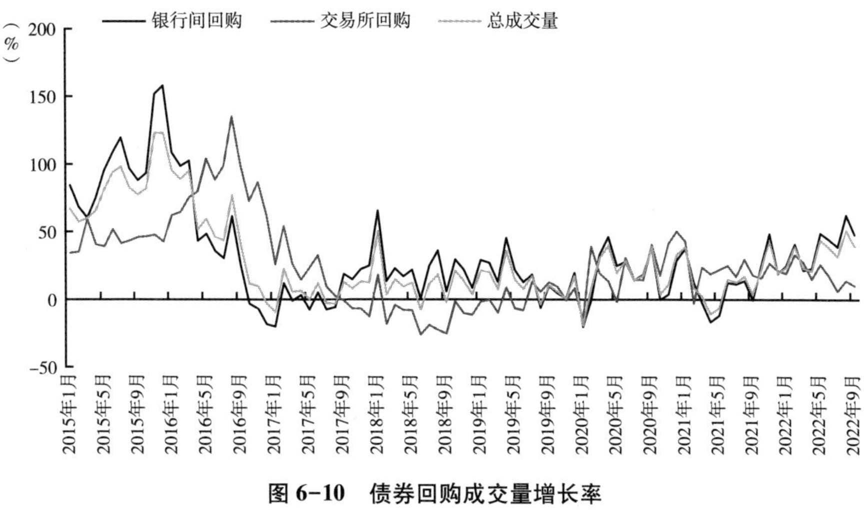

图 6-10 债券回购成交量增长率

资料来源：Wind。

从结构上看，交易所占比自 2017 年四季度以来逐步下降，2018 年上半年趋于稳定，2022 年 4 月以来加速下降，从 2017 年 9 月末的 26.8%降低至 2018 年 9 月末的 21.2%。交易所回购参与主体主要是非银金融机构，2017 年第四季度交易所占比下降，主要受到金融严监管、流动性结构性偏紧等因素影响，利率品种大幅上行，机构主动降低杠杆；2018 年下半年交易所占比加速下滑，主要原因是随着央行降准及各种补充流动性工具的出台，4 月后银行间市场宽松，银行间融资成本显著低于交易所，部分机构转移至银行间融资。与交易所回购不同的是，银行间回购无论是绝对交易量还是占比，都呈现回升的趋势，至 2022 年 9 月末，银行间回购占 81.4%，比上年同期回升约 5 个百分点，而交易所回购占比则回落 5 个百分点至 18.6%。

2. 杠杆率总体保持稳定，非银行金融机构杠杆率小幅上升

从全市场来看，2022 年银行间债券杠杆率相比 2021 年稳中回落，前两个季度平均杠杆率 107.5%，比上年同期回落了 1.44 个百分点（见图 6-11）。

分机构来看，结构性分化比较明显，主要特征为：商业银行杠杆率平稳，非银机构杠杆率有所回升。其中广义基金从 2022 年初的 115%上升至 8 月末的 116%，商业银行杠杆率稳定在 103%附近。

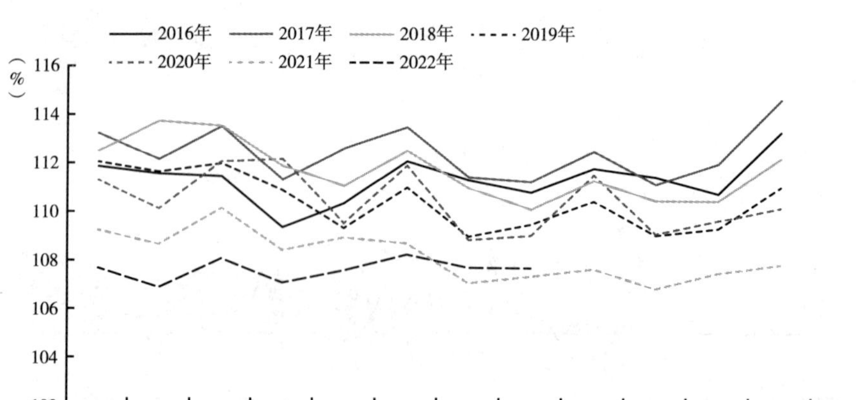

图 6-11　2016~2022 年各月全市场杠杆率

注：全市场杠杆率=债券托管量/（债券托管量-待购回余额）。
资料来源：Wind。

（二）同业拆借市场

1. 货币政策宽松，同业拆借量大幅回升

2022 年在货币市场环境整体宽松的情况下，同业拆借量持续走高，9 月小幅回落，截至 9 月末，同业拆借量为 14.93 万亿元（见图 6-12），较上年同期增加了 66%。拆借规模的回升可能与银行信贷投放不足有关，因为银行通过拆借融出资金可以纳入信贷规模。9 月末拆借量回落也和当月信贷规模同比多增有关。

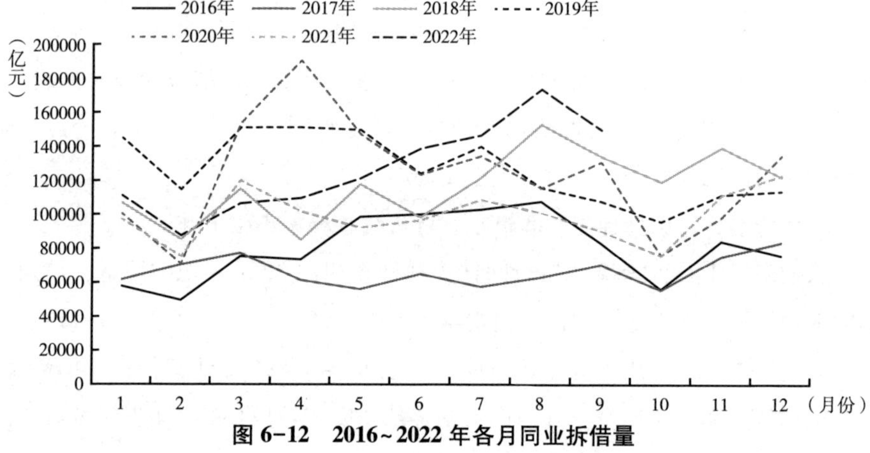

图 6-12　2016~2022 年各月同业拆借量

资料来源：Wind。

2. SHIBOR 比市场利率更为稳定，存在一定滞后性

2022 年前三季度，SHIBOR 与债券回购、信用拆借的相关性较 2021 年同期增强；2022 年三季度以来，SHIBOR 与债券回购的相关性明显增强（见图 6-13）。

图 6-13　SHIBOR、同业拆借与回购利率走势

资料来源：Wind。

中长期 SHIBOR 与同业存单的相关性较高，且 SHIBOR 较同业存单利率波动小、稳定性高，对长期利率的传导作用在稳健中性的货币政策环境下继续增强。值得注意的是，从时间顺序上看，3 个月 SHIBOR 较 3 个月同业存单略滞后一两天到几天不等，通常在股份制存单价格发生变动后跟随趋势变化（见图 6-14）。

（三）同业存单市场

1. 一级市场发行分化，存量小幅上升

一级市场发行方面，受信用环境较弱的影响，整体发行和存量市场仍然呈现分化特征，高评级机构维持较高比例，中低评级机构占比较低。存量方面，2022 年同业存单存量有所抬升，截至 2022 年 9 月，同业存单余额 14.4 万亿元，比 2021 年末增加 0.53 万亿元，其中国有行、股份行、城商行、农商行分别为 3.36 万亿元、5.39 万亿元、4.43 万亿元和 1.06 万亿元（见表 6-2）。

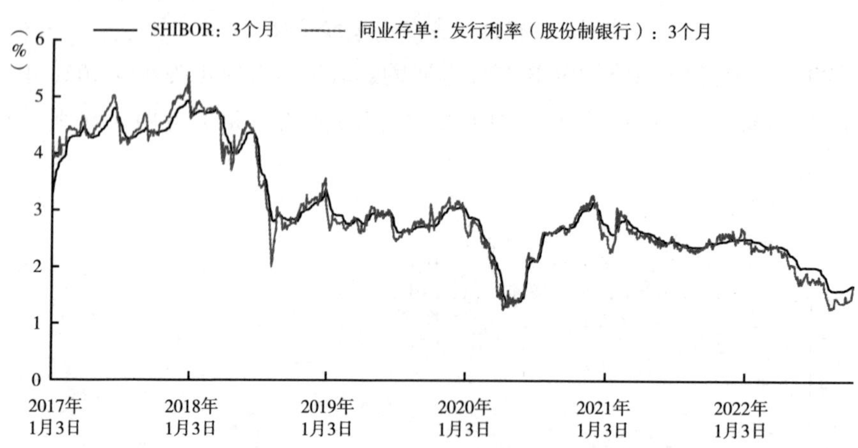

图 6-14　SHIBOR 与同业存单发行利率走势

资料来源：Wind。

表 6-2　同业存单余额存量

单位：万亿元

类别		余额
机构分布	国有行	3.36
	股份行	5.39
	城商行	4.43
	农商行	1.06
评级分布	AAA	13.39
	AA+	0.84

资料来源：Wind。

从不同主体占比来看（见图 6-15），国有行占比明显提升，可能与规模和考核指标有关；股份制银行和农商行占比有所下降，这主要受以下因素影响：一是股份制银行存量较好但贷款需求较弱，同时股份制银行在 2022 年发行了 3 年期金融债，一定程度上替代了同业存单；二是农商行整体存款增长较快，债券利率下行较多，缺少有效的投资渠道。

从负债端压力来看，当银行放贷需求提升时，银行负债端压力增大，依靠传统贷款及时满足负债需求难度较大，同业存单已成为商业银行负债重要的补充工具之一。当银行贷款增速与存款增速差距走阔时，银行信贷投放需求提升，通

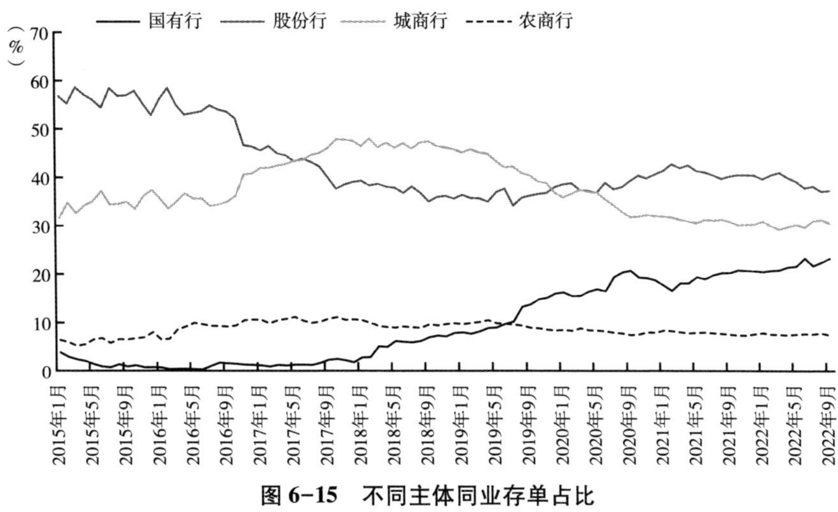

图 6-15 不同主体同业存单占比

资料来源：Wind。

过发行同业存单补充负债诉求提升，同业存单净融资额上升。2022 年以来，受疫情持续扰动、房地产行业低迷等因素影响，实体经济承压，居民储蓄意愿上升，银行存款贷款难度增加，贷款同比与存款同比差额呈下行趋势，同业存单净融资亦下行（见图 6-16），9 月社融增速升至 10.80%，贷款同比上升，与存款同比差额缩小至-0.1%，9 月当月同业存单净融资 4976.80 亿元。

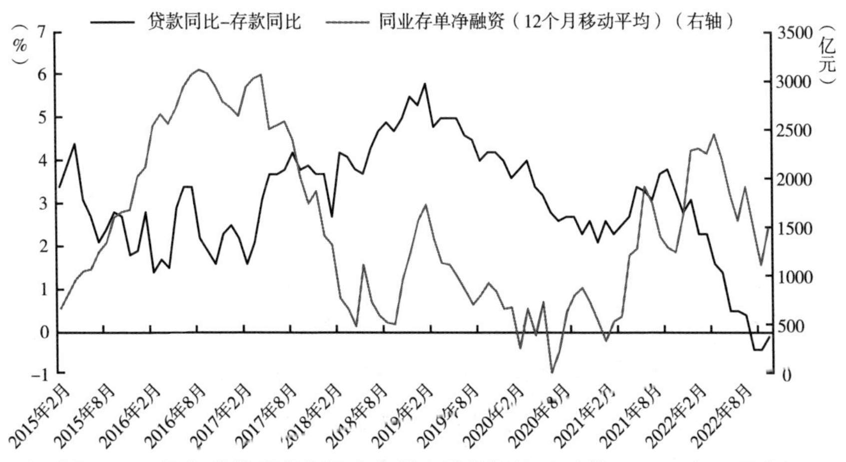

图 6-16 银行信贷投放与同业存单净融资的关系（截至 2022 年 9 月末）

资料来源：Wind。

2. 存单投资的主体主要是非银行金融机构

非法人类产品与存款类金融机构为同业存单的前两大投资主体。截至2022年8月末，非法人类产品持有同业存单8.19万亿元，占58.5%，主要是银行理财子公司持有；存款类金融机构持有同业存单4.16万亿元，占29.7%（见图6-17）。2022年第三季季报货币基金投资同业存单占基金净值比例为41.8%（上季末为31%，上年同期30%）（见图6-18），第三季度末货币基金存单配置规模为4.1万亿元。

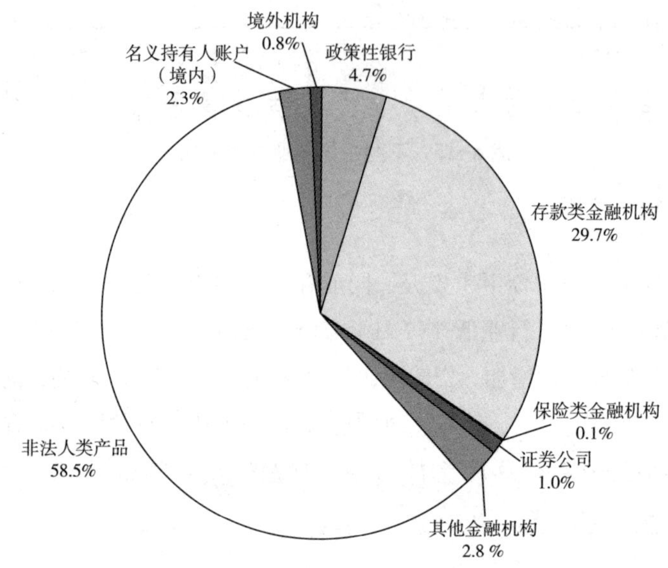

图6-17　同业存单持有者结构（截至2022年8月末）

资料来源：Wind、中债登。

同业存单具有标准化、流动性高、定价市场化等优势，不仅可以通过二级市场交易流通，还可以作为回购交易的质押标的物。投资交易主体为全国银行间同业拆借市场成员、基金管理公司及基金类产品，其中非法人类产品和存款类金融机构为同业存单的主要配置主体。近年来，非法人类产品配置同业存单比例不断增加，而存款类金融机构配置比例有所下降。

非法人类产品中，货币基金是同业存单配置主力基金品种。截至2022年9月末，货币市场基金份额达到10.60万亿元（见图6-19），整体份额仍持续

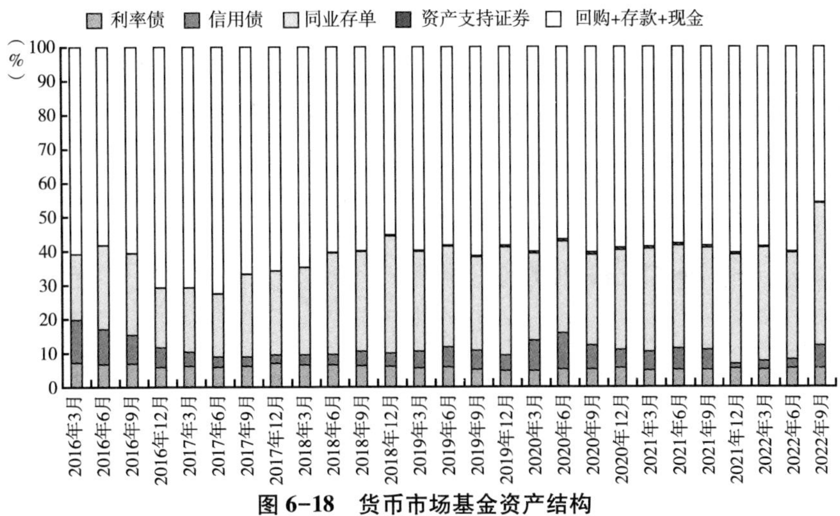

图 6-18　货币市场基金资产结构

资料来源：Wind。

增加。2021 年 12 月以来，同业存单指数基金成立以及部分银行推出同业存单主题类理财产品，均可带动同业存单增量需求。此外，2021 年 5 月 27 日，银保监会、中国人民银行发布了《关于规范现金管理类理财产品管理有关事项的通知》，现金管理类理财监管要求基本与货币基金拉平，使现金管理类理财产品对存单需求上升。整体来看同业存单品种后续需求仍十分可观。

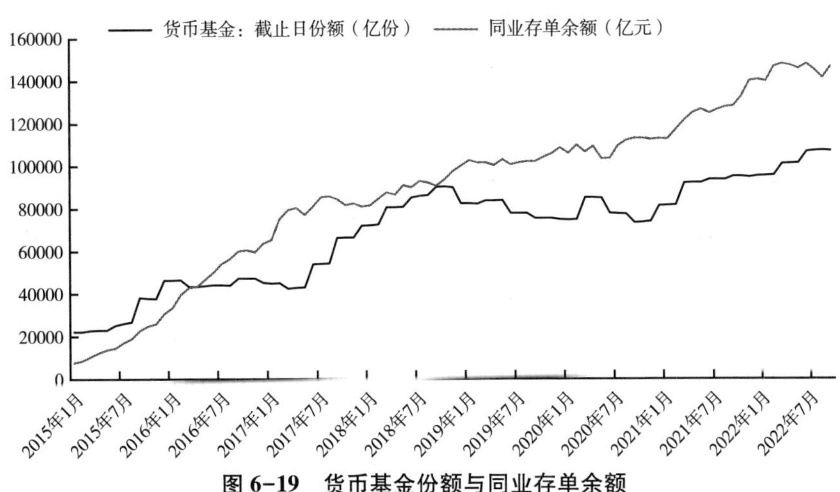

图 6-19　货币基金份额与同业存单余额

资料来源：Wind。

3. 发行利率震荡下行

自 2017 年以来，受到 MPA 考核制约以及同业存单第一大持有主体货币基金投资期限的制约，同业存单发行利率开始呈现临近季末便抬升的特点，并同时伴随发行放量。但 2022 年在央行对流动性整体调控更加精准的背景下，同业存单利率波动的季节性有所减弱（见图 6-20）。

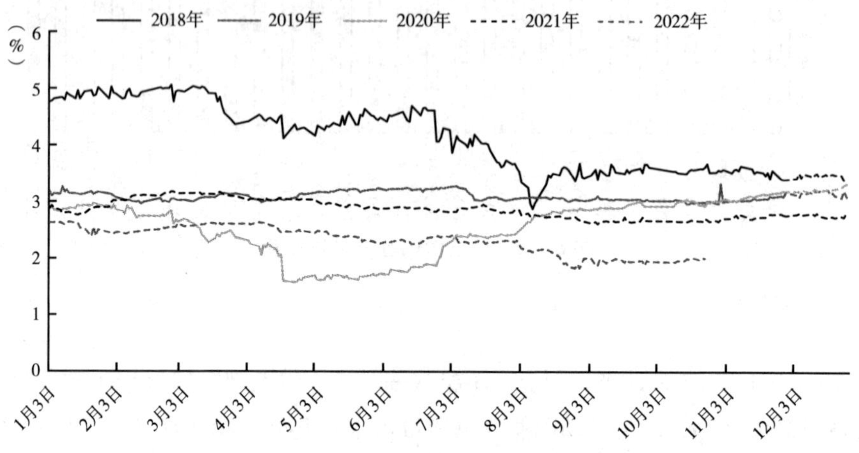

图 6-20　2018~2022 年不同月份同业存单发行利率

资料来源：Wind。

不同发行主体利差水平一方面反映不同类别金融机构之间的信用风险溢价，另一方面也与货币市场松紧程度有较强的相关性，资金面紧张加剧会使利差走阔。2022 年 4 月以来，在财政加快留抵退税、央行上缴利润、融资需求疲弱等多种因素的作用下，银行间市场流动性维持供给充裕的格局，同业存单利率持续走低。

同业存单利率走势与 SHIBOR 基本保持一致。根据中国人民银行于 2013 年 12 月发布的《同业存单管理暂行办法》，同业存单的发行利率以 SHIBOR 为基础并进行市场化定价，是货币市场利率中的重要成员。长期来看，双方走势基本保持一致，个别时期偶有背离。由于同业存单发行主体信用资质各异，同业存单相对 SHIBOR 具有一定的信用利差，1 年期同业存单利率基本高于 3 个月 SHIBOR。2015 年以来，二者之间利差中位数为 17.4BP，2022 年 9 月 30 日，二者利差为 31.7BP，处于 2015 年以来 78.70%分位数水平（见图 6-21）。

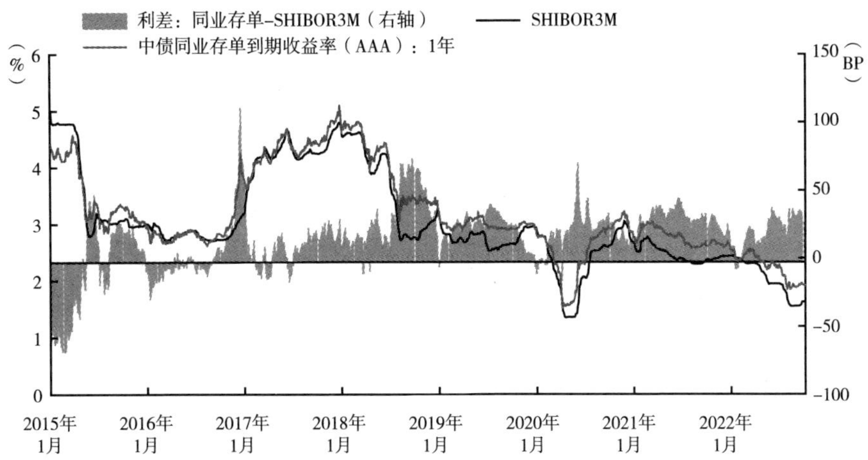

图 6-21　2015~2022 年同业存单利率与 3 个月 SHIBOR 走势（截至 2022 年 9 月末）

资料来源：Wind。

同业存单利率围绕中期政策利率 MLF 利率波动。央行在 2020 年第三季度货币政策中提出“合理把握中期借贷便利（MIF）、公开市场操作等货币政策工具的力度和节奏”，“保持短、中、长期流动性供给和需求均衡”，“加强预期管理”，“引导市场利率围绕公开市场操作利率平稳运行”。2020 年第二季度至 2021 年第二季度期间，同业存单利率基本以 MLF 利率为中枢上下波动，但自第 2021 年第二季度以来，同业存单利率基本低于 MLF 利率，且利差持续走阔，2022 年 8 月 4 日达到-95BP，利差幅度创 2021 年第二季度以来新高，随后利差有所收窄，截至 2022 年 9 月 30 日利差为-76BP，利差幅度仍处于较高水平（见图 6-22）。MLF 作为中期政策利率，下调信号意义明显，MLF 利率每次调降均带动同业存单利率大幅下行。

同业存单作为短端品种，发行利率与资金价格具有较强的相关性。以 R007 利率作为资金价格代表利率，同业存单利率走势与 R007 利率基本一致（见图 6-23）。

4. 受利率持续下行影响，存单发行期限拉长

受发行成本不断下降和流动性指标的双重影响，同业存单发行主体逐步拉长负债久期，9 个月及 1 年品种发行量占比稳步抬升（见图 6-24）。在商

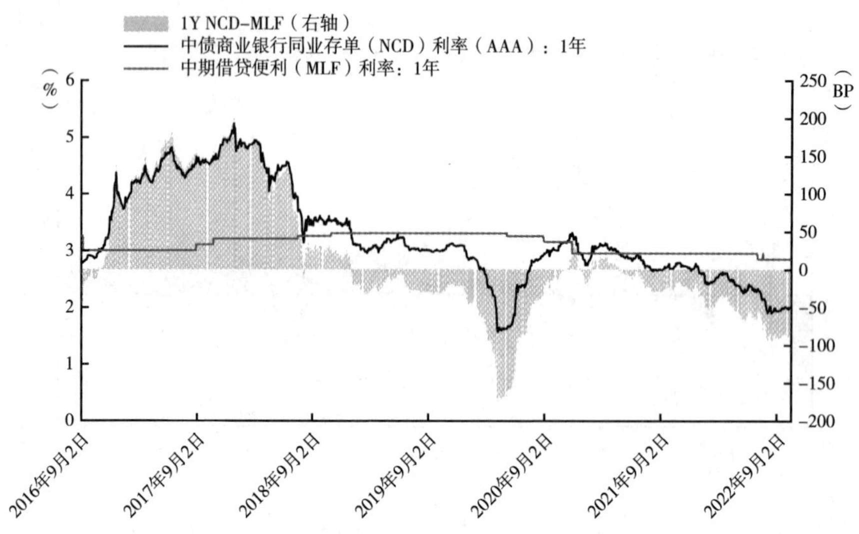

图 6-22　同业存单利率与 MLF 利率

资料来源：Wind。

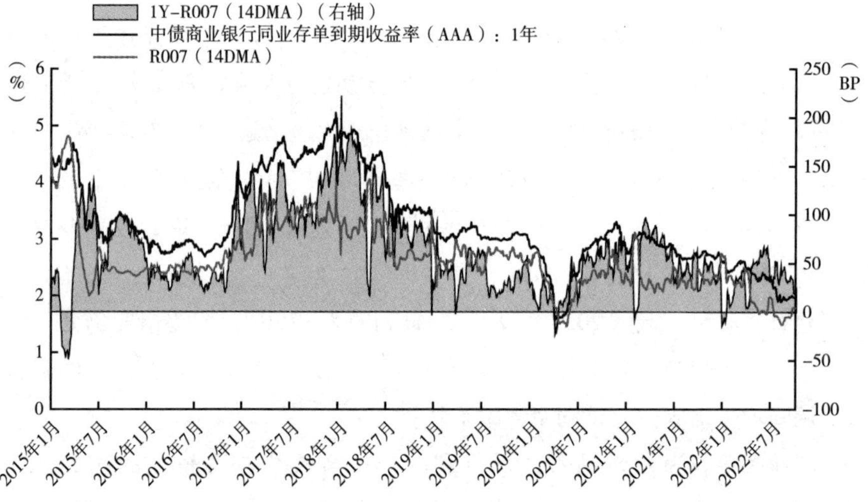

图 6-23　2015 年 1 月～2022 年 9 月同业存单利率与 R007 利率走势

资料来源：Wind。

业银行一般性存款总账放缓的背景下，商业银行为降低资产负债错配的压力，同时保持满足监管要求的同业资金来源，对长期限存单的发行需求增加。可能原因有以下几个方面。①被动配置地方债叠加 MPA 考核增设企业中长期贷款考核指标，增加长久期负债的需求。②结构性存款大幅压降，商业银行缺少稳定期限负债。③短端货币市场品种比价，同业存单优于短融，投资者对 1 年期同业存单需求较大。④资金利率低，国有行倾向于提高负债久期；在利率市场化环境下，国有行有意愿且有额度提高同业负债比例。⑤商业银行流动性考核指标的被动要求，1 个月以上的长期限存单更有利于改善流动性指标，同时滚动发行压力降低。

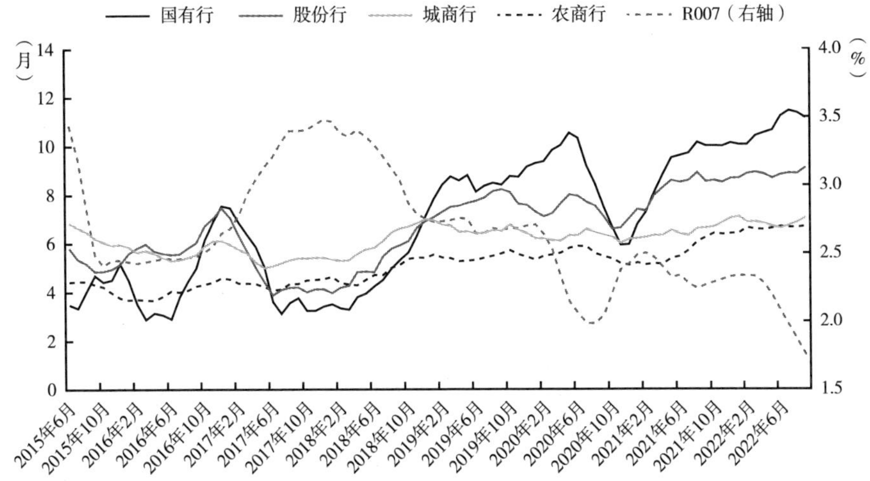

图 6-24　不同类型银行同业存单发行平均期限与 7 天回购利率

资料来源：Wind。

从银行端监管指标达标情况来看，满足流动性风险管理指标将对同业存单发行产生一定影响。2011 年银监会发布的《商业银行流动性风险管理办法（试行）（征求意见稿）》首次新增了流动性覆盖率（LCR）指标，并要求商业银行最迟在 2013 年底前达到不低于 100% 的监管要求。在 2018 年发布的《商业银行流动性风险管理办法》中，银保监会再度新增了流动性匹配率（LMR）和净稳定资金比例（NSFR）两大指标，根据指标的达标难度和重要性来看，基本形成了 LCR、LMR 和 NSFR 的三大指标体系，其中 NSFR 目前的达标压力高于 LCR 和 LMR（见表 6-3）。

表 6-3　流动性风险监管指标

指标体系	公式	说明	监管对象
LCR	合格优质流动性资产/未来 30 天净现金流出	衡量一个月内短期错配	资产规模大于 2000 亿元的银行
NSFR	可用稳定资金/所需稳定资金	衡量中长期流动性匹配，达标压力最大	
LMR	加权资金来源/加权资金运用	计算方法与 NSFR 相近，科目期限和权重存在差异	所有银行

资料来源：Wind。

根据 NSFR 计算公式，负债端将剩余期限在 6 个月以内的同业存单权重系数赋予 0，而剩余期限在 6 个月～1 年的同业存单权重系数赋予 50%。当银行 NSFR 指标改善压力大时，倾向于发行 9 个月～1 年的同业存单，同时赋予零售存款更高权重。因此 NSFR 指标具有较强的政策导向，即鼓励银行资产负债按照“长负债、短资产”进行配置，负债端鼓励银行加大零售存款吸收力度，降低对同业负债的依赖。银行业 NFSR 指标近年来整体呈下行趋势，达标压力进一步增大，2019 年末、2020 年末、2021 年末测算结果分别为 118.16%、116.31%和 114.58%。特别是 2020 年以来，NFSR 指标变化趋势与 9 个月以上的同业存单净融资额变化趋势负相关性更加显著（见图 6-25）。近年来同业存单发行期限逐步拉长，2022 年 1～9 月 1 年期发行占比已超过 50%，9 个月及以上发行占比超过 60%（见图 6-26）。

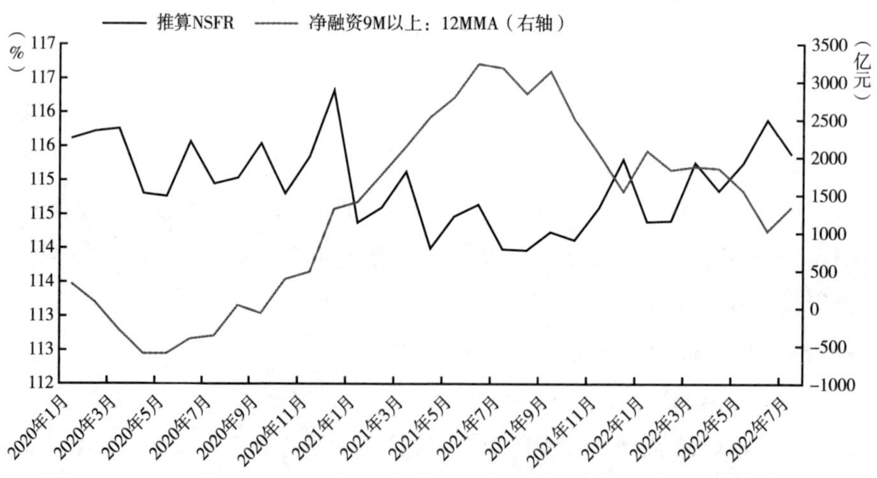

图 6-25　2020 年 1 月～2022 年 8 月银行业 NSFR 指标与同业存单净融资走势

资料来源：Wind。

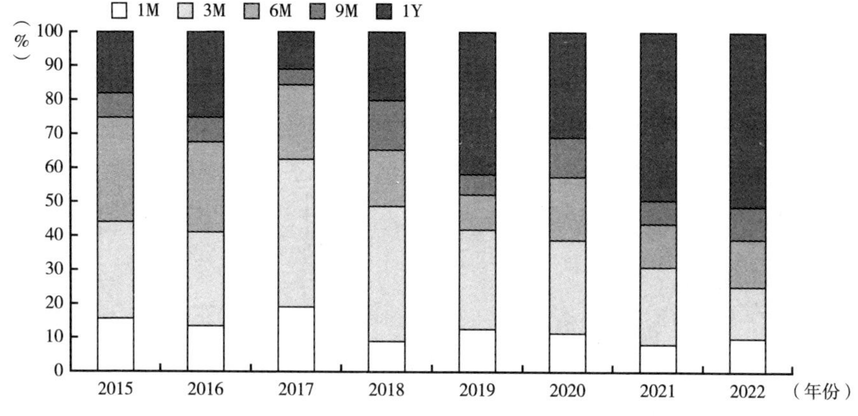

图 6-26　2015~2022 年同业存单发行期限结构变化趋势

（四）票据市场——实体融资需求偏弱，“信贷冲量”意愿较强

票据资产作为直接联通信贷市场的有价证券，因其同业市场的高流动性，成为长久以来商业银行调节信贷规模的有力工具。信贷数据是社融数据的主要组成部分，而票据资产又属于信贷资产，由于对实体经济的贷款规模在短期内难以腾挪，所以在银行需要调节信贷数据的时期，票据往往被银行用来对信贷数据“削峰填谷”。转贴现利率下挫说明银行贷款额度充裕、中长期贷款投放不足，银行通过票据融资和企业短期贷款等方式提升信贷规模。

从量来看，2022 年票据二级市场月均交易量为 7.5 万亿元，比上年同期增加 1.6 万亿元，同比增速 27%，整体高于历史水平。

从价来看，买盘“信贷冲量”意愿较强，2022 年以来随着货币政策持续宽松，票据利率等短端利率明显降低，并且由于 2022 年实体融资需求不足，政策推动信贷投放，商业银行存在月底靠票据冲量、推动票据利率快速走低的情况，如 2 月末、4 月末、5 月末、7 月末等。8 月以来，受监管压缩票贷比、贴贷比等影响，以及贷款投放有所改善，票据利率有所回升。

就期限而言，票据冲量需求下转贴现利率曲线出现“倒挂”。2022 年一季度，资金面较为平稳，但经济疲软的背景下银行存在以票据冲信贷的需求，对半年期及以上的票据品种配置意愿更强，导致转贴现利率长端低于短端，曲线出现“倒挂”现象；不同信用资质主体来看，国股行长期限品种下行幅度较城商行更大。（国股银票转贴现利率曲线见图 6-27。）

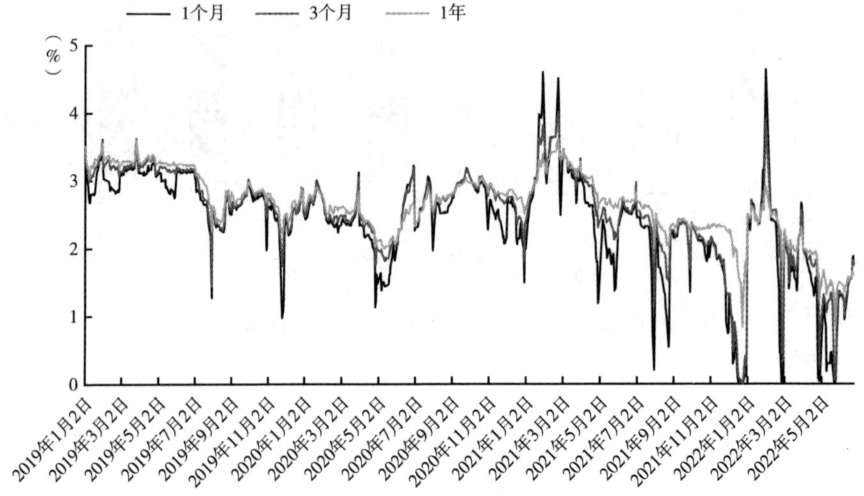

图 6-27　国股银票转贴现利率曲线

资料来源：Wind。

三　货币市场利率走势

（一）“总量+结构”工具发力，银行流动性充裕

2022 年以来，央行通过降准、降息、OMO、MLF、专项再贷款等货币政策组合工具，增加了银行体系流动性内生供给。2022 年 3 月，为更好助企纾困、稳就业保民生，政府工作报告提出由特定国有金融机构和专营机构上缴以前年度结存利润，其中央行上缴利润达 1.1 万亿元。上半年，央行靠前发力加快向中央财政上缴结存利润，主要用于留抵退税和向地方政府专项转移支付，增加了银行体系流动性内生供给。进入 9 月，央行上缴利润结束，央行重启 14 天逆回购、并加大 7 天逆回购投放力度维护跨季度、跨节资金面稳定。

价格工具使用频次增多，多次下调政策利率（见图 6-28）。1 月，在经济下行压力加大的背景下，央行下调政策利率 10BP，LPR 跟随下调，其中 1 年期 LPR 下调 10BP，5 年期 LPR 下调 5BP。5 月，5 年期 LPR 下调 15BP，为历史单次调降最大降幅，助力稳地产降成本。8 月，央行再次下调政策利率 10BP，LPR 跟随下调，其中 1 年期 LPR 下调 5BP，5 年期 LPR 下调 15BP。

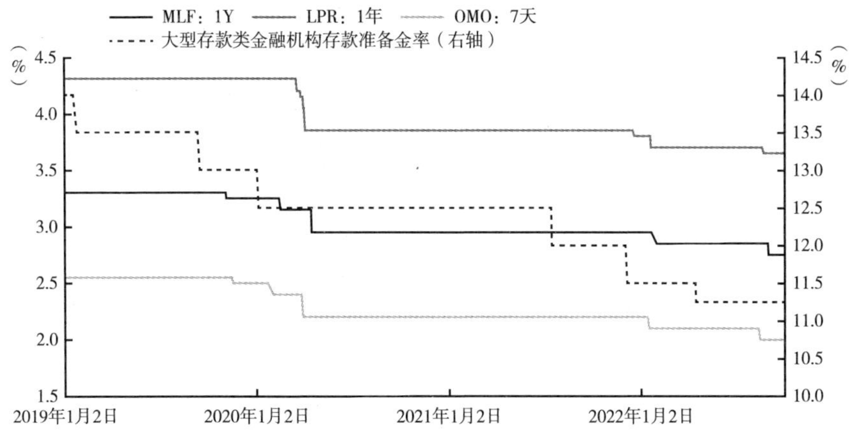

图 6-28　MLF、LPR、OMO 利率和大型存款类金融机构存款准备金率

资料来源：Wind。

（二）货币市场利率与央行政策利率呈现阶段性偏离

2020 年和 2022 年，受疫情影响，央行维持宽松的货币政策（2022 年 7 月至 9 月货币政策相关表述见表 6-4），银行间流动性充裕，市场利率中枢下行，维持低位运行。不过 2022 年是“货币大年”和“财政大年”，这两个因素共振产生了资金面超常规宽松这一局面。而且本轮资金宽松不仅仅是回购利率低（见图 6-29、图 6-30），回购的成交量也屡创历史新高。本轮货币市场宽松的特点是价低量高。2022 年 7 月隔夜回购利率一度跌破 1%，创近年新低。

表 6-4　2022 年 7 月至 9 月货币政策相关表述

时间	来源	主要内容	定性判断
2022 年 9 月 21 日	中国人民银行金融市场司《回归本源　全面提升金融服务实体经济效率和水平》	上缴超过 1.1 万亿元结存利润，支持小微企业留抵退税加速落地	中性偏松

续表

时间	来源	主要内容	定性判断
2022年9月20日	中国人民银行货币政策司发布文章《深入推进利率市场化改革》	我国货币政策始终坚持以“我”为主，以静制动，引导市场利率水平稳中有降，效果较好。目前我国定期存款利率为1%~2%，贷款利率为4%~5%，真实利率略低于潜在实际经济增速，处于较为合理水平，是留有空间的最优策略	中性偏松
2022年9月16日	中国人民银行货币政策司发布文章《创新和完善货币政策调控 促进经济运行在合理区间》	下一步，中国人民银行将按照党中央、国务院部署，实施好稳健的货币政策，坚持以“我”为主、稳中求进，兼顾稳就业和稳物价、内部均衡和外部均衡，加力巩固经济恢复发展基础，不搞“大水漫灌”、不透支未来	中性
2022年9月5日	国务院政策例行吹风会	一是增强信贷总量增长的稳定性。在向政策性开发性银行新增8000亿元信贷额度、新设3000亿元政策性、开发性金融工具额度的基础上，追加3000亿元以上金融工具额度，并可以根据实际需要扩大规模	中性偏松
2022年8月10	《2022年第二季度中国货币政策执行报告》	加大稳健货币政策实施力度，发挥好货币政策工具的总量和结构双重功能，主动应对，提振信心，搞好跨周期调节，兼顾短期和长期、经济增长和物价稳定、内部均衡和外部均衡，坚持不搞“大水漫灌”，不超发货币。保持流动性合理充裕，加大对企业的信贷支持	中性
2022年7月13日	国新办新闻发布会	总量上，保持流动性合理充裕，加大对实体经济的信贷支持力度，保持货币供应量和社会融资规模增速与名义经济增速基本匹配，提早完成全年向中央财政上缴结存利润	中性偏松

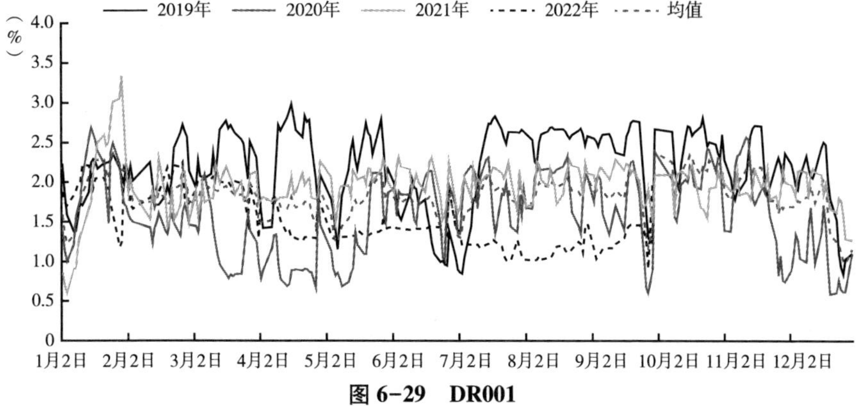

图 6-29　DR001

资料来源：Wind。

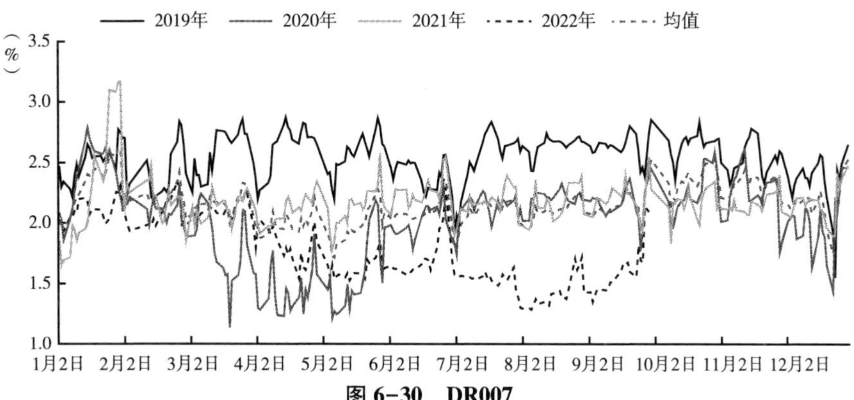

图 6-30　DR007

资料来源：Wind。

2022 年，央行维持宽松的货币政策，流动性堆积在银行体系，流动性分层现象明显，整体来看，R-DR 利差波动处于历史较高水平（见图 6-31、图 6-32）。从利差水平维持高位，可以看出以下几点：一是虽然整体融资成本较低，但资产管理类机构融资成本明显偏高；二是虽然资金宽松，但市场机构对信用风险控制加强，信用融资成本明显高于利率债的融资成本，因为非银行金融机构持有的主要是信用类债券，自营类机构持有的主要是利率债；三是金融监管的全面化和系统化使各类资管机构和自营机构的杠杆率水平受到更多限制。因此，较低的回购利率并没有出现之前的较高的金融风险隐患。

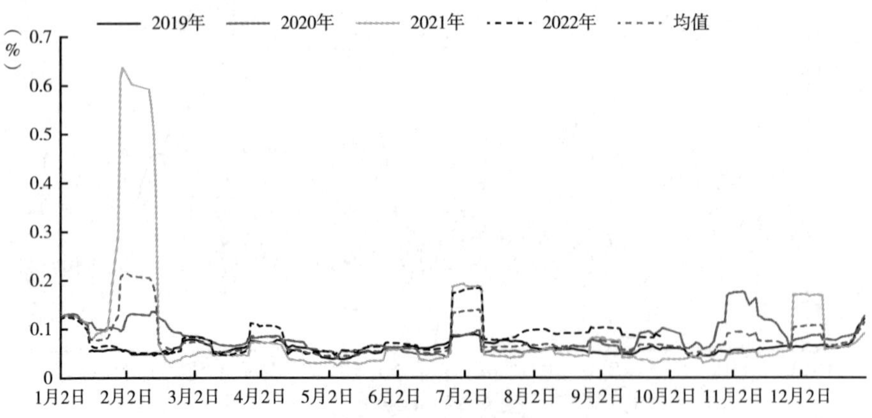

图 6-31　R001-DR001 十天移动平均变化

资料来源：Wind。

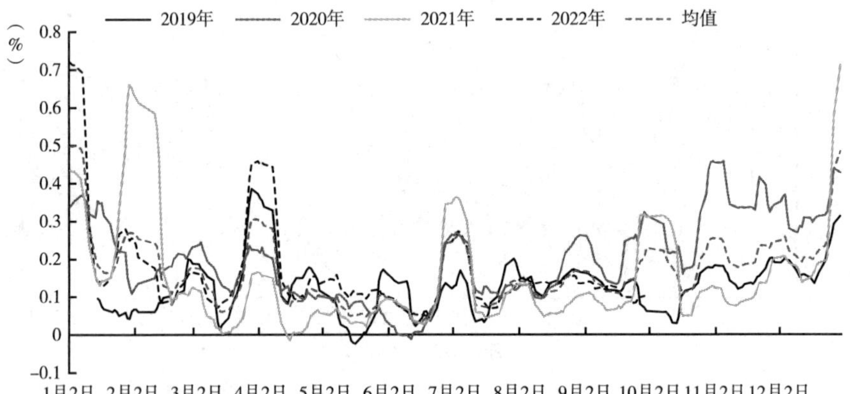

图 6-32　R007-DR007 十天移动平均变化

资料来源：Wind。

四　货币市场改革与发展

（一）货币市场改革持续推进

1. 深化利率市场化改革

2022 年以来，继续深化利率市场化改革，持续释放 LPR 改革红利，优化存款利率监管，推动实际贷款利率进一步降低。一是持续推进 LPR 改革，发挥 LPR 的指导性作用。引导 1 年期 LPR 下行 0.1 个百分点，5 年期以上 LPR 下行 0.2 个百分点，下调常备借贷便利利率 0.1 个百分点，带动企业贷款利率稳中有降，企业融资成本明显下降。6 月，贷款加权平均利率为 4.41%，同比下降 0.52 个百分点。企业贷款加权平均利率为 4.16%，同比下降 0.42 个百分点。二是建立存款利率市场化调整机制，推动存款利率进一步市场化。加强存款利率监测管理，规范协议存款等存款产品的利率定价行为，督促金融机构依法合规开办协议存款。三是积极推动境内 LIBOR 转换工作。境内主要银行受 LIBOR 退出影响的业务均已做好定价基准转换安排，大部分境内新发生外币浮动利率业务的参考基准已由 LIBOR 转为替代基准利率。

2. 综合运用多种货币政策工具，实现货币政策目标

2022 年央行形成每日连续开展公开市场操作，每月月中固定时间开展中期借贷便利（MLF）操作的惯例，稳定市场预期（见图 6-33）；每季度首月召开金融统计数据新闻发布会，季度中月发布《中国货币政策执行报告》，季度末月召开货币政策委员会季度例会并发布新闻公告，全年 12 个月全覆盖，逐月阐明货币政策立场，释放货币政策信号。2022 年以来流动性和货币市场利率维持低位，DR007 相对公开市场 7 天期逆回购操作利率的偏离幅度处于近年同期较高水平（见图 6-34），为金融机构流动性管理创造了宽松的环境。

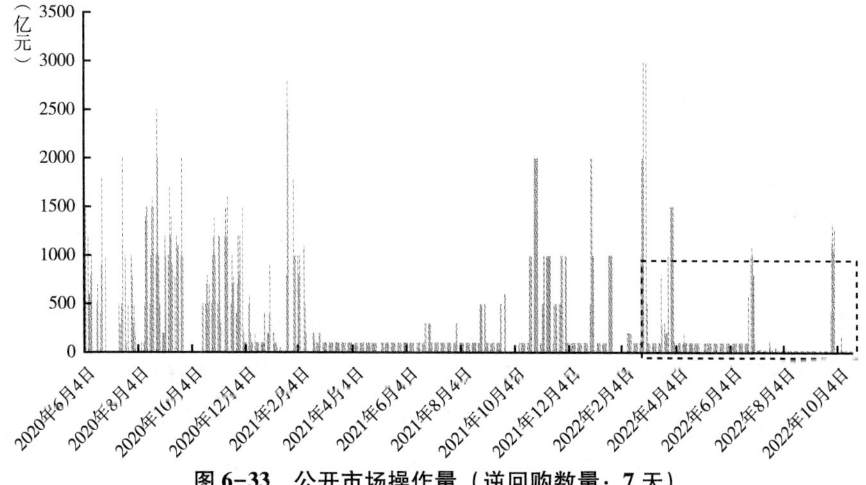

图 6-33　公开市场操作量（逆回购数量：7 天）

资料来源：Wind。

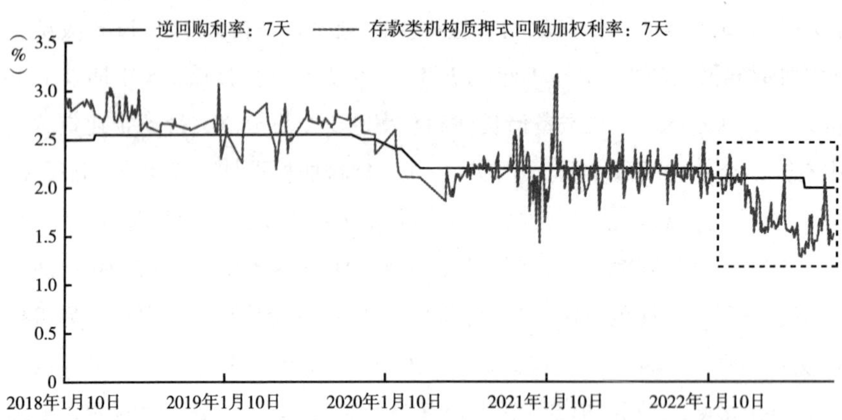

图 6-34 DR007 与 OMO 利率

资料来源：Wind。

3. 票据新规意见稿出台，两会督促商票规范使用

2022 年 1 月 14 日，央行、银保监会发布《商业汇票承兑、贴现与再贴现管理办法（征求意见稿）》（以下简称《意见稿》）。对比 1997 年发布的《商业汇票承兑、贴现与再贴现管理暂行办法》（以下简称《方法》），本次发布的《意见稿》具有以下几大特点。①缩短票据期限，保护中小企业权益。1997 年《办法》将票据期限上限设置为 6 个月，但 2009 年《电子商业汇票业务管理办法》允许电票期限为 1 年，催生了大型企业利用票据变相延长对中小企业付款期限的现象。为保护中小企业权益，继 2021 年 12 月央企缩短商票期限后，《意见稿》正式将所有票据期限的上限由 1 年缩短至 6 个月。②放宽市场参与主体类型的同时加强资质管理。一方面，放宽市场参与主体类型，比如新增财票分类，贴现人由金融机构扩展至法人，新增票据经纪机构提供票据贴现撮合服务等；另一方面，对主体的资质要求有所提高，承兑人和贴现人均应满足最近两年未出现 6 个月以内 3 次以上付款逾期、连续 3 个月以上未按要求披露承兑人信用信息的情况，票据经纪机构应具备完善的内控管理机制、经纪业务与自营业务严格隔离等。③新增《监督管理》《信息披露》《风险控制》三个新章节，完善信用约束和风险防控机制。明确监管部门主体和分工；完善信用约束机制，要求商票和财票满足 2021 年 8 月以来运行的信息披露要求；完善风险防控机制，新增两项监管指标，对银票和财票的新增承兑余额和保证

金余额设定上限。④删除贴现、转贴现与调节信贷的相关条款。为抑制银行以票据“冲规模”来实现信贷形式上“达标”的行为，2021 年 4 月，银保监会在小微企业贷款“两增”监管考核口径中剔除票据贴现和转贴现业务，《意见稿》删除贴现和转贴现纳入信贷总量、调节信贷结构的相关条款。

（二）货币市场发展展望

央行对货币市场调控能力进一步增强，增加结构化总量政策使用，降实体融资成本成为货币政策的主要逻辑，同时也通过每天公开市场操作灵活调节，避免过多的流动性堆积引发市场潜在风险。所以，总体来看，即使未来经济有所回升，货币市场利率水平有所抬升，总体风险也可控。

2022 年 4 月以来，供给充裕和需求低迷推动资金利率持续低位运行，资金利率长期大幅偏离公开市场操作利率运行（见图 6-35）。资金供给端，4 月以来，央行通过上缴利润、新增再贷款额度、增设金融工具等方式，向银行间市场投放了大量中长期流动性（见图 6-36）。资金需求端，在疫情持续多点散发、房地产市场风险发酵等扰动下，实体融资需求相对疲弱。当前宏观环境与 2020 年存在明显差异，疫情长尾态势持续扰动经济修复，宽货币向宽信用的传导明显受阻，资金套利尚未从金融领域扩散至实体领域，房企资金流紧张蕴含潜在风险，资金利率走势和回归路径也将明显异于 2020 年。

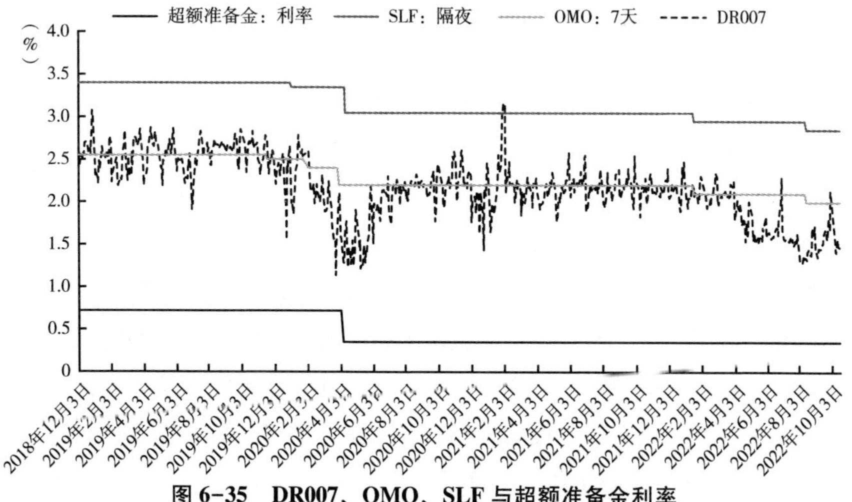

图 6-35　DR007、OMO、SLF 与超额准备金利率

资料来源：Wind。

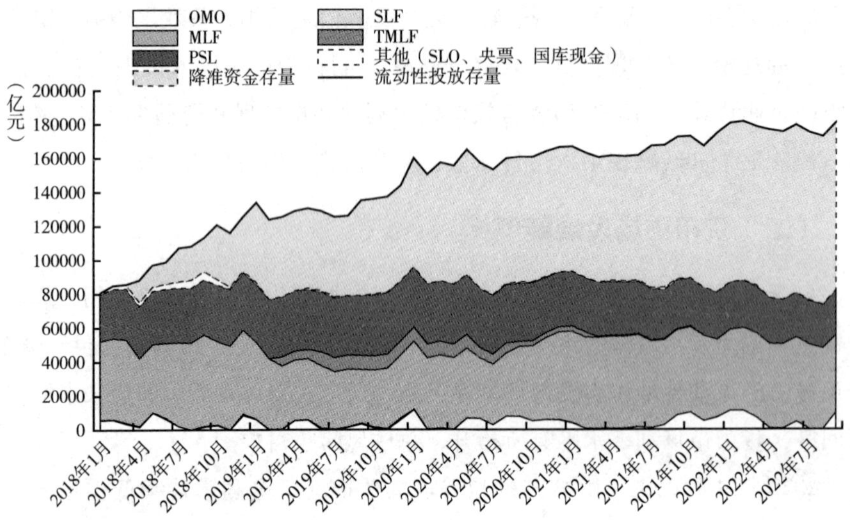

图 6-36　央行流动性投放存量结构

资料来源：Wind。

五　货币市场品种与参与者的变化

（一）货币基金和现金理财的规模快速增长，成为推动市场发展的动力

截至 2022 年第三季度，货币基金份额为 10.6 万亿份，较上一季度增加 348 亿份。不过由于第三季度其他类型基金规模提升更多，货币基金占整体基金规模的比重回落至 43.28%（见图 6-37），仍占据基金市场的半壁江山。

2022 年初以来，受到俄乌冲突和美联储加息缩表进程影响，全球权益市场负向共振，叠加我国局部地区散点疫情频繁扰动，A 股市场表现不佳，投资者风险偏好降低，中、高风险产品规模承压，新发遇冷，其中理财产品破净数量在 4 月一度突破 2000 只。在此背景下，货币基金等低风险产品逆势扩张。然而同为低风险的现金管理类理财产品规模在上半年反而大幅下降，6 月底规模仅为 8.60 万亿元，较上年底下降 7.46%（见图 6-38）。但从 9 月开始，其规模又大幅攀升，9 月环比增长 5.04%。

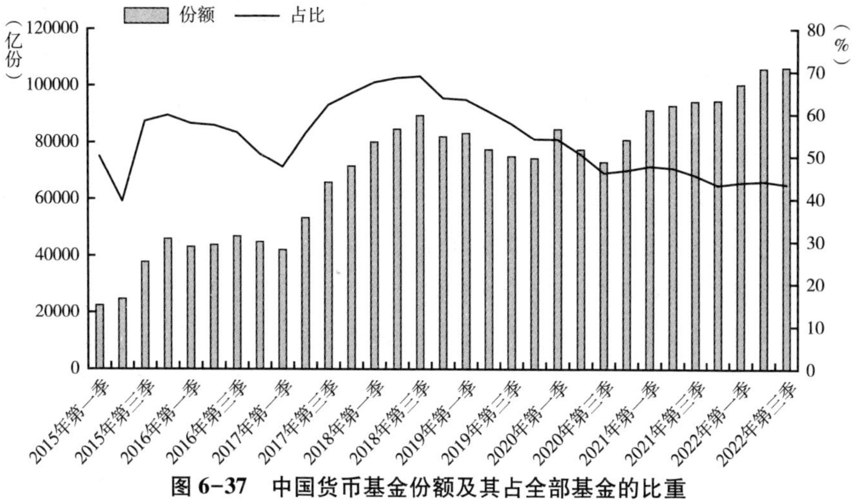

图 6-37　中国货币基金份额及其占全部基金的比重

资料来源：Wind。

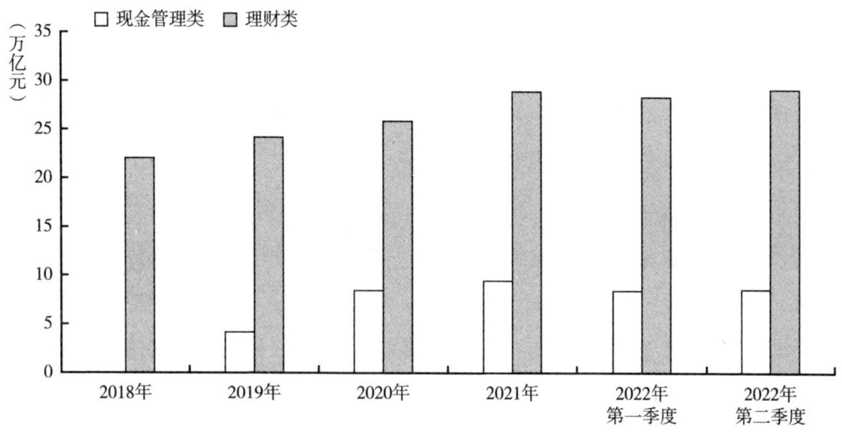

图 6-38　现金管理类与理财类的比较

资料来源：Wind。

（二）现金管理类理财产品管理办法正式落地

1. 先扩张再整改的战略迫使2022年上半年各银行机构加速整改进程，现金管理类理财产品规模大幅压降

2022 年为《关于规范现金管理类理财产品管理有关事项的通知》（以下简

称《通知》）过渡期的最后一年，一方面，《通知》表示商业银行、银行理财公司应当对采用摊余成本法进行核算的现金管理类理财产品实施规模控制，要求银行机构现金管理类理财产品规模不得超过全部理财产品的30%，理财公司现金管理类理财产品规模不得超过其风险准备金的200倍。因此部分机构在2022年逐步加大规模压降的力度，这是上半年银行理财规模下降的主因。另外，《21世纪经济报道》称，根据《通知》第十条，商业银行、理财公司应当审慎设定投资者在提交现金管理类理财产品赎回申请当日取得赎回金额的额度，对单个投资者在单个销售渠道持有的单只产品单个自然日的赎回金额设定不高于1万元的上限。因此自7月开始，多家机构发布公告宣布调整旗下现金管理类理财产品的申赎机制为“T+1”模式，同时快赎限额降至一万元以内，现金管理类理财产品在流动性上的削弱也同样会在一定程度上抑制其规模增长，因此其规模在上半年大幅压降。

2. 现金管理类理财产品收益率走低，对投资者的吸引力相对下降

由于之前实际操作中现金管理类理财产品为提高收益也进行了较多的信用下沉和拉长久期操作，而《通知》规定只能投资剩余期限在397天以内和AA+评级及以上的信用债。受新规定影响，银行理财的资产端配置将会进一步优化，现金管理类理财产品将对标货币基金，增加对短久期、高流动性资产的配置。同时，存量中配置信用等级在AA+以下的债券等信用等级不达标的产品、配置剩余期限超过397天的债券、产品投资组合平均剩余期限超过120天以及平均剩余存续期限超过240天的产品将面临调整。从收益情况来看，现金管理类理财产品收益率将走低，与货币基金的价差开始收窄。对投资者的吸引力相对下降，这在一定程度上加速了上半年现金管理类理财产品规模的下降。

3. 同业存单指数基金等竞品上半年规模持续扩张

同业存单指数基金获得市场热捧，规模快速扩张，且其投资者结构中个人投资者占比高，与银行现金管理类理财投资者类似，风险偏好相对较低，也会分流部分中低风险资金。同业存单指数基金大多被动跟踪指数、费率低廉、流动性相对较好，且风险收益特征介于货币基金和短债基金之间，填补了两者之间的产品空白。因此自2021年12月首只同业存单指数基金获批成立以来，其便成为投资者非常关注的品种，规模持续扩张，目前距首只产品成立仅仅9个月时间，同业存单指数基金总发行份额已达到2211亿份，其中6只募集规模

超过 100 亿份，另有 3 只也接近这一水平。此外，根据已发布半年报的六只同业存单指数基金来看，同业存单指数基金的个人投资者占比较高，均高于 75%，主要目标投资者是中低风险偏好的群体，是现金管理类理财产品的一大重要竞争对手。

（三）同业存单指数基金快速增长

同业存单指数基金定位于低风险理财产品，自成立以来产品规模迅速扩张。产品主要跟踪中证同业存单 AAA 指数，投资资产安全性较高。

1. 同业存单指数基金概况

（1）同业存单指数基金发行概况。

2021 年 11 月 23 日，富国、南方、鹏华、惠升、中航、华富 6 只同业存单指数基金获中国证监会正式批复，并于 12 月相继完成发行，首批 6 只基金合计发行规模 152. 39 亿元；2022 年 4 月，第二批 6 只同业存单指数基金获批发行；2022 年 5~6 月，同业存单指数基金迎来密集发行期，随后发行节奏放缓，8~9 月共发行 3 只产品。截至 2022 年 9 月末，累计成立同业存单指数基金 34 只，累计发行规模 1984. 08 亿元（见图 6-39）。

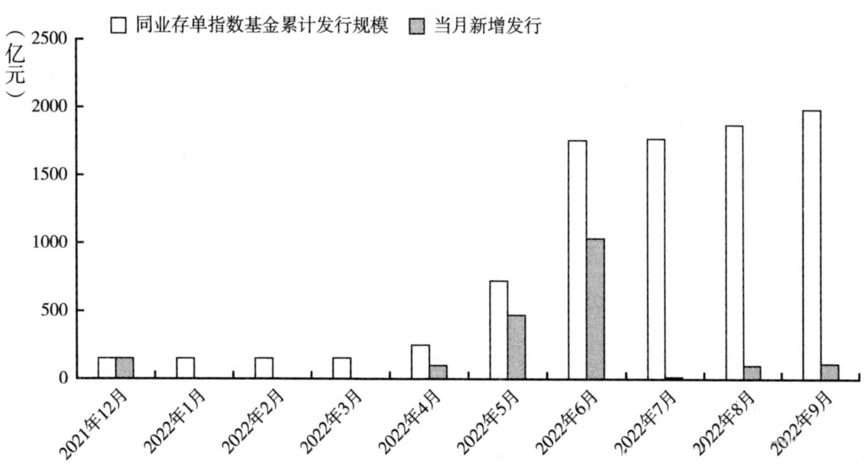

图 6-39　同业存单指数基金发行规模

资料来源：Wind。

同业存单指数基金产品市场前景广阔。截至2022年9月末，市场共有126只同业存单指数基金申报，涉及119家基金管理人，仍有92只产品待审批发行。假设按照已发行产品平均发行规模58.35亿元测算，上述92只产品预计可发行5368亿元。考虑到目前同业存单指数基金单只规模上限为100亿元，随着产品数量不断增加，同业存单指数基金理论市场空间或将超过万亿元。

（2）同业存单指数基金产品特点。

同业存单指数基金与市场上存量基金的最大不同在于其投资标的以同业存单为主（见表6-5）。根据已成立基金合同要求，指数基金要求投资于同业存单的比例不低于基金资产的80%，投资于标的指数成分券和备选成分券的比例不低于非现金基金资产的80%，投资的银行存款、债券回购、央行票据、同业存单的期限须在1年以内，主动投资的金融工具的主体信用评级须不低于AAA，不可投资于股票、可转换债券和可交换债券，产品风险等级为R1。

表6-5　同业存单指数基金投资比例（截至2022年6月末）

单位：%

代码	管理人	国债	金融债	信用债	同业存单
014426.OF	惠升	3.81	2.92	11.21	99.60
014427.OF	富国	0.00	9.26	0.00	87.09
014428.OF	中航	0.92	5.13	12.67	89.99
014429.OF	华富	1.39	3.86	2.64	98.02
014430.OF	南方	0.00	5.67	0.90	104.02
014437.OF	鹏华	0.10	9.51	7.97	94.43
015643.OF	招商	2.64	3.44	5.84	116.57

资料来源：Wind。

业绩基准选取方面，已成立产品中绝大多数基金选择中证同业存单AAA指数作为业绩基准。根据2022年5月18日公布的最新《中证同业存单AAA指数编制方案》，中证同业存单AAA指数选取银行间市场上市的主体评级为AAA、发行期限在1年及以下的同业存单作为指数样本，以反映AAA级同业存单的整体表现，满足条件的新发同业存单自上市次日起进入指数。具体来看，市场上存续的AAA级别同业存单均符合产品投资范围，

但银行主体信用筛选则因各家管理人内部信用评级体系存在差异。

（3）同业存单指数基金运作概况。

从已成立基金运作情况来看，34 只基金自成立以来均取得正收益，成立以来年化收益中位数为 2.22%，其中万家、鹏华、富国、景顺长城、惠升 5 家管理人管理基金年化收益率分别为 2.95%、2.87%、2.83%、2.71%和 2.7%，排名靠前。从风险方面看，34 只基金成立以来最大回撤中位数为-0.04%（见表 6-6）。

表 6-6　同业存单指数基金投资比例（截至 2022 年 9 月末）

单位：%

名称	基金成立日	成立以来年化收益率	成立以来最大回撤	成立以来年化波动率
惠升同业存单	2021 年 12 月 16 日	2.70	-0.04	0.28
富国同业存单	2021 年 12 月 15 日	2.83	-0.05	0.30
中航同业存单	2021 年 12 月 13 日	2.28	-0.05	0.22
华富同业存单	2021 年 12 月 20 日	2.25	-0.04	0.22
南方同业存单	2021 年 12 月 20 日	2.53	-0.05	0.27
鹏华同业存单	2021 年 12 月 13 日	2.87	-0.05	0.33
招商同业存单	2022 年 4 月 28 日	2.02	-0.06	0.29
华夏同业存单	2022 年 5 月 10 日	2.40	-0.12	0.46
中金同业存单	2022 年 5 月 11 日	2.13	-0.05	0.25
兴银同业存单	2022 年 5 月 11 日	2.13	-0.03	0.31
平安同业存单	2022 年 5 月 18 日	2.41	-0.07	0.38
淳厚同业存单	2022 年 5 月 20 日	2.39	-0.02	0.26
国泰同业存单	2022 年 5 月 30 日	2.25	-0.01	0.20
中欧同业存单	2022 年 5 月 30 日	1.93	-0.04	0.22
广发同业存单	2022 年 6 月 2 日	2.49	-0.09	0.44
易方达同业存单	2022 年 6 月 2 日	2.40	-0.06	0.34
博时月月乐同业存单	2022 年 6 月 7 日	2.63	-0.05	0.38
银华同业存单	2022 年 6 月 8 日	2.63	-0.06	0.42
景顺长城同业存单	2022 年 6 月 6 日	2.71	-0.07	0.39
嘉实同业存单	2022 年 6 月 9 日	2.19	-0.03	0.30
汇添富同业存单	2022 年 6 月 10 日	2.25	-0.03	0.31
华泰柏瑞同业存单	2022 年 6 月 16 日	1.75	-0.02	0.18
华宝同业存单	2022 年 6 月 17 日	2.08	-0.06	0.33

续表

名称	基金成立日	成立以来年化收益率	成立以来最大回撤	成立以来年化波动率
中银同业存单	2022 年 6 月 21 日	1.76	−0.02	0.20
国联安同业存单	2022 年 6 月 21 日	1.91	−0.03	0.31
万家同业存单	2022 年 6 月 23 日	2.95	−0.01	0.39
工银瑞信同业存单	2022 年 6 月 28 日	1.97	−0.06	0.38
华安同业存单	2022 年 6 月 29 日	1.68	−0.06	0.27
中加同业存单	2022 年 6 月 29 日	1.60	−0.01	0.16
创金合信同业存单	2022 年 7 月 8 日	1.25	−0.04	0.30
英大同业存单	2022 年 7 月 13 日	0.92	−0.08	0.31
建信同业存单	2022 年 8 月 30 日	1.26	0.00	0.04
永赢同业存单	2022 年 9 月 14 日	1.30	0.00	0.10
浦银安盛同业存单	2022 年 9 月 14 日	0.65	0.00	0.05

资料来源：Wind。

2. 同业存单指数基金特征

以 2015 年 1 月 4 日为起点，中证同业存单 AAA 指数长期收益跑赢中证货币基金指数和中证短债指数。截至 2022 年 9 月末，中证同业存单指数、中证短债指数和中证货币基金指数分别累计取得收益率 30.53%、28.47% 和 24.61%（见图 6-40）。

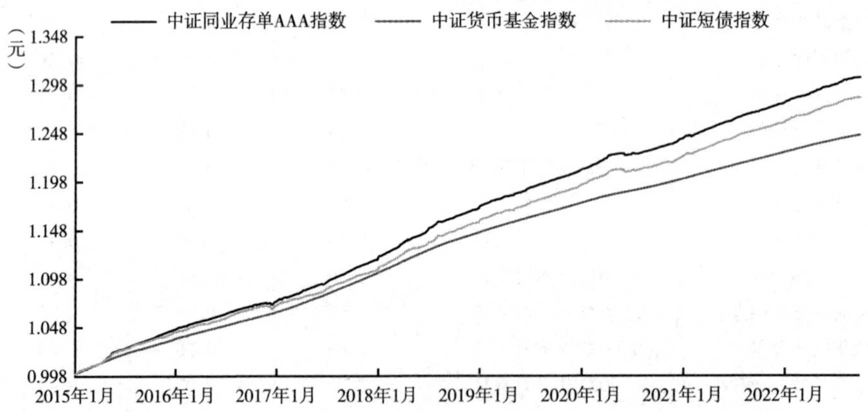

图 6-40　2015 年以来中证同业存单 AAA 指数、中证货币基金指数、中证短债指数走势（截至 2022 年 9 月末）

资料来源：Wind。

将中证同业存单 AAA 指数、中证货币基金指数和中证短债指数滚动持有 1 个月收益进行比较，可以看出中证同业存单 AAA 指数与中证短债指数走势极为接近，中证货币基金指数由于采用摊余成本法估值，收益率较为稳定。自 2015 年 1 月 4 日至 2022 年 9 月 30 日，中证同业存单 AAA 指数滚动持有 1 个月收益超过中证货币基金指数天数占比为 76.39%，超过中证短债指数天数占比为 59.25%。此外，中证同业存单 AAA 指数滚动持有 1 个月收益为正天数占比为 98.59%（见图 6-41）。

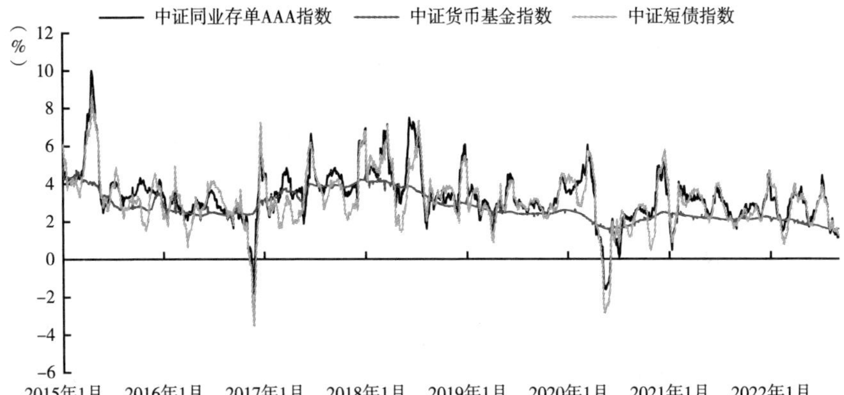

图 6-41 滚动持有 1 个月年化收益率比较（截至 2022 年 9 月末）

资料来源：Wind。

以年度视角来看，2015 年以来，中证同业存单 AAA 指数年化收益率均超过中证货币基金指数和中证短债指数。2021 年以来，中证同业存单 AAA 指数与中证短债指数年化收益率逐步接近；随着货币基金收益走低，其与中证货币基金指数年化收益率差距有所加大（见图 6-42）。

中证同业存单 AAA 指数年化收益率与中证短债指数整体较为接近，但从风险方面看，中证同业存单 AAA 指数年度最大回撤较中证短债指数具有明显优势。自 2015 年以来，除 2017 年中证同业存单 AAA 指数回撤较大外，其他各年最大回撤均低于中证短债指数（见图 6-43）。

中证同业存单 AAA 指数选取银行间市场上市的主体评级为 AAA 的同业存单作为指数样本，以反映 AAA 级同业存单的整体表现。截至 2022 年 9 月末，中证同业存单 AAA 指数样本合计 9070 只，存量规模 1.30 万亿元，久期 0.41

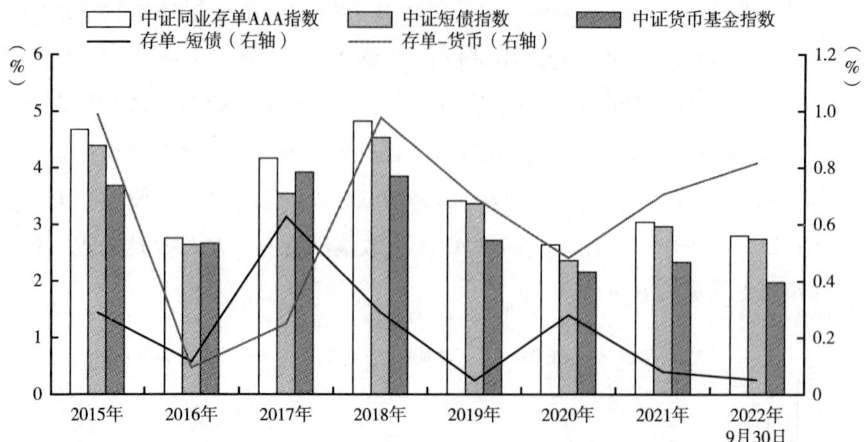

图 6-42　中证同业存单指数、中证货币基金指数、中证短债指数年化收益率

资料来源：Wind。

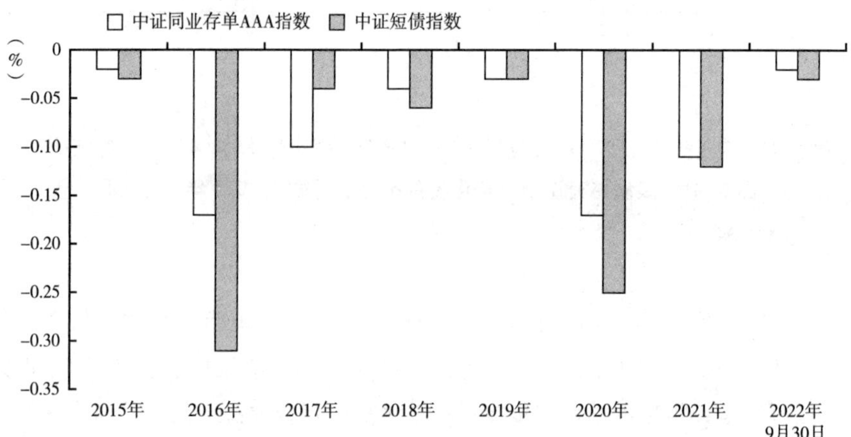

图 6-43　中证同业存单 AAA 指数、中证短债指数年度最大回撤

资料来源：Wind。

年。从银行分类来看，存单存量主要集中在国有商业银行和全国性股份制商业银行，二者合计占比达到 65.53%（见图 6-44）。同业存单指数基金主要以跟踪该指数为主，投资标的基本以国有商业银行和全国股份制商业银行为主，投资资产标的安全性较高。从已公布季报数据的几只同业存单指数基金前五大持仓来看，基本集中在国股行以及经济发达地区头部城农商行（见表 6-7）。

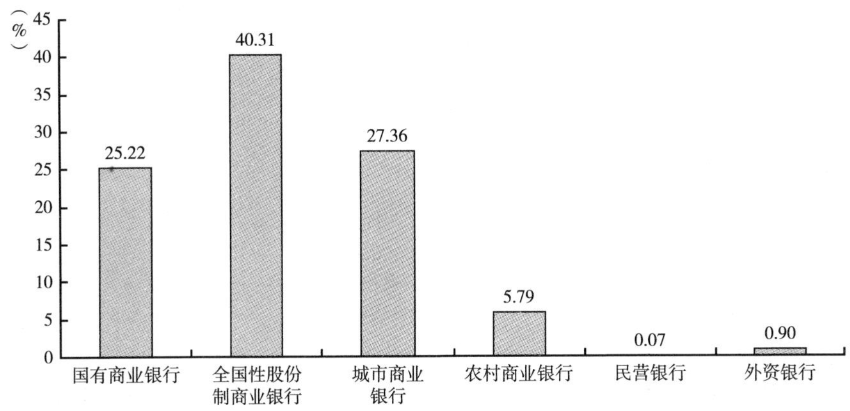

图 6-44 中证同业存单 AAA 指数构成（截至 2022 年 9 月末）

资料来源：Wind。

表 6-7 同业存单指数基金前五大持仓（截至 2022 年 6 月末）

代码	管理人	第一	第二	第三	第四	第五
014426. OF	惠升	22 上海银行 CD033	21 进出 12	21 宁波银行 CD231	22 国债 09	21 平安银行 CD149
014427. OF	富国	22 广发银行 CD059	22 农业银行 CD055	22 上海银行 CD031	21 浦发银行 CD304	21 中国银行 CD044
014428. OF	中航	21 中信银行 CD155	21 交通银行 CD298	22 平安银行 CD001	22 兴业银行 CD017	22 浙商银行 CD062
014429. OF	华富	21 北京银行 CD144	22 民生银行 CD198	22 浦发银行 CD118	21 平安银行 CD237	21 农业银行 CD137
014430. OF	南方	19 国开 14	22 成都农商银行 CD004	22 中国银行 CD003	22 广发银行 CD029	22 渤海银行 CD225
014437. OF	鹏华	21 广发银行 CD275	21 农发清发 03	22 光大银行 CD108	22 浦发银行 CD118	22 民生银行 CD256
015643. OF	招商	22 江苏银行 CD087	22 广发银行 CD121	22 建设银行 CD008	22 上海银行 CD015	21 兴业银行 CD493

资料来源：Wind。

第七章
债券一级市场

李怀军*

- 2020年和2021年，债券总发行量分别为56.9万亿元和61.8万亿元。2022年前三季度，债券总发行量达到46.8万亿元，同比增长3.1%。而从净融资额看，2020年也达到历史最高水平，为17.3万亿元，2021年减少为16.3万亿元。2022年前三季度，净融资额为10.2万亿元，同比减少7.8%。
- 从具体品种看，2022年1~9月，同业存单面额比重最高，为33.38%，而2021年为35.3%，均在1/3以上。除同业存单外，金融债面额比重最高，2022年1~9月为15.41%；其次是国债和地方政府债，2022年1~9月面额比重分别为13.81%和13.56%；2021年面额比重排在前三位的品种是金融债、国债和地方政府债，面额比重也均超过10%，分别为15.23%、11.01%和12.12%。
- 2022年1~9月，非金融企业债共发行大约9.27万亿元，同比增速为-1.26%。其中，中期票据发行约2.19万亿元，增长最为迅猛，同比增速为16.03%；而其他品种增速均有不同程度的下跌。不过，从非金融企业发行的品种规模占比来看，2022年1~9月，短期融资券发行额约为3.82万亿元（其中超短期融资券约为3.41万亿元），在非金融企业债中的发行规模最大，占比约为41.2%；其次是公司债，发行额约为2.39万亿元，占比约为25.8%；接着是中期票据，发行额约为2.19万亿元，占比约为23.6%；而定向工具和企业债发行额占比较低，分别约为6.1%和3.4%。
- 受宽松货币政策的影响，自2021年以来，非金融企业债的发行利率

* 李怀军，第一创业证券研究所首席分析师。

呈现振荡走低的基本态势。其中，企业债的发行利率最高，其次是公司债和中期票据，短期融资券的发行利率最低。2021 年 1 月，企业债、中期票据、公司债和短期融资券的发行利率分别为 4.41%、4.25%、4.20%和 3.04%；到 2022 年 9 月，它们分别下降到 3.96%、3.13%、3.09%和 2.15%。

一　债券一级市场的发行结构

（一）债券发行总量和净融资额

2013~2022 年，随着中国债券市场的发展壮大，债券市场总发行量稳步上升。图 7-1 显示，2013 年中国债券市场的总发行量为 9.05 万亿元、2014~2017 年分别突破 10 万亿元、20 万亿元、30 万亿元和 40 万亿元，随后增长速度大幅放缓，到 2020 年和 2021 年，债券总发行量突破 50 万亿元和 60 万亿元，分别为 56.9 万亿元和 61.8 万亿元。2022 年前三季度，债券总发行量达到 46.8 万亿元，同比增长 3.1%。而从净融资额看，2020 年也达到历史最高水平，为 17.3 万亿元，2021 年减少为 16.3 万亿元。2022 年前三季度，净融资额为 10.2 万亿元，同比减少 7.8%。

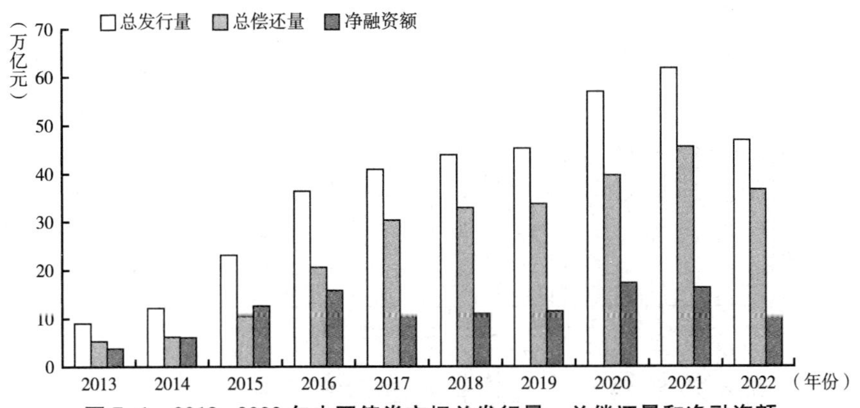

图 7-1　2013~2022 年中国债券市场总发行量、总偿还量和净融资额

注：2013~2021 年以 12 月 31 日为截止日期，2022 年以 9 月 30 日为截止日期。
资料来源：Wind，第一创业证券计算整理。

2022 年 1~9 月，中国债券市场总发行量和净融资额同比增速不一致，主要是受到同业存单的影响。自 2013 年出现以来，同业存单的发行量出现爆发式增长，近三年的占比都在三成以上，居各发行品种第一位。究其原因，同业存单具有主动性发行、透明性定价、高稳定性和流动性的优势，因而慢慢从一种中小银行用来补充自己资金来源的负债工具变成一种主动性的负债工具。同业存单的发行期限短，都在 1 年以内，随着发行量的增长，到期量也在逐步上升。同业存单后来大都是滚动发行的。2022 年 1~9 月，同业存单的发行量为 15.63 万亿元，同比增速为-1.66%；而到期量为 15.05 万亿元，已超过上年同期的 14.35 万亿元；因而净融资额为 0.57 万亿元，远低于上年同期的 1.54 万亿元。

（二）债券发行月度规模及其行业分布

从 2021 年以来的月度数据看，债券月度发行规模基本上为 4 万亿~6 万亿元，发行只数基本上为 4000~6000 只（见图 7-2）。2022 年 1~9 月，每月平均发行 4043 只，月平均发行规模为 52041 亿元；2021 年，每月平均发行 4483 只，月平均发行规模为 51465 亿元。可见，2022 年每只的平均发行规模为 12.9 亿元，较 2021 年的 11.5 亿元增长 12.2%。

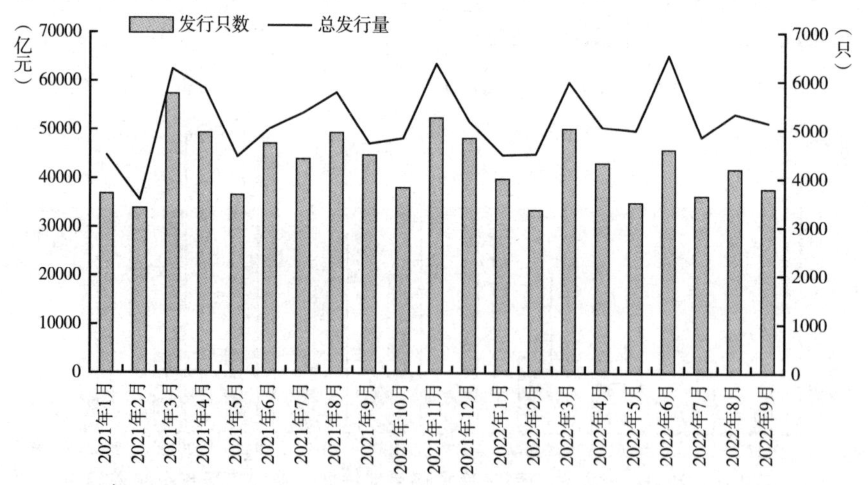

图 7-2　2021 年至 2022 年 9 月债券市场月度总发行量和发行只数

资料来源：Wind，第一创业证券计算整理。

这是因为从行业分布来看，2021 年发行金额占比在七成以上的金融行业平均每只的发行金额，从 2021 年的 9.3 亿元增加到 2022 年 1~9 月的 10.3 亿元。而 2021 年发行金额占比排名第二的工业平均每只的发行金额在 2021 年和 2022 年 1~9 月均为 8.1 亿元。2021 年发行金额占比排名第三的公用事业平均每只的发行金额在 2021 年和 2022 年 1~9 月均在 13 亿元左右（见表 7-1）。

表 7-1　2021 年至 2022 年 9 月债券市场发行行业分布情况

行业	2022 年 1~9 月				2021 年			
	发行只数(只)	发行只数占比(%)	发行金额(亿元)	发行金额占比(%)	发行只数(只)	发行只数占比(%)	发行金额(亿元)	发行金额占比(%)
公用事业	876	2.55	11387	3.36	1326	2.57	17337	3.66
工业	7506	21.86	60624	17.88	10433	20.23	84310	17.79
金融	23828	69.41	244826	72.23	36907	71.57	344089	72.60
信息技术	130	0.38	1428	0.42	156	0.30	1424	0.30
可选消费	508	1.48	3438	1.01	662	1.28	4483	0.95
材料	532	1.55	5516	1.63	692	1.34	7123	1.50
能源	248	0.72	4704	1.39	306	0.59	5160	1.09
房地产	485	1.41	4271	1.26	773	1.50	6615	1.40
日常消费	123	0.36	1936	0.57	180	0.35	2100	0.44
医疗保健	90	0.26	773	0.23	126	0.24	1092	0.23
电信服务	4	0.01	68	0.02	8	0.02	188	0.04
合计	34330	100.00	338970	100.00	51569	100.00	473922	100.00

资料来源：Wind，第一创业证券计算整理。

（三）债券发行的品种分布

从债券一级市场的发行品种看，其可分为利率债、信用债和同业存单。因为就严格意义而言，同业存单并不是一种债券，而是商业银行的一种主动性负债手段，它与同业存款在本质上是一致的。因此，有必要将同业存单单独进行统计并列出。

2021 年至 2022 年 9 月，利率债月平均发行量为 1.78 万亿元，平均占比为 34.4%；信用债月平均发行量为 1.61 万亿元，平均占比为 31.1%；同业存单月平均发行量为 1.78 万亿元，平均占比为 34.5%。2021 年至 2022 年 9 月债券市场发行量的结构变化见图 7-3。

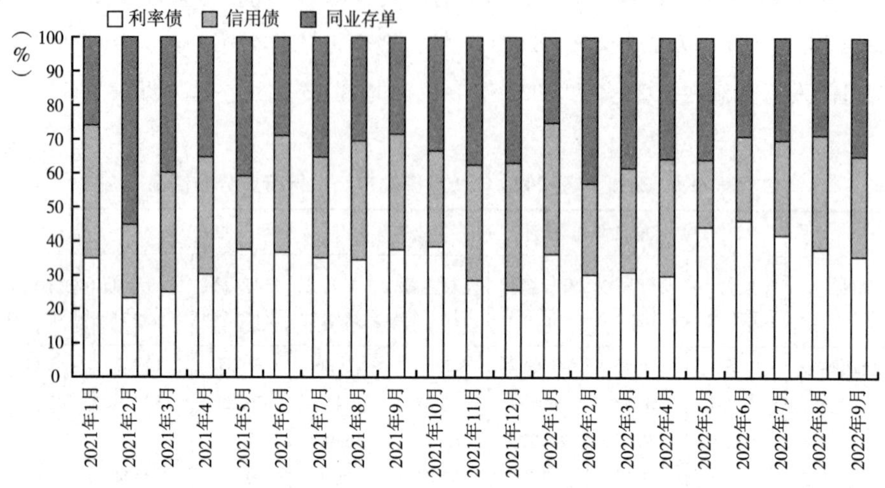

图 7-3　2021 年至 2022 年 9 月债券市场发行量的结构变化

资料来源：Wind，第一创业证券计算整理。

从具体品种看，除同业存单外，利率债包括国债、地方政府债、央行票据和政策性银行债；其他品种都是信用债。2022 年 1~9 月，利率债的面额比重为 37.29%，高于 2021 年利率债的面额比重 32.23%；2022 年 1~9 月，信用债的面额比重为 29.33%，低于 2021 年信用债的面额比重 32.47%。

从具体品种看，2022 年 1~9 月，同业存单面额比重最高，为 33.38%，而 2021 年为 35.3%，均在 1/3 以上。除同业存单外，金融债面额比重最高，2022 年 1~9 月为 15.41%；其次是国债和地方政府债，2022 年 1~9 月面额比重分别为 13.81%和 13.56%；2021 年面额比重排在前三位的品种也是金融债、国债和地方政府债，面额比重也均超过 10%，分别为 15.23%、11.01%和 12.12%（见表 7-2）。

在信用债中，短期融资券（主要为期限在 270 天以内的超短期融资券）的面额比重最高，2022 年 1~9 月为 8.16%，而 2021 年为 8.47%；其次是公司债，2022 年 1~9 月的面额比重为 5.1%，而 2021 年为 5.59%；接着是中期票据，2022 年 1~9 月的面额比重为 4.68%，而 2021 年为 4.13%；最后是资产支持证券，2022 年 1~9 月的面额比重为 3. 14%，而 2021 年为 5. 08%。其他信用债的面额比重均较低，均低于 2%。

从 2022 年 1~9 月发行额的同比增速看，全市场为 3. 12%。从具体品种看，政策支持机构债的增速最高，为 73. 33%；其次为可交换债，同比增速为 49. 98%，但由于发行量很小没有太多意义；除此之外，同比增速为 30%~40%的品种还有商业银行债、商业银行次级债和国债，其次增速为 10%~20%的品种有中期票据（一般中期票据）、一般短期融资券和地方政府债；而在同比增速为负的品种中，银保监会主管 ABS 的同比降幅最大，达到-57. 3%，保险公司债、证券公司债和证券公司短期融资券的增速均在-30%上下；可转债、定向工具和企业债的降幅在 10%以上，同比增速分别为-14. 44%、-12. 45%和-12. 07%；公司债和短期融资券的降幅在 10%以下，同比增速分别为-7. 54%和-2. 62%。

表 7-2　2021 年至 2022 年 9 月全市场债券发行品种分布情况

单位：亿元，%

类别	2021 年		2022 年 1~9 月		
	发行额	面额比重	发行额	面额比重	发行额同比增速
国债	67967. 10	11. 01	64651. 90	13. 81	37. 40
地方政府债	74826. 30	12. 12	63484. 93	13. 56	13. 05
央行票据	600. 00	0. 10	450. 00	0. 10	0. 00
同业存单	217972. 00	35. 30	156251. 70	33. 38	-1. 66
金融债	94034. 36	15. 23	72125. 66	15. 41	0. 81
政策性银行债	55561. 20	9. 00	45977. 90	9. 82	1. 50
商业银行债	7710. 55	1. 25	7601. 87	1. 62	38. 40
商业银行次级债	12025. 73	1. 95	8859. 65	1. 89	39. 08
保险公司债	539. 00	0. 09	224. 50	0. 05	-39. 81
证券公司债	10962. 38	1. 78	5914. 74	1. 26	-28. 46
证券公司短期融资券	5937. 00	0. 96	2958. 00	0. 63	-34. 64
其他金融机构债	1298. 50	0. 21	589. 00	0. 13	-51. 62
企业债	4399. 40	0. 71	3125. 00	0. 67	-12. 07
一般企业债	4399. 40	0. 71	3125. 00	0. 67	-12. 07
集合企业债	0. 00	0. 00	0. 00	0. 00	—

续表

类别	2021年		2022年1~9月		
	发行额	面额比重	发行额	面额比重	发行额同比增速
公司债	34525.24	5.59	23887.53	5.10	-7.54
一般公司债	16408.13	2.66	12317.44	2.63	-2.46
私募债	18117.11	2.93	11570.09	2.47	-12.40
中期票据	25492.65	4.13	21889.24	4.68	16.03
一般中期票据	25492.65	4.13	21889.24	4.68	16.03
集合票据	0.00	0.00	0.00	0.00	—
短期融资券	52301.71	8.47	38195.95	8.16	-2.62
一般短期融资券	5260.78	0.85	4119.22	0.88	14.58
超短期融资券	47040.93	7.62	34076.73	7.28	-4.36
定向工具	8633.83	1.40	5607.55	1.20	-12.45
国际机构债	175.00	0.03	115.00	0.02	-8.00
政府支持机构债	1900.00	0.31	1560.00	0.33	73.33
资产支持证券	31397.17	5.08	14708.19	3.14	-35.19
交易商协会ABN	6440.55	1.04	3589.59	0.77	-14.23
银保监会主管ABS	8815.33	1.43	2646.65	0.57	-57.30
证监会主管ABS	16141.29	2.61	8471.95	1.81	-31.19
可转债	2828.47	0.46	1664.14	0.36	-14.44
可分离转债存债	0.00	0.00	0.00	0.00	—
可交换债	421.60	0.07	375.32	0.08	49.98
项目收益票据	49.30	0.01	0.00	0.00	—
合计	617524.14	100.00	468092.11	100.00	3.12

资料来源：Wind，第一创业证券计算整理。

二　信用债的发行

（一）商业银行债的发行

商业银行的规模扩张一直受到监管资本要求的约束，在监管要求提升和内源性留存不足的背景下，银行应积极寻求外源渠道进行资本补充。而外源资金来源有三：吸收存款、向其他机构借款和发行普通债券。吸收存款必须向央行缴纳一定比例的法定存款准备金，而中国人民银行对金融机构的存款的利率又非常低。法定准备金率为 1.62%，其自 2008 年 11 月 27 日以来未曾变过，而目前较高的法定存款准备金率意味着商业银行具有非常高的机会成本。向其他商业银行或央行借款所得的资金主要是短期资金，而金融机构往往需要进行一些期限较长的投融资，这样就出现了资金来源和资金运用在期限上的矛盾，发行金融债券比较有效地解决了这个矛盾。债券在到期之前一般不能提前兑换，只能在市场上转让，从而保证了所筹集资金的稳定性。同时，金融机构发行债券时可以灵活规定期限，比如为了进行一些长期项目投资，可以发行期限较长的债券。

商业银行发债，一方面可以巩固资本实力，提高抗风险能力，保持资本充足，满足监管要求；另一方面，在当前银行加强对实体经济信贷投放支持的政策导向下，有助于提高银行资本充足率，加大对实体经济的支持力度。政府允许商业银行发行普通债券筹集资金始于 2011 年底，那时为了鼓励金融机构更积极地发放中小微贷款，政府便为商业银行的中小微贷款开辟了新的融资渠道，普通商业银行债券在宏观经济增速下降的压力下应运而生。不过，总体来看，商业银行发行普通债券并不十分积极，以中小银行为主。2015 年，商业银行债发行额才突破 2000 亿元；2016 年至 2022 年 9 月，由于有绿色金融债的加入，发行额才出现较大幅度的增长，但无论是相对于存款总额还是相对于中国债券发行总额，均十分少，2021 年才发行 7711 亿元，达到历史新高，但只占债券发行总额的 1.25%；2022 年 1～9 月发行约 7602 亿元，同比增速为 38.4%，占债券发行总额的 1.62%。

而商业银行发行次级债的兴趣更高，2004 年 6 月，中国人民银行、银监会发布了《商业银行次级债券发行管理办法》，在 2012 年《商业银行资本管理办法（试行）》颁布后，“次级贷”的概念被“二级资本债”取代，即所有次级债均为二级资本债。实际上，在与这两个文件衔接的 2013 年，银行次级债的发行还出现了中断现象。二级资本也叫附属资本或补充资本，是商业银行资本基础中扣除核心资本之外的其他资本成分，是反映银行资本充足状况的指标。二级资本债成为近年来常见的银行资本补充工具。2014 年，商业银行次级债的发行总额就达到 3449 亿元，2019～2021 年的发行总额均超过 1 万亿元，分别为 1.17 万亿元、1.27万亿元和1.20万亿元，2022年1~9月的发行总额为8860亿元（见图7-4），同比增长39.1%。

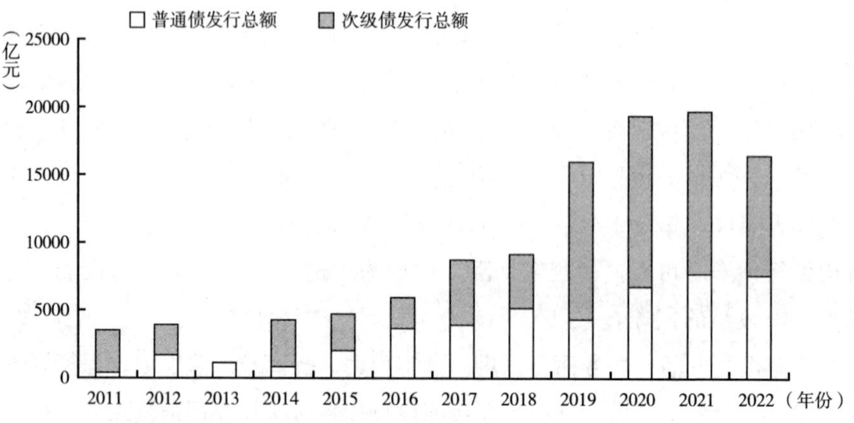

图7-4　2011~2022年商业银行普通债和次级债发行总额

注：2011~2021年以12月31日为截止日期，2022年以9月30日为截止日期。

资料来源：Wind，第一创业证券计算整理。

相对于发行股票补充资本的方式来说，发行次级债的程序相对简单、周期短，这是一种快捷、可持续的补充资本金的方式。特别对于那些刚刚发行新股或未满足发行新股条件的商业银行而言，如果亟须增加资本金来捕捉新的业务机会，就通常会倾向于先发行次级债，这些次级债主要由中小股份制商业银行特别是大部分仍未上市的农村商业银行发行，究其原因在于这些银行的资本充足率低于大型商业银行，而补充资本金的渠道有限，难以通过发行股票或可转债的方式来筹集资金。从2022年的情况看，6月底，商业银行的资本充足率比2021年12月下滑了0.26个百分点至14.87%；其中，大型商业银行、股份制商业银行、城市商业银行和农村商业银行的资本充足率分别为17.26%、13.28%、12.73%和12.25%（见图7-5），分别较2021年12月下滑了0.03个、0.53个、0.35个和0.31个百分点。虽然所有商业银行的资本充足率均高于《商业银行资本管理办法（试行）》规定的10.5%的最低要求，但商业银行仍面临较大资本金补充压力，中小银行的需求更迫切，以城市商业银行和农村商业银行为主的中小银行的发债数量占比逾七成。

总之，2022年商业银行债发行规模扩大的主要原因在于中小银行普遍面临资本金不足的问题，需要拓宽渠道加大资本金补充力度。一方面，企业融资意愿较弱且信用风险增加，银行净息差逐渐收窄，内生资本补充能力下降；另一方面，为支持实体经济复苏、助力中小微企业，银行业金融机构持续加大信贷投放力度；与此同时，商业银行也在持续加大绿色信贷项目支持力度，使其补充资本金的需求进一步增加。因此，2022 年，商业银行资本补充发行行为逐渐提速，中小银行需要加快发债“补血”节奏。

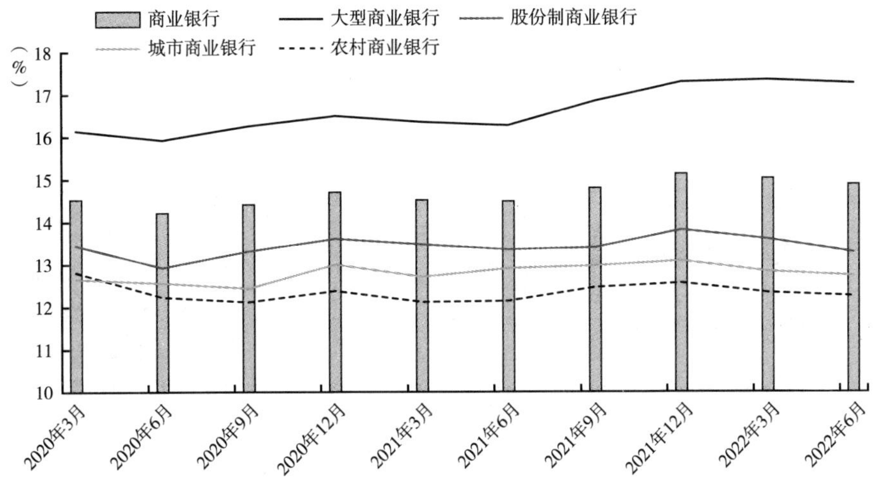

图 7-5　2020 年 3 月至 2022 年 6 月商业银行的资本充足率

资料来源：Wind，第一创业证券计算整理。

（二）非金融企业债的发行

随着中国债券市场的发展，非金融企业越来越多地依靠发行债券融资。非金融企业债包括短期融资券、中期票据、企业债、公司债和定向工具。其中，对于短期融资券、中期票据和定向工具，符合发行条件的具有法人资格的非金融企业，经中国银行间市场交易商协会注册登记后，均可在银行间市场注册发行。而企业债和公司债则分别由国家发改委和证监会核准发行，公司债中的私募债则在中国证券业协会备案。

2022 年 1~9 月，非金融企业债券共发行大约 9.27 万亿元，同比增速为 -1.26%。其中，中期票据约发行 2.19 万亿元，增长最为迅猛，同比增速为

16.03%；而其他品种的增速均有不同程度的下跌。不过，从非金融企业发行的品种规模占比来看，2022 年 1~9 月，短期融资券发行额约为 3.82 万亿元（其中超短期融资券约为 3.41 万亿元），在非金融企业债中的发行规模最大，占比约为 41.2%；其次是公司债，发行额约为 2.39 万亿元，占比约为 25.8%；接着是中期票据，发行额约为 2.19 万亿元，占比约为 23.6%；而定向工具和企业债发行额占比较低，分别约为 6.1%和 3.4%。2021 年至 2022 年 9 月非金融企业债发行额见图 7-6。

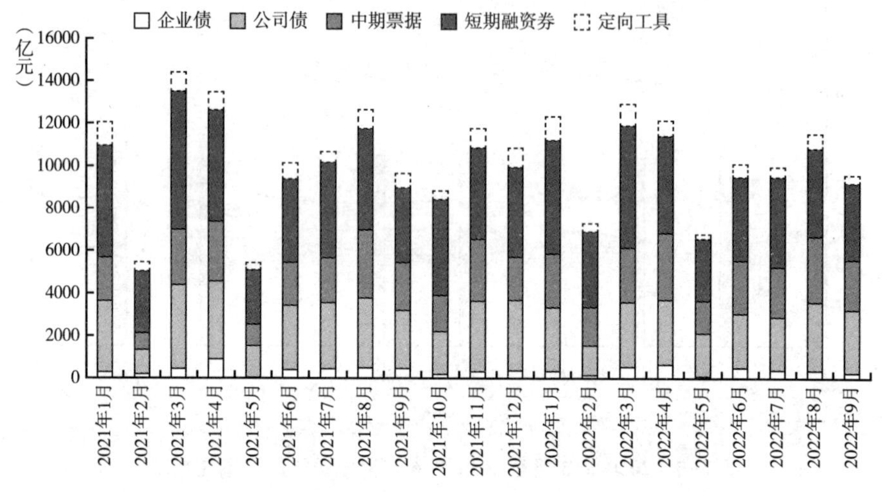

图 7-6　2021 年至 2022 年 9 月非金融企业债发行额

资料来源：Wind，第一创业证券计算整理。

企业债是中国最早出现的信用债品种，1994 年，企业债就已发行，而后逐年发展，在 2014 年达到鼎盛，发行量接近 7000 亿元，但在之后中国债券市场大发展的大背景下，企业债的发行额开始萎缩，2019 年发行额大约只有 3624 亿元。企业债发展受阻，发行量不稳定，至今仍旧维持疲软状态，这与国家发改委严格发债企业准入条件、收紧企业债发行存在一定关联；由于企业债的募集资金投向与项目投资挂钩，比照募集用途为补充流动资金及偿还银行贷款等更为灵活的公司债，企业债发行具备更严苛的条件；在当前经济前景不明、投资意愿不强烈的背景下，企业更愿意选择低成本和发行环节较为便利的其他品种的非金融企业债，企业债的发展必然受阻。2020 年，企业债的发行额约为 3930 亿元，2021 年的发行额约为 4399 亿元，2022 年 1~9 月的发行额为 3125 亿元，同比增速为-12.1%，虽有所恢复，但规模仍有限，在非金融企业债中排名垫底。

公司债特别是私募债发行额的快速增长，和证监会积极发展交易所债券市场的政策有着密切的关系。2015 年新制定的《公司债券发行与交易管理办法》把公司债发行主体从上市公司扩大至符合条件的所有公司制法人；同时，简化审核流程，极大地优化了公司债的发行程序，并且进行大、小公募和私募债券的分类管理；因此，公司债审核效率更高，大公募债券由证监会审核，小公募债券由交易所进行上市预审核，私募债在中国证券业协会备案。公开发行公司债的审核期限不超过 3 个月，实际上大公募债的审核期限基本控制在 2 个月左右，小公募债的审核期限一般为 1 个月左右，对私募债实行市场化的自律组织事后备案制度，其发行速度更快。公司债的特点就是融资效率高、融资成本低、机制灵活、募集资金使用灵活（不强制有募投项目）。结果，在新规施行后的 2015 年，公司债的发行额就超过 1 万亿元，在 2021 年的发行额约为 3.45 万亿元，达到历史最高值，2022 年 1~9 月约为 2.39 万亿元，同比减少 7.54%。

早在 2005 年中国就推出了短期融资券，其刚出现在中国金融市场中，便受到了企业的欢迎。以短期融资券为突破口，随后中国非金融企业债市场真正走上了发展的道路。但超短期融资券是在 2011 年才出现的，在近年来得到了快速发展，其发行额不断增加，“后来者居上”，成为短期融资券的主要发行品种。由于超短期融资券的发行期限通常不超过半年，而短期融资券的发行期限通常不超过 1 年，这反映出近年来债券市场发行期限的短期化趋势。2015 年和 2016 年是发行短期融资券的高峰期，分别发行了 3.28 万亿元和 3.37 万亿元，而 2017 年大幅减少至 2.38 万亿元，2018 年和 2019 年发行量有所回升，2020 年达到创纪录的 5 万亿元，2021 年约为 5.23 万亿元，2022 年 1~9 月约为 3.82 万亿元，同比增速为-2.62%。其中，超短期融资券的发行占比约为 90%。

从 2021 年至 2022 年 9 月非金融企业债发行地区的分布看，就发行金额占比而言，北京的占比最高，为 19.63%；其次是江苏，占比为 13.73%；接着是广东，占比为 9.89%；然后是浙江，占比为 7.83%。就发行只数占比而言，江苏的占比最高，为 21.63%；其次是北京，占比为 9.62%；接着是浙江，占比为9.47%；然后是广东，占比为7.9%（见图7-7）。可见，无论是以发行金额还是发行只数计算，前四名的省区市是一样的。只不过北京的大型国企和金融企业较多，因而平均每只的发行金额较大；而江苏和浙江的专精特新中小企业较多，因而平均每只的发行金额较小。

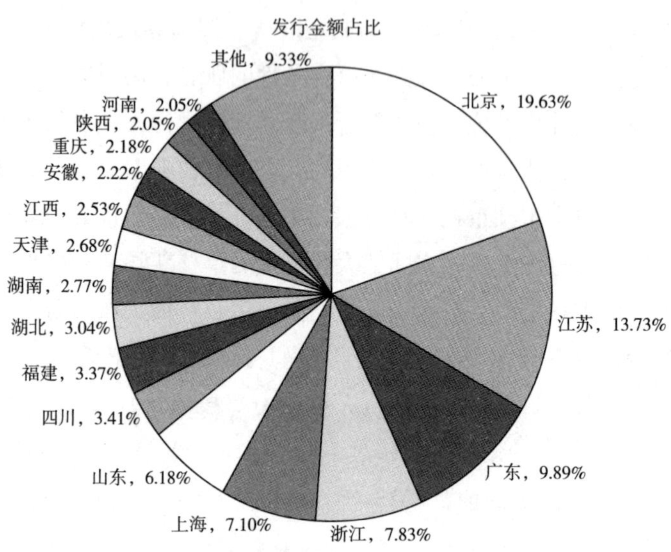

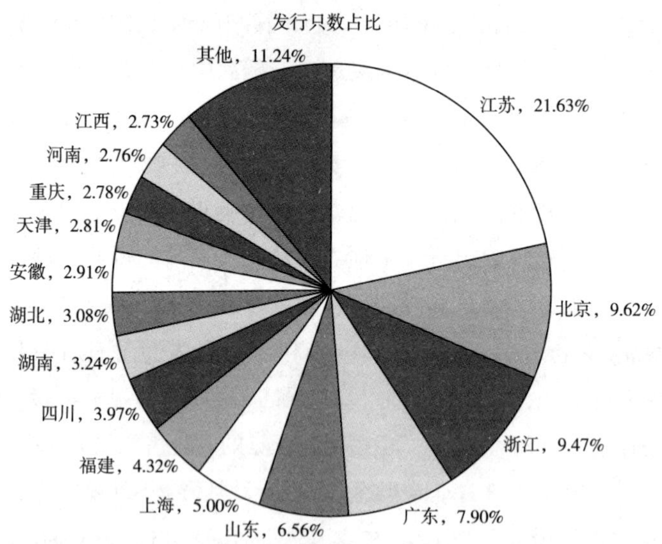

图7-7　2021年至2022年9月非金融企业债发行地区的发行金额和发行只数占比

资料来源：Wind，第一创业证券计算整理。

（三）可转债的发行

可转债在我国的发行时间很长，1992 年至今，可转债市场经历了从起步到扩张的过程，可以将其大致划分为初始发展、规范化发展和扩容发展三个阶段。1992~2005 年是我国可转债的初始发展阶段。我国发行的可转债最早是 1992 年 11 月深宝安发行 A 股可转债，这是我国第一只由上市公司发行的转债。1993 年，我国第一只可转债（宝安转债）在深交所上市。但之后由于“宝安转债”转股失败，我国转债市场的发展陷入停滞状态。直到 1997 年 3 月国务院证券委颁布《可转换公司债券管理暂行办法》，1998 年丝绸和南化转债、1999 年茂炼转债、2000 年鞍钢和机场转债先后发行，我国转债市场才重现生机。而 2000 年发行的机场转债是真正成熟意义上的第一只转债，该转债奠定了后来转债的大体框架，比如面值、回售/赎回条款、转股价调整公式等。后来发行的超百只可转债基本上完全按照这个框架来设计条款。2001 年，主管部门发布《上市公司发行可转换公司债券实施办法》（中国证券监督管理委员会令第 2 号），可转债一级市场的发行制度初步形成。2006~2016 年是可转债的规范化发展阶段，在此期间，监管部门密集出台了相关监管政策，沪深交易所也相继发布上市交易细则，进一步完善了可转债的上市条件和交易制度。2017 年至今是可转债的扩容发展阶段。自 2017 年以来，受再融资新规等政策影响，部分上市公司融资需求转向可转债，可转债市场迎来供给的快速扩容时代。

2002~2016 年，我国总共发行了 117 只可转债，平均每年发行的可转债不到 8 只，发行数量最多的 2003 年也只有 16 只，发行额也不过 185.5 亿元。而 2017 年可转债的发行量快速上升，达到 949.4 亿元。2017 年，上市公司发行可转债提速，这与证监会 5 月 26 日出台《上市公司股东、董监高减持股份的若干规定》有密切关系。根据这一减持新规，定增从发行到退出均受到很大的限制，而发行可转债却不受此限制，从而间接地推动上市公司发行可转债的需求。这类低息融资工具受到上市公司青睐，成为定增融资的“替代品”。而且，9 月 8 日，证监会发布《关于修改〈证券发行与承销管理办法〉的决定》。其中对可转债、可交换债发行方式进行了调整，将资金申购改为信用申购。按照新的管理办法，参与网上申购的投资者在申购时无须预缴申购资金，待确认获得配售后，再按实际获配金额缴纳。2018 年，受股市行情回落影响，可转债发行量有所下滑，但也发行了 795.7 亿元。2019 年，随着市场行情的见底回升，可转债发行大暴发，共发行了 151 只，发行额为 2695.2 亿元，接近前六年发行的总和。2020 年发行了 217 只，发行总额为 2769.7 亿元（见图 7-8）。2020 年 12 月 31 日，中国证监会发布《可转换公司债券管理办法》，这标志着可转债进入了一个新的历史发展阶段。2021 年共发行 119 只可转债，发行额约为 2828.5 亿元，虽然同比增速只有 2.1%，但每只可转债的发行规模都出现大幅度上升。2022 年 1~9 月，共发行 104 只可转债，发行额约为 1664.1 亿元，同比增速为-14.44%。

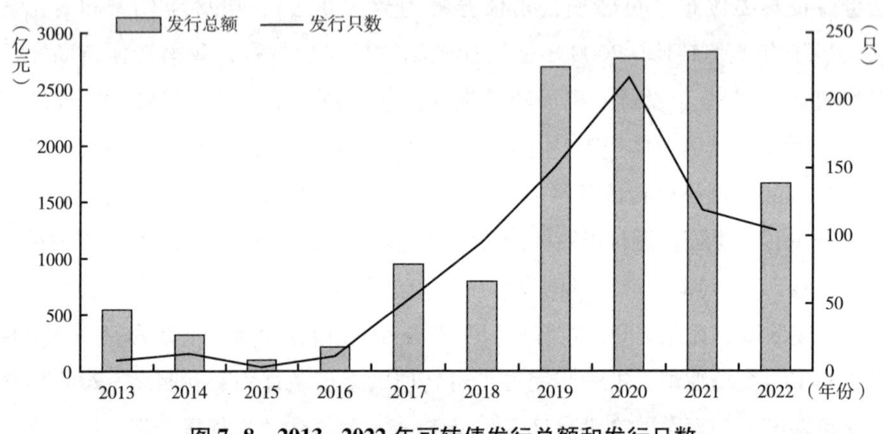

图 7-8　2013~2022 年可转债发行总额和发行只数

注：2013~2021 年以 12 月 31 日为截止日期，2022 年以 9 月 30 日为截止日期。
资料来源：Wind，第一创业证券计算整理。

三　债券市场发行利率

（一）同业存单的发行利率

自 2018 年第一季度开始，对同业存单与同业存款的监管统一，即两者都作为同业负债进行 MPA 考核。由于 MPA 考核要求银行同业负债占总负债的比例不能超过 1/3，而对银行通过债券发行进行融资的比例没有限制，因此，同业存单纳入 MPA 考核实际上意味着银行通过同业负债（含存单）进行融资的比例开始受到约束。随着监管趋严，国有大型银行比中小银行更有指标上的优势，开始利用同业存单来扩大同业业务的规模，而中小银行的资金来源则开始出现问题。因此，同业存单的发行利率可以灵敏地反映银行间货币市场的资金的松紧程度。2021 年以来，同业存单市场发行利率与中期借贷便利（MLF）政策利率差距的扩大，反映出货币市场的资金宽松状况。

受新冠肺炎疫情的影响，国内经济增速大幅度下滑，中国人民银行采取了较为宽松的货币政策。自 2020 年以来，央行已 6 次降准，大型银行存款准备金率由 13%下降至 11.5%，中小型银行存款准备金率由 11%下降至 8.25%；2020 年，1 年期 MLF 利率由 3.25%下降至 2.75%，1 年期 LPR 由 4.15%下降至3.65%，5 年期 LPR 由 4.8%下降至 4.3%。在流动性大幅宽松的背景下，同业存单发行利率快速下行，以实际发行总额为权重的加权平均票面利率由 2021 年 1 月的 2.82%一直下滑至 2021 年 9 月的 1.91%，下跌了 91BP。如图 7-9 所示，同业存单的平均发行利率（票面利率）与存款类机构 7 天质押式回购加权利率（DR007）高度正相关，DR007 由 2021 年 1 月的 2.25%下滑至 2022 年 9 月的 1.6%，下跌了 65BP。

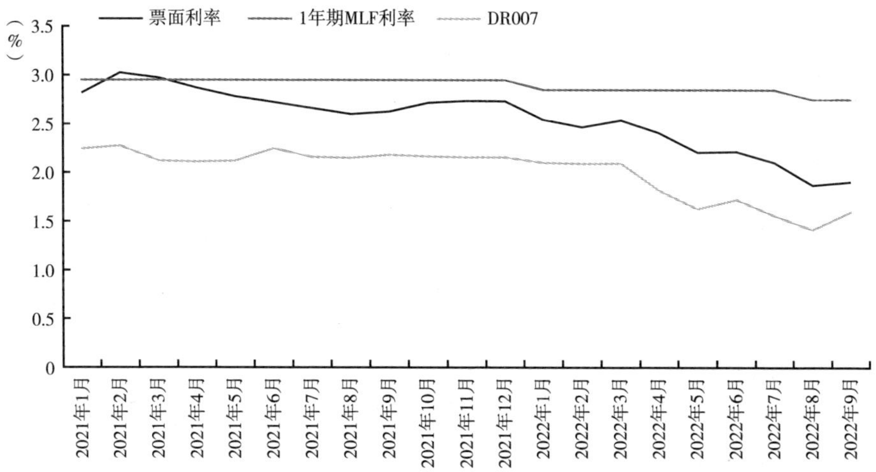

图 7-9　2021 年至 2022 年 9 月同业存单票面利率、1 年期 MLF 利率和 DR007

注：票面利率为该时间段内发行的债券票面利率的加权平均利率，以实际发行总额为权重。

资料来源：Wind，第一创业证券计算整理。

同业存单的发行利率不仅与金融机构超储率有关，而且与同业存单的发行量密切相关。金融机构超储率从2019年底的2.4%下滑至2021年6月底1.2%的低位，导致银行同业存单发行利率上升；同业存单发行量从2020年5月的1.09万亿元上升至2021年3月的2.57万亿元，同业存单的量价齐升凸显出银行的负债成本压力，其背后是在超储率低位运行背景下，结构性存款压降、政府债券集中发行导致的银行“缺长钱”问题。2020年第四季度，结构性存款压降压力、政府债券发行规模、同业存单到期量均较大，而货币政策维持对短端资金利率的对冲操作，导致同业存单利率处于高位。2021年上半年，在银行负债压力较大的背景下，同业存单发行量大幅增加，2021年前6个月，同业存单累计发行量超过10万亿元，达10.91万亿元，同比增长约39%。尤其是在3月和4月，同业存单发行量分别高达2.6万亿元和2.1万亿元（见图7-10），其中，城商行和农商行发行增幅明显。

同业存单发行规模的持续扩大主要与银行流动性管理压力增加有关，2021年是资管新规过渡期的最后一年，在负债竞争、非标回表和理财压降压力下，不少银行增加了同业存单发行量；另外，二级市场上，非银行机构对同业存单配置力度的加大也反促了同业存单发行规模的扩大。不过，同业存单发行高企的态势未能持续，2021年下半年，同业存单发行量就连月下降。2021年9月，

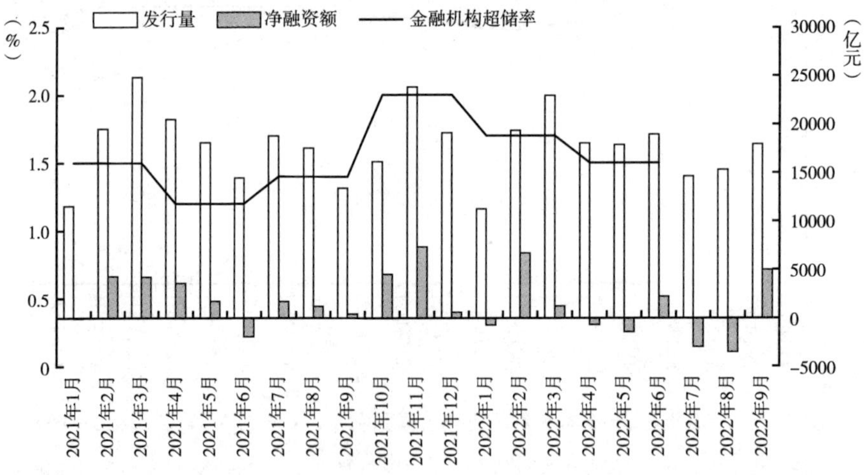

图7-10　2021年至2022年9月同业存单的发行量、净融资额和金融机构超储率

资料来源：Wind，第一创业证券计算整理。

发行量仅为 1.3 万亿元，较上月下降 23.7%左右，处于年内发行低点。同业存单发行量的下降，与银行补充负债压力相对减弱有关。

受银行存贷比以及资产负债期限错配明显改善等因素影响，自 2022 年 4 月以来，银行同业存单发行力度减小。其中，4 月、5 月、7 月、8 月净融资额均为负增长，尤其是 8 月，净融资额达到-3551.6 亿元；同时，1 年期国有银行同业存单发行利率最低一度降至 1.85%，随后在 2%上下震荡运行，显著偏离 1 年期 MLF 利率。银行存贷比显著回落是同业存单大幅缩量的主要原因之一。2022 年前 8 个月，银行增量存贷比（银保监会口径）仅为 95.5%，同比下降约 100 个百分点，显示出在财政拨付力度加大、央行上缴 1.1 万亿元利润、各类再贷款工具加码、影子银行收缩放缓等一系列“宽货币”举措的情况下，银行存款增速优于贷款，负债补充压力减小。2021 年至 2022 年 9 月商业银行存贷比和同业存单发行利率（国有银行）见图 7-11。

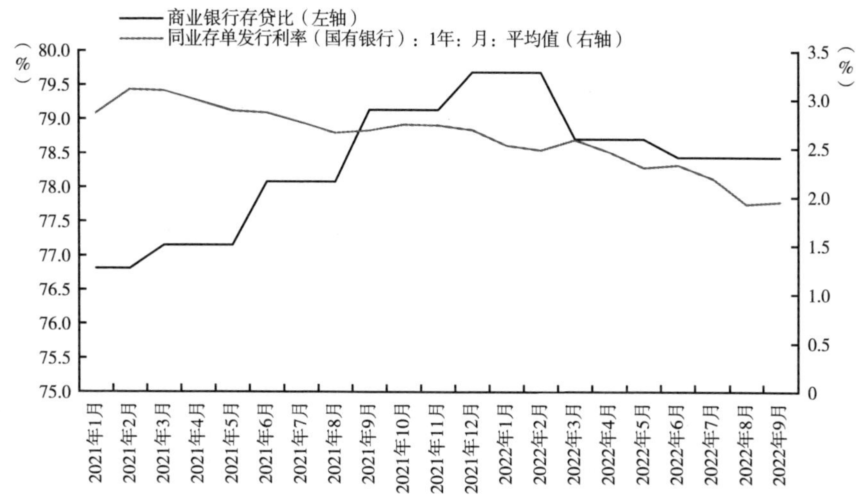

图 7-11　2021 年至 2022 年 9 月商业银行存贷比和同业存单发行利率（国有银行）

资料来源：Wind，第一创业证券计算整理。

在经历了前两个月的低迷后，2022 年 9 月以来，同业存单发行升温，发行规模达 1.8 万亿元，净融资额接近 0.5 万亿元，不仅明显高于 7 月和 8 月，也超过 2021 年同期。信贷投放改善是银行加大同业存单发行力度的主要原因。在政策引导下，近期信贷投放情况较此前有所改善，银行负债端需要补充资金。另外，考虑到央行连续两个月缩量续做 MLF，再加上银行开启新一轮存款利率下行进程，在此时点适度增加发行同业存单，可前瞻性地锁定负债成本。目前，在信贷供需矛盾下，贷款端定价仍在下行，降幅高于存款端，考虑到 2023 年初按揭贷款累计重定价因素将对银行营收和盈利形成较大冲击，客观上需要资金利率持续维持低位运行，通过市场类负债低成本红利来缓解净息差压力；同时，在存贷款利率下行背景下，商业银行主动负债管理能力增强，会增加对同业负债业务的考核，避免总体外部融资成本明显走高。因此，同业存单利率低位运行有其必然性，除同业存单发行规模放量外，发行利率上行空间也有限。

（二）政策性银行债的发行利率

政策性银行债即由国家开发银行、中国农业发展银行和中国进出口银行发行的债券。由于三家政策性银行不能吸收公众存款，它们主要依靠发行债券的方式筹集资金。应当说，政策性银行债是中国金融市场中较早的债券品种，自 1994 年三家政策性银行成立之后，它们就一直主要发行债券融资，政策性银行债比商业银行债券和其他金融机构债的发行时间都要早，且更具持续性，政策性银行债发行量的增速有越来越快的趋势。根据 Wind 的统计，2007 年，政策性银行债的发行量突破 1 万亿元，到 2012 年突破 2 万亿元，2016 年突破 3 万亿元，2020 年突破 4 万亿元，达到 4.85 万亿元。2021 年更是突破 5 万亿元，约为 5.56 万亿元，占金融债的比重约为 59.1%。可见，在金融债中，政策性银行债占绝大部分。2022 年 1~9 月，政策性银行债的发行量约为 4.6 万亿元，占金融债发行量的比重约为 63.7%，同比增长 1.5%。

政策性金融银行在中国经济转型和高质量发展中具有不可替代的作用，不仅可以支撑国家重大发展战略，还能在一定程度上借助国家信用弥补市场的不足。三家政策性银行的资金来源主要是发债，且募集资金主要借助国家信用，这就意味着其资金成本实际上是比较低的。同时，由于政策性银行债的投资者多为银行及其他金融机构，这意味着政策性银行的资金来源实际上由金融体系提供。政策性银行从金融体系筹得债券资金，并通过贷款、投资等形式将其投入国家重点支持的领域，以弥补传统商业银行的不足。

2021 年至 2022 年 8 月，10 年期固定利率政策性银行债发行利率的走势变化如图 7-12 所示，国家开发银行、中国进出口银行和中国农业发展银行 10 年期固定利率政策性银行债的发行利率与10年期固定利率国债的发行利率的走势基本一致。因为从理论上说，虽然三家政策性银行在历史地位、政策定位等方面存在差别，但是在债券市场上，利率水平应该是一致的。因为政策性银行享有国家主权信用，与国债拥有相同评级，在银监会文件里，政策性银行债都享受零风险权重的待遇。然而，事实上，政策性银行债与国债在信用上还是有差距的，国家开发银行与中国进出口银行和中国农业发展银行之间的发行利率也有所不同。

投资国开债（由国家开发银行发行的政策性银行债）和国债最大的不同，在于与利息相关的税收。对于利息收入，国债免收所得税，国开债要收取25%的所得税。对于持有至到期账户，国债免收增值税，国开债要收取6%的增值税。从税收角度看，税收差异是国开债与国债存在利差的主要原因。实际上，国开债与国债的利差还受到投资者结构、交易性需求、流动性溢价等多方面因素的影响。2021年至2022年9月，10年期国开债与国债的月发行平均利率之差的均值达到28BP。

10年期国开债与中国进出口银行和中国农业发展银行发行的政策性银行债在一级市场发行时，在2019年的月利差最大值为15BP，平均值为10BP，原因是什么呢？很多人认为是流动性。众所周知，在银行间债券市场，一直存在活跃券的现象。早期市场上的活跃券包括各个主要期限的国债和国开债，相关的债券由于流动性极好，较同期限的其他品种的收益率会低一些；在后来的演变中，逐渐形成了以10年期国开债为主的活跃券。以10年期国开债为代表的活跃券，要贡献整个市场50%左右的成交量。如此强的流动性，在换手率极低的银行间债券市场，当然会有流动性溢价。

（三）非金融企业债的发行利率

非金融企业债的发行利率既受其自身所处行业特点、主体和债项评级、债券发行期限的影响，也受宏观经济大环境、货币政策操作的影响。因此，在不同时期，不同类型、不同行业的非金融企业债的发行利率存在明显的差异。就非金融企业债的发行利率而言，虽然受期限和行业（或企业自身评级）差异的影响而存在期限利差和信用利差的差异，但基本趋势还是受宏观经济与货币政策环境的影响。

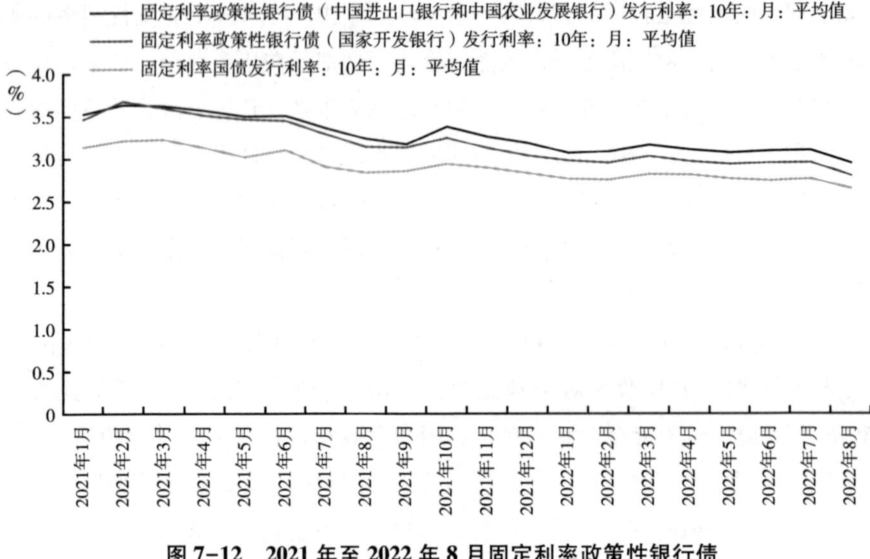

图 7-12　2021 年至 2022 年 8 月固定利率政策性银行债发行利率和固定利率国债发行利率

资料来源：Wind，第一创业证券计算整理。

受宽松货币政策的影响，自 2021 年以来，非金融企业债的发行利率呈现振荡走低的基本态势。其中，企业债的发行利率最高，其次是公司债和中期票据，短期融资券的发行利率最低。2021 年 1 月，企业债、中期票据、公司债和短期融资券的发行票面利率分别为 4.41%、4.25%、4.20%和 3.04%；到 2022 年 9 月，它们分别下降到 3.96%、3.13%、3.09%和 2.15%（见图 7-13）。首先，中期票据和公司债的发行票面利率下降差不多，分别大幅下降了 112BP 和 111BP；其次是短期融资券，下降了 89BP；最后是企业债，只下降了 45BP。企业债的发行票面利率高且下降幅度小，在于企业债平均发行期限较其他品种长，而违约率较其他品种低；相反，短期融资券的发行期限均在 1 年以内，极少违约，故发行票面利率最低，而 2021 年至 2022 年 9 月 30 日利率债收益率曲线的运行特征是平坦化下行，因而短期融资券的发行票面利率的下降幅度最小。

相对企业债而言，公司债和短期融资券的绝对发行成本更低，原因为以下三点。一是受发行便利程度的影响。中期票据在注册后两年内可分期发行，而公募的公司债在 1 年内完成首次发行，其余可在 2 年内多次发行；企业债发行的窗口期较短，在市场变化较快特别是信用债违约现象逐年增加的大背景下，企业债发行相对困难。二是受流动性的影响。中期票据在银行间市场的流动性要远高于企业债，而公司债主要在交易所市场发行，是交易所市场的主推产品，虽然流动性远不及短期融资券和中期票据，但由于银行参与交易所市场的限制被放开，因而交易所市场的流动性得到了极大的改善。三是与发行期限有关。对债券发行利率而言，一般来说，期限越短，发行利率越低，而期限越长，发行利率越高，公司债和中期票据的平均发行期限要短于企业债。

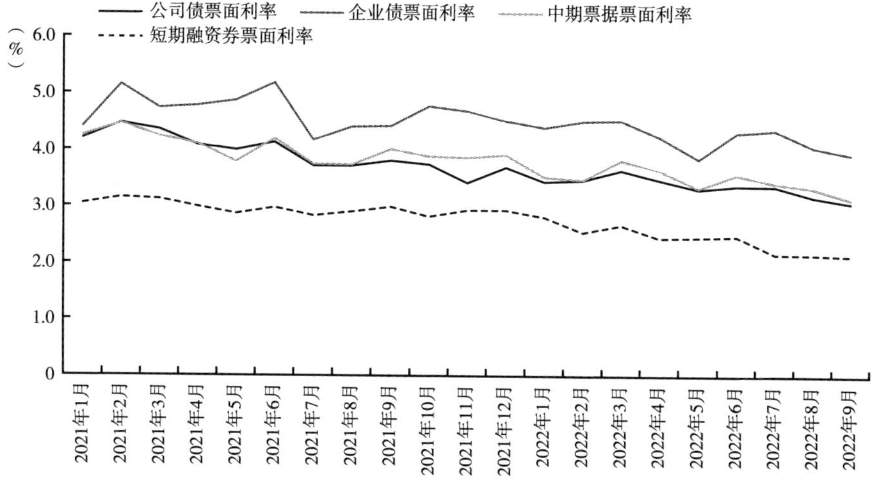

图 7-13　2021 年至 2022 年 9 月非金融企业债的票面利率

注：各品种的月度发行票面利率为该月内发行该品种全部债券票面利率的加权平均值，以实际发行总额为权重。

资料来源：Wind，第一创业证券计算整理。

从非金融企业债的发行期限安排（以各品种发行总额占比计算）看，按平均发行期限从短到长排列：短期融资券均在 1 年以内，平均发行期限最短；其次是中期票据，1~3 年的占比为 68.4%，3~5 年的占比为 29.16%；接着是定向工具，1~3 年的占比为 60.1%，3~5 年的占比为 33.13%；然后是公司债，1~3 年的占比为 42.02%，3~5 年的占比为 44.25%；最后是企业债，5~10 年的占比为 69.01%（见表 7-3）。可见，在我国，非金融企业发行人要根据自己的实际情况来选择合适的发行品种。而从总体上看，目前，我国非金融企业债市场已发展得较为成熟，各个期限的债券发行构成比例较为合理，这为债券市场的期限结构曲线提供了支持。

表 7-3 2021 年至 2022 年 9 月非金融企业债发行期限结构（以各品种发行总额占比计算）

单位：%

发行期限	1 年以内	1~3 年	3~5 年	5~10 年	10 年以上
短期融资券	100	0	0	0	0
中期票据	0	68.40	29.16	2.40	0.03
企业债	0	8.96	20.50	69.01	1.53
公司债	8.21	42.02	44.25	5.21	0.31
定向工具	5.98	60.10	33.13	0.54	0.25

资料来源：Wind，第一创业证券计算整理。

从非金融企业债的发行期限（按发行金额占比的评级类别统计）看，10 年以上的 AAA 级占比最高，为 75.63%；而 3~5 年和 5~10 年的占比次之，均在 40%左右；最后是 1~3 年，占比为 18.11%；而在无评级的非金融企业中，发行期限越是短期的占比越高，1 年以内的占比最高，达 99.68%，1~3 年的占比为 64.36%（见表 7-4）。虽然在发行环节信用评级的强制要求都被取消，但发行期限越长的企业越有动力进行信用评级，以降低发行成本，因而进行评级的发行企业债的企业的比例最高，短期融资券的发行期限最短，因而无评级的企业的占比最高，但这并不意味着发行企业债的企业的质量要高于发行其他类型非金融企业债的企业，这一点从企业债发行利率高于其他类型非金融企业债就可以看出，由于受发行期限、发行便利程度以及市场流动性等因素的影响，企业债平均发行票面利率仍高于相同期限的公司债。

表 7-4 2021 年至 2022 年 9 月非金融企业债发行期限结构（按发行金额占比的评级类别统计）

单位：%

评级	金额比重	1 年以内	1~3 年	3~5 年	5~10 年	10 年以上
AAA 级	22.63	0.00	18.11	41.89	37.22	75.63
AA+级	6.88	0.00	4.11	9.35	16.43	9.08
AA-级	0.00	0.00	0.00	0.00	0.01	0.00
AA 级	1.35	0.00	0.57	2.22	2.91	1.32
A-1 级	1.49	0.32	12.84	0.00	0.00	0.00
无评级	67.66	99.68	64.36	46.54	43.43	13.97

资料来源：Wind，第一创业证券计算整理。

第八章
债券交易及存量特征

王增武　唐嘉伟*

- 2022年，中国债券市场现券交易规模及其相较于GDP的深化程度延续了2001年以来的增长趋势，截至2022年6月，现券交易规模占GDP的比例已上升到242.51%，创历年来新高。结构上，银行间债券市场在回购及现券交易上继续占据主导地位，但随着债券市场体系的完善及交易所债券市场与银行间债券市场互联机制的打通，交易所债券市场的债券交易占比延续了近两年的不断提升趋势，2022年1~9月，交易所债券市场现券交易规模占总成交量的10.82%，达到2003年以来的最高。从债券品种来看，信用债的成交量仍然远小于利率债，其中利率债成交量中金融债的占比最高，国债次之。在非双边流通的信用债产品中，在交易所债券市场较活跃的品种是可转债，而银行间债券市场主要为中期票据和短期融资券。
- 截至2022年9月底，债券市场托管总量约为140.26万亿元，较2021年底上升7.61%，其中占比较高的三个种类分别为地方政府债（24.62%）、金融债（23.53%）以及国债（17.55%）。
- 银行间债券市场杠杆率整体低于交易所债券市场，两者目前的杠杆率延续窄幅震荡趋势，银行间债券市场杠杆率基本维持在105%~108%，交易所债券市场杠杆率基本维持在112.5%~115.5%，由不同月份的波动可见，在降息后，机构有明显的加杠杆行为。
- 整体呈现短期限（2年以内）债券占比降低以及长期限（7年以上）

* 王增武，博士，中国社会科学院金融研究所副研究员，国家金融与发展实验室财富管理研究中心主任；唐嘉伟，国家金融与发展实验室财富管理研究中心特聘研究员。

债券占比提高的态势。

- 受美联储加息以及中美利差倒挂影响，外资机构近一年在债券市场出现流出的情况，以中债登托管数据为例，2022 年 1 月，境外机构在中债登的托管债面值为 3.73 万亿元，创历史新高，此后逐步减少，截至 2022 年 9 月，托管债面值为 3.17 万亿元，相较于 1 月减少 15.05%。
- 商业银行主要增持地方政府债、国债、政策性银行债、商业银行债以及资产支持证券；证券公司主要增持地方政府债、国债、政策性银行债及资产支持证券；境外机构主要增持政策性银行债及记账式国债。

一　债券市场发展及结构分布

（一）债券交易的规模与结构

1. 现券交易规模相较于 GDP 的深化程度不断上升

随着债券市场基础设施与制度建设的稳步推进，债券市场容量不断增长，目前，我国债券市场体量已高居全球第二。债券交易量也随之稳步增长，2001~2022 年，债券现券交易规模总体呈现稳步上升趋势，其相较于 GDP 的深化程度（以现券交易量与 GDP 之比衡量）也不断提升。2001 年，全市场的现券交易规模仅为 5278 亿元，但到 2021 年，现券交易规模已达到 229.19 万亿元，截至 2022 年 6 月底，现券交易规模已有 136.44 万亿元。随着现券交易规模的增长，其占 GDP 的比例也不断上升。2001 年，现券交易规模占 GDP 的比例仅为 4.8%，但到 2022 年 6 月，它占 GDP 的比例已上升到 242.51%，创历年来新高（见图 8-1）。

2. 交易所现券交易规模占比逐步回升

我国当前的债券市场交易规模呈现明显的两极分化特征，银行间市场是目前现券交易的主要场所，交易所则相对边缘化。但从历史发展进程来看，实际上，交易所在 2002 年以前在现券交易规模上占据绝对优势，但从 2003 年之后，银行间市场的现券交易规模占比长期维持在 95%以上。为增加商业银行债券投资业务，拓宽实体经济的融资渠道，2019 年 8 月 2 日，中国证券监督管理委员会、中国人民银行、中国银行保险监督管理委员会发布《关于银行在证券交易所参与债券交易有关问题的通知》，将在交易所债券市场参与现券交易的银行范围扩大至政策性银行和国家开发银行、国有大型商业银行、股份制商业银行、城市商业银行、在华外资银行、在境内上市的其他银行。同时，银行间市场和交易所市场的债券基础设置逐步互联互通。2020 年 7 月 19 日，《中国人民银行　中国证券监督管理委员会公告》（〔2020〕第 7 号）发布，决定同意银行间债券市场与交易所债券市场相关基础设施机构开展互联互通合作。互联互通是指银行间债券市场与交易所债券市场的合格投资者通过两个市场相关基础设施机构连接，买卖两个市场交易流通债券的机制安排。自此，商业银行参与交易所债券市场的壁垒不断打破，交易所现券交易量开始逐步回升。2022 年 1~9 月，交易所债券市场现券交易占比达到 10.82%，达到 2003 年以来的最高（见图 8-2）。

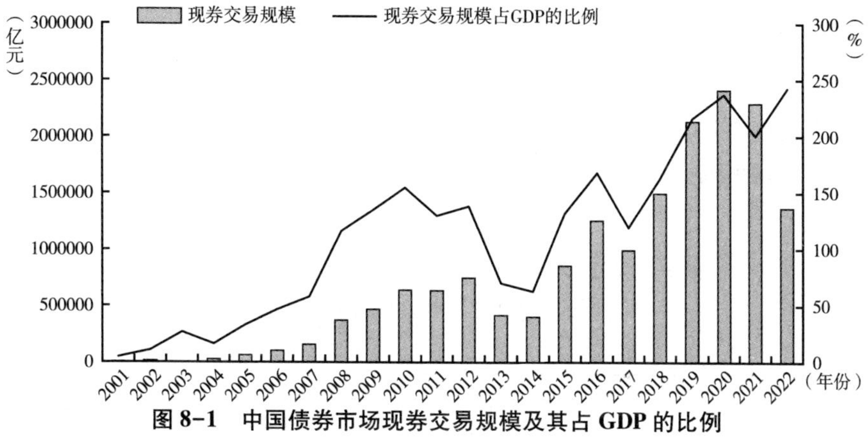

图 8-1　中国债券市场现券交易规模及其占 GDP 的比例

注：2001~2021 年以 12 月 31 日为截止日期，2022 年以 6 月 30 日为截止日期。
资料来源：Wind。

3. 资本市场功能进一步强化

从二级市场整体成交情况来看，目前，债券市场的回购交易量远高于现券交易量和同业拆借量，但从近几年的表现来看，现券交易规模占比逐步上升，显示出债券市场的资本市场功能进一步强化。具体来看，2022 年 1~9 月，现券交易占比达到 22.26%，高于 2021 年 1.86 个百分点（见表 8-1）。此外，交易所的回购交易则依赖交易所质押券制度的优越性而继续维持在相对较高的位置。2022 年 1~9 月，交易所回购交易占比为 42.3%，相较于 2021 年小幅下滑 0.8 个百分点。同业拆借市场方面，目前仅存在于银行间债券市场，主要用于

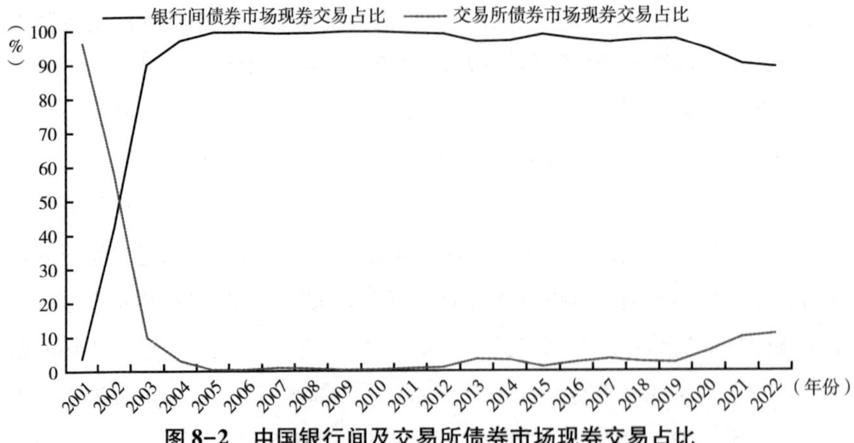

图 8-2　中国银行间及交易所债券市场现券交易占比

注：2001~2021 年以 12 月 31 日为截止日期，2022 年以 9 月 30 日为截止日期。
资料来源：Wind。

除中央银行之外的金融机构之间进行短期资金融通。2022 年 1~9 月，同业拆借市场交易规模约为 68.48 万亿元，同比减少 4.53%。

表 8-1　2021 年与 2022 年 1~9 月银行间和交易所债券市场现券、回购交易及同业拆借情况

单位：亿元，%

交易市场	2021 年							
	现券交易		回购交易		同业拆借		合计	
	总金额	比重	总金额	比重	总金额	比重	总金额	比重
银行间债券市场	2119656.8	92.5	4550975.2	56.9	945495.8	100.0	7616127.7	67.8
上海证券交易所	63687.1	2.8	3081289.2	38.5			3144976.3	28.0
深圳证券交易所	108545.9	4.7	364380.1	4.6			472926.1	4.2
合计	2291889.8	100.0	7996644.5	100.0	945495.8	100.0	11234030.1	100.0
交易市场	2022 年 1~9 月							
	现券交易		回购交易		同业拆借		合计	
	总金额	比重	总金额	比重	总金额	比重	总金额	比重
银行间债券市场	1988740.3	91.2	4002831.1	57.7	684829.7	100.0	6676401.1	68.1
上海证券交易所	67530.2	3.1	2598506.8	37.5			2666037.1	27.2
深圳证券交易所	124591.2	5.7	330517.8	4.8			455109.0	4.6
合计	2180861.7	100.0	6931855.8	100.0	684829.7	100.0	9797547.2	100.0

资料来源：Wind。

（二）债券交易的品种分布

2022 年 1~9 月的债券市场成交数据与 2021 年 1~9 月对比来看，除企业债、项目收益票据及可交换债交易量有所下降外，其余债券品种的交易量都有所增加（见表 8-2）。按债券交易场所来看，交易所债券市场交易量同比增加 59.06%，银行间债券市场交易量同比增加 29.79%。按债券类别来看，金融债、同业存单、国债增加规模较大，分别为 18.6 万亿元、11.82 万亿元及 10.80 万亿元，一改 2021 年的同比下降趋势，其中金融债内部分化较为明显，主要增加贡献项为政策性银行债，其次为商业银行次级债及商业银行债，分别增长 15.13 万亿元、2.69 万亿元及 0.99 万亿元，证券公司短期融资券和保险公司债则录得负增长，分别下降 3369 亿元及 125 亿元；值得关注的是，可转债交易量持续高增长，2022 年 1~9 月的总交易规模约为 17.44 万亿元，同比增加约 6.56 万亿元，增幅约为 60.36%。目前，可转债也是交易所债券市场成交量的重要贡献品种，2022 年 1~9 月，可转债成交量占交易所债券市场总成交量的 90.76%。

表 8-2　银行间和交易所债券市场的债券成交规模统计

单位：亿元

	2022 年 1~9 月					2021 年 1~9 月			
	银行间债券市场	上海证券交易所	深圳证券交易所	合计		银行间债券市场	上海证券交易所	深圳证券交易所	合计
国债	404845	5101	53	409999	国债	298348	3629	3	301979
地方政府债	74139	25	17	74181	地方政府债	57960	19	1	57979
央行票据	0	0	0	0	央行票据	0	0	0	0
同业存单	419729	0	0	419729	同业存单	301529	0	0	301529
金融债	871460	360	2038	873858	金融债	686068	632	1145	687845
企业债	8108	122	107	8336	企业债	9112	103	5	9219
公司债	0	1132	6887	8018	公司债	0	1119	3443	4562
中期票据	94700	0	0	94700	中期票据	79810	0	0	79810
短期融资券	80753	0	0	80753	短期融资券	69442	0	0	69442
项目收益票据	69	0	0	69	项目收益票据	70	0	0	70
定向工具	23335	0	0	23335	定向工具	19935	0	0	19935
国际机构债	130	0	0	130	国际机构债	126	0	0	126

续表

	2022年1~9月					2021年1~9月			
	银行间债券市场	上海证券交易所	深圳证券交易所	合计		银行间债券市场	上海证券交易所	深圳证券交易所	合计
政府支持机构债	3425	1	1	3427	政府支持机构债	3082	3	1	3086
标准化票据	0	0	0	0	标准化票据	0	0	0	0
资产支持证券	8047	0	1061	9109	资产支持证券	6821	0	831	7652
可转债	0	60112	114265	174377	可转债	0	38447	70297	108744
可交换债	0	678	163	841	可交换债	0	837	270	1107
可分离转债存债	0	0	0	0	可分离转债存债	0	0	0	0
总计	1988740	67530	124591	2180862	总计	1532301	44788	75994	1653083

资料来源：Wind。

从全市场角度看，2021年至2022年9月除部分月份受到假期影响外，利率债月度总成交量基本呈现缓步上升的趋势，其中，金融债的占比最高，国债次之（见图8-3）。具体来看，2022年1~9月，利率债合计成交量为1358038.33亿元，同比增长29.63%。2022年1~9月利率债成交规模中，金融债的成交规模最大，合计为873857.85亿元，占利率债成交量的64.35%；其次是国债，合计成交规模为409999.48亿元，占利率债成交量的30.19%。最后是地方政府债，合计成交规模为74181.00亿元，占利率债成交量的5.46%。

相比利率债成交规模，信用债成交规模相对较小，2022年1~9月，信用债合计成交规模为403025.28亿元，同比增长32.53%。从债券类别来看，可转债的成交规模最大，为174376.84万元，占信用债总成交量的43.27%；其次为中期票据、短期融资券，成交规模分别为94700.44亿元、80753.25亿元，占比分别为23.50%及20.04%。定向工具、资产支持证券、企业债、公司债、政府支持机构债、可交换债、国际机构债等品种的成交量相对较小（见图8-4）。从信用债的成交情况来看，在非双边流通的产品中，在交易所债券市场较活跃的品种是可转债，而在银行间债券市场主要为中期票据和短期融资券。

从各类债券年度成交量占比变化来看，自2001年以来，债券产品有了明

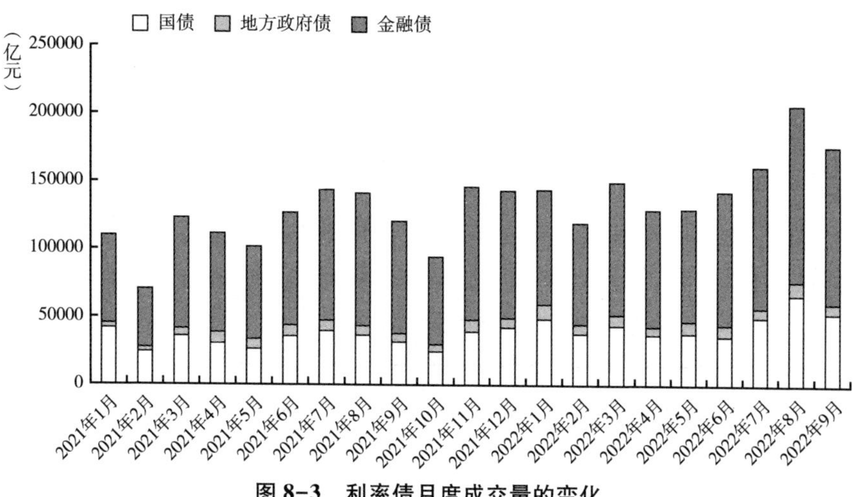

图 8-3　利率债月度成交量的变化

资料来源：Wind。

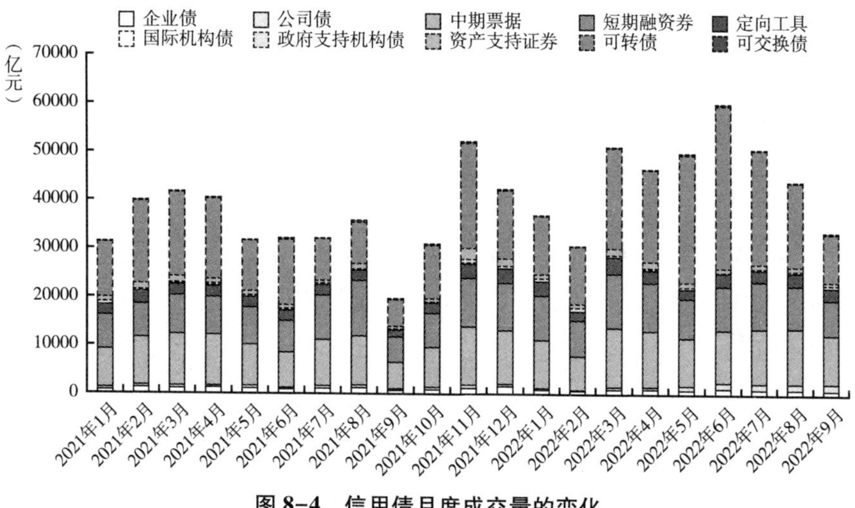

图 8-4　信用债月度成交量的变化

资料来源：Wind。

显的发展，国债交易规模一枝独大的情况不复存在，央行票据、同业存单、金融债等都占据过交易占比首位（见图 8-5）。从 2022 年 1 月 1 日至 2022 年 10 月 31 日的交易占比情况来看，排名前三的分别为金融债（40.38%）、同业存单（19.09%）、国债（18.94%）。

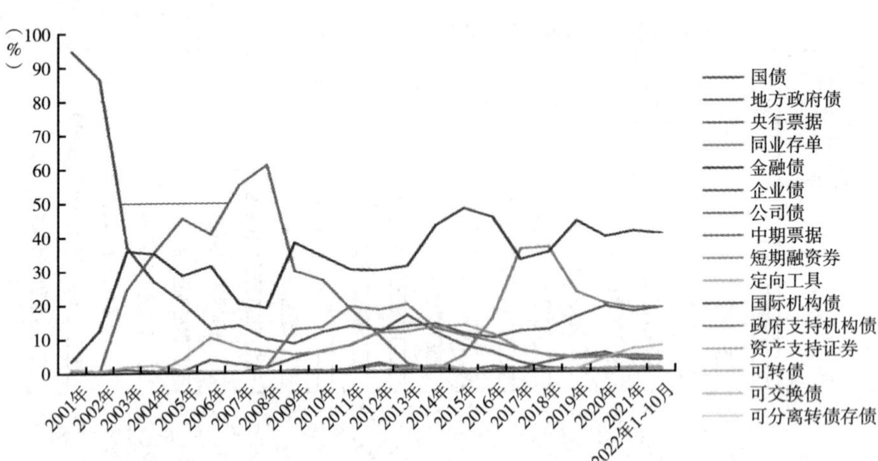

图 8-5 债券成交量占比

资料来源：Wind。

（三）债券存量的规模与结构

截至 2022 年 9 月底，债券市场托管总量约为 140.26 万亿元，较 2021 年底上升 7.61%，其中占比最高的三个种类分别为地方政府债（24.62%）、金融债（23.53%）以及国债（17.55%）（见表 8-3）。从全市场角度看，2022 年 9 月底托管量超 1 万亿元的债券种类有地方政府债、金融债、国债、同业存单、公司债、中期票据、资产支持证券、短期融资券、定向工具、企业债、政府支持机构债 11 种。与 2021 年末相比，增加超过 1 万亿元的托管品种主要为地方政府债（4.23 万亿元）、金融债（2.49 万亿元）、国债（1.60 万亿元），资产支持证券托管量减少 0.64 万亿元，增速为-12.51%。

表 8-3 2021 年及 2022 年 1~9 月债券市场托管品种余额及比重

单位：亿元，%

类别	2021 年		2022 年 1~9 月	
	债券余额	余额比重	债券余额	余额比重
国债	230141.32	17.66	246156.19	17.55
地方政府债	302995.75	23.25	345323.02	24.62

续表

类别	2021年		2022年1~9月	
	债券余额	余额比重	债券余额	余额比重
央行票据	150.00	0.01	150	0.01
同业存单	138978.30	10.66	144447.20	10.3
金融债	305213.36	23.42	330090.36	23.53
企业债	22355.68	1.72	21845.18	1.56
公司债	98153.43	7.53	104623.13	7.46
中期票据	80205.19	6.15	88480.03	6.31
短期融资券	23559.31	1.81	25635.84	1.83
定向工具	22853.00	1.75	22903.09	1.63
国际机构债	420	0.03	430	0.03
政府支持机构债	18595.00	1.43	18225.00	1.3
资产支持证券	51139.40	3.92	44738.82	3.19
可转债	7009.77	0.54	8008.05	0.57
可交换债	1478.29	0.11	1411.36	0.1
项目收益票据	141.1	0.01	126.1	0.01
合计	1303388.90	100	1402593.38	100

资料来源：Wind。

二　债券杠杆率与市场流动性

（一）债券杠杆率

债券市场中采用的杠杆策略是比较常见的投资策略，投资者可以通过具有抵押资质的债券筹借资金，达到提升资本投资回报率的效果。往往当货币市场资金较为宽松、利率较低时，会产生资金套利行为。我们用中国债券信息网公布的各金融机构债券托管余额、质押式回购与买断式回购的待购回债券与待返售债券数据构建各金融机构的债券杠杆率指标，具体可以把债券托管量/（债券托管量-待购回债券余额）作为杠杆倍数的衡量方式。2021年2月前，中国债券信息网每月会公布银行间债券市场的待购回债券余额及银行间债券市场的债券托管量，可以据此粗略地计算杠杆倍数水平。考虑到从2021年2月开始中国债券信息网不再披露债券托管量和待购回债券余额情况，我们进一步通过中国外汇交易中心披露的质押式回购数据进行测算。

从银行间债券市场的情况来看，2020年以来，除2020年上半年杠杆率有较大波动外，杠杆率基本维持在105%~108%，整体市场杠杆率较为稳定（见图8-6）。2022年6月，债券市场的杠杆率为107.89%，达到2022年上半年最高水平。分段来看，3月及5~9月杠杆率均高于107%，机构在降息等宽松货币政策下提升了债券市场的杠杆率，资金利率维持在低位波动也增强了机构加杠杆的动力。

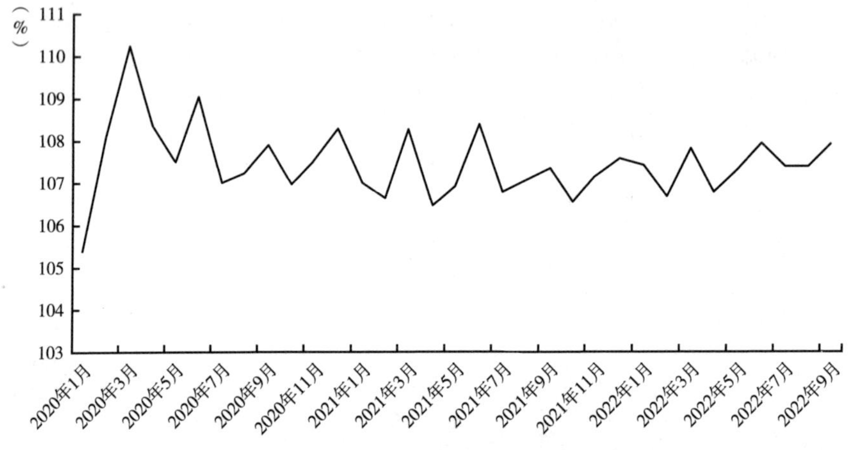

图8-6　银行间债券市场杠杆率变化

资料来源：Wind。

在交易所债券市场，杠杆倍数可以用托管债券总市值/（托管债券面值-未到期回购融资余额）计算，其中托管债券面值可以从中证登每月公布的统计月报中获得，而交易所债券市场未到期回购融资余额则需要手工测算，如GC001未到期回购融资余额仅计算当天的交易额，GC007则需要对前5个交易日中的交易额进行求和，以此类推，可以算出交易所债券市场所有回购品种交易额之和。

从2021年9月以来，交易所债券市场杠杆率基本维持了稳中下降的局面（见图8-7），中枢杠杆率约为114%，从整体杠杆率来看，这高于银行间市场。其中几个较为明显的加杠杆节点如2022年1月后、4月后的行为等均是降息后的主动加杠杆行为，原因在于：一是交易所债券市场的信用债占比较高，而非银行金融机构作为委外机构，在交易所债券市场对信用债的投资的占比要远高于利率债，为取得较高收益，投资杠杆率较高；二是商业银行自用资金主要投资银行间债券市场的利率债，由于资金成本较低，这导致其投资杠杆远低于非银行金融机构。从债券投资角度来看，由于非银行金融机构的资金成本较高，为了获取高额收益而采用信用下沉以及加杠杆的方式，当资金利率维持低位时适合通过加杠杆的方式获取收益。

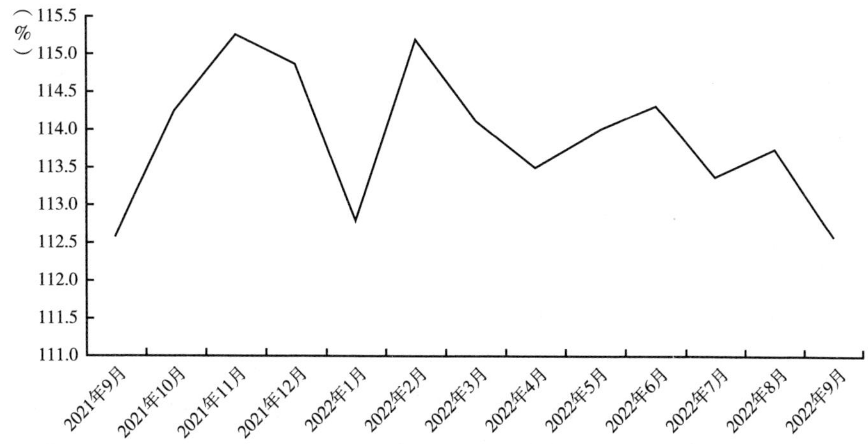

图 8-7　交易所债券市场杠杆率

资料来源：Wind。

（二）债券市场流动性分析

流动性是影响金融市场效率的一个重要因素。理论上，流动性越高，金融市场在资源配置、价格发现方面的功能就越强。流动性取决于市场规模、产品结构、信用状况、市场状况等诸多因素。存量债券的期限结构是影响债市流动性的重要指标之一，不同期限的债券满足了投资者的不同需求，并且影响市场参与者对不同期限品种的投资意愿，从而影响市场流动性水平。这是因为，期限越短，风险相对较小，流动性往往越高。期限越长，风险相对较大，流动性就越低。就债券而言，剩余期限越短，则意味着债券的市场价格越接近于面值与应计利息之和，债券买卖之间的利差就越小，这也符合流动性的基本定义——将一种资产转换为现金而不遭受损失的能力。当然，剩余期限的变化也直接影响债券发行人在未来一段时间的偿债分布情况。剩余期限越短的债券占未清偿债券余额的比重越高，则未来面临的短期偿债压力就越大；剩余期限越长，则短期面临的偿债压力就越小。为了减轻短期偿债压力，债券发行人通常倾向于发行期限较长的债券。但这样的发行期限安排会带来两个问题。首先是发行期限越长，债券利率通常越高。其次是连续地发行较长期限的债券，在过了若干年以后，债券的剩余期会缩短，这同样会导致剩余期限较短的债券的余额上升。因此，对发行期限的安排，并不能从根本上解决剩余期限的分布问题，因而也无法从根本上消除债券的偿还义务。

从存量债券来看，截至2022年9月底，加权期限在1年以内的债券占比为27.07%，占比同比减少1.56个百分点；1~2年的债券占比为12.36%，占比同比减少0.33个百分点；2~3年的债券占比为11.95%，占比同比增加0.71个百分点；3~5年的债券占比为15.17%，占比同比减少1.25个百分点；5~7年债券的占比为13.62%，占比同比增加0.75个百分点；7~10年的债券占比为9.63%，占比同比增加0.26个百分点；10年以上的债券占比为10.19%，占比同比增加1.41个百分点（见图8-8、图8-9）。从存量债券期限来看，我们把期限在2年以内的债券界定为短期限债券，把期限在7年以上的债券定义为长期限债券，可以发现，短期限债券占比下降，长期限债券占比提升，这或许是因为2022年整体债市情况较好，长期限债券的发行相对而言更为活跃。

（三）债券市场资金面分析

资金面是债券市场的另一个重要影响因素之一，它往往是对货币政策的反应，也是市场流动性的显现。在资金面较为宽松时，债券市场交投情绪较浓，反之，在资金面较为紧缩时，债券市场交投情绪较淡。债券市场资金面对于短端收益率的影响较大，往往能较大幅度地影响短期限债券的收益率。

从2022年货币投放水平来看，整体维持了较为稳健的水平，9月，支撑资金面的利好因素退坡，宽信用效果逐步显现，资金面出现边际收敛，但总体仍维持合理宽松（见图8-10）。而从全年来看，除部分特殊时点大幅偏离之外，资金利率在降息的大趋势推动下整体维持下行趋势（见图8-11）。

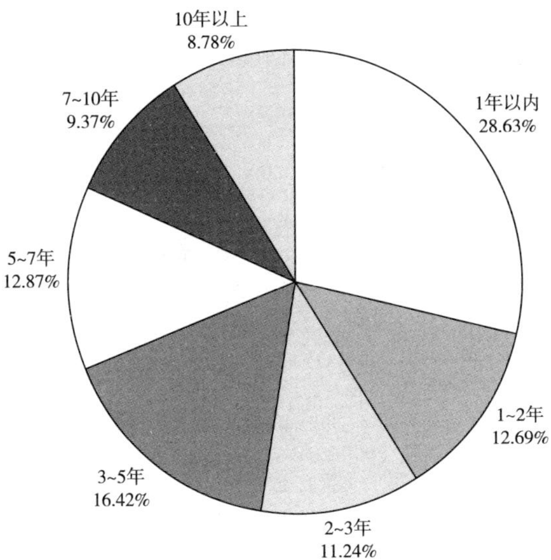

图 8-8　截至 2021 年 9 月底存量债券期限分布

资料来源：Wind。

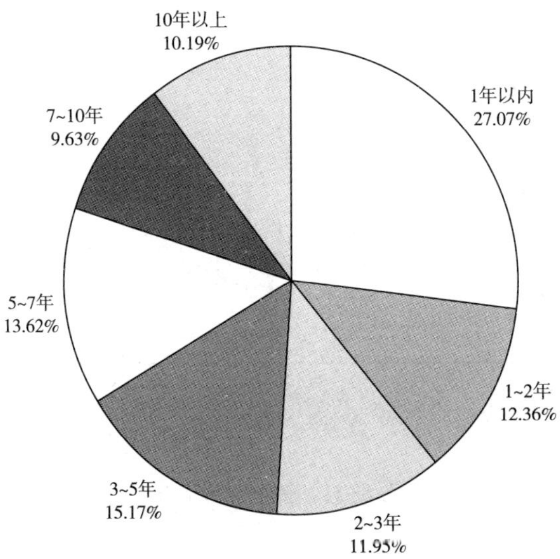

图 8-9　截至 2022 年 9 月底存量债券期限分布

资料来源：Wind。

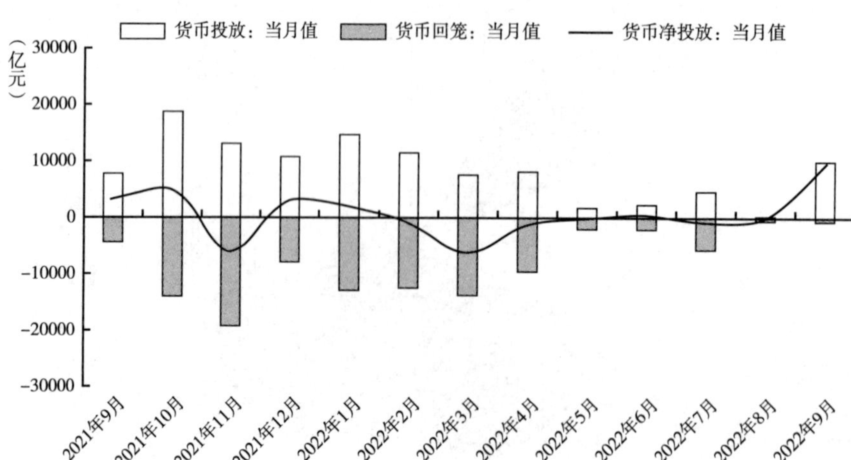

图 8-10　货币投放与货币回笼情况

资料来源：Wind。

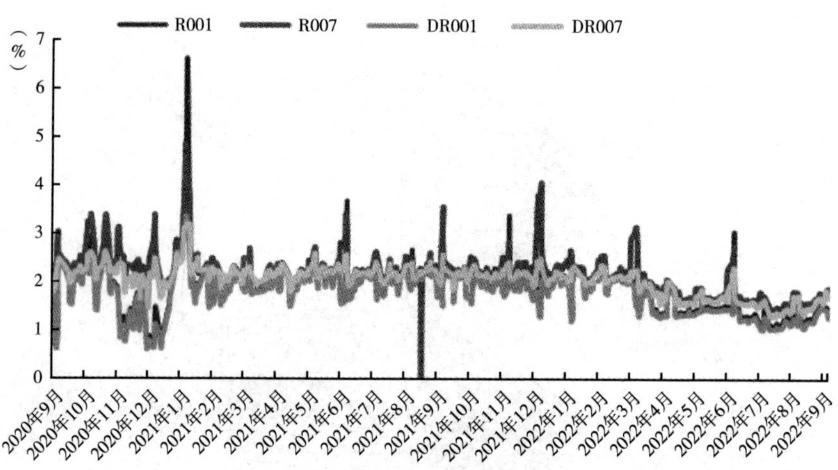

图 8-11　资金利率情况

资料来源：Wind。

三　投资者数量分布和持仓结构

（一）投资者数量分布

目前，我国债券市场按投资场所分为银行间债券市场、柜台市场和交易所市场三大类，其中银行间债券市场和柜台市场为场外市场，交易所市场为场内市场。债券市场的投资者除特殊结算会员外，可分为银行类、非银行金融机构类、非金融机构类、个人类和境外机构五大类。随着非银行债券投资者增加，2022 年以来，我国债券市场的投资者结构呈现进一步优化的趋势。

从中债登统计的持仓量结构看，截至 2022 年 9 月，银行间债券市场持仓量占比由高到低分别为商业银行（63.21%）、非法人产品（18.70%）、其他（4.19%）、保险机构（3.43%）、境外机构（3.34%）、证券公司（1.80%）及信用社（1.13%）（见表 8-4）。从增速来看，全市场同比增速为 8.90%，其中银行间债券市场为 9.03%，柜台市场为-8.84%，其他市场为 9.85%。从银行间债券市场来看，增速最高的为信用社（16.81%），其次是证券公司（13.71%）。值得关注的是，本次境外机构较上年末减少 13.99%，这或与人民币兑美元汇率下降有关，但随着中国债券市场的不断开放，未来，在汇率稳定后，境外机构依然会在市场中继续扮演重要的角色。

表 8-4　中债登投资者截至 2022 年 9 月的持仓量结构

单位：亿元，%

机构类型	2022 年 9 月		
	托管面额	占比	较上年末增长率
一、银行间债券市场	909716.29	95.80	9.03
1. 商业银行	600227.85	63.21	10.22
2. 信用社	10769.75	1.13	16.81
3. 保险机构	32571.62	3.43	9.71
4. 证券公司	17057.90	1.80	13.71
5. 非法人产品	177614.89	18.70	11.17
6. 境外机构	31715.59	3.34	-13.90
7. 其他	39758.70	4.19	1.21

续表

机构类型	2022年9月		
	托管面额	占比	较上年末增长率
二、柜台市场	7306.81	0.77	-8.84
三、其他市场	32600.31	3.43	9.85
合计	949623.41	100.00	8.90

资料来源：根据中国债券信息网有关数据整理。

（二）商业银行持仓结构分析

商业银行长期以来都是债券市场的主要参与者，主要包括全国性商业银行、外资银行、城商行、农商行、农村合作银行、村镇银行及其他。

从持仓结构看，截至2022年9月，商业银行本年度主要增持地方政府债（33651.32亿元）、国债（8556.01亿元）、政策性银行债（7707.08亿元）、商业银行债（1239.74亿元）以及资产支持证券（267.09亿元），减持了少量企业债（112.10亿元）（见表8-5）。总体来看，2022年商业银行配置策略与2021年基本相同。

表8-5　商业银行在中债登托管债券月增加量

单位：亿元

日期	国债	地方政府债	政策性银行债	商业银行债	企业债	资产支持证券
2021年1月	-1037.75	4555.65	815.78	166.63	-24.64	361.87
2021年2月	693.44	331.56	-450.96	-45.12	27.70	144.23
2021年3月	1068.30	678.91	1808.52	1262.94	7.94	814.84
2021年4月	-1047.41	4566.54	-679.80	159.51	-59.58	258.50
2021年5月	1274.79	3435.65	677.77	-690.29	-34.24	335.17
2021年6月	1338.75	2244.91	906.12	102.90	-12.14	111.88
2021年7月	-1474.00	2933.76	-170.20	-214.99	-3.09	16.35
2021年8月	3164.84	3984.60	316.37	-124.33	-4.36	247.80
2021年9月	3427.92	3457.71	893.22	355.78	94.27	363.50
2021年10月	728.04	3926.54	678.65	-116.30	-20.50	25.64
2021年11月	898.86	3610.83	257.92	-213.11	2.21	550.71
2021年12月	3277.40	3684.34	-820.70	-499.57	-46.31	508.21
2021年合计	12313.18	37411.01	4232.69	144.05	-72.74	3738.69

续表

日期	国债	地方政府债	政策性银行债	商业银行债	企业债	资产支持证券
2022 年 1 月	-1037.75	4077.99	-415.35	-134.55	-13.73	-45.62
2022 年 2 月	693.44	3988.55	1805.99	1191.12	-29.10	-27.84
2022 年 3 月	565.80	5410.81	2776.35	1005.35	-7.37	368.77
2022 年 4 月	-179.69	1518.37	-806.60	164.20	-96.14	105.27
2022 年 5 月	1058.02	6423.01	556.97	-418.55	-7.12	-176.35
2022 年 6 月	1876.99	12223.67	2201.40	1026.95	50.70	121.70
2022 年 7 月	1539.80	454.18	-1147.64	-1050.88	-25.32	-189.04
2022 年 8 月	2908.23	809.80	-14.62	-92.09	-3.79	125.81
2022 年 9 月	1131.17	-1255.06	2750.58	-451.81	19.77	-15.61
2022 年 1~9 月合计	8556.01	33651.32	7707.08	1239.74	-112.10	267.09

资料来源：根据中国债券信息网有关数据整理。

商业银行在中债登的主要券种的月度新增托管量走势如图 8-12 所示，其中最为明显的是商业银行在 6 月大幅增持地方政府债，这对应地方政府债一级发行规模的大幅增长。国务院于 2022 年 5 月 24 日发布的《扎实稳住经济的一揽子政策措施》要求 6 月底前尽快发行完毕 2022 年下达的 3.45 万亿元专项债，有鉴于此，6 月，地方政府债发行规模创单月新高，商业银行也在此次发行中积极认购。

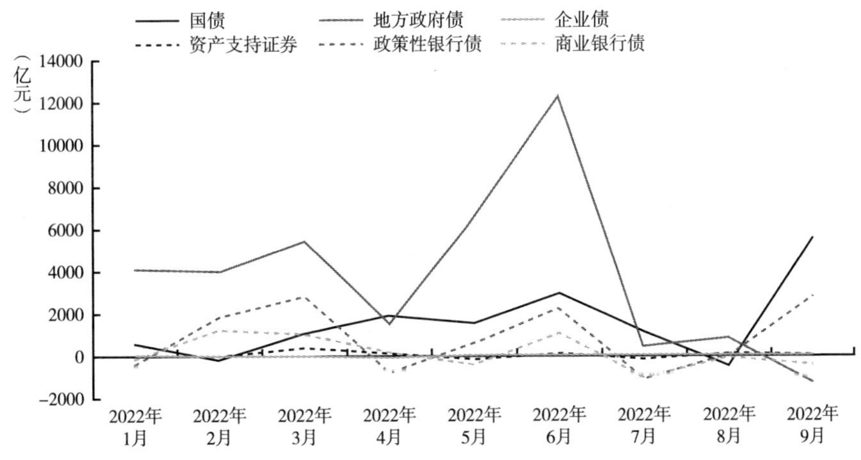

图 8-12　商业银行在中债登的主要券种的月度新增托管量走势

资料来源：Wind。

（三）广义基金持仓结构分析

截至 2022 年第三季度末，中国公募基金公司共有 140 家，资产净值接近 27. 10 万亿元，同比增长 3. 2 万亿元。在投资范畴上，可分为股票型基金、混合型基金、债券型基金、货币市场基金、另类投资基金等，其中货币市场基金净值为 10. 57 万亿元，占比高达 39. 02%，债券型基金和混合型基金净值占比分别为 29. 56%和 20. 61%（如图 8-13 所示）。各类基金均可把一部分资金投入债券中，截至 2022 年第三季度末，投资债券的净值占广义基金净值的比例达 76. 42%。

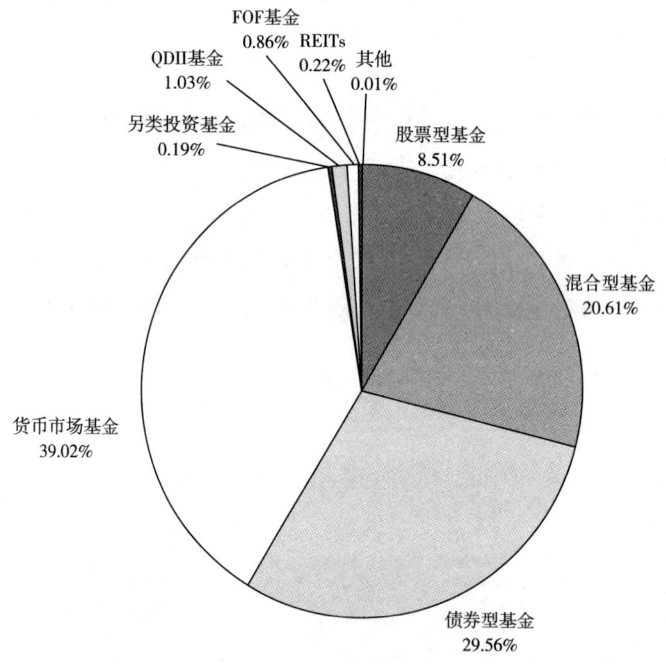

图 8-13　公募基金公司基金净值占比

资料来源：Wind。

（四）证券公司持仓结构分析

证券公司在中债登托管债券月增加量见表 8-6。

表 8-6　证券公司在中债登托管债券月增加量

单位：亿元

日期	国债	地方政府债	政策性银行债	商业银行债	企业债	资产支持证券
2021 年 1 月	-296.04	200.42	134.46	-188.69	-0.35	-28.51
2021 年 2 月	-329.27	-31.22	-63.21	-257.31	15.86	-5.18
2021 年 3 月	230.37	156.26	-1685.34	-231.61	24.75	13.16
2021 年 4 月	104.85	276.84	19.03	57.07	-16.20	7.15
2021 年 5 月	383.75	447.99	-4.46	-19.90	18.79	13.74
2021 年 6 月	207.88	-8.23	205.54	-74.70	17.50	82.54
2021 年 7 月	-24.51	443.99	-37.77	-27.04	-10.69	9.66
2021 年 8 月	751.61	323.49	71.72	6.99	44.08	16.80
2021 年 9 月	31.93	-54.48	205.19	64.04	22.23	34.97
2021 年 10 月	-98.59	103.39	-169.97	149.00	-30.79	-22.94
2021 年 11 月	607.74	239.40	145.41	300.19	-8.84	61.69
2021 年 12 月	456.61	-125.00	-269.30	21.22	18.79	33.70
2021 年合计	2026.33	1972.85	-1448.69	-200.74	95.13	216.79
2022 年 1 月	-325.90	336.47	-65.95	232.52	-1.52	4.18
2022 年 2 月	-774.69	-26.17	-46.23	79.65	6.65	-4.24
2022 年 3 月	1021.86	-72.92	654.85	280.22	62.47	70.82
2022 年 4 月	-432.78	43.03	-497.84	-204.76	-7.33	11.36
2022 年 5 月	428.07	501.55	182.63	-6.05	-23.53	12.10
2022 年 6 月	278.46	46.00	83.37	-71.43	-6.23	7.43
2022 年 7 月	-154.39	44.03	-139.52	-201.27	-24.02	-46.36
2022 年 8 月	503.44	325.89	73.05	-168.18	-21.38	50.49
2022 年 9 月	387.16	-108.23	-123.92	-55.52	-12.74	5.62
2022 年 1~9 月合计	931.23	1089.65	120.44	-114.81	-27.62	111.39

资料来源：根据中国债券信息网有关数据整理。

证券公司持有债券以自营资金及资管项目为主，由于资金收益率要求不同，因而债券持有策略较为灵活多变。证券公司为债券市场加杠杆的主要投资者之一，因而对于流动性变动的反应更加灵敏。

在2022年1~9月累计主要增持了地方政府债（1089.65亿元）、国债（931.23亿元）、政策性银行债（120.44亿元）、资产支持证券（111.39亿元），减持商业银行债（-114.81亿元）及企业债（-27.62亿元）。与2021年相比，2022年，证券公司的增减持幅度相对较低，主要增持了地方政府债和国债。从证券公司的单月增减持幅度来看，除2022年3月明显增持国债外，其他月份增减持力度的变动幅度不大（见图8-14）。

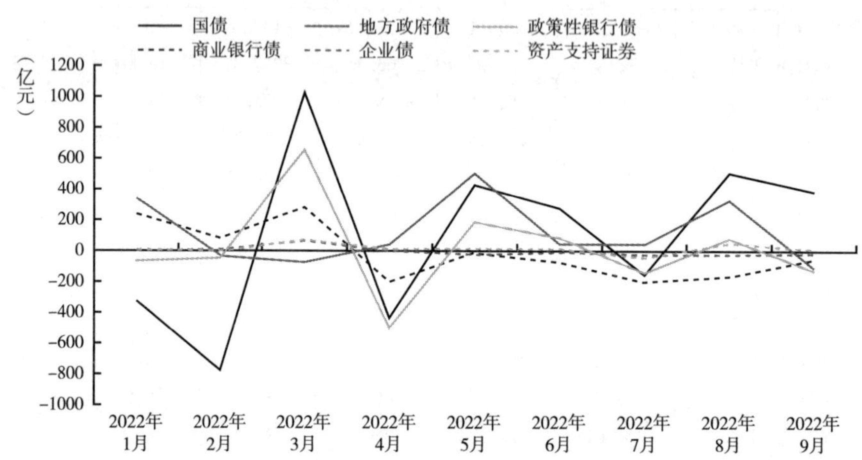

图8-14 证券公司在中债登的主要券种的月度新增托管量走势

资料来源：Wind。

（五）境外机构持仓结构分析

2022年，受美联储加息影响，人民币兑美元贬值，外资机构近一年在债券市场出现流出，以中债登托管数据为例，2022年1月，境外机构在中债登的托管债面值为3.73万亿元，创历史新高，此后逐步减少，截至2022年9月，托管债面值为3.17万亿元，相较于1月减少15.05%（见图8-15）。

在持有债券种类的结构方面，以中债登托管数据分析，目前，境外机构主要持有的券种为记账式国债，占比为72.75%；其次为政策性银行债，占比为24.86%。但是从2022年9月底较2021年末境外机构的增减幅度变动情况来

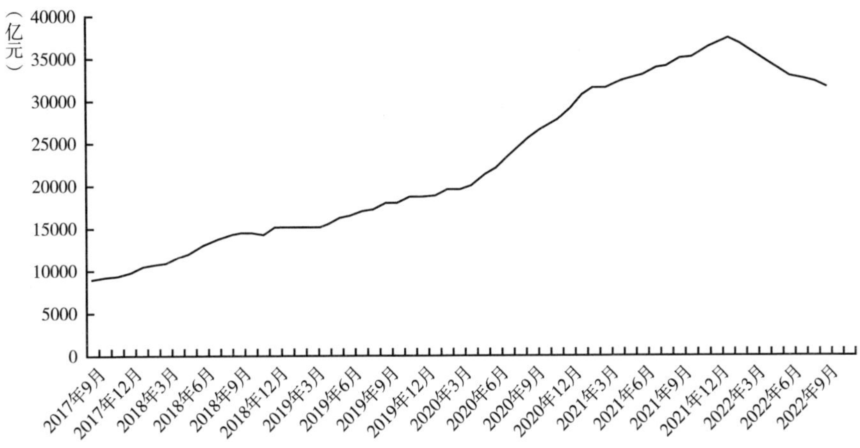

图 8-15　境外机构在中债登的托管债面值

资料来源：Wind。

看，政策性银行债是其主要减持对象，2022 年 9 月底的持仓规模相较于 2021 年末下降 3024.48 亿元（见图 8-16）。

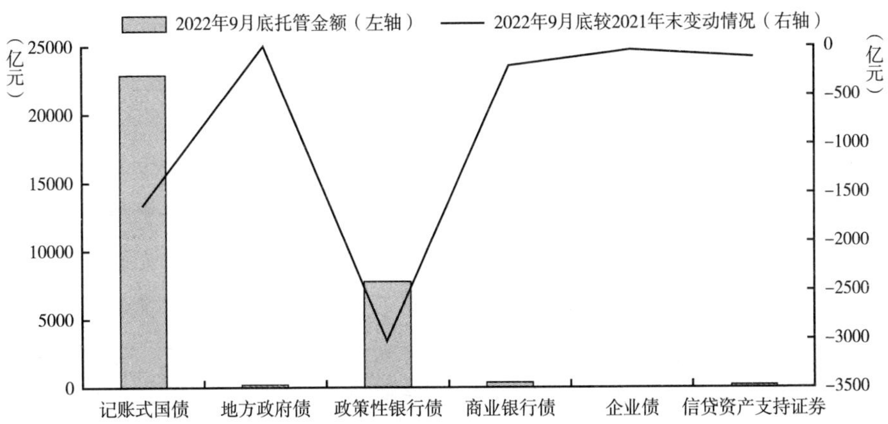

图 8-16　境外机构在中债登的托管金额

资料来源：Wind。

第九章
资管与债券市场

王增武　唐嘉伟*

- 近年来，随着我国GDP的增长与居民收入水平的提升，我国资产管理市场也快速发展。预计截至2022年9月末，各金融机构资管产品规模为152.79万亿元，相较于2021年底提升3.97%，继续保持小幅增长趋势。而资管产品规模相较于GDP的深化程度则从2016年最高的153.47%逐步下降到130%以下。尤其是2018年资管新规实施后，以信托计划、券商资管为代表的通道业务迅速收缩，调结构成为资管市场的主旋律。
- 从各机构资管产品2022年的规模表现来看，除证券公司外，其余机构基本上均实现了正增长（较2021年底）。
- 中债登显示，银行间债券市场中商业银行持仓规模最大，其后为保险机构及证券公司，三者均主要持有国债、地方政府债及政策性银行债。上清所显示，存款类金融机构持仓规模最大，其后为证券公司及保险类金融机构。存款类金融机构主要持有同业存单、中期票据及金融债；证券公司主要持有中期票据及同业存单；保险类金融机构主要持有中期票据及金融债。上交所显示，商业银行持仓规模最大，其后为保险机构及证券公司资产管理计划。中小企业私募债、公司债及企业资产支持证券是资产管理公司主要配置的产品。深交所显示，基金持仓规模最大，其后为券商集合理财、保险机构及信托机构（商业银行未算在内）。公司债、非公开发行公司债及企业资产支持证券是资产管理公司主要配置的产品。

---

* 王增武，博士，中国社会科学院金融研究所副研究员，国家金融与发展实验室财富管理研究中心主任；唐嘉伟，国家金融与发展实验室财富管理研究中心特聘研究员。

一 资管市场概览

随着我国 GDP 的增长与居民收入水平的提升，我国资产管理市场也快速发展。从市场供给来看，目前，我国各类财富管理机构主要包括商业银行（银行理财子公司）、保险公司、基金公司、证券公司、信托公司、期货公司等。通过汇总各金融机构资管产品各年度规模可见，资管市场于 2018 年资管新规实施后进行结构性调整，规模增速与相对于 GDP 的深化程度有所下降。具体来看，截至 2022 年 9 月末，各金融机构资管产品规模为 152.79 万亿元，相较于 2021 年末提升 3.97%，继续保持小幅增长趋势。而资管产品规模相较于 GDP 的深化程度则从 2016 年最高的 153.47%逐步下降到 130%以下。尤其是 2018 年资管新规实施后，以信托计划、券商资管为代表的通道业务迅速收缩，2022 年 9 月券商资管规模估算合计为 7.96 万亿元，相较于 2021 年末下降 3.28%（见表 9-1），调结构成为资管市场的主旋律。

表 9-1 各金融机构资管产品规模

单元：万亿元，%

时间	商业银行	信托计划	券商资管	公募基金	基金专户	期货资管	私募基金	企业资产证券化	保险运用	汇总	GDP	深度
2007 年	0.9	0.71	0.08	2.23					2.67	6.59	26.58	24.79
2008 年	1.4	1.2	0.09	2.57					3.05	8.31	31.4	26.46
2009 年	1.7	1.98	0.14	2.45					3.74	10.01	34.09	29.36
2010 年	2.8	3.04	0.18	2.42					4.6	13.04	40.15	32.48
2011 年	4.6	4.81	0.28	2.19					5.52	17.4	47.31	36.78
2012 年	7.1	7.47	1.89	2.87					6.85	26.18	51.94	50.40
2013 年	10.2	10.91	5.2	3					8.28	37.59	56.88	66.09
2014 年	15	13.98	7.95	4.54		0.01	2.13		9.3	52.91	63.65	83.13
2015 年	23.5	16.3	11.89	8.4	12.73	0.1	5.07		11.18	89.17	66.67	133.75
2016 年	29.05	20.22	17.58	9.16	16.89	0.29	7.89		13.12	114.2	74.41	153.47
2017 年	29.54	26.25	17.37	11.14	14.38	0.24	10.32		14.92	124.16	82.71	150.11
2018 年	31.66	22.7	16.12	12.64	11.61	0.19	12.79	1.33	18.33	127.37	88.04	144.67
2019 年	35.38	21.6	10.83	14.77	10.94	0.14	14.08	1.65	18.53	127.92	99.09	129.09

续表

时间	商业银行	信托计划	券商资管	公募基金	基金专户	期货资管	私募基金	企业资产证券化	保险运用	汇总	GDP	深度
2020年	34.12	20.49	8.55	19.89	11.42	0.22	16.96	2.11	21.68	135.44	101.6	133.31
2021年	35.18	20.55	8.23	25.56	11.34	0.35	20.27	2.25	23.22	146.95	114.37	128.49
2022年9月	36.39	20.91	7.96	27.8	11.51	0.41	21.16	2.12	24.53	152.79	120	127.33

注：①其中商业银行理财规模数据为中国理财网数据与中国人民银行公布的结构性存款之和；②2022年半年度深化程度为估算了2022年GDP的结果；③商业银行、信托计划、券商资管、公募基金、基金专户、期货资管、私募基金、企业资产证券化部分数据仅公布到截至2022年6月底数据，此处根据同比变化情况进行估算得到。

资料来源：课题组整理。

二　各机构参与债券市场分析

（一）商业银行

1. 商业银行理财产品存续数量及规模

商业银行及银行理财子公司是目前资管市场最大的管理机构，考虑到商业银行及银行理财子公司主要通过银行理财产品参与债券市场，因此此处统计数据与表9-1略有不同，主要参考中国理财网公布的银行理财数据。如图9-1所示，自2018年开始，受资管新规影响，银行理财产品存续只数逐渐下降，存续规模继续增长。截至2022年6月底，理财产品共存续3.56万只，同比下降10.33%，存续规模为29.15万亿元，同比增长12.98%，单只产品规模显著提升。其中，净值型理财产品为27.72万亿元，占银行总理财产品规模的95.09%。

2. 商业银行理财产品类型结构

从银行理财产品类型结构来看，主要分为固定收益类、混合类、权益类和商品及金融衍生品类（见图9-2），其中固定收益类主要投向债券市场，混合类中有部分投向债券市场。根据近些年的变化情况来看，银行理财产品增加了债券市场这一投向，截至2022年6月底，固定收益类银行理财产品存续规模为27.35万亿元，同比增长20.22%，占全部理财产品规模的93.83%，占比较

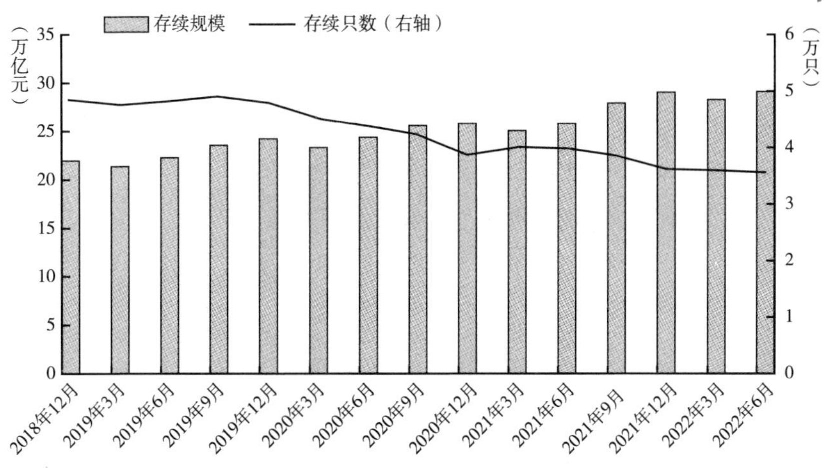

图 9-1　银行理财产品存续情况

资料来源：银行业理财登记托管中心。

上年增加 5.65 个百分点。下降规模较大的是混合类理财产品，截至 2022 年 6 月底，存续规模为 1.72 万亿元，同比下降 41.97%。权益类理财产品规模则小幅下滑，截至 2022 年 6 月底，存续规模为 795 亿元，同比下降 5.69%。

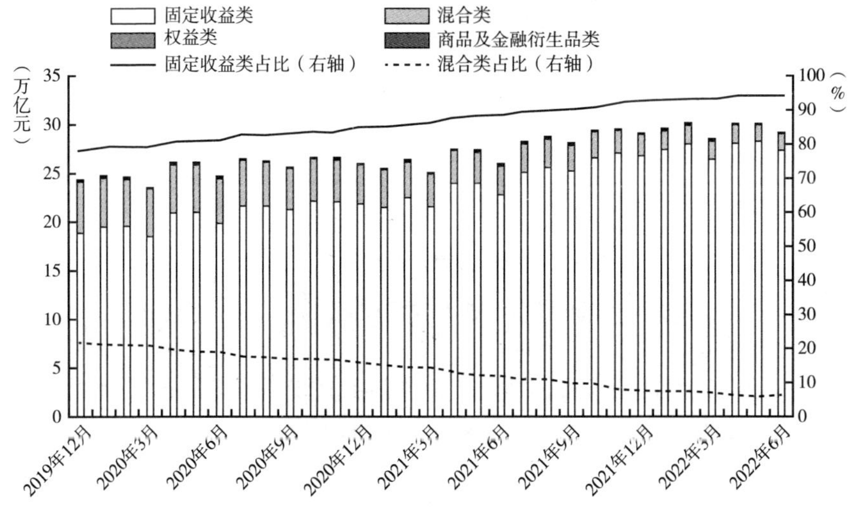

图 9-2　银行理财产品类型结构

资料来源：银行业理财登记托管中心。

3. 商业银行理财产品投向

债券类资产[①]成为商业银行理财产品的重要投资对象。与商业银行理财产品类型结构相一致的是，固定收益类理财产品是最大的投资方向，而其中大部分为债券。截至 2022 年 6 月底，银行理财产品投资合计规模为 31. 81 万亿元，同比增长 10. 99%。其中银行理财产品投向债券的规模最大，为 16. 95 万亿元，占比为 53. 3%；其次为同业存单，规模为 4. 64 万亿元，占比为 14. 6%，两者合计占比为 67. 9%（见图 9-3），较上年同期增加 0. 53 个百分点。可见，理财产品投资组合中投向债券的比重不断上升。

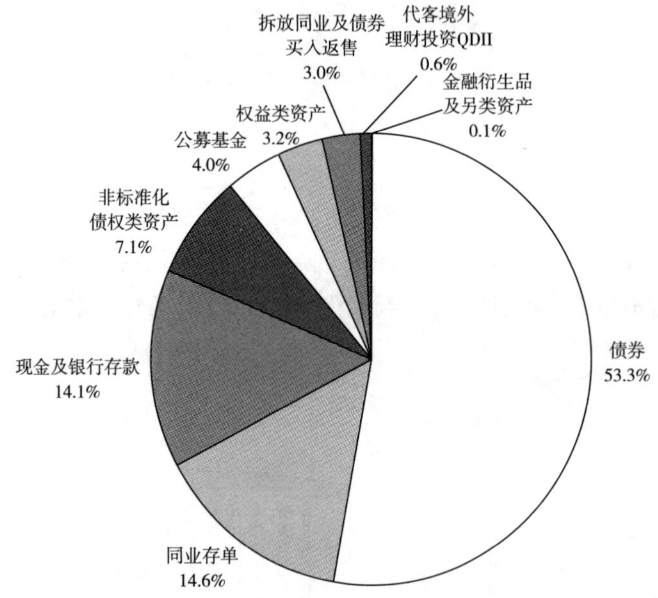

图 9-3　银行理财产品投资对象结构

资料来源：银行业理财登记托管中心。

从债券产品的类型来看，理财产品中持有的利率债[②]的投资余额为 1. 65 万亿元，占总投资的 5. 19%，占比较上年同期下降 0. 95 个百分点；信用债[③]

---

① 债券类资产包含“债券”“同业存单”资产。

② 利率债包含国债、地方政府债、央行票据、政府支持机构债和政策性金融债。

③ 信用债包含商业性金融债、企业债、公司债、企业债务融资工具、资产支持证券、外国债券（不含 QDII 债券）。

的投资余额为 15. 29 万亿元，占总投资的 48. 07%，占比较上年同期下降 2. 63 个百分点。

从评级来看，高评级债券成为理财产品的偏好对象，相较上年同期进一步增配高评级债券。2022 年 6 月，理财产品持有评级为 AA+级及以上的高评级债券的规模达到 13. 01 万亿元，占信用债总投资的 85. 09%（见图 9-4），占比同比增加 1. 54 个百分点。

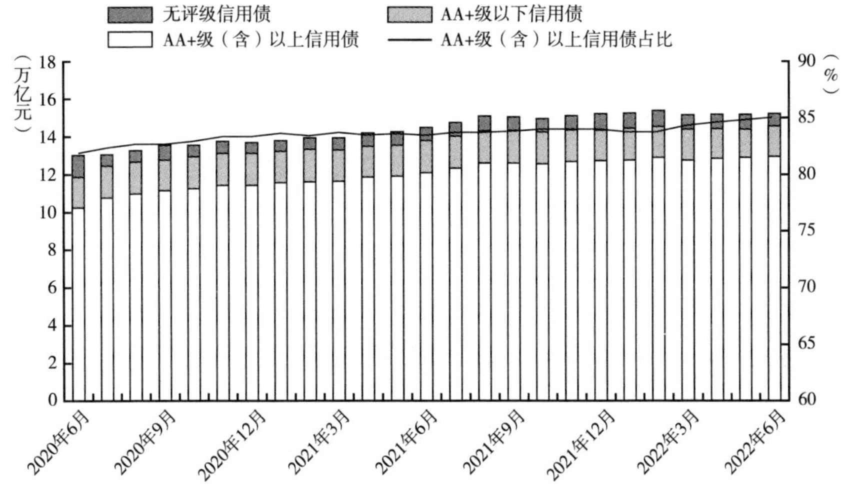

图 9-4　银行理财产品信用债评级情况

资料来源：银行业理财登记托管中心。

4. 商业银行养老理财产品

自 2021 年 9 月银保监会发布对“四地四机构”进行养老理财试点后，养老理财推进得如火如荼。2022 年初，银保监会明确贝莱德建信理财公司参与养老理财产品试点。2022 年 2 月，银保监会发布《中国银保监会办公厅关于扩大养老理财产品试点范围的通知》，将试点区域扩展为“十点十一机构”，并提高原有“四机构”的产品募集资金上限。2022 年 4 月以来，国务院办公厅和银保监会接连发布《国务院办公厅关于推动个人养老金发展的意见》和《中国银保监会关于规范和促进商业养老金融业务发展的通知》，这标志着养老理财正式进入规范发展新时期。截至 2022 年 6 月底，已有 27 只银行养老理财产品，由于养老理财产品久期较长且更强调安全，因此，未来，在资产端，针对长期险的利率债和高评级的信用债是重要增量。

（二）证券公司

1. 证券公司资产管理业务情况

中基协公布的数据显示，证券公司资产管理业务近年来经历了较大的变动，从2018年前依靠“通道业务”的定向资管计划迅速扩张，到2018年资管新规实施后“通道业务”的压降导致资产管理业务缩水严重，再到2021年后业务整改集合计划开始成为证券公司资产管理业务的重要支撑，从总资管规模来看，这是趋于下行的过程，但2022年以来随着集合计划的发力，其出现转向（见图9-5）。具体来看，预计至2022年9月，证券公司资产管理产品合计为18728只，相较上年末增长4.79%，资产管理规模合计为7.94万亿元，相较上年末减少3.49%。按类型分，证券公司资产管理业务主要分为定向资管计划、集合计划和证券公司私募子公司私募基金三类，根据历史情况来看，过去支撑证券公司资产管理业务的主要为定向资管计划类产品，在2018年以前基本保持占总资产规模80%以上的比例。在资管新规发布后，证券公司定向资管计划逐年压减（见图9-6），预计至2022年9月末，定向资管计划规模下降至3.2万亿元，相较历史高位的160637.99亿元下降80%左右，这也带动总资产规模下降，2022年9月末的总资产规模相较于历史高位的187714.18亿元下降了60%左右。2021年以来，总资产规模的下滑速度相较于定向资管计划已趋于平缓，主要原因是集合计划规模开始逐年增长，预计2022年9月末券商集合资管计划合计规模能进一步增长至4.9万亿元左右，同比增长54%左右。集合计划在总资产规模中的占比也已经基本与定向资管计划相当，未来，随着“通道业务”的压降与存续产品的到期，集合计划的份额将进一步提升。

2. 证券公司债券投资情况

考虑到目前证券公司资产管理产品没有统计到具体投向，此处参考中债登、上清所等托管机构显示的证券公司债券业务投资情况，其中会有部分为证券公司自营资金。如表9-2所示，截至2022年9月，合计托管规模为1.68万亿元，相较于2021年底增加2110.28亿元。其中国债占比最高，为41.15%；其次为地方政府债，占比为24.88%；之后依次为政策性银行债（占比为13.19%，下同）、

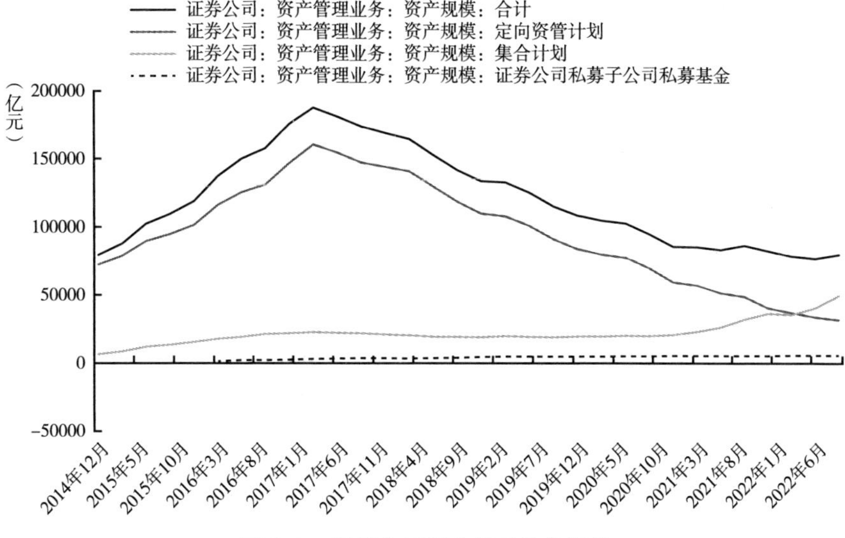

图 9-5 证券公司资产管理业务规模

资料来源：Wind。

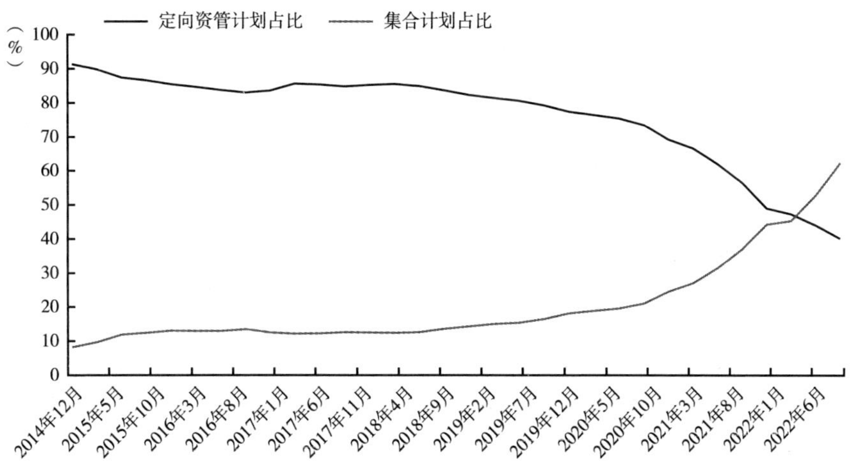

图 9-6 证券公司定向资管计划及集合计划在总资管规模中的占比

资料来源：课题组整理。

企业债（11.32%）、商业银行债（5.74%）、资产支持证券（3.73%）。2022 年 1~9 月，证券公司累计主要增持了地方政府债（1089.65 亿元）、国债（931.23

亿元）、政策性银行债（120.44亿元）、资产支持证券（111.39亿元），减持商业银行债（-114.81亿元）及企业债（-27.62亿元）。

表9-2 证券公司在中债登托管情况

单位：亿元

时间	国债	地方政府债	政策性银行债	商业银行债	企业债	资产支持证券
2021年1月	3610.91	1287.91	1966.70	231.61	1821.15	264.81
2021年2月	3281.64	1256.69	1914.79	257.31	1837.00	259.63
2021年3月	3512.01	1412.95	1913.72	594.64	1861.75	272.79
2021年4月	3616.86	1689.79	1932.75	651.71	1845.55	279.94
2021年5月	4000.61	2137.78	1928.29	631.81	1864.34	293.68
2021年6月	4208.49	2129.55	2133.83	557.11	1881.84	376.22
2021年7月	4183.99	2573.54	2096.07	530.07	1871.16	385.88
2021年8月	4935.60	2897.03	2167.79	537.06	1915.24	402.68
2021年9月	4967.53	2842.55	2372.98	601.10	1937.47	437.66
2021年10月	4868.93	2945.94	2203.01	750.10	1906.67	414.72
2021年11月	5476.67	3185.34	2348.42	1050.29	1897.83	476.41
2021年12月	5933.28	3060.34	2079.12	1071.51	1916.62	510.11
2022年1月	5607.38	3396.81	2013.17	1304.03	1915.10	514.29
2022年2月	4832.70	3370.64	1966.93	1383.68	1921.75	510.05
2022年3月	5854.56	3297.72	2621.79	1663.90	1984.22	580.86
2022年4月	5421.77	3340.76	2123.95	1459.14	1976.90	592.22
2022年5月	5849.84	3842.31	2306.58	1453.09	1953.36	604.32
2022年6月	6128.30	3888.31	2389.95	1381.66	1947.14	611.74
2022年7月	5973.91	3932.34	2250.43	1180.39	1923.12	565.38
2022年8月	6477.35	4258.23	2323.48	1012.21	1901.74	615.88
2022年9月	6864.51	4149.99	2199.56	956.70	1889.00	621.50

资料来源：根据中国债券信息网有关数据整理。

表9-3为证券公司在上清所托管情况，截至2022年9月底，合计托管0.77万亿元，其中，中期票据占比最高，为58.33%；其次为同业存单，占比为20.27%；之后依次为非公开定向债务融资工具（9.16%）、金融债（3.76%）、超短期融资券（3.40%）、其他公司信用类债券（3.38%）、短期融资券（1.65%）、资产支持证券（0.05%）。

表 9-3 证券公司在上清所托管情况

单位：亿元

时间	短期融资券	金融债	超短期融资券	中期票据	同业存单	非公开定向债务融资工具	其他公司信用类债券	资产支持证券
2021 年 1 月	186.94	95.96	266.61	4172.49	1641.93	686.10	236.00	1.90
2021 年 2 月	171.39	110.01	254.98	4172.09	1916.78	643.86	233.17	1.90
2021 年 3 月	166.05	123.83	301.13	4279.78	2647.52	619.13	253.03	0.90
2021 年 4 月	159.12	98.99	317.82	4224.02	2601.36	607.19	241.08	0.90
2021 年 5 月	153.41	90.92	314.44	4202.34	2657.00	608.05	239.34	0.90
2021 年 6 月	148.81	78.88	302.42	4305.47	2331.46	609.56	252.84	0.90
2021 年 7 月	141.03	69.50	309.77	4341.14	2243.63	578.29	239.75	0.90
2021 年 8 月	165.30	63.27	278.22	4401.70	2139.76	630.63	243.56	0.90
2021 年 9 月	160.79	64.95	271.60	4330.74	1789.68	640.73	257.50	18.93
2021 年 10 月	162.79	87.68	283.95	4380.26	1939.91	629.55	187.60	18.93
2021 年 11 月	183.87	79.54	304.57	4401.93	2125.00	653.58	201.32	18.93
2021 年 12 月	171.29	78.41	311.75	4376.83	1965.22	703.74	262.33	18.83
2022 年 1 月	158.27	98.07	305.42	4386.02	1650.39	705.14	251.16	18.83
2022 年 2 月	180.76	117.81	352.59	4457.08	1991.94	720.06	249.62	18.83
2022 年 3 月	174.52	136.95	392.88	4731.48	2320.23	763.27	255.76	9.03
2022 年 4 月	161.31	124.30	348.17	4704.18	1954.63	781.52	288.29	4.03
2022 年 5 月	174.66	102.41	310.11	4689.38	1839.52	748.97	275.39	4.83
2022 年 6 月	179.32	121.83	309.16	4580.97	1784.04	753.79	277.46	4.83
2022 年 7 月	146.17	135.75	282.20	4503.05	1710.30	745.99	272.07	3.93
2022 年 8 月	129.86	311.64	255.84	4499.50	1425.43	710.08	260.46	3.93
2022 年 9 月	127.29	289.85	262.33	4500.65	1564.16	706.58	260.81	3.93

资料来源：根据上清所数据整理。

（三）基金

1. 公募基金公司

截至 2022 年 9 月底，共有公募基金管理人 153 家，合计管理基金规模为 26.59 万亿元，较 2021 年末增长 4%。公募基金按照存续方式可以分为开放式基金和封闭式基金两类，开放式基金是公募基金的主要品种，近几年的规模占比均在 87%以上。而开放式基金按产品投向又可分为股票型、混合型、债券型、货币型、QDII 型五类，截至 2022 年 9 月底，占比最高的为货币型基金（45.86%），其后分别为债券型基金（22.28%）、混合型基金（20.79%）、股

票型基金（9.91%）及 QDII 型基金（1.17%）。总体来看，各类型基金均逐年增长，但近一年表现有所分化（见图 9-7），股票型基金和混合型基金规模较年初有较明显的下降，分别下降 19.93%及 10.52%，债券型基金、QDII 型基金及货币型基金则分别较年初增长 26.67%、14.22%及 12.88%。股票型基金和混合型基金规模下降的原因或与 2022 年权益市场规模下跌有关，而债券型基金规模在货币宽松、债券市场表现较好的背景下有较为明显的增长。

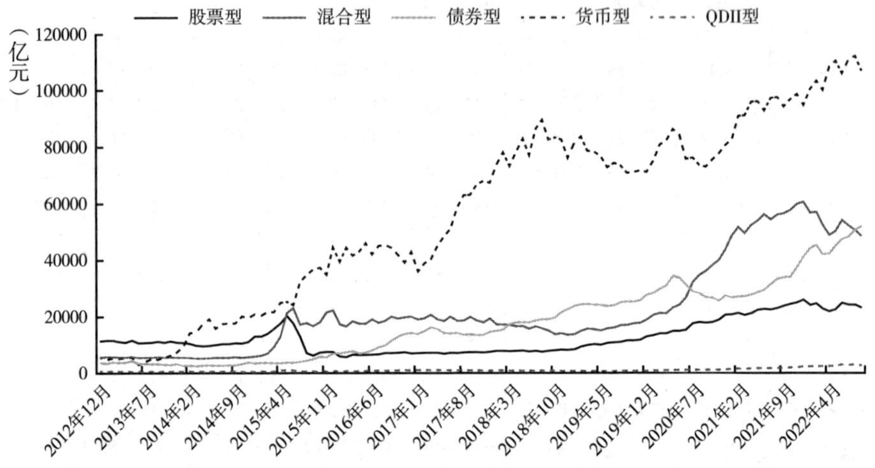

图 9-7　公募基金中开放式基金的各类型产品规模变化

资料来源：Wind。

2. 私募资管产品

按广义上的理解，此处我们讨论的私募资管产品按机构类型分，包含证券公司及其资管子公司、基金管理公司、基金子公司、期货公司及其资管子公司及证券公司私募子公司，截至 2022 年 8 月，各机构的私募资管产品合计规模为 16.06 万亿元，较上年末增长 0.52%（见表 9-4）。从各机构类型的私募资管产品来看，存量最大的是证券公司及其资管子公司，截至 2022 年 8 月为 7.43 万亿元，占比为 46.24%，其次为基金管理公司及基金子公司，规模及占比分别为 5.53 万亿元、34.45%及 2.14 万亿元、13.33%。从变化情况来看，证券公司及其资管子公司的存续规模相较于 2021 年末下降 3.37%，而基金管理公司的存续规模则相较于 2021 年末上升 9.21%。

表 9-4　私募资管产品存续情况

单位：亿元

时间	证券公司及其资管子公司	证券公司私募子公司	基金管理公司	基金子公司	期货公司及其资管子公司	合计
2021 年 8 月	81528. 28	5569. 07	48948. 52	27479. 57	3039. 42	166564. 86
2021 年 9 月	80885. 64	5550. 49	49066. 62	26116. 07	3174. 53	164793. 35
2021 年 10 月	82403. 55	5541. 33	50398. 56	25646. 79	3275. 12	167265. 36
2021 年 11 月	82967. 27	5562. 09	51375. 11	25019. 38	3377. 67	168301. 53
2021 年 12 月	76853. 80	5498. 03	50665. 27	23217. 33	3549. 09	159783. 52
2022 年 1 月	76926. 34	5567. 11	51473. 79	23194. 47	3533. 20	160694. 91
2022 年 2 月	78234. 18	5584. 53	52469. 76	23177. 20	3591. 90	163057. 56
2022 年 3 月	72702. 94	5775. 79	49861. 60	21993. 36	3490. 41	153824. 10
2022 年 4 月	73957. 90	5669. 98	51000. 20	22048. 93	3530. 73	156207. 73
2022 年 5 月	73667. 12	5658. 16	51566. 99	22429. 74	3413. 68	156735. 68
2022 年 6 月	71180. 50	5622. 91	51888. 42	21874. 02	3442. 80	154008. 65
2022 年 7 月	73592. 70	5642. 14	54283. 18	21552. 23	3580. 38	158650. 64
2022 年 8 月	74266. 58	5960. 90	55332. 99	21403. 64	3655. 51	160619. 61

资料来源：中国证券投资基金业协会。

从私募资管产品投向来看，固收类是最重要的产品投向，截至 2022 年 8 月，固收类产品规模合计为 11. 96 万亿元，占总规模的 74. 48%。其次为权益类，规模为 2. 17 万亿元，占比为 13. 53%。混合类规模为 1. 8 万亿元，占比为 11. 21%。商品及金融衍生品类规模相对较小，为 0. 12 万亿元，占比为 0. 77%（见表 9-5）。2022 年，私募资管产品同样继续增配固收类投向，2022 年 8 月较上年末增长 2939. 71 亿元；权益类投向则相对减少 292. 82 亿元，混合类减少 1817. 69 亿元。

表 9-5　私募资管产品投向情况

单位：亿元

时间	权益类	固收类	商品及金融衍生品类	混合类	合计
2021 年 8 月	23777. 23	118640. 15	1122. 89	23024. 59	166564. 86
2021 年 9 月	23400. 09	117758. 47	1112. 40	22522. 39	164793. 35

续表

时间	权益类	固收类	商品及金融衍生品类	混合类	合计
2021 年 10 月	22814.79	120915.49	1117.60	22417.48	167265.36
2021 年 11 月	22602.56	122838.10	1138.61	21722.26	168301.53
2021 年 12 月	22026.56	116695.41	1230.99	19830.56	159783.52
2022 年 1 月	21628.10	118193.46	1168.35	19705.00	160694.91
2022 年 2 月	21825.63	120578.16	1226.21	19427.57	163057.56
2022 年 3 月	21463.42	112716.77	1196.01	18447.90	153824.10
2022 年 4 月	20647.45	116794.83	1172.46	17592.98	156207.73
2022 年 5 月	21262.51	116646.95	1218.42	17607.80	156735.68
2022 年 6 月	22258.00	112676.64	1266.58	17807.43	154008.65
2022 年 7 月	21937.29	117715.41	1275.38	17722.56	158650.64
2022 年 8 月	21733.74	119635.12	1237.89	18012.87	160619.61

注：不含基金管理公司管理的养老金。

资料来源：中国证券投资基金业协会。

（四）信托公司

预计 2022 年 9 月，信托公司合计信托资金余额为 20.83 万亿元，相较于上年末增长 1.36%，为 2018 年资管新规实施以来首个较大幅度的增长。按照投资类型分，信托公司与证券公司有一个相似之处就是过去“通道业务”较多，表现在信托公司上即事务管理类规模较大，在资管新规要求规范调整后的事务管理类规模的快速下滑导致信托总余额下滑。而随着产品的整改以及投资类产品规模的增长，信托资产总余额已经开始止跌。预计 2022 年 9 月，投资类信托资产总余额为 9.61 万亿元，占总规模的 46.14%；事务管理类信托资产总余额为 8.28 万亿元，占总规模的 39.75%；融资类信托资产总余额为 2.94 万亿元，占总规模的 14.11%。目前，投资类信托资产余额已经开始超过事务管理类信托资产余额。信托公司资产余额占比见图 9-8。

信托资产按来源可分为集合资金信托、单一资金信托和管理财产信托三类，主要债券的投资依靠资金信托，预计截至 2022 年 9 月底，资金信托合计规模为 14.93 万亿元，投向证券市场的合计占比为 29.49%，投向证券市场（债券）的占比为 22.67%。值得注意的是，信托资金投向债券市场的占比从

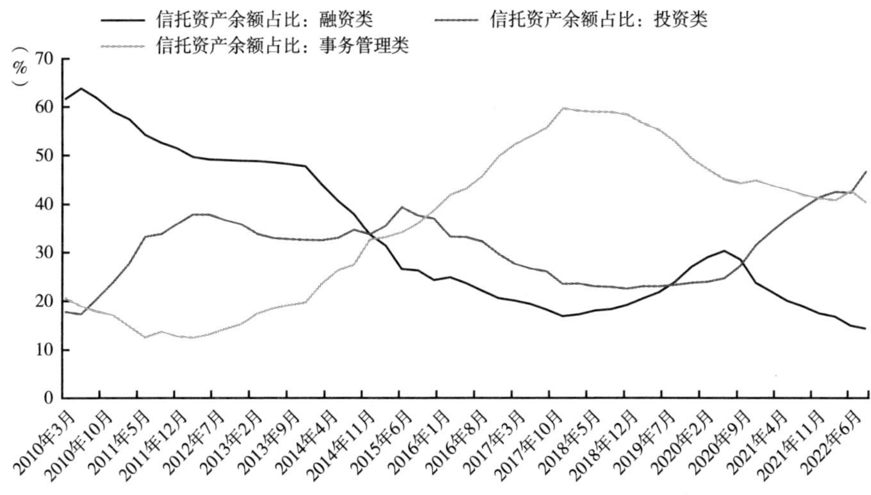

图 9-8　信托公司资产余额占比

资料来源：中国信托业协会。

2021 年以来高速增长，2020 年底该比例为 9. 15%（见图 9-9），2022 年 9 月末预计增长 13. 52 个百分点。这或也与 2021 年开始的债券市场牛市相关。

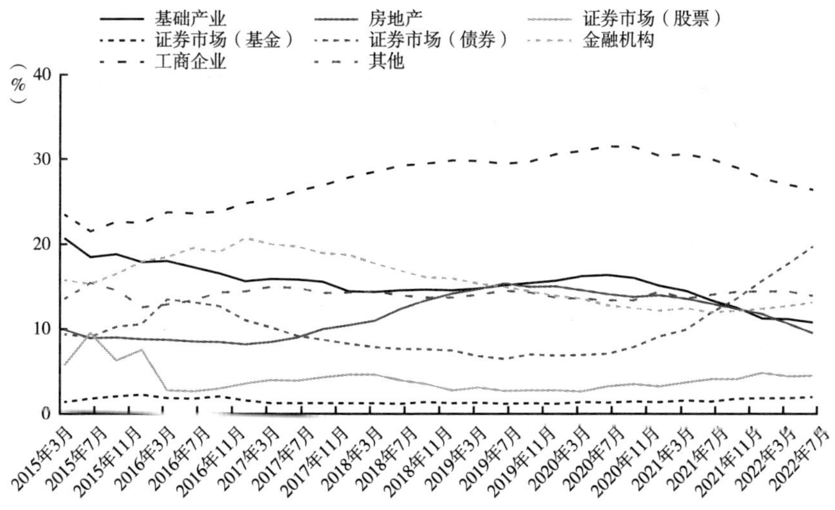

图 9-9　信托公司资金信托余额按投向占比情况

资料来源：中国信托业协会。

（五）保险公司

近年来，保险公司资金运用余额稳步增长，截至 2022 年 9 月，合计总规模为 24.53 万亿元，较上年末增长 5.59%。根据保险公司资金运用情况来看，主要配置方向为银行存款、债券投资及股票和证券投资（有其他配置方向本处未列）（如图 9-10 所示），债券投资占比最高且自 2016 年以来长期保持稳步增长，银行存款与股票和证券投资的占比基本相当。具体来看，2022 年 9 月，债券投资占保险公司资金运用余额的 40.88%，该比例为 2014 年以来的最高值，相较于 2021 年末增长 1.84 个百分点。银行存款与股票和证券投资占保险公司资金运用余额的比例分别为 11.66% 及 12.11%，分别较上年末上涨 0.39 个百分点和下降 0.59 个百分点。

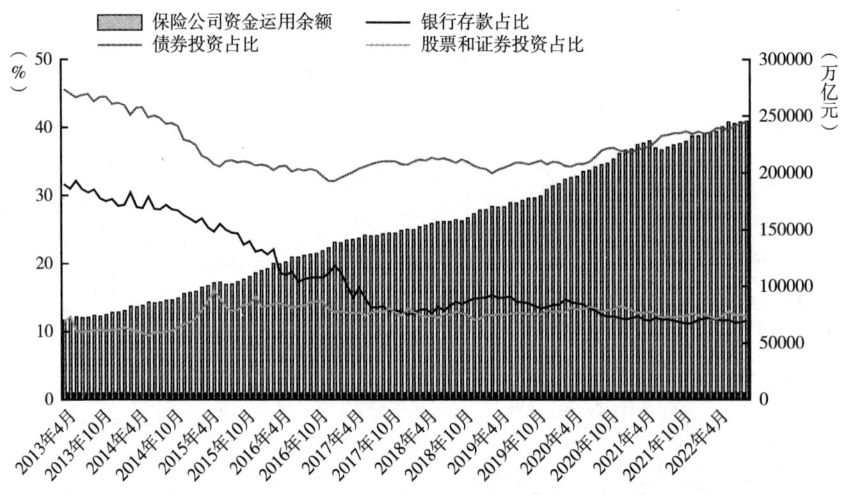

图 9-10　保险公司资金运用余额及其投资方向

资料来源：银保监会。

（六）期货公司

期货公司主动资产管理业务起步时间较晚，实际上在 2015 年监管放开后才逐步产生规模。相较于其他主体来说，目前，期货公司资产规模相对较小，但近期也呈现逐渐增长之势，截至 2022 年 3 月，共有期货公司资产管理产品

1788 只，合计规模为 3490.41 亿元，同比增长 49.80%。其中集合资产管理计划产品的相对增长趋势更为明显（见图 9-11），2022 年 3 月，合计规模为 2746.95 亿元，同比增长 74.04%，这也与资管新规的要求所一致。

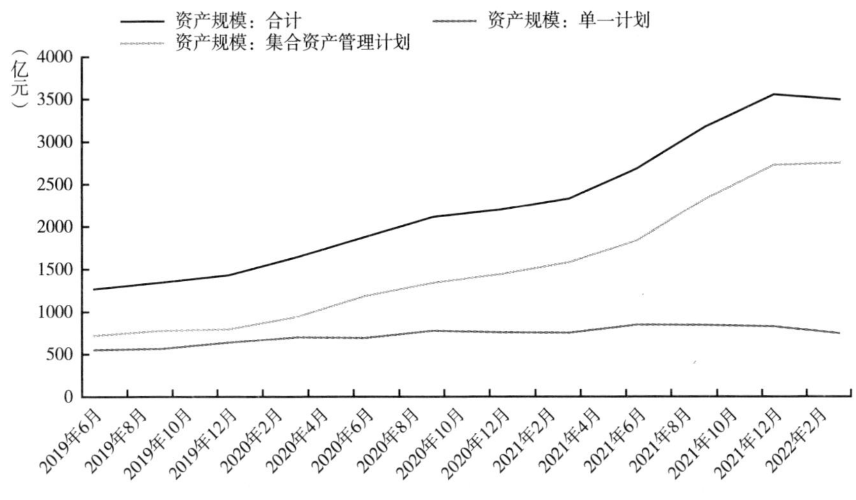

图 9-11　期货公司资产规模

资料来源：Wind。

从期货公司资管产品的分类来看，其主要包括固定收益类、权益类、商品及金融衍生品类、混合类四大类。从截至 2022 年 2 月的数据来看，固定收益类规模为 2004.42 亿元，占比为 55.78%；混合类规模为 1002.46 亿元，占比为 27.90%；商品及金融衍生品类规模为 351.45 亿元，占比为 9.78%；权益类规模为 235.15 亿元，占比为 6.54%（见图 9-12）。从 2020 年 8 月以来各类型产品占比变动来看，期货公司资产管理业务出现明显增配固定收益类产品、降低混合类产品的趋势，权益类和商品及金融衍生品类产品的比例则基本保持稳定。

三　从托管看各机构参与债券市场情况分析

（一）中债登

从中债登 2022 年 9 月托管情况来看，上述各类机构配置情况如下（见表 9-6）。

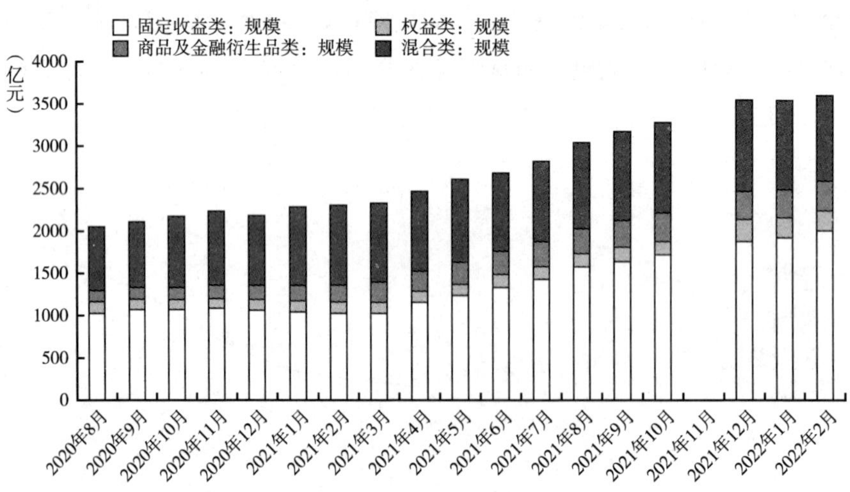

图 9-12　期货公司不同资管产品规模

资料来源：中国期货业协会。

1. 银行间债券市场中商业银行持仓规模最大，其后为保险机构及证券公司。在本章所述的资管机构中，商业银行是中债登债券规模最大的持有机构，截至 2022 年 9 月，商业银行合计持有市值为 58.88 万亿元，占银行间债券市场的 66.47%；保险机构合计持有市值为 3 万亿元，占比为 3.39%；证券公司合计持有市值为 1.67 万亿元，占比为 1.88%。

2. 商业银行主要持有地方政府债、国债及政策性银行债。2022 年 9 月，商业银行持有地方政府债、国债及政策性银行债的规模分别为 28.70 万亿元、14.86 万亿元及 11.23 万亿元，占商业银行总持仓比例分别为 48.74%、25.23%及 19.07%。

3. 保险机构主要持有地方政府债、国债及政策性银行债。2022 年 9 月，保险机构持有地方政府债、国债及政策性银行债的规模分别为 1.26 万亿元、0.63 万亿元及 0.57 万亿元，占保险机构总持仓比例分别为 41.97%、20.82%及 18.95%。

4. 证券公司主要持有国债、地方政府债及政策性银行债。2022 年 9 月，证券公司持有国债、地方政府债及政策性银行债的规模分别为 0.69 万亿元、0.41 万亿元和 0.22 万亿元，占证券公司总持仓比例分别为 41.15%、24.88%及 13.19%。

表 9-6　截至 2022 年 9 月中债登托管情况

单位：亿元

	国债	地方政府债	政策性银行债	商业银行债	企业债	信贷资产支持证券
合计	243197.50	345329.30	209839.52	73699.63	28222.99	24509.20
一、银行间债券市场	227014.80	333508.40	209744.57	73699.63	17461.09	24509.20
1. 商业银行	148584.37	286983.15	112305.58	18711.83	4911.89	17344.82
2. 信用社	2422.87	1646.03	6232.93	237.54	47.97	0.00
3. 保险机构	6261.33	12619.92	5698.72	4768.11	621.86	100.19
4. 证券公司	6864.51	4149.99	2199.56	956.70	1889.00	621.50
5. 非法人产品	18395.91	15242.71	73732.50	47204.32	9846.03	5445.64
6. 境外机构	22893.67	95.80	7824.83	350.75	37.95	262.78
7. 其他	21592.15	12770.80	1750.45	1470.39	106.40	734.28
二、柜台市场	7126.27	85.58	94.95	0.00	0.00	0.00
三、其他市场	9056.42	11735.32	0.00	0.00	10761.90	0.00

资料来源：中债登。

（二）上清所

从上清所 2022 年 9 月托管情况来看，上述各类机构配置情况如下（见表 9-7）。

1. 存款类金融机构持仓规模最大，其后为证券公司及保险类金融机构。在本章所述的资管机构中，存款类金融机构是上清所债券规模最大的持有机构。存款类金融机构合计持有市值为 7.80 万亿元，占比为 24.96%；证券公司合计持有市值为 0.78 万亿元，占比为 2.48%；保险类金融机构合计持有市值为 0.3 万亿元，占比为 1%。

2. 存款类金融机构主要持有同业存单、中期票据及金融债。2022 年 9 月，存款类金融机构持有同业存单、中期票据及金融债的规模分别为 4.25 万亿元、1.41 万亿元及 0.73 万亿元，占存款类金融机构总持仓比例分别为 54.53%、18.10%及 9.38%。

3. 证券公司主要持有中期票据及同业存单。2022 年 9 月，证券公司持有中期票据及同业存单的规模分别为 0.45 万亿元和 0.16 万亿元，占证券公司总持仓比例分别为58%及20.16%。

4. 保险类金融机构主要持有中期票据及金融债。2022年9月，保险类金融机构持有中期票据及金融债的规模分别为0.20万亿元及0.07万亿元，占保险类金融机构总持仓比例分别为68.18%及22.16%。

我们通过对比各机构2022年9月末持仓情况与2021年底持仓情况可以发现，存款类金融机构主要增持金融债、同业存单、超短期融资券和中期票据。证券公司及保险类金融机构主要增持金融债和中期票据。

表9-7　截至2022年9月上清所托管情况

单位：亿元

投资者结构	公司信用类债券					金融债	同业存单	熊猫债	资产支持证券
	超短期融资券	非公开定向债务融资工具	短期融资券	中期票据	其他公司信用类债券				
政策性银行	202	983	133	2991	0	116	7242	14	0
存款类金融机构	5576	4308	892	14121	2631	7316	42537	495	124
国有大型商业银行	1930	286	519	6660	205	4177	11458	327	52
股份制商业银行	2451	842	151	2933	1504	1224	2052	64	53
城市商业银行	887	1950	161	2249	573	1017	4591	13	8
农商行及农合行	277	1122	48	1910	146	743	18902	3	11
村镇银行	0	0	0	0	0	0	126	0	0
信用社	10	76	5	283	1	75	4652	6	0
外资银行	18	18	8	75	203	78	342	83	0
其他存款类金融机构	3	15	0	11	1	2	414	0	0
保险类金融机构	74	0	10	2053	5	667	194	9	0
证券公司	262	707	127	4501	261	290	1564	45	4
基金公司	0	0	1	7	1	3	9	0	0
其他金融机构	42	77	17	514	142	28	3676	4	2
非金融机构法人	7	5	0	24	85	45	0	1	19
非法人类产品	13942	16231	4285	59894	4850	8679	85710	871	202
名义持有人账户（境内）	374	1751	174	3298	434	1157	3129	18	0
境外机构	3	1	7	706	22	147	1151	296	1
其他	0	0	0	0	0	0	0	0	0
合计	20482	24063	5645	88111	8430	18447	145211	1753	352

资料来源：Wind。

（三）上交所

从上交所 2022 年 10 月托管情况来看，上述各类机构配置情况如下（见表 9-8）。

1. 商业银行持仓规模最大，其后为保险机构及证券公司资产管理计划。商业银行是上交所债券规模最大的持有机构。银行理财与自营合计持有市值为 4.76 万亿元，其中银行理财规模为 2.86 万亿元，占比为 17.95%；保险机构合计持有市值为 1.91 万亿元，占比为 12.00%；证券公司资产管理计划合计持有市值为 1.82 万亿元，占比为 11.47%；公募基金合计持有市值为 1.50 万亿元，占比为 9.41%；基金管理公司资产管理计划合计持有市值为 1.36 万亿元，占比为 8.54%；信托机构合计持有市值为 1.07 万亿元，占比为 6.73%；私募基金合计持有市值为 0.39 万亿元，占比为 2.47%。

2. 银行理财主要持有中小企业私募债、公司债及企业资产支持证券。2022 年 10 月，银行理财持有中小企业私募债、公司债及企业资产支持证券的规模分别为 1.51 万亿元、0.96 万亿元及 0.21 万亿元，占银行理财总持仓比例分别为 53.03%、33.57%及 7.46%。

3. 保险机构主要持有公司债、地方政府债、记账式国债及企业债。2022 年 10 月，保险机构持有公司债、地方政府债、记账式国债及企业债的规模分别 0.66 万亿元、0.51 万亿元、0.44 万亿元及 0.20 万亿元，占保险机构总持仓比例分别为 34.50%、26.54%、22.98%及 10.33%。

4. 证券公司资产管理计划主要持有中小企业私募债、公司债、企业资产支持证券及企业债。2022 年 10 月，证券公司资产管理计划持有中小企业私募债、公司债、企业资产支持证券及企业债的规模分别为 0.89 万亿元、0.58 万亿元、0.15 万亿元、0.15 万亿元，占证券公司资产管理计划总持仓比例分别为 48.62%、31.59%、8.36%、7.99%。

5. 公募基金主要持有公司债；私募基金主要持有中小企业私募债、公司债；基金管理公司资产管理计划主要持有公司债及中小企业私募债。具体来看，2022 年 10 月，公募基金持有公司债 0.85 亿元，占公募基金总持仓比例为 56.49%；私募基金持有中小企业私募债 0.15 万亿元、公司债 0.15 万亿元，占私募基金总持仓比例分别为 37.81%和 37.21%；基金管理公司资产管理计划持有公司债0.57万亿元、中小企业私募债0.53万亿元，占基金管理公司资产管理计划总持仓比例分别为41.85%和39.18%。

6. 信托机构主要持有中小企业私募债、公司债和企业资产支持证券。2022年10月，信托机构持有中小企业私募债、公司债和企业资产支持证券的规模分别0.64万亿元、0.25万亿元及0.13万亿元，占信托机构总持仓比例分别为59.75%、23.49%和11.90%。

总结来看，上交所中，中小企业私募债、公司债及企业资产支持证券是资产管理公司主要配置的产品，保险机构的持仓显示其风险偏好较低，主要持有高资质产品。

表9-8　截至2022年10月上交所托管情况

单位：亿元

市场参与者类别	合计持有市值	记账式国债	地方政府债	普通金融债	企业债	中小企业私募债	公司债	非公开公司债	可转换公司债	企业资产支持证券	可交换公司债
公募基金	14966	1386	981	753	808	2	8455	1	1524	867	188
私募基金	3934	77	18	4	299	1488	1464	91	198	244	51
基金管理公司资产管理计划	13579	137	144	22	689	5320	5683	62	236	1234	51
保险机构	19091	4386	5066	58	1972	102	6586	1	299	524	97
社会保障基金	2673	114	46	9	809	61	1413	0	121	101	0
证券公司自营	9607	462	2784	19	834	1743	2824	15	244	481	201
企业年金	12552	257	0	13	1206	2408	6913	26	1015	405	310
信托机构	10700	9	17	1	291	6393	2513	57	39	1273	109
证券公司资产管理计划	18244	266	137	5	1457	8870	5763	35	149	1526	36
自然人投资者	535	28	0	6	11	1	62	0	427	0	2
一般机构投资者	3618	167	93	1	174	655	676	20	1001	767	66
其他专业机构	1102	1	16	0	86	535	390	6	12	52	4
QFII、RQFII	673	222	1	1	29	40	244	15	85	14	23
银行自营	19045	212	1949	85	233	8739	3973	46	15	3789	4
银行理财	28552	833	3	10	695	15141	9585	39	93	2131	22
财务公司	174	3	0	0	1	30	115	0	11	14	0

资料来源：Wind。

（四）深交所

从深交所2022年10月托管情况来看，上述各类机构配置情况如下（见表9-9）（此处因商业银行未单列，故讨论其余资产管理机构）。

1. 基金持仓规模最大，其后为券商集合理财、保险机构及信托机构。除商业银行等未单列的机构外，基金公司是深交所债券规模最大的持有机构，基金及基金专户合计持有市值为0.64万亿元，其中，基金规模为0.39万亿元，占比为13.56%；基金专户规模为0.25万亿元，占比为8.60%；券商集合理财合计持有市值为0.30万亿元，占比为10.26%；保险机构合计持有市值为0.22万亿元，占比为7.44%；信托机构合计持有市值为0.17万亿元，占比为5.72%。

2. 基金主要持有公司债及可转换债，基金专户主要持有公司债及非公开发行公司债。具体来看，2022年10月，基金持有公司债、可转换债的规模分别为0.22万亿元及0.08万亿元，占基金总持仓的比例分别为55.34%及21.36%。基金专户持有公司债、非公开发行公司债的规模分别为0.13万亿元及0.06万亿元，占基金专户总持仓的比例分别为52.46%及22.73%。

3. 券商集合理财主要持有公司债及非公开发行公司债。2022年10月，券商集合理财持有公司债、非公开发行公司债的规模分别为0.14万亿元和0.08万亿元，占券商集合理财的持仓比例分别为45.30%及26.57%。

4. 保险机构主要持有公司债。2022年10月，保险机构持有公司债的规模为0.14万亿元，占其总持仓的比例为62.89%。

5. 信托机构主要持有非公开发行公司债、公司债及企业资产支持证券。2022年10月，信托机构分别持有非公开发行公司债、公司债及企业资产支持证券532亿元、504亿元及463亿元，占信托机构总持仓的比例分别为32.03%、30.34%及27.87%。

总结来看，深交所中，公司债、非公开发行公司债及企业资产支持证券是资产管理公司主要配置的产品。

表 9-9　截至 2022 年 10 月深交所托管情况

单位：亿元

现券交易投资者	持有市值	国债	地方政府债	政策性金融债	政府支持债	企业债	公司债	可转换债	可交换公司债	非公开发行公司债	非公开发行可交换公司债	证券公司次级债	企业资产支持证券	不动产投资信托
一般机构	4031	17	108	15	0	2	1112	250	0	1180	7	17	1111	212
基金	3938	4	61	402	1	54	2179	841	3	0	0	0	173	221
企业年金	2828	4	0	3	0	50	1653	484	3	340	58	95	138	0
保险机构	2159	109	164	1	64	47	1358	136	0	20	9	3	205	42
券商集合理财	2980	0	0	2	1	13	1350	84	0	792	6	101	584	48
信托机构	1661	0	1	0	0	8	504	29	0	532	36	15	463	72
券商自营	1354	10	209	1	3	7	563	102	0	155	93	1	183	26
基金专户	2499	0	2	2	1	36	1311	88	0	568	29	38	388	35
其他专业机构	6363	2	0	1	0	34	2987	238	1	1903	29	252	793	122
自然人投资者	585	0	0	0	0	0	4	580	0	0	0	0	0	0
社保基金	501	2	0	0	25	28	346	70	0	4	0	0	26	0
QFII	64	4	0	0	0	0	4	48	0	2	1	0	2	3
RQFII	76	0	0	0	0	0	5	48	0	7	9	0	7	0
汇总	29039	153	546	427	95	277	13378	2999	7	5504	277	523	4073	782

资料来源：Wind。

第十章
债券二级市场收益率

黄文涛　曾　羽　高庆勇　朱林宁　庞　谦　刘瑞丰　谢一飞*

- 2022 年，我国经济在年初遭受疫情冲击后缓慢恢复。逆周期调节下，稳增长政策发力，宽松的货币政策与积极的财政政策同时进行刺激，但是由于房地产市场持续低迷，叠加城投融资始终受到抑制，我国宽信用幅度非常有限，宏观经济恢复较慢。
- 2022 年前三季度，10 年期国债收益率基本保持区间内窄幅波动态势，主要波动区间为 2.60%～2.85%，整体中枢略有下移。信用债方面，资金下沉，城投债在宽松流动性下迎来大牛市，优质地区城投债信用利差已经压缩至历史低位，而弱资质地区城投债以及部分产业主体利差则居高不下。
- 信用风险方面，民营房企信用风险持续深化，展期已经成为行业常态，这引起广泛关注。展望未来，随着前期刺激政策起效以及我国信用渐行渐起，信用风险或将在 2023 年有所缓释。

* 黄文涛，中信建投证券研究发展部董事、总经理、联席行政负责人、首席经济学家、宏观固收首席；曾羽，中信建投证券研究发展部总监、债券事业首席、固定收益联席首席；高庆勇，中信建投证券研究发展部分析师；朱林宁，中信建投证券研究发展部分析师；庞谦，中信建投证券研究发展部研究助理；刘瑞丰，中信建投证券研究发展部研究助理；谢一飞，中信建投证券研究发展部研究助理。

一　债券市场收益率波动总特征

（一）收益率波动总述：经济复苏仍需稳固，利率整体区间波动

2022 年前三季度，10 年期（10Y①）国债收益率基本保持区间内窄幅波动态势，主要波动区间为 2.60%～2.85%，整体中枢略有下移。货币政策方面，中国人民银行贯彻落实“疫情要防住、经济要稳住、发展要安全”主要思路要求，坚持稳中求进工作总基调，强调加大稳健的货币政策的实施力度，一方面，主动应对稳住经济大盘；另一方面，合理充裕，“不大水漫灌”，兼顾总量和结构、短期和长期、增长和物价、内部和外部等方面均衡。经济发展方面，虽然面临疫情、地缘、加息等复杂多变的全球环境，但在货币财政等经济政策协调配合下，经济呈现逐步复苏态势，但仍须进一步稳固。在上述条件下，作为市场重要中枢利率的 10Y 国债利率，整体保持了区间内波动、中枢小幅下移态势，以相对稳健的利率环境，支持实体经济进一步巩固发展。

（二）以前三季度详细复盘2022年收益率走势

1. 第一季度走势：主动应对靠前发力，收益率先下再回升

2022 年第一季度收益率整体先下探再回升，反映央行主动应对和靠前发力表述，通过降息等操作提供合理充裕的宽货币环境，支持宽信用传导和实体经济发展。

1 月，全月收益率整体下行，春节前下行显著，春节后开始回升。在年底和年初重要会议强调“稳增长”和“各方面政策非收敛”的主基调下，1 月，市场对央行抓紧时间窗口降息存在预期，7 天逆回购、MLF 和 LPR 降息在 1 月 15 日和 20 日如期落地，同时，央行主管领导在降息后的表态较市场预期稍“鸽”，推动收益率在春节前下探 2.69%。由于春节假期期间海外债市利率上行，叠加我国货币宽松利多落地、春节前收益率下行较多，春节后收益率开始反弹。

2 月，全月收益率持续回升，主要是受多重数据和预期支持。第一，月内

① 本章中用 1Y、3Y、5Y、7Y、10Y 表示 1 年期、3 年期、5 年期、7 年期、10 年期；本章中用 6M 表示 6 月。

公布的1月社融数据6.17万亿元超预期，抬升了市场对宽信用发力的预期，带来了利率的第一层回升动力。第二，新冠口服药在国内获批，增加了市场对消费和出行产业链的恢复预期，带来了利率的第二层回升动力。第三，月内公布的美国1月CPI同比上升7.5%，再创新高，增加了市场对海外通胀和美联储紧缩压力的预期，带来了利率的第三层回升动力。第四，俄乌冲突升级，市场存在避险和大宗通胀双重考虑，之后随形势发展，对大宗通胀担忧预期上行，带来了利率的第四层回升动力。第五，临近月末利率震荡走稳。

2022年无风险收益率走势复盘（中国10年期国债到期收益率）见图10-1。

3月，全月利率震荡微下，全国“两会”确定全年经济工作目标。3月5日，“两会”召开，提出2022年发展预期目标，主要有：国内生产总值增长5.5%左右；城镇新增就业1100万人以上，城镇调查失业率全年控制在5.5%以内；居民消费价格涨幅在3%左右；居民收入增长与经济增长基本同步；进出口保稳提质，国际收支基本平衡；粮食产量保持在1.3万亿斤以上等。3月末，全国部分城市陆续出现新冠肺炎疫情散发情况，但月内未对经济和利率造成显著影响。

2. 第二季度走势：“三重压力”叠加海外滞胀，收益率震荡持稳

2022年第二季度收益率整体在区间内震荡走平，反映在我国经济“三重压力”和海外滞胀加息复杂环境下，货币和利率坚持以我为主、稳中求进的主要走势基调。

4月，全月利率弱势反弹，美联储加速紧缩，中美利率倒挂，经济面临“三重压力”，疫情影响阶段性增加。4月的收益率回升部分受外因推动，由于美联储超预期紧缩，月内美债利率全线显著上行，美元指数较快速走强，10年期等部分期限中美国债利率倒挂，全球非美市场国债利率普遍承压。但月内的收益率回升幅度相对有限，由于国内疫情压力和经济“三重压力”阶段性增加，俄乌冲突不确定性上行，市场对利率走势分歧增加，在时间和空间上，回升幅度皆有限。4月29日，中央政治局会议指出，我国经济稳增长、稳就业、稳物价面临新的挑战。

5月，内外短线因素共振，下半月利率超预期下探。5月16日以前，10Y国债收益率继续窄幅震荡，略有下行。但5月16日以后，由于陆续公布的我国4月信贷和出口等经济数据承压、美国4月CPI阶段触顶和美联储紧缩预期边际回撤、美债利率全线回撤和中美10Y国债利差重回零值附近、全球多国报

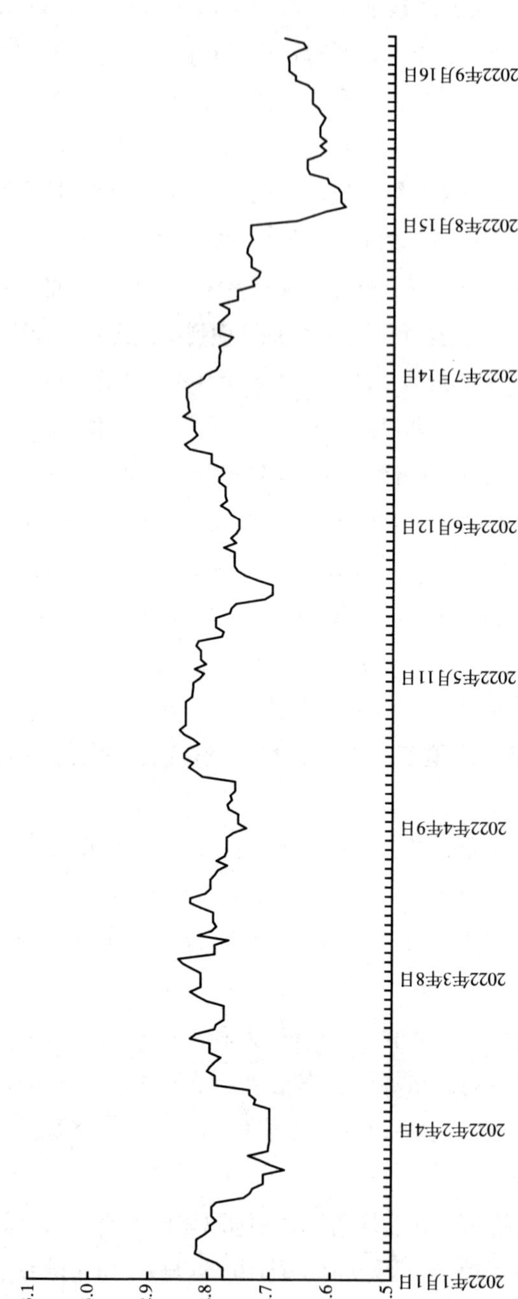

图 10-1　2022 年无风险收益率走势复盘（中国 10 年期国债到期收益率）

资料来源：Wind，中信建投。

告猴痘病例和我国新冠肺炎疫情持续、俄乌冲突继续和全球经济减速担忧等一系列复合因素，我国 10Y 国债利率短线较快速回落至 2.70%附近。5 月末，国务院宣布“六个方面 33 项措施”，进一步部署稳经济一揽子措施工作。

6 月，国内经济信心边际恢复，海外滞胀压力上行，利率在区间内有限回升。月内，国内方面，虽然社融和社零等经济数据仍有承压，但全国和京沪等重点城市疫情检出数量较前期有明显好转，经济数据边际恢复和以“六个方面 33 项措施”为代表的提振计划合力推动整体经济恢复预期边际抬升。海外方面，欧美滞胀风险持续，通胀水平持续处于高位，消费者信心指数持续出现新低，其中，英国 5 月 CPI 同比上涨 9.1%，美国 5 月 CPI 同比上涨 8.6%，欧元区 5 月 CPI 同比上涨 8.1%。同时，全球原油价格上行至 120 美元/桶上方，美联储持续鹰派加息，推动全球无风险利率上行。

3. 第三季度走势：8月降息略超预期，收益率呈“浅 V 字形”波动

2022 年第三季度收益率继续受国内经济“三重压力”、稳经济措施加速推进和海外滞胀形势演进影响，主要以 8 月降息为界，整体先下后上，呈“浅 V 字形”波动。

7 月，经济数据仍有承压，海外衰退预期上行，收益率边际回落。月内公布的我国第二季度 GDP 整体仍有承压，综合同比上升 0.4%，前值上升 4.8%，反映“需求收缩、供给冲击、预期转弱”三重压力继续存在，经济恢复仍不稳固、不充分。央行表示，受疫情和外部冲击等影响，经济面临一定下行压力，货币政策将继续从总量上发力以支持经济复苏，同时，也会强调用好支持中小企业和绿色转型等结构性货币政策工具，我国的通胀前景较为稳定，保持物价稳定和就业最大化是工作重点。海外方面，美国 6 月通胀同比以 9.1%继续上行，美联储 7 月继续鹰派加息 75BP，但原油价格较显著回撤至约 95 美元/桶水平，滞胀格局下的衰退预期有所抬升，10Y 美债利率边际回撤至 2.95%水平。

8 月，央行降息略超预期，收益率相应出现有限幅度下探，其后边际企稳。月内，央行提出下一阶段经济面临的三个主要问题，及货币政策的三个兼顾。三个主要问题：一是全球高通胀，二是发达经济体增长放缓和货币两难，三是发展中经济体面临完美风暴风险。相应地，我国货币政策在坚持稳健、总量、结构的总体思路上，应兼顾短期和长期、兼顾经济增长和物价稳定、兼顾内部均衡和外部均衡，坚持“不大水漫灌”，不超发货币，更有力和更高质量

地支持实体经济。15日，央行缩量降息，略超前期预期，月内各期限债市收益率相应同步下行，但整体幅度有限，其中，10Y国债收益率在降息后一度下探约10BP至2.6%一线，之后边际企稳，在经济政策发力、宽信用接力和海外通胀利率综合预期考虑下，于月末小幅回升至2.65%一线。

9月，经济数据和预期边际回升，收益率边际稳中有升。月内，央行货币政策司发文表示，我国近期利率水平总体处于合理区间，将继续深入推进利率市场化改革，持续释放LPR改革效能，加强存款利率监管等，为经济高质量发展营造良好环境，以实际行动迎接党的二十大胜利召开。同时，前期降息、19条接续等稳增长政策持续传导，经济数据和预期边际回升。海外方面，欧美滞胀矛盾继续，欧洲能源和电力供应继续承压，美国核心通胀压力上行，在美联储继续鹰派加息表态下，美国和英欧等部分主要西方经济体的国债利率继续上行。

二　债券收益率的期限结构与风险溢价

（一）期限结构复盘：利率整体下降，处于相对历史低位

从国债期限结构来看，年初以来，以整体稳中稍降为主，1Y、3Y、5Y、7Y、10Y国债利率分别下行39.94BP、10.97BP、2.91BP、2.99BP、2.54BP，10Y与1Y国债期限利差从53.26BP走阔至90.66BP。从历史分位点来看，1Y和10Y国债收益率分别处于16.00%和5.40%的历史分位点，1Y和10Y国开债的收益率分别处于7.10%和2.70%的历史分位点，已压至较低水平。国债收益率期限结构变动见图10-2。2022年国债收益率点位区间见图10-3。2022年国开债收益率点位区间见图10-4。

（二）风险溢价复盘：欠配行情持续，利差压缩后盘整

复盘2021年以来债券收益率及利差的变化情况发现其呈下行趋势，其中2021年6月、2021年10月、2022年3月、2022年6月出现阶段性反弹（见图10-5），分别对应的经济环境如下。

（1）2021年6月：总量数据表现仍好，同时通胀预期有所升温，估值跟随利率上行。

（2）2021年10月：7月超预期降准后市场对经济环境边际变化进行反应，

同时 9 月时房地产政策探底，地方债要求加速发行，宽信用预期升温。

（3）2022 年 3 月：1~2 月经济数据回暖，海外加息周期、海外通胀等带动估值上行。

（4）2022 年 6 月：5 月 23 日国务院常务会议与 5 月 25 日国务院召开的全国稳住经济大盘电视电话会议提出“六个方面 33 项措施”一揽子政策提振经济，同时 5 月 PMI 回升、疫情态势趋缓，市场预期开始向好。

除去阶段性反弹外，自第一季度开始的欠配行情从 3 月演绎至 8 月初，估值下行、利差大幅压缩，至 8 月初 AAA 级 3Y 中短票利差降至 20BP 以下。当前时点，利差点位已经降至 2020 年以来的历史新低，市场欠配同时开始担忧反弹，从 9 月开始，估值与利差走势以反弹调整为主。

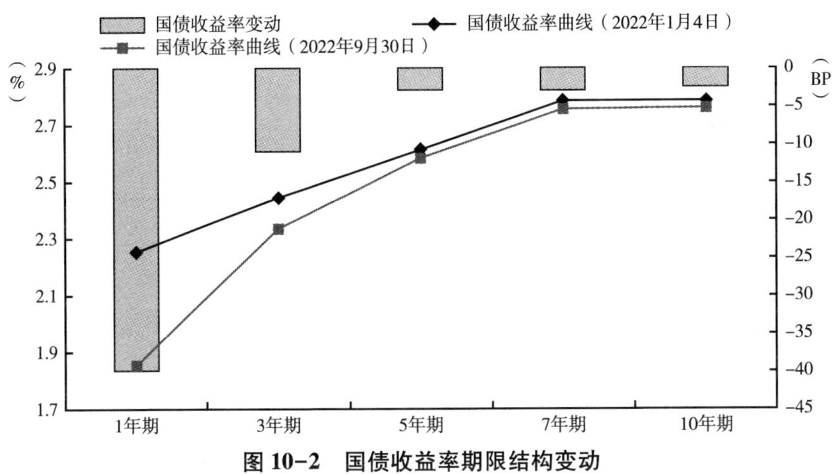

图 10-2　国债收益率期限结构变动

资料来源：Wind，中信建投。

2022 年以来，利差持续压缩，尤其是可以看到低等级短久期债券与高等级长久期债券的利差几乎不相上下，比如 AAA 级 5Y 与 AA 级 1Y 中短票在第三季度基本上维持在 50BP 左右的水平，AAA 级 5Y 与 AA 级 1Y 城投债也在 50BP 左右的水平，而低等级长久期比如 AA 级 5Y 债券的利差在第一季度有所压缩后就维持在一个较为稳定的状态，第三季度并没有继续大幅的下压（见图 10-6、图 10-7）。

从策略方面来探讨，低等级短久期的下沉挖掘在债牛尾声是很常见的操作，因为这个时期高等级债券拉久期的收益几乎压平（比如在第一季度，高

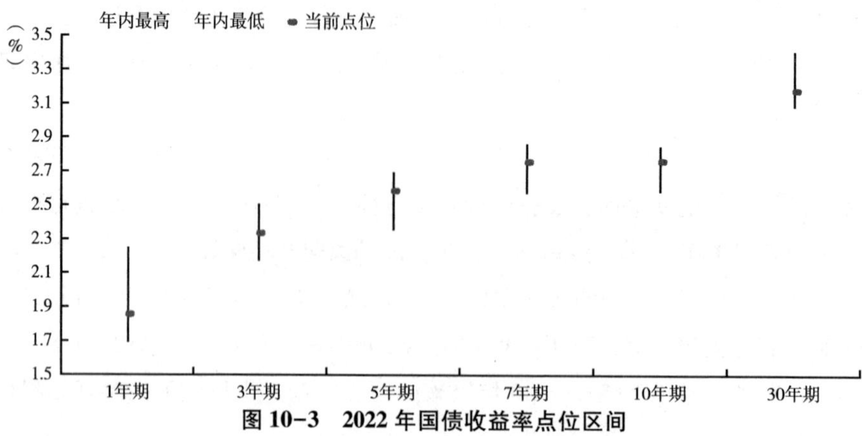

图 10-3　2022 年国债收益率点位区间

资料来源：Wind，中信建投。

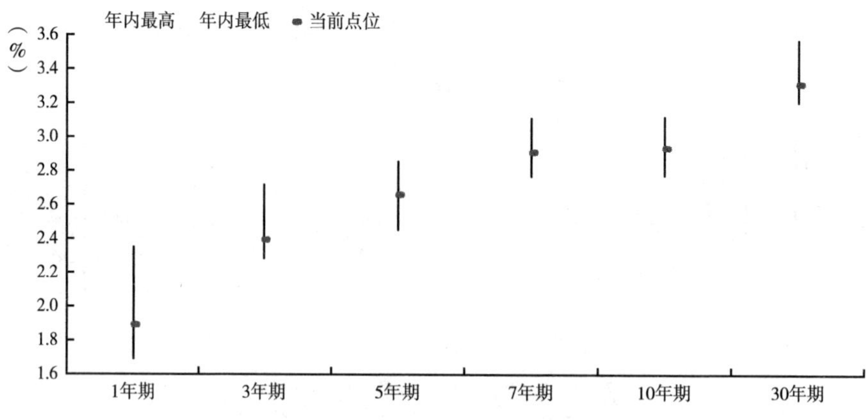

图 10-4　2022 年国开债收益率点位区间

资料来源：Wind，中信建投。

等级 1Y 与 5Y 债券利差其实差别不大），资金有动力下沉挖掘收益，但又担心市场风险带来的波动，所以只在短久期下沉。

而 7 月房地产的超预期负面事件阻碍了大部分资金进一步下沉的动力，所以可以看到高等级久期操作又再度出现，而 AA 级债券利差持稳，并没有出现明显的压缩，这显示出市场认为在低等级中拉长久期策略依然冒险。从配置的性价比来说，当前配置产业债或者城投债，除非大力下沉且拉长久期，否则较难以做出超额收益，所以，现在市场策略倾向于持券不动，维持当前的风险偏

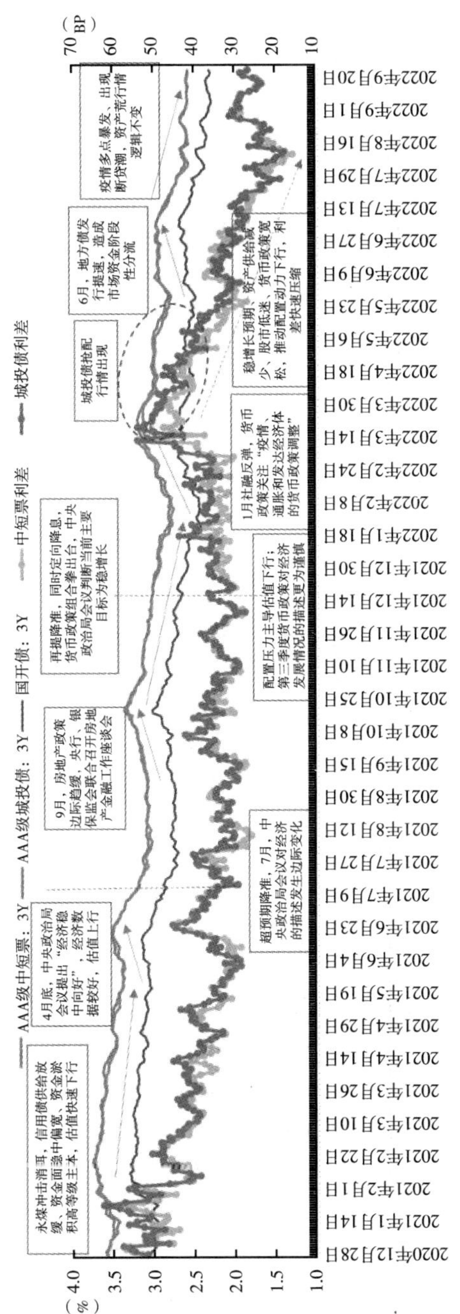

图 10-5　债券收益率及利差

资料来源：Wind，中信建投。

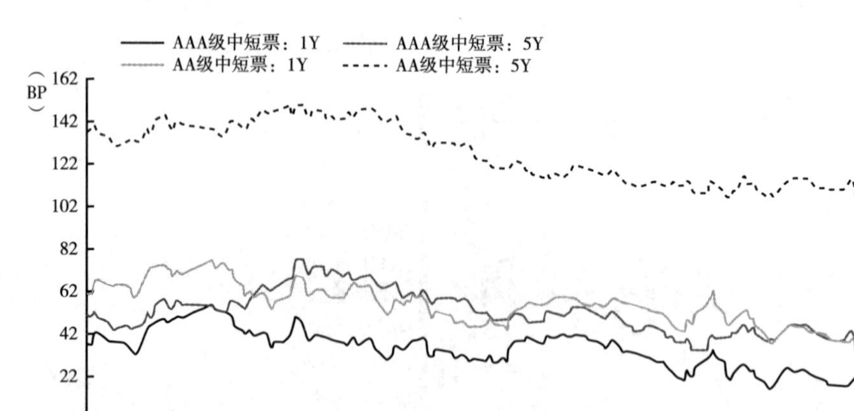

图 10-6　中短票利差

资料来源：Wind，中信建投。

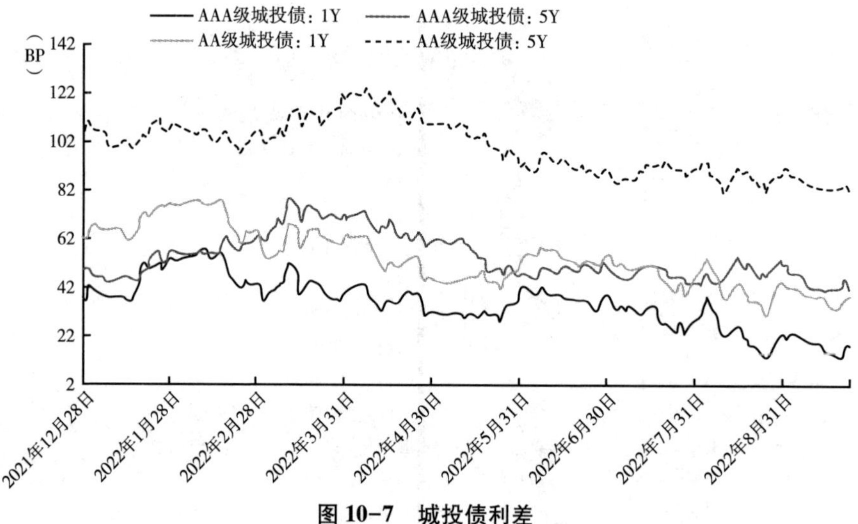

图 10-7　城投债利差

资料来源：Wind，中信建投。

好和久期水平，以获取稳定的票息收益。

从利差的历史分位点来看，中短票、3Y 城投债以下期限的债券的利差大多数已经低于 5%的历史分位点（见表 10-1），属于非常低的水平，并且从利差的截面图来看，其非常平坦，AAA 级 1Y 与 3Y 中短票、城投债的期限利差空间仅在 10BP 以内，AA 级中短票、城投债的利差空间不足 20BP，中短期的利差空间已经很窄，低等级长久期依然有绝对收益，但下沉风险仍高。

表 10-1　中短票与城投债利差点位（截至 2022 年 9 月 28 日）

单位：%，BP

中短票	利差				2022 年变动				2021 年变动				分位点			
	6M	1Y	2Y	3Y	6M	1Y	2Y	3Y	6M	1Y	2Y	3Y	6M	1Y	2Y	3Y
AAA 级	17	24	21	26	-24	-14	-10	-6	7	-13	-15	-13	0.9	1.7	3.2	4.9
AA+级	28	35	34	43	-26	-16	-16	-11	-13	-30	-32	-38	0.8	0.7	1.5	3.2
AA 级	36	43	49	61	-32	-22	-26	-46	-44	-58	-47	-23	0.6	0.4	2.5	2.7
城投债	6M	1Y	2Y	3Y	6M	1Y	2Y	3Y	6M	1Y	2Y	3Y	6M	1Y	2Y	3Y
AAA 级	18	19	20	26	-26	-20	-13	-9	-12	-22	-12	-11	0.8	0.5	1.5	3.2
AA+级	29	32	35	42	-29	-22	-12	-8	-12	-19	-20	-19	1.7	0.9	5.5	5.3
AA 级	39	42	46	53	-30	-24	-13	-19	-33	-40	-41	-31	1.9	1.0	4.9	3.9
AA(2)级	50	53	58	73	-33	-29	-23	-30	-66	-73	-63	-44	2.0	0.9	4.4	4.8

资料来源：Wind，中信建投。

金融债券方面，商业银行债、证券公司债利差的绝对值大多已经低于同等级同期限的中短票，利差所处历史分位点也多在 10%以下（见表 10-2），只有 AA 级证券公司债利差空间较大。相比来看，商业银行的条款挖掘尚存一些利差空间，银行二级债、永续债同等级/期限比商业银行债高，与中短票的期限利差策略/等级下沉策略相比，金融债条款挖掘的利差更具性价比。资本债券利差点位（截至 2022 年 9 月 28 日）见表 10-3。

表 10-2　商业银行债与证券公司债利差点位（截至 2022 年 9 月 28 日）

单位：%，BP

商业银行债	利差				2022 年变动				2021 年变动				分位点			
	6M	1Y	2Y	3Y	6M	1Y	2Y	3Y	6M	1Y	2Y	3Y	6M	1Y	2Y	3Y
AAA 级	13	18	16	12	-19	-13	-8	-12	13	-7	-9	-4	2.2	3.5	9.9	3.5
AA+级	19	24	25	21	-19	-14	-6	-14	7	-17	-22	-13	1.4	1.1	3.9	0.3
AA 级	30	38	39	39	-18	-17	-16	-23	10	-18	-13	-1	1.9	0.7	1.8	1.0
证券公司债	利差				2022 年变动				2021 年变动				分位点			
	6M	1Y	2Y	3Y	6M	1Y	2Y	3Y	6M	1Y	2Y	3Y	6M	1Y	2Y	3Y
AAA 级	16	17	14	20	-20	-16	-14	-10	-5	-12	-12	-4	2.7	1.6	4.9	7.4
AAA-级	21	22	20	27	-20	-16	-12	-8	-7	-14	-14	-10	2.6	1.6	5.0	7.2

续表

证券公司债	利差				2022 年变动				2021 年变动				分位点			
	6M	1Y	2Y	3Y	6M	1Y	2Y	3Y	6M	1Y	2Y	3Y	6M	1Y	2Y	3Y
AA+级	26	27	28	37	-20	-16	-12	-15	-23	-30	-27	-24	2.4	1.0	2.8	5.2
AA 级	64	73	74	94	-40	-30	-41	-38	-31	-36	-20	-3	2.1	7.6	12.9	30.5

资料来源：Wind，中信建投。

表 10-3 资本债券利差点位（截至 2022 年 9 月 28 日）

单位：%，BP

银行二级债	利差				2022 年变动				2021 年变动				分位点			
	1Y	3Y	5Y	10Y	1Y	3Y	5Y	10Y	1Y	3Y	5Y	10Y	1Y	3Y	5Y	10Y
AAA-级	29	29	46	48	-18	-19	-19	-10	-32	-45	-38	-39	3.4	4.9	0.8	3.0
AA+级	31	35	50	54	-18	-20	-18	-15	-42	-52	-47	-41	4.1	5.1	2.0	2.5
AA 级	48	51	67	71	-26	-28	-27	-26	-54	-64	-76	-75	4.7	5.9	3.4	0.0
AA-级	110	117	136	139	-62	-60	-59	-55	-5	-19	-31	-35	7.6	7.0	5.0	3.8
银行永续债	1Y	3Y	5Y	10Y	1Y	3Y	5Y	10Y	1Y	3Y	5Y	10Y	1Y	3Y	5Y	10Y
AAA-级	36	39	54	63	-22	-15	-19	-14	-10	-6	3	18	8.9	18.5	3.5	1.7
AA+级	38	41	60	69	-26	-20	-22	-14	-6	-1	7	18	7.5	16.0	0.7	2.5
AA 级	60	66	93	102	-49	-41	-42	-49	-38	-38	-33	-5	8.2	20.0	5.0	1.7
AA-级	165	175	202	211	-33	-23	-26	-41	-14	-13	-6	31	9.6	18.9	7.8	3.5

资料来源：Wind，中信建投。

三 政策周期对收益率的影响

（一）我国政策周期、金融周期、经济周期轮动框架

在我国经济中，政府的逆周期调节扮演了重要角色，通常遵循“宽货币—宽信用—紧货币—紧信用”的传导链条。经济下行阶段，融资需求低迷，政策上往往采取货币宽松政策，即央行通过数量型和价格型工具，引导实体融资成本下行，提升各部门的加杠杆意愿。但中小企业加杠杆的意愿受到未来预期的影响，宽货币对于信用扩张的作用被一定程度地削弱了。而地方政府和房地产企业对于资金渴求强烈，信用扩张能力强，但始终被政策高度管控，因此宽货币向宽信用传导不畅时，围绕金融机构信用投放能力以及城投基建、地产信用需求的宽

信用政策介入。之后随着经济企稳，企业融资需求回升，货币流动速度加快，为抑制杠杆扩张，往往采取紧货币以及紧信用调控等手段，加快信用收缩。

金融周期是政策周期的映射，通常政策周期领先于金融周期 1~2 个季度，而由于金融周期又领先于经济周期 1~2 个季度，因此金融周期和政策周期又在一定程度上对冲，起到平滑经济周期的作用。

根据梳理，自 2008 年以来可基本划分为四个政策周期（见图 10-8），当前正处于“宽货币紧信用”向“宽货币宽信用”转变阶段。政策周期见表 10-4。政策周期与信用周期见表 10-5。

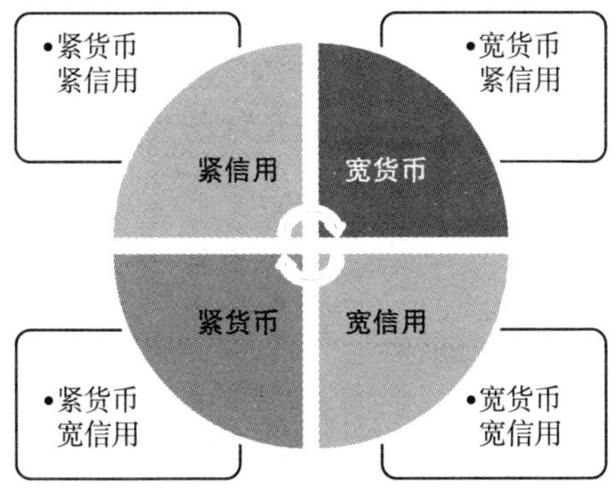

图 10-8　政策周期变化时钟

资料来源：中信建投。

表 10-4　政策周期

政策周期	政策时钟	时间段	持续时间	标志性政策事件
第一轮（2008 年 9 月至 2011 年 12 月）39 个月	宽货币紧信用	2008 年 9 月至 2008 年 10 月	1 个月	货币政策：2008 年 9 月开启降息、降准通道，货币政策转向
	宽货币宽信用	2008 年 10 月至 2009 年 7 月	9 个月	房地产信用政策：2008 年 10 月降低首套房首付比例，为 20%，个人住房贷款利率下限调至贷款基准利率的 70% 城投基建信用政策：2008 年 11 月，国务院出台进一步扩大内需政策，宽信用政策发力；2009 年 3 月，《中国人民银行　中国银行业监督管理委员会关于进一步加强信贷结构调整促进国民经济平稳较快发展的指导意见》出台，支持有条件的地方政府组建投融资平台

续表

政策周期	政策时钟	时间段	持续时间	标志性政策事件
第一轮（2008年9月至2011年10月）39个月	紧货币宽信用	2009年7月至2010年4月	9个月	货币政策：2009年7月，央行重启1年期央票发行，加大流动性回笼力度，2009年第四季度，随着通胀预期的增强，央行加速回笼货币。2010年1月，央行上调存款类金融机构人民币存款准备金率0.5个百分点
	紧货币紧信用	2010年4月至2011年10月	20个月	房地产信用政策：2010年4月首套房首付比例提升至30%，二套房首付比例两次提升至50%，二套房贷款利率不低于基准利率的1.1倍。2011年1月，二套房首付比例进一步提至60% 城投基建信用政策：2010年6月，《国务院关于加强地方政府融资平台公司管理有关问题的通知》发布，要求加强地方对融资平台的管理；2010年12月，《中国银监会关于加强融资平台贷款风险管理的指导意见》发布，要求审慎发放贷款；2011年6月，《中国银监会办公厅关于印发地方政府融资平台贷款监管有关问题的说明通知》（银监办发〔2011〕191号）发布，要求银行严控平台新增贷款
第二轮（2011年10月至2014年4月）30个月	宽货币紧信用	2011年10月至2012年3月	5个月	货币政策：2011年10月下调了央票发行利率，表明了宽松的态度；2011年12月下调存款类金融机构人民币存款准备金率0.5个百分点，2012年两次降准，两次降息
	宽货币宽信用	2012年3月至2013年6月	15个月	城投基建信用政策：2012年3月，《中国银监会关于加强2012年地方政府融资平台贷款风险监管的指导意见》发布，要求从“减存量，禁新增”放松为“缓释存量，控新增”，城投平台融资放松
	紧货币宽信用	2013年6月至2013年10月	4个月	货币政策：2013年6月，李克强主持召开国务院常务会议，明确指出引导信贷资金支持实体经济
	紧货币紧信用	2013年10月至2014年4月	6个月	房地产信用政策：2013年10月进一步提高二套房首付比例，上海、深圳、广州二套房首付比例提升至70% 城投基建信用政策：2013年12月，中央经济会议将“防风险”作为来年主要任务之一；2014年4月30日，国务院发布《国务院批转发展改革委关于2014年深化经济体制改革重点任务意见的通知》，提出开明渠，堵暗道，剥离融资平台公司政府融资职能，建立考核问责机制

续表

政策周期	政策时钟	时间段	持续时间	标志性政策事件
第三轮（2014年4月至2018年1月）45个月	宽货币紧信用	2014年4月至2014年9月	5个月	货币政策：2014年4月25日起下调县域农村商业银行人民币存款准备金率2个百分点，下调县域农村合作银行人民币存款准备金率0.5个百分点
	宽货币宽信用	2014年9月至2016年8月	23个月	房地产信用政策：2014年9月，首套房贷付款比例降至30%，贷款利率下限为贷款基准利率的70%；2015年1月，公司债开闸，非上市房企再融资渠道扩宽 城投基建信用政策：2015年5月，《关于妥善解决地方政府融资平台公司在建项目后续融资问题的意见》发布，支持在建项目融资；2015年12月，《财政部关于对地方政府债务实行限额管理的实施意见》发布，明确债务置换，设置3年过渡期
	紧货币宽信用	2016年8月至2016年10月	2个月	货币政策：基于2016年7月中央政治局会议首次提出“抑制资产泡沫”，8月和9月，央行先后重启14天和28天逆回购，并通过拉长MLF期限锁短放长，提高了资金投放的成本
	紧货币紧信用	2016年10月至2018年1月	15个月	房地产信用政策：2016年10月，房地产企业发债政策收紧；2016年10月之后，各地陆续出台“四限”政策，抑制房地产行业过快增长 城投基建信用政策：2016年10月，《国务院办公厅关于印发地方政府性债务风险应急处置预案的通知》（国办函〔2016〕88号）发布，中央开始处理地方债务风险。2017年，城投在政策打压下处于收紧状态，伴随《关于进一步规范地方政府举债融资行为的通知》（财预〔2017〕50号）、《关于坚决制止地方以政府购买服务名义违法违规融资的通知》（财预〔2017〕87号）陆续颁布，2018年，《关于进一步增强企业债券服务实体经济能力严格防范地方债务风险的通知》（发改办财金〔2018〕194号）、《关于规范金融企业对地方政府和国有企业投融资行为有关问题的通知》（财金〔2018〕23号）出台，政策组合拳连续出击 金融监管：2017年1月之后，表外理财正式纳入MPA监管，2017年11月，《关于规范金融机构资产管理业务的指导意见（征求意见稿）》出台，要求打破刚兑，规范资金池，降低期限错配风险

续表

政策周期	政策时钟	时间段	持续时间	标志性政策事件
第四轮（2018年1月至2021年7月）43个月	宽货币紧信用	2018年1月至2018年8月	7个月	货币政策：2018年1月，普惠金融定向降准（2018年全年4次降准）
	宽货币宽信用	2018年8月至2020年5月	21个月	实际经济信用政策：2018年8月，银保监发布《中国银保监会办公厅关于进一步做好信贷工作提升服务实体经济质效的通知》，要求不盲目抽贷，加大对资本金到位、运作规范的基础设施补短板的信贷投放力度；2018年11月，央行行长易纲首次提出利用"三支箭"纾困民企，表示将推动民企债券融资计划、民企股权融资支持计划以及运用再贷款等工具支持民企小微信贷投放 城投基建信用政策：2018年8月，《中共中央国务院关于防范化解地方政府隐性债务风险的意见》发布，提出债务化解期限和方向性建议；2018年10月，《国务院办公厅关于保持基础设施领域补短板力度的指导意见》（国办发〔2018〕101号）发布，要求聚焦基础设施领域，保持有效投资力度；2019年6月，《关于防范化解融资平台公司到期存量地方政府隐性债务风险的意见》（国办函40号）允许平台公司和金融机构协商展期，避免项目资金断裂
	紧货币宽信用	2020年5月至2020年10月	5个月	货币政策：5月开始压降结构性存款，防范金融套利，同时李克强总理在答记者问中表示放水养鱼但不能大水漫灌形成泡沫
	紧货币紧信用	2020年11月至2021年7月	8个月	房地产信用政策：2020年8月，房企"三道红线"政策推出，2020年12月，"房贷集中度"政策推出，2021年2月，"集中供地"政策推出，针对房地产的调控骤然收紧 城投基建信用政策：2021年初，针对城投企业逐渐走向"红橙黄绿"分档监管，城投发债政策收紧；2021年5月，土地出让金新政颁布，打击城投非市场化拿地；2021年7月，《银行保险机构进一步做好地方政府隐性债务风险防范化解工作的指导意见》（银保监发〔2021〕15号）发布

续表

政策周期	政策时钟	时间段	持续时间	标志性政策事件
第五轮（2021 年 7 月至今）	宽货币紧信用	2021 年 7 月至 2022 年 8 月	13 个月	货币政策：2021 年 7 月，央行宣布全面降准，标志着货币政策转向。此后央行连续多次降准降息
	宽货币宽信用	2022 年 9 月至今	待观察	房地产信用政策：2022 年 9 月，央行与银保监会宣布降低住房贷款利率

资料来源：中华人民共和国中央人民政府网站、中国人民银行网站等，中信建投。

回顾前四轮政策周期，我们的总结如下。

（1）政策周期遵循传导链条，各环节持续时间长短或许不一，但是任意环节不会缺失和错位，每一轮宽货币的起点往往都对应着 GDP 增速趋势性下行的起点。

（2）每一轮从“宽货币紧信用”向“宽货币宽信用”转变的时间拉长。第一轮周期仅相距 1 个月，第二轮及第三轮相距 5 个月，第四轮则相距 7 个月。我们认为，这源于我国整体杠杆率攀升对宽信用的掣肘，由此也导致金融周期对政策周期的时滞加长。

（3）紧货币并不意味着上调准备金率或者抬高政策利率，例如，2013 年 6 月的“钱荒”、2016 年 7 月的“锁短放长”以及 2020 年 5 月压降结构性存款，它们的主要侧重点在于金融去杠杆。

（4）紧货币向紧信用传递时间较短，除了次贷危机之后的第一轮周期。当时货币政策在 2009 年 7 月转向趋紧之后，CPI 仍处于负增长区间，直至 2010 年 CPI 呈现快速上行趋势之后，紧信用政策才适时推出。

（5）通常“宽货币宽信用”的周期越长，则后续“紧货币紧信用”的时间越长。但是在缺少房地产宽信用的背景下（例如，2012 年），经济修复动能惯性较弱，且 M2 增速见顶回落领先于紧货币政策，反映了经济动能已经出现收缩，因此后续“紧货币紧信用”的周期较短。

表 10-5　政策周期与信用周期

	政策周期				信用周期		
	宽货币	宽信用	紧货币	紧信用	起点	顶点	终点
第一轮	2008 年 9 月	2008 年 10 月	2009 年 7 月	2010 年 4 月	2008 年 11 月	2009 年 11 月	2012 年 1 月
第二轮	2011 年 10 月	2012 年 3 月	2013 年 6 月	2013 年 10 月	2012 年 4 月	2013 年 4 月	2015 年 4 月
第三轮	2014 年 4 月	2014 年 9 月	2016 年 8 月	2016 年 10 月	2015 年 1 月	2016 年 12 月	2018 年 12 月
第四轮	2018 年 1 月	2018 年 8 月	2020 年 5 月	2020 年 10 月	2018 年 12 月	2020 年 10 月	2022 年 8 月
第五轮	2021 年 7 月	2022 年 9 月	—	—	2022 年 9 月	—	—

资料来源：Wind，中信建投。

（二）政策周期与债券收益率复盘

1. 对利率债影响：信用周期下的“牛陡—牛平—熊平—熊陡”

宽货币紧信用阶段，无风险收益率通常下行，且短端下行更为确定和明显。唯一的例外是第三轮周期“宽货币紧信用”阶段（2014 年 4~9 月），短端收益率反而在 2014 年 4 月降准之后上行，主要源于 2014 年 1 月之后流动性宽裕，短端收益率下行抢跑在了降准之前。

宽货币宽信用阶段，短端利率降至低位后容易受到预期的影响，从而波动性加大。例如第二轮周期“宽货币宽信用”中的 2012 年 5~11 月，当时市场对欧债危机的疑虑增强，2012 年在 5 月 12 日，央行宣布下调法定准备金率 0.5 个百分点，6~7 月连续两次降息，引爆了市场的做多气氛，但是 7 月之后逆回购到期量骤增，央行上调 7 天逆回购发行利率 10BP，短端收益率又快速上行，演绎过山车行情。这也导致长端保持震荡，并未显著下行。

紧货币宽信用阶段，无风险收益率通常上行，短端上行幅度大于长端。长端由于受到通胀、基本面的影响，因此趋势上更加波动，尤其是第一轮周期中“紧货币宽信用”阶段（2009 年 7 月至 2010 年 4 月），短端在货币政策收紧后快速上行，带动长端上行，但是由于紧信用政策未见快速跟进，因此在通胀预期修正的影响下，2009 年底至 2010 年 3 月，长端收益率又开始见顶回落，呈现震荡走势。

紧货币紧信用阶段，长短端收益率继续上行，最终的结果是收益率曲线极度平坦化，在三轮周期的“紧货币紧信用”的末端，10Y 与 1Y 国债的期限利差仅为 10~15BP。从上行幅度来看，在三轮周期中，10Y 国债从底部到顶部的上行幅度为 110~130BP。政策周期对无风险利率的影响见图 10-9。

图 10-9　政策周期对无风险利率的影响

资料来源：Wind，中信建投。

2. 对信用债影响：流动性下信用债成“有时滞加强利率债”

我国 AAA 高评级信用债利差过薄，近 10 年平均值仅为 50~60BP，远低于美国投资级企业债 120~150BP 的利差。这源于之前我国信用债存在刚兑特性，信用债风险定价机制尚未完全建立，而在 2014 年打破刚兑以及资管新规实施之后，低评级弱资质主体信用债风险频发，结构性分层导致高等级信用债利差始终被压制在低位。在此情况下，高等级信用债跟随利率债，但滞后于利率债，信用债利差中流动性溢价占主导，信用债风险溢价影响有限。

从宽货币向紧货币的切换过程中，高评级信用债利差往往会经历先收敛再走阔的阶段。在货币政策转向后，过低的无风险收益率快速上行导致高评级信用债利差被动收敛，之后随着流动性趋紧，流动性溢价带动信用债利差走阔，利差中枢上台阶。后续的紧货币紧信用阶段，经济基本面处于景气度高点，信用债风险溢价收敛在一定程度上对冲流动性溢价带来走阔，利差震荡主要来源于与无风险利率的错配，因此利差中枢得以维持。唯一的例外是 2011 年下半年欧债危机发酵推高企业信用债风险溢价，带动信用债利差大幅走阔。

随着经济基本面触顶回落，紧货币紧信用开始向宽货币紧信用转变，此时高评级信用债利差往往先走阔再收敛，本质上也是对滞后于利率的反应，利差中枢逐渐下移。之后宽货币宽信用阶段，信用债利差仍呈现先走阔再收敛的过山车行情，但利差中枢往往与期初持平。政策周期对高评级信用债利差的影响见图 10-10。

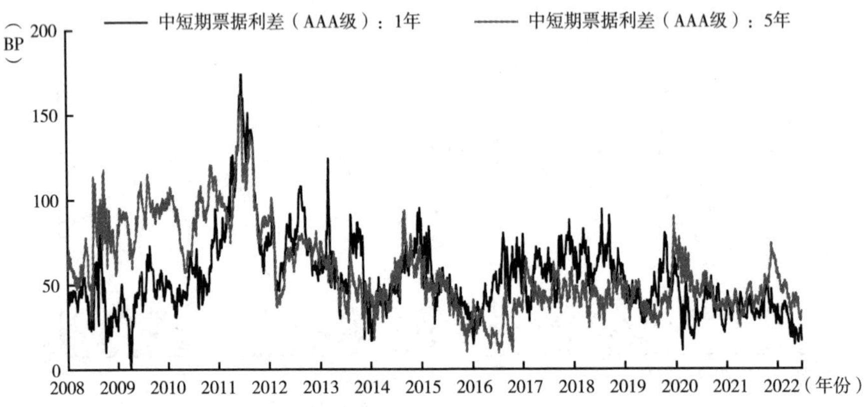

图 10-10　政策周期对高评级信用债利差的影响

资料来源：Wind，中信建投。

在前两轮政策周期中，低评级信用债利差与高评级信用债利差走势较为一致，而在 2014 年之后的第三轮周期中，信用政策变化对于低评级信用债利差走势影响加大。例如 2016 年 10 月至 2018 年 7 月的紧信用阶段，低评级信用债利差一路走高，而高评级信用债利差呈现震荡趋势。我们认为低评级信用债利差的主导因素正在从流动性向违约风险演进，且不同于高评级信用债利差的风险溢价与基本面正相关，低评级信用债利差中的违约风险溢价与再融资政策和债市本身情绪相关，因此负反馈效应更强。政策周期对低评级信用债利差的影响见图 10-11。

（三）本轮宽信用周期特点与债市展望

1. 货币政策幅度缩小，金融监管力度加大

近年来，我国的货币信用周期有淡化的特点，政策逐渐离开了之前大开大合的形式，取而代之的是金融监管政策的不断强化，这也是我国应对金融周期下行阶段的必然选择。

本轮信用周期中，中央调控房地产市场态度坚决，即使在新冠肺炎疫情时

期，房地产政策依旧没有松动，部分城市颁布的楼市放松政策均在中央指导下撤回。在我国疫情初步得到防控后，针对房地产行业融资的监管迅速加码，“三条红线”“集中供地”“房贷集中度”等政策陆续颁布，标志着我国房地产调控长效机制逐步建立。我们认为，房地产作为宽信用的抓手既不符合中央一以贯之的政策导向，也不符合金融周期下行阶段的经济规律。未来，房地产融资仅会在边际缓解与继续下滑中切换，宽信用的抓手不会是房地产。

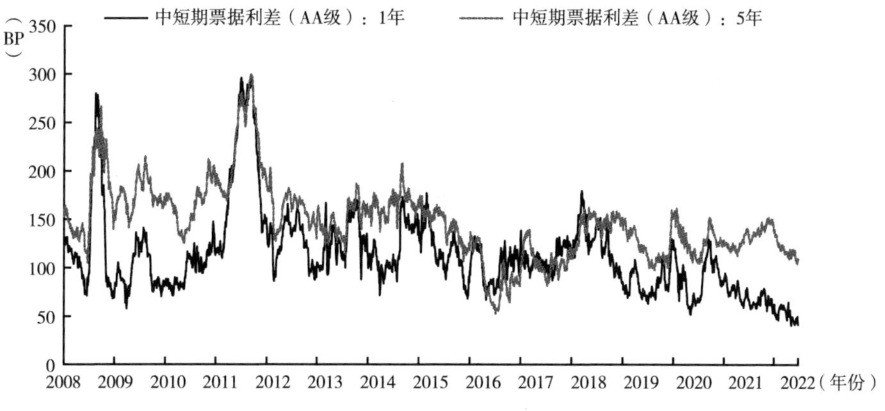

图 10-11　政策周期对低评级信用债利差的影响

资料来源：Wind，中信建投。

在房地产城投被遏制后，宽信用靠什么拉动呢？一个想法是制造业，这也符合近年来中央扶持中小企业、制造强国的导向。从数据上看，2020 年后，我国新增制造业贷款明显增加，这一方面归功于政策支持制造业贷款，另一方面与疫情背景下出口产业链景气相关。但是对制造业融资增长的可持续性不宜过度乐观，中长期将以稳为主。制造业属于经济体的生产部门，其参与借贷进行产能扩张将增强经济体的生产能力。但制造业并不具备“金融加速器”机制，故无法形成周期性。预测制造业走势的核心是下游需求，在我国房地产、基建、出口高增速难续的背景下，制造业不具备持续扩表的基础。产能超过需求的快速增长会带来严重的产能过剩问题，压低资产回报率，反过来抑制产能进一步扩张，存在“负反馈机制”。

在金融周期逐步退潮背景下，传统信用周期将会被不断淡化。未来的信用周期将更加平滑，或仅在“稳信用”与“紧信用”中来回切换，社融增速跟随名义经济增速稳步下台阶，而不会出现明显的宽信用。从结构上看，房地产将被长期遏制，而城投则会在政策有保有压下逐渐被要素压降。

2. 利率债展望：债券进入牛尾，流动性策略有限

2022 年流动性的充裕程度超过投资者年初预期。主要原因在于第二季度央行需配合完成稳增长、宽信用的任务，同时与财政配合，在地方债发行高峰辅以较低的利率环境，这有利于减轻地方政府财政压力，以及综合考虑国内外货币环境，保证人民币汇率和外资流动在合理区间窄幅波动。但在实体需求不足、经济面临压力较大的周期内，市场主体和个人风险偏好下降，银行体系资金来源高于资金用途，造成资金在银行间体系内形成一定淤积，DR007 长期低于政策利率，央行利率管理和传导机制出现阻塞。

货币政策保持合理充裕，结构性工具有望扮演更重要的角色。货币政策执行报告强调发挥好货币政策工具的总量和结构双重功能，保持流动性合理充裕，增强信贷总量增长的稳定性。预计下半年央行政策整体取向仍不变，“降息”、“降准”和“结构化工具”的组合拳仍将大有作为。第三季度以来，结构性货币政策工具的创设和扩容成为央行数量型调节工具的主要抓手。第二季度货币政策执行报告首提结构性货币政策工具应“聚焦重点、合理适度、有进有退”，意在甄别流动性真实需求，发挥结构性货币政策工具的精准滴灌、正向激励作用，而不是将其单纯作为降准的替代工具使用。一方面是加强金融机构使用结构性工具的审慎性和适用性；另一方面是短期目标与长期目标兼顾，在促进短期信贷恢复、经济增长的前提下，对“碳减排”等中长期目标也要适度倾斜。以此判断，第四季度，结构性货币工具或使用更为频繁，起到精准滴灌、进退有序的作用。

展望第四季度，随着复工复产稳步推进，稳增长和宽信用效果预计将得到验证，疫情防控更加精准科学，流动性由极度充裕向中性充裕转变，利率曲线有望持续修复。政策利率的调降对于杠杆策略具有不对称的影响，资产端利率中枢下移的同时，负债端融资利率继续下调的空间狭窄，杠杆策略的利润空间将显著被压缩，上半年“流动性行情”中利用短端量足价低的资金负债进行杠杆套利的策略，可能面临效用降低的风险。

利率策略上，在利率中枢波动区间相对狭窄的当前，建议把握曲线形态变动的机会，逢宽做窄期限利差，同时沿着曲线修复的方向，逐步布局 5~10 年

期品种，在票息收入和资本利得间取得平衡。

3. 信用债展望：资产荒未结束，短期信用无空间

一个引起市场共识的结论是：当前仍在资产荒行情之中。大家更为关心的是，在这样的行情下如何配置信用？资产荒何时结束？

第一，在当前情况下，信用并无更多的配置空间，可以参照历轮资产荒的尾声阶段，尤其是2016年下半年，久期策略、短久期下沉、波段操作等工具篮子全部用尽，市场在有限的风险偏好下，难做无米之炊。

第二，资产荒的消解随着资金面转向而结束，依然参考2016年的经典行情，货币政策转向后资产荒非常快速地得到解决，主要原因是购买力下降，此外，一方面，货币转向一般是在经济托底功能结束之后，社融回暖自然而然带来更多的资产选择；另一方面，大环境的好转使风险偏好抬升，可选资产范围进而扩大。

从当前时点来看，显然资金配置力量仍然强势，“供需”还未到改善之时。此外，疫情常态化管控框架下，经济修复进程存在一定的不确定性，比如，2022年上半年几轮疫情点状暴发引起地区严调控进而导致产能受限、消费受限，从“资产供给端”来看，社融的修复仍有非常多的潜在扰动因素。

四　信用风险复盘与展望

（一）新增违约：第三季度新增以民营房企为主要构成部分

截至2022年9月28日，全市场违约/展期债券共902只，涉及本金8314.33亿元，违约主体共264家。2022年以来，新增的违约/展期主体共29家，有21家为民营地产主体，第三季度新增违约主体14家，其中，12家为房企。违约债券金额与AA+级及以上违约债券规模占比见图10-12。企业主体违约数量及国有企业占比见图10-13。第三季度新增违约主体见表10-6。

前期风险暴露后，2020~2021年新增违约主体中的国有企业占比显著降低，房地产长效机制余威仍在，信用风险从行业头部、中部到尾部持续暴露。虽然上年第三季度房地产政策已有转向，但幅度有限，房地产销售持续

趋冷，民营房企现金流已紧张到极致。直至2022年第一季度，限购限贷终于放松，但还未显效即在7月发生断供断贷潮，再一次使房地产资金链陷入不利局面。从7月开始，央行、证监会等多方监管高层表态进一步放松，但销售端仍未见到明显好转。

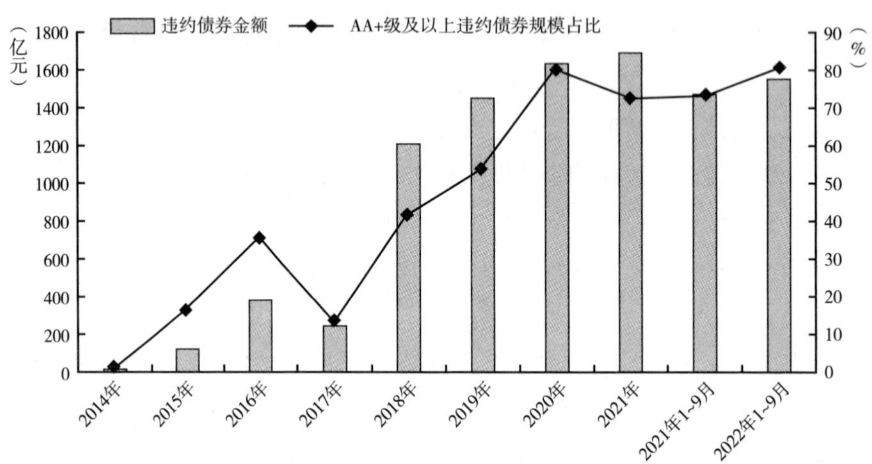

图 10-12　违约债券金额与 AA+级及以上违约债券规模占比

资料来源：Wind，中信建投。

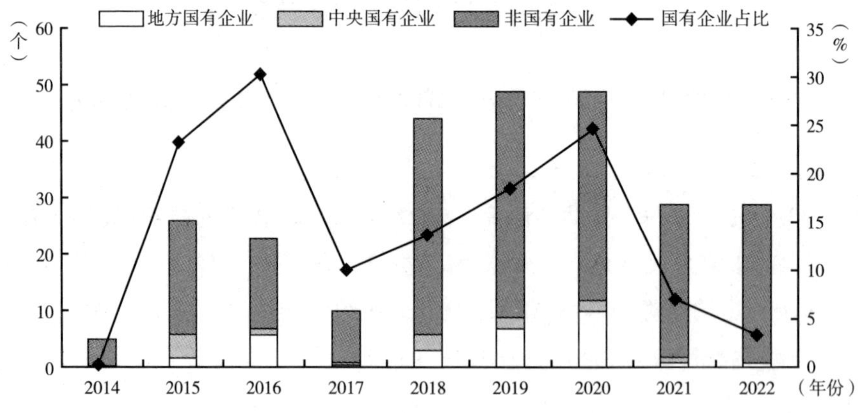

图 10-13　企业主体违约数量及国有企业占比

资料来源：Wind，中信建投。

表 10-6　第三季度新增违约主体

单位：亿元

发行人	首次违约日期	违约债券本金	中诚信一级行业	主体性质	省区市
奥园集团有限公司	2022 年 7 月 4 日	45.0	房地产	中外合资企业	广东省
融信(福建)投资集团有限公司	2022 年 7 月 4 日	51.0	房地产	民营企业	福建省
冠城大通股份有限公司	2022 年 7 月 7 日	17.3	房地产	外资企业	福建省
上海宝龙实业发展(集团)有限公司	2022 年 7 月 15 日	9.0	房地产	其他	上海市
佳源创盛控股集团有限公司	2022 年 7 月 18 日	11.9	房地产	民营企业	浙江省
固安九通基业公用事业有限公司	2022 年 7 月 22 日	4.0	—	民营企业	河北省
厦门禹洲鸿图地产开发有限公司	2022 年 7 月 25 日	30.0	房地产	中外合资企业	福建省
当代节能置业股份有限公司	2022 年 8 月 1 日	6.8	房地产	民营企业	北京市
石家庄勒泰房地产开发有限公司	2022 年 8 月 2 日	35.0	房地产	其他	河北省
佳兆业集团(深圳)有限公司	2022 年 8 月 8 日	5.3	房地产	其他	广东省
中天金融集团股份有限公司	2022 年 8 月 16 日	43.7	房地产	民营企业	贵州省
中静新华资产管理有限公司	2022 年 8 月 24 日	9.0	金融	其他	安徽省
上海世茂建设有限公司	2022 年 8 月 29 日	37.0	房地产	其他	上海市
广州市时代控股集团有限公司	2022 年 9 月 8 日	10.7	房地产	民营企业	广东省

资料来源：Wind，中信建投。

（二）违约后续：展期成为常态，延期大多在一年以上

表 10-7 整理了第三季度新增违约/展期地产主体的违约处置情况。

2022 年以来，房企大多采取协商展期的处置方法，第三季度也不例外，展期时间多在 1 年及以上，市场接受度越来越高，需要注意的是，其他主体的展期多是因为到期或者本金回售，单次兑付压力太大，进而展期、分期支付，但上海世茂建设有限公司部分债券是将利息进行展期，显示当前部分民营房企的现金流极端紧张，已经到了利息也无法兑付的地步；另外，第一季度及以前，市场对房企债券展期的接受度比较小，为了能够保持公开市场“金身不破”，民营房企会尽力处置资产以兑付债券，但随着恒大、融创等逐一展期，现在房企对于展期的自我预期也越来越强。

表 10-7 第三季度新增违约/展期地产主体的违约处置情况

发行人	违约原因	后续处置进展
奥园集团有限公司	奥园集团有限公司项目在粤港澳大湾区集中度较高,其中广东区域土地储备较多且质量较好,2019~2020年,公司拿地力度较大,在2021年面临非常大的融资需求,在行业政策高压、融资收紧的环境下,公司收购、并购大幅拿地的模式受到较大考验,资金周转压力显著抬升 从债务融资角度来看,公司短债占比高,即期偿付压力很大,此外,市场上对奥园明股实债占比过大的融资模式诟病已久,债务结构相对较差。本次系利息展期,并且将一期利息在未来12个月内进行分期偿还,尚数房企首例,显示其流动性压力确实到了非常高压的状态	目前,“21奥园债”“20奥园02”“19奥园02”展期 根据持有人会议公告,“21奥园债”应于2022年7月2日兑付利息,但展期后,该期利息将于未来12个月内分期支付
融信(福建)投资集团有限公司	公司从福州起家,布局以福州、厦门和漳州为核心的海峡西岸区域,从2013年开始布局长三角区域,2017年布局中西部,目前完成全国化布局,以在二、三线城市布局为主要特点 公司合作开发项目较多,少数股东规模较大,也存在明股实债过度加杠杆问题,实际债务压力可能远超账面水平,所以在行业融资收缩阶段,公司的弹性空间非常有限。母公司融信中国在2021年审计报告中提到其物业出售变现周期可能比预期更长,显示其处置资产偿还债务的不确定性非常大	目前,“19融信01”“19融信02”“20融信03”“20融信01”展期 根据持有人会议公告,“19融信01”应于2022年7月3日回售,但鉴于公司有资金压力,拟将债券本金及利息展期12个月,在2023年4月3日、2023年5月3日、2023年6月3日、2023年7月3日分别支付5%、5%、5%、85%
冠城大通股份有限公司	公司收入主要来自房地产和电磁线业务,利润主要由地产板块贡献,主要布局在北京、南京、苏州、福州等一、二线城市。受房地产政策趋严影响,近年,房地产业务不再新增,以消化存量为主,公司还有部分一级土地开发业务,如北京朝阳区太阳宫地块。此外,公司还布局新能源业务,同时以股权投资的方式持有富滇银行等多家银行、产业基金等股份 公司规划的地产项目较多,一级开发资金沉淀大,回款缓慢,叠加民营房企融资快速收缩,最终无法偿还债务,发生实质性违约	目前,公司展期一只债券“20冠城01”,根据持有人会议决议,债券兑付日由7月14日改为9月30日之前,延期1.5个月,并且此期间新增补偿利率4%,即延长兑付期间综合利率合计11%
上海宝龙实业发展(集团)有限公司	公司是宝龙地产在境内的主要运营主体,品牌优势较好,主营地产销售与投资物业经营业务,地产开发以“商业+住宅”双轮驱动模式为主	目前,“PR宝龙B”“20宝龙04”“19宝龙02”均展期,合计金额为11.4亿元。近期,公司也在谋求“20宝龙MTN001”分期展期的可能

续表

发行人	违约原因	后续处置进展
佳源创盛控股集团有限公司	公司原来的电器零售业务在2020年剥离,当前以地产开发为主业,项目布局在以嘉兴市为圆点的浙江区域以及重庆市,从能级上看以二、三线城市为主。公司与佳源国际控股系为同一实控人控制 受疫情影响,公司近年开工面积下滑,2020年拟收购中天金融旗下的中天城投,耗资较大,目前资金周转有一定的压力,尚未落定	目前,“20佳源02”“19佳源03”展期,该债券为私募债,披露信息相对较少,从市场公开信息来看,展期一年至2023年7月16日兑付
厦门禹洲鸿图地产开发有限公司	公司是香港上市公司禹洲集团在境内的主要开发主体,土地储备区位仍属良好,但随着行业经营和融资环境恶化,公司销售规模下降,筹资活动现金大规模净流出,流动性压力凸显,公司减小拿地及新开工力度,但仍未能有效缓解流动性不足,公司债券出现展期;同时,禹洲集团境外优先票据违约,对公司再融资产生很大的负面影响	公司所发的“19禹洲01”本应于4月3日兑付回售资金,展期至4月29日后兑付 “20禹洲01”“20禹洲02”也有展期,但私募债具体展期计划未公开
当代节能置业股份有限公司	公司项目主要布局在中西部三、四线城市,近年往二线城市拿地发力,以绿色科技地产开发为主要特色。疫情冲击下,三、四线城市需求率先受到打击,并且在地产长期监管机制下需求回落更为明显,韧性较差,而公司在2020年拿地力度较大,遭遇2021年高压调控以来,项目开工滞后、销售表现不佳、债务集中到期,多方压力下,2022年7月初,公司已不能按时清偿债务,且未按时披露2021年年报,遭评级公司下调外部评级至BBB-,评级展望为负面	目前,公司展期1只债券“19当代01” 根据持有人会议决议,本期债券改为场外支付,并且将本息7.38亿元按7.8%的利息延长至2023年7月30日支付,相当于延期1年
石家庄勒泰房地产开发有限公司	公司公开信息较少	公司目前将“17勒泰A1”“17勒泰A2”“17勒泰次”展期,合计金额为35亿元
佳兆业集团(深圳)有限公司	母公司佳兆业集团在2021年即已发生美元债违约事件,当前境内ABS也出现展期。佳兆业集团主要布局粤港澳大湾区,以旧改项目闻名,早在2014~2015年,佳兆业集团多个楼盘被锁导致无法销售,债务危机频频。后来通过引战、与金融机构合作,佳兆业集团于2017年在港交所复牌 随着地产行业高压调控,佳兆业集团再次陷入债务危机,并且试图通过处置资产以回笼资金,但全行业流动性都成问题,故资金回笼缓慢,流动性风险仍大。佳兆业集团(深圳)有限公司为佳兆业集团的子公司,其主要发行ABS,目前也有多个展期	目前,“佳尾3A3”“佳尾3B3”“佳尾3次”均展期,合计金额为5.3亿元

续表

发行人	违约原因	后续处置进展
中天金融集团股份有限公司	公司从事地产开发业务，项目集中在贵阳市，近两年，销售金额持续下滑，回款速度也随大环境放缓，面临较大的流动性压力，并且随着房地产市场景气度降低，公司出现大额资产减值，对利润侵蚀较大。公司准备出售旗下的中天城投集团全部股权以周转资金，但未能成功出售 除地产外，公司旗下有中融人寿等主体开展金融板块业务，其所投资的股权、债权类资产也有较大的减值风险暴露，并且公司加杠杆较为激进，2018 年拟以 70 亿元收购华夏人寿扩大业务版图，但直至现在仍未成功交割，在债券违约前已有超 40 亿元的债务逾期	公司目前有 3 只债券展期，分别为“19 中金 01”“19 中金 02”“19 中金 03”，涉及债券本金 43.67 亿元，均为私募债，未公布其展期细节
上海世茂建设有限公司	世茂股份、世茂建设（上海世茂建设有限公司）均是世茂集团旗下的主要经营主体。世茂股份产品中商业物业占比相对较大，是集团的商业地产开发运营主体，世茂建设则以住宅为主 世茂股份债券已有展期记录，在 2021 年年报中，世茂集团称宏观环境的急剧变化使公司的经营业绩受到较为严重的影响，短期债务压力较大，绝大部分在手资金不可动用，同时其一年内到期金额集中，最终造成债务展期	目前，公司展期“20 世茂 06”，本次仅将利息展期 1 年；展期“19 世茂 01”
广州市时代控股集团有限公司	公司项目集中在广州及佛山等大湾区市场，近年推进全国化布局，但成效一般，在大湾区有较好的市场知名度。在大湾区旧改市场规模大，公司的旧改项目承接较多，旧改获地模式能提供低价且区位布局较好的土地，但在高压调控时期，旧改项目融资规模大且回款相对缓慢，对无国资背景的民企来讲，非常容易出现流动性危机	目前，公司展期 1 只债券“17 时代 02”，其是私募债，未公开展期安排

资料来源：公司公开报告，中信建投。

（三）信用紧缩已经接近尾声，违约风险或将逐步缓解

随着 2022 年春季宽信用逐渐从预期走向现实，届时，信用风险可能出现部分缓释，新的投资机会可能将出现。就目前而言，信用周期筑底仍须进一步

确认，信用资质下沉策略并非最优选择，在投资上，我们建议优先选择优质主体拉长久期，待明年信用周期回暖后再适当进行资质下沉。

产业债：产业的利差格局较 2022 年年初变化不大。如我们的年度展望报告中的结论，产业配置仍应关注行业基本面的修复可能，零售、房地产开发、汽车与汽车零部件、农林牧副渔四个行业的高等级主体利差仍高，其中，汽车与汽车零部件、农林牧副渔在行业景气度回升的支持下，利差已经有所收敛。从煤钢板块来看，煤炭在第四季度的到期规模没有明显减少，与第三季度基本保持同等水平，月均偿还规模为 280 亿元（第三季度月均为 290 亿元），但从现金流来看，相较于上年，经营现金流改善非常明显，在手资金体量比上年同期大幅增长 72.4%，行业资金充裕度继续改善。钢铁行业在第四季度月均到期 180 亿元（第三季度月均到期 220 亿元），小幅缩量，但从现金流表现来看，经营现金流有近 40%的缩减。究其原因，主要是成本端价格高企，尤其是炼焦煤价格高位运行，成本端压力较大，而需求端（基建、地产）仍不振，产品价格有回落趋势。

地产债：重点看地产板块，第三季度是到期高峰，尤其是民营房企，7 月单月到期体量接近 400 亿元，8 月、9 月分别高达 260 亿元、130 亿元，但第四季度情况将显著改善，平均单月到期体量降至 150 亿元。梳理房地产的政策脉络发现，第一季度是限购限售放开；第二季度是贷款成本的定向调低以及民营房企融资支持政策的出台，由于前期的政策效果不佳，7 月超预期断供事件延缓房地产的修复进程；第三季度的支持力度进一步加大，前期支持融资的政策开始落实，比如，结合中债增信的民营房企债券开始发行，虽然当前体量较小，但政策引导的特点非常明显。可以说，前三季度的风险应出尽出。第四季度，一方面是到期体量小使行业得到喘息机会；另一方面，政策力度逐渐加大，尤其是“引导融资”的倾向出现，第四季度或许是房地产行情的酝酿期，但考虑到规避第四季度可能的违约风险与估值波动，勿过早介入。

城投债：城投的配置优先级有非常明显的路径，高信用资质省区市高等级到中低等级优先配置，接下来是长江中下游区域的个体挖掘，上年下半年一直到 2022 年上半年，湖北、安徽、江西等中下游省区市的配置力度非常明显。当前时点，上述各省区市的利差空间已经很薄，在城投信仰加强的当下，资金配置热点开始聚焦中部省区市如河南、山西，以及天津等区域，它们的共同特点如前文谈到，是“融资的趋势性修复”。河南中高等级主体的利差仍高，天津虽对大多数机构来讲下沉难度较大，但高等级短久期配置仍有非常大的利差空间，包括近期市场开始关注云贵两地，也是因为区域内的城投债均有展期安排，融资环境或有修复的可能。不同的是，云南的展期更像是一场积极的自救，可调动资源范围均在属地之内，而贵州的支持力度非常大，全省金融资源调配有《国务院关于支持贵州在新时代西部大开发上闯新路的意见》做指导，要求“允许贵州城投符合条件的存量债务展期或重组”，不乏国有金融机构的支持，给市场留下很大的想象空间。

第十一章 债券市场信用风险

卜振兴*

- 2022 年，我国债券市场规模进一步壮大，截至 2022 年 9 月底，我国债券市场的规模已经达到 140.23 万亿元，债券市场规模排名全球第二。其中，公司信用类债券规模超过 50 万亿元，同样排名全球第二。伴随着债券市场规模的不断增长，我国债券违约情况已经成为常态，这也符合债券市场的发展规律。截至 2022 年 9 月底，我国债券市场共发生 202 笔违约，涉及金额为 1984.34 亿元。按照时间进度测算，债券违约数量和违约金额与 2021 年基本持平。考虑到分母因素，2022 年的债券违约率相较于 2021 年有明显的下降。债券市场违约情况逐步稳定，并有所好转。
- 从债券违约的分布结构来看，呈现以下特点。一是从交易场所来看，交易所债券市场债券违约有所上升，银行间债券市场债券违约明显降低，双市场发行的企业债没有发生违约。二是从债券评级来看，高等级债券违约明显减少，违约主要集中在低等级信用主体上。三是从企业性质看，国企违约明显下降，但是民企违约增幅明显。除此之外，外资和中外合资企业违约也有所增加。四是从区域分布来看，广东、福建、上海的违约债券数量和金额占比均较高，广东省的企业债券违约金额占全部违约债券金额的近一半，民营企业占比较高是广东省企业债券违约金额占比较高的原因之一。五是从行业分布来看，房地产行业违约“一骑绝尘”远超其他行业，成为违约数量和违约金额占比最高的行业。从违约特点来看：单一主体违约规模小幅下降、民营

---

* 卜振兴，中国国际经济交流中心博士后、中国邮政储蓄银行高级经济师。

企业仍然是违约大户、上市公司违约明显下降、房地产行业进入集中违约暴发期。

- 从债券主体违约的因素来看，一是，宏观经济下行压力增加，2022年以来，受经济结构调整、疫情冲击、俄乌冲突等内外部因素的影响，我国经济发展受到了一定的影响，经济增速有所放缓，企业盈利水平也出现明显的下降，增加了债券市场违约的风险。二是，2022年以来，我国受到的各类突发冲击事件明显增多，这里面除了公共卫生事件外，也有地缘政治事件和经济冲击事件等。在宏观经济和债券市场外部冲击下，企业经营的不确定性和不稳定性增加，在一定程度上影响了债券发行主体的债务偿还能力。三是，2022年财政政策和货币政策整体宽松，在一系列总量宽松的财政政策和货币政策支持下，虽然2022年经济增长面临更大的压力，但是债券市场的整体违约水平不高。同时，我国针对经济结构转型发展进行的行业调控政策基调保持平稳，如对房地产行业采取的"房住不炒"的定位，房地产市场过热的情况明显缓解，房地产行业债券违约呈现加速趋势。四是，部分治理不完善和经营过于激进的公司，在外部环境收紧的时候，如果没能有效应对，极易发生债券违约。
- 展望2023年，我们对债券市场的信用风险判断如下：短期来看，疫情并没有彻底结束的趋势，虽然疫情冲击的影响会边际减弱，但是受其影响，包括中国在内的全球经济都面临下行风险，虽然经济会逐步修复，但是增长的动能不足。我国当前正处于经济结构调整的重要时期，经济正处于换挡期，经济面临的下行风险进一步增加。外部冲击事件时有发生，并且容易产生同频共振效应，地缘政治冲突加剧，美联储加息等政策的外溢效应不断增强，我国面临的外部环境更加严峻复杂，企业经营的不确定性进一步增加。因此，2023年，债券市场违约问题仍然会不断发生，部分区域、部分行业和部分领域受内外部环境、政策调控和自身经营等方面问题的影响，仍然面临较大的债务偿还压力，债券市场信用风险事件不容忽视。

一　违约概况

（一）总体情况

在分析债券市场信用风险之前，我们首先对债券市场的信用风险这一概念进行简单的界定。债券市场信用风险是指交易对方不能履行到期债务的风险，因此，信用风险也称债券违约风险。信用风险的表现形式有很多种，包括债券展期、债券交叉违约、债券担保违约、债券技术违约等。考虑到债券技术违约一般会很快兑付的特殊性，在统计和分析债券违约问题时，一般将这一类违约情况予以剔除。

统计数据显示，2014 年，我国债券市场开始出现违约，2018 年进入违约暴发期，违约数量和违约金额都有明显的上涨。我们以违约发生日时债券余额为基础统计了近年来债券违约情况。2014 年债券违约 6 只，违约金额为 13.4 亿元，2019 年违约数量超过 200 只，违约金额超过 2000 亿元。2021 年这一数量和规模再创新高，数量达到了 265 只，违约金额为 2735.45 亿元。截至 2022 年 9 月底，债券违约数量为 202 只，违约金额为 1984.34 亿元（见图 11-1）。按照目前违约进度测算，2022 年债券违约数量和金额与 2021 年大体相当。

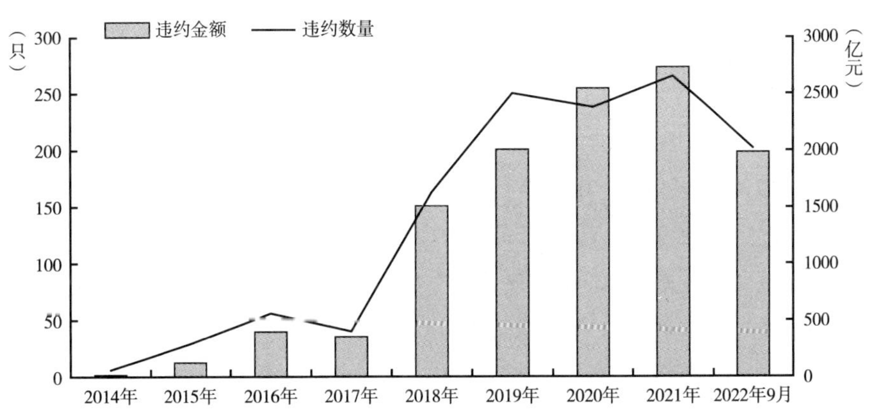

图 11-1　2014 年至 2022 年 9 月债券违约金额和数量

资料来源：Wind。

从违约数量和违约金额来看，2017 年之前，我国公开市场债券违约的数量和金额一直处于较低水平。进入 2018 年后，违约的数量和金额都大幅度提升。近四年，债券违约的数量基本维持在 250 只左右，违约金额维持在 2500 亿元左右。

从债券违约率来看，我们主要选择债券数量违约率和债券金额违约率两个指标来考察我国债券市场违约情况。从统计口径来看，我们分别选用全市场债券到期情况、信用债到期情况（不包含利率债和同业存单等短期货币市场工具）两个统计口径。

首先，按照全市场债券到期的统计口径计算，2014 年至 2022 年 9 月债券市场违约率如图 11-2 所示。

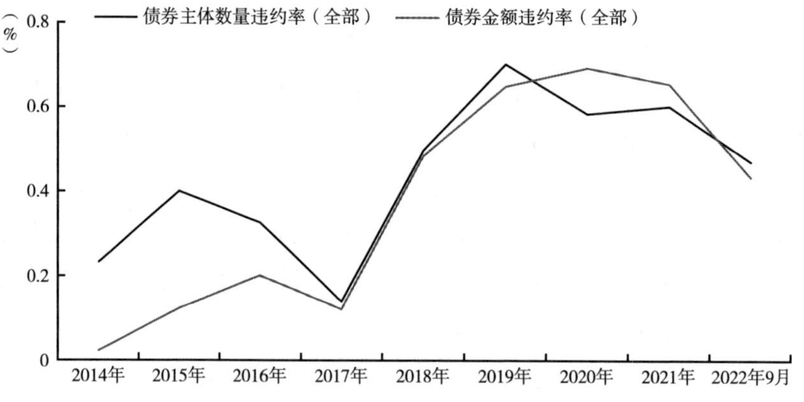

图 11-2　2014 年至 2022 年 9 月债券市场违约率（全市场口径）

从图 11-2 可以看出，我国债券主体数量违约率自 2014 年后发生了小幅的上涨，2017 年达到低点 0. 12%，之后出现快速的上涨，2019 年达到高峰 0. 67%，之后波动下降，截至 2022 年 9 月末，全市场口径的债券主体数量违约率达到 0. 47%，较 2021 年出现了明显的下降。

从债券金额违约率来看，其与债券主体数量违约率的走势基本保持一致，自 2014 年发生债券违约后，债券金额违约率出现小幅上涨，2016 年达到阶段性的高点，债券金额违约率由 2014 年的 0. 02%上涨到 2016 年的 0. 2%，2017 年短暂下降后，2018~2020 年快速上升，2020 年达到 0. 69%的高点，2021 年为 0. 65%，与上年基本持平。2022 年 9 月，债券金额违约率为 0. 43%，较

2021 年有明显的下降。

虽然 2021 年和 2022 年债券主体数量和金额违约率大体相同，但是考虑到 2022 年的债券到期量明显高于 2021 年，因此，2022 年违约率情况明显好于 2021 年。

其次，按照信用债到期的统计口径计算，2014 年至 2022 年 9 月债券市场违约率情况如图 11-3 所示。

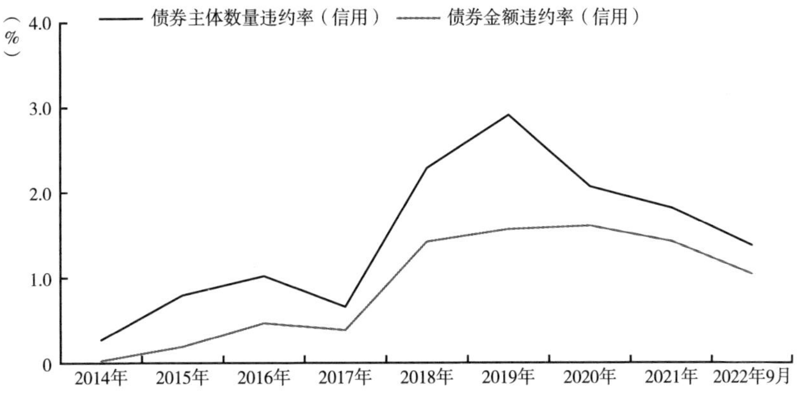

图 11-3　2014 年至 2022 年 9 月债券市场违约率（信用债口径）

资料来源：Wind。

按照信用债的口径，分母部分删掉了利率债和同业存单，因此，违约率较全口径会有所增加。2014 年，债券主体数量违约率为 0.27%，之后有所上涨，并在 2017 年达到了阶段性的低点 0.6%。自 2018 年开始，债券主体数量违约率大幅度上升，并在 2019 年达到峰值 2.79%。之后，债券主体数量违约率有所下降，2022 年 9 月，违约率为 1.37%，已经较峰值有大幅度的下降。

2014 年，债券金额违约率仅为 0.03%，之后小幅上升，2017 年后出现大幅跃升，并在 2020 年达到峰值 1.61%，之后快速下行，截至 2022 年 9 月底，违约率为 1.04%，整体违约水平有明显的下降。

从违约率指标的统计情况来看，我国债券市场自 2014 年发生债券违约以来，整体违约水平不高，债券市场整体运行较为平稳。但是进入 2018 年后，债券违约率明显上升。在经历 2018 年、2019 年的快速上涨后，2020 年的债券违约率有所下降，并且近 3 年基本维持这个趋势。这一方面是因为债券到期量不断增加，分母的摊薄效应降低了违约率水平；另一方面，为了应对疫情冲击，央行采取一系列应对策略，包括贷款延期支付工具的创设等，在一定程度上缓解了债券违约的压力。

（二）分布结构

Wind 统计数据显示，2022 年 1 月 1 日到 2022 年 9 月 30 日，我国债券市场一共有 64 个主体发生违约，涉及违约债券 202 只，违约金额为 1984. 34 亿元。

从交易场所分布来看，2022 年，违约债券为 202 只，其中交易所债券市场违约为 150 只，占比为 74. 26%；银行间债券市场违约债券为 52 只，占比为 25. 74%。在双市场发行的企业债没有发生违约。截至 2022 年 9 月底，债券市场违约金额为 1984. 34 亿元，其中交易所债券市场违约金额为 1627. 55 亿元，占比为 82. 02%，银行间债券市场违约金额为 356. 79 亿元，占比为 17. 98%，具体情况如表 11-1 所示。

表 11-1　违约债券交易场所分布情况

	交易所债券市场		银行间债券市场	双市场
	上交所	深交所		
数量(只)	110	40	52	0
数量占比(%)	54. 46	19. 8	25. 74	0
金额(亿元)	1143. 14	484. 41	356. 79	0
金额占比(%)	57. 61	24. 41	17. 98	0

从违约场所的统计数据来看，2022 年交易所债券市场的债券违约占比较 2021 年有较大幅度的上升，尤其是上交所债券市场债券违约占比已经超过 50%。在双市场发行的企业债违约占比为 0，企业债由于具有受到国家发改委严格的审核，以及项目配套，违约率明显低于其他品种债券。

从债券评级来看，在违约债券中，AAA 级主体债券违约数量为 32 只，占比为 15. 84%，违约金额为 324. 76 亿元，占比为 16. 37%。AA+级主体债券违约数量为 18 只，占比为 8. 91%，违约金额为 132. 58 亿元，占比为 6. 68%。AAA 级和 AA+级债券违约数量合计为 50 只，占比为 24. 75%，较 2021 年明显下降。AA 级、AA-级及其他债券违约数量为 152 只，占比为 75. 25%；违约金额为 1527. 02 亿元，占比为 76. 96%。低等级债券违约占比超 7 成，成为违约的主要标的（见表 11-2）。

表 11-2　违约债券评级分布情况

	AAA 级	AA+级	AA 级	AA-级	其他
数量(只)	32	18	18	4	130
数量占比(%)	15. 84	8. 91	8. 91	1. 98	64. 36
金额(亿元)	324. 76	132. 58	182. 52	24. 2	1320. 3
金额占比(%)	16. 37	6. 68	9. 20	1. 22	66. 54

从违约债券评级分布来看，2022 年违约债券的评级较 2021 年有明显的变化，高等级发行主体的占比明显减少，违约主要集中在低等级信用主体上。这也基本符合债券市场信用评级的规律，这在一程度上也反映了 2022 年债券市场违约更多的还是受宏观经济冲击和经营水平的影响，受各类政策影响较小。

从企业性质来看，民营企业是债券违约的重灾区。截至 2022 年 9 月底，民营企业发生债券违约数量为 146 只，占比为 72. 28%，债券违约金额为 1525. 14 亿元，占比为 76. 86%。无论是数量还是金额，违约占比都超过 7 成，是债券市场当之无愧的“违约大户”。除此之外，外资和中外合资企业发行的债券共发生 24 只违约，占比为 11. 88%，违约金额为 231. 13 亿元，占比为 11. 65%。2022 年，国有企业违约债券明显下降，中央企业没有出现违约，地方国企违约 5 只，占比为 2. 48%，违约金额为 20. 54 亿元，占比为 1. 03%，违约数量和金额占比均不超过 3%（见表 11-3）。

表 11-3　违约主体企业属性分布情况

	地方国有	公众	民营	外资	中外合资	其他
数量(只)	5	1	146	9	15	26
数量占比(%)	2. 48	0. 50	72. 28	4. 46	7. 43	12. 87
金额(亿元)	20. 54	4. 33	1525. 14	92. 30	138. 83	203. 20
金额占比(%)	1. 03	0. 22	76. 86	4. 65	7. 00	10. 24

从违约企业性质来看，2022 年国企违约相较于 2021 年有明显下降，但是民企违约增幅明显。除此之外，外资和中外合资企业违约也有所增加。

从地区分布来看，广东、福建、上海的违约债券数量和金额占比均最高。债券违约的数量占违约债券总数量的比重分别为 27. 23%、22. 28%和 10. 89%，违约金额占违约债券总金额的比重分别为 42. 57%、21. 08%和 7. 34%（见表 11-4）。广东省债券违约的数量和金额占比仍然最高，尤其是违约金额占比接近全部违约金额的一半，民营企业占比较高是广东省企业违约金额占比较高的原因之一。除此之外，福建省企业的违约数量激增，债券违约数量是 2021 年同期的 15 倍。

表 11-4 违约债券企业地区分布情况

	广东	福建	上海	湖北	河北	北京	山东	重庆	天津
数量(只)	55	45	22	19	12	11	7	7	5
数量占比(%)	27. 23	22. 28	10. 89	9. 41	5. 94	5. 45	3. 47	3. 47	2. 48
金额(亿元)	844. 70	418. 22	145. 63	80. 34	76. 77	65. 04	70. 00	56. 16	91. 08
金额占比(%)	42. 57	21. 08	7. 34	4. 05	3. 87	3. 28	3. 53	2. 83	4. 59
	黑龙江	贵州	河南	江苏	浙江	西藏	安徽	广西	新疆
数量(只)	5	3	3	2	2	1	1	1	1
数量占比(%)	2. 48	1. 49	1. 49	0. 99	0. 99	0. 50	0. 50	0. 50	0. 50
金额(亿元)	6. 00	43. 67	18. 90	16. 43	11. 85	20. 00	9. 00	5. 82	4. 75
金额占比(%)	0. 30	2. 20	0. 95	0. 83	0. 60	1. 01	0. 45	0. 29	0. 24

与 2021 年相比，2022 年债券违约区域分布呈现更为集中的情况，前三个省区市违约数量和违约金额占比分别达到 60. 4%和 70. 99%。相较于 2021 年，广东、福建、上海、湖北、黑龙江等地债券违约大幅度增加，北京、河北、海南、四川、天津、河南、江苏等地债券违约大幅度降低，山东、重庆、浙江、西藏、安徽、新疆等地债券违约情况与上年基本持平。宁夏、云南、吉林、辽宁 2022 年没有发生债券违约，尤其是宁夏违约债券数量从 5 只降为 0。而贵州新增违约 3 只，涉及金额为 43. 67 亿元，广西新增违约 1 只，涉及金额为 5. 82 亿元。东北地区债券违约继续保持较低位置，“投资不过山海关”的魔咒再一次被债券市场信用风险的表现打破。

从行业分布来看，房地产行业违约“一骑绝尘”远超其他行业，成为违约数量和金额占比最高的和行业。除此之外，工业行业违约排名第二，但是占比较 2021 年有明显下降。金融行业违约排名第三。债券违约数量和金额前三名的行业的违约数量合计 161 只，占比为 79.71%，违约金额合计为 1807.8 亿元，占比为 91.1%，较 2021 年的集中度有所上升（见表 11-5）。

表 11-5　违约企业行业分布情况

	房地产	工业	金融	医疗保健	材料	可选消费	信息技术	公用事业	能源	日常消费
数量(只)	116	25	20	16	8	5	5	4	2	1
数量占比(%)	57.43	12.38	9.90	7.92	3.96	2.48	2.48	1.98	0.99	0.50
金额(亿元)	1505.4	186.54	115.86	73.54	32.4	41.72	6.0	3.96	12.5	6.4
金额占比(%)	75.86	9.40	5.84	3.71	1.63	2.10	0.30	0.20	0.63	0.32

从 2022 年债务违约的行业表现来看，房地产和金融行业的债券违约明显增加。房地产行业的违约已经波及不同规模的企业，但是以民营企业为主，国有房地产企业还没有发生债务违约。与房地产行业不同，金融行业的违约主要集中于租赁、商业保理和资产管理公司等非传统金融企业。工业行业的违约明显下降，虽然工业行业涵盖面较广，但是相较于 2021 年有明显下降。与工业行业一样，材料行业的违约情况有明显下降，可选消费、能源、日常消费等行业也下降明显。医疗保健行业违约情况与上年基本持平。因此，整体来看，违约增幅较大的行业主要集中在房地产行业和金融行业。

二　违约特点

债券市场违约频发，并且呈现一定的特点，我们按照单一主体违约规模、企业性质、上市情况、行业性质等简单概括为以下几个方面。

（一）单一主体违约规模小幅下降

一般而言，单一主体违约规模较大会对市场产生较为严重的冲击。例如，

2021 年河南能源化工集团有限公司下属的子公司永城煤电控股集团有限公司发生违约。作为河南省最大的煤炭化工企业，也是河南省国资委下属最大的国有企业，其发生债券违约后，不仅对当地国有企业融资产生影响，而且甚至一度冲击全国的大型煤炭企业融资。因此，单一主体违约规模是衡量违约冲击的重要指标。我们以违约金额除以违约债券的数量，计算出了单笔债券违约金额（见图 11-4）。

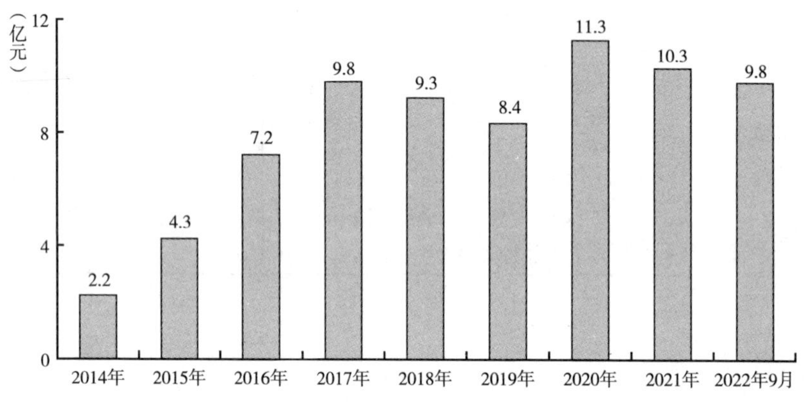

图 11-4　2014 年至 2022 年 9 月单笔债券违约金额情况

资料来源：Wind。

从图 11-4 可以发现，自 2014 年以来，单笔债券违约金额在不断上升，进入 2017 年以后，单笔债券违约金额基本维持在 10 亿元左右。2022 年 9 月底，单笔债券违约金额为 9.8 亿元，较 2021 年有所下降。这说明“大块头”的违约主体整体有所降低。我们统计了 2020~2022 年我国债券市场出现的部分千亿元级别资产规模的发行人出现违约的情况（如表 11-6 所示）。

表 11-6　2020~2022 年部分大型企业违约情况

单位：亿元

发行人	首次债券违约日期	资产规模
新华联控股有限公司	2020 年 3 月 6 日	1264
华晨汽车集团控股有限公司	2020 年 10 月 23 日	1933
紫光集团有限公司	2020 年 11 月 16 日	2966

续表

发行人	首次债券违约日期	资产规模
海航集团有限公司	2021 年 2 月 11 日	9806
华夏幸福基业股份有限公司	2021 年 3 月 23 日	4888
华夏幸福基业控股股份公司	2021 年 6 月 15 日	5081
泛海控股股份有限公司	2021 年 8 月 30 日	1810
河南能源化工集团有限公司	2021 年 9 月 2 日	2714
阳光城集团股份有限公司	2022 年 3 月 15 日	3583
中国恒大集团	2022 年 3 月 23 日	23776
融创中国控股有限公司	2022 年 5 月 12 日	12055

注：资产规模以发生违约期前披露的财报数据为准。

与 2021 年的情况不同，2022 年的大型企业发生违约有两个特点。一是，存续债券规模较大，并不是因为较小规模的债务违约就选择躺倒。2021 年，永城煤电控股集团有限公司发生违约近一年后，河南能源化工集团有限公司因为无法兑付 10 亿元到期的中票，发生债券违约。而河南能源化工集团有限公司是河南省最大的国有企业，其资产规模为 2714 亿元，占河南省国资委管辖的全部国有企业资产规模的近一半。10 亿元与 2700 多亿元的对比，让投资者产生了极大的困惑。而 2022 年发生违约的主体存续债务规模较大，违约存在一定客观性和必然性。二是，违约之前已经有大量的负面消息传出。与之前资产规模较大的企业如华晨汽车、方正集团等突然发生违约不同，2022 年的违约主体在发生违约前已经有大量的负面消息放出，并在二级市场经历了评级下调、机构出库、市场抛售等过程，二级市场的交易价格也在一定程度上释放了可能违约的消息。因此，2022 年，很多资产规模较大的企业发生违约时，并没有对市场产生很大的意外冲击。

（二）民营企业仍然是违约大户

企业性质是影响债券违约的一种重要因素，民营企业和国有企业在产权上的不同会带来融资、税收、信贷等各方面的差异。与国有企业背靠政府信用不同，由于缺少股东支持、缺少有效抵押物、公司治理结构不完善等因素，民营企业经营风险更高，一旦发生违约，后续追索偿还的概率更低。因此，民营企业在债券市场的违约占比一直较高。

自我国债券市场发生违约以来，民营企业违约的占比一直处于较高水平，不论是违约债券的数量占比还是违约债券的金额占比一直居高不下。在经历 2020 年短暂的下降后，2021 年和 2022 年民企违约的占比又有所反弹（见图 11-5）。

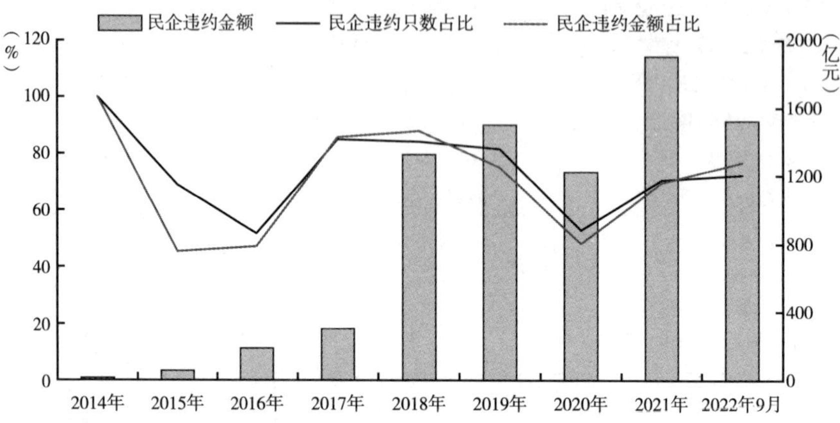

图 11-5　2014 年至 2022 年 9 月民营企业债券违约情况

资料来源：Wind。

以违约债券数量计算，民企违约率由 2014 年的 100%下降到 2016 年的 51.8%，之后在 2017 年快速攀升，2020 年下降到 52.9%，但是 2022 年 9 月这一数据又上升到 72.3%。按照目前测算，2022 年的债券违约数量将超过 2021 年。从违约债券金额来看，大体保持同样的节奏，截至 2022 年 9 月底，我国民营企业债券违约金额占比为 76.9%，创近 4 年来的新高。按照违约进度测算，2022 年的民企违约金额也将超过 2021 年，创出历史新高。2014 年至 2022 年 9 月民营企业债券违约情况见表 11-7。

表 11-7　2014 年至 2022 年 9 月民营企业债券违约情况

时间	民企违约只数（只）	民企违约金额（亿元）	民企违约只数占比（%）	民企违约金额占比（%）
2014 年	6	13.4	100.0	100.0
2015 年	20	56.07	69.0	45.5
2016 年	29	187.57	51.8	47.2
2017 年	34	302.74	85.0	85.7

续表

时间	民企违约只数（只）	民企违约金额（亿元）	民企违约只数占比（%）	民企违约金额占比（%）
2018 年	137	1327.04	84.0	88.0
2019 年	204	1502.52	81.6	74.9
2020 年	126	1223.75	52.9	48.1
2021 年	187	1903.85	70.6	69.6
2022 年 9 月	146	1525.14	72.3	76.9
合计	889	8042.08	71.2	68.9

从统计数据来看，2014 年至 2022 年 9 月，民营企业发行的债券在全部违约债券中的数量占比为 71.2%，金额占比为 68.9%，均在 7 成左右。民营企业是债券市场违约的大户。

与此相对应的是国有企业的违约情况，在统计中，我们将中央国有企业和地方国有企业违约情况合计，计算出了国有企业的整体违约率情况（如图 11-6 所示）。

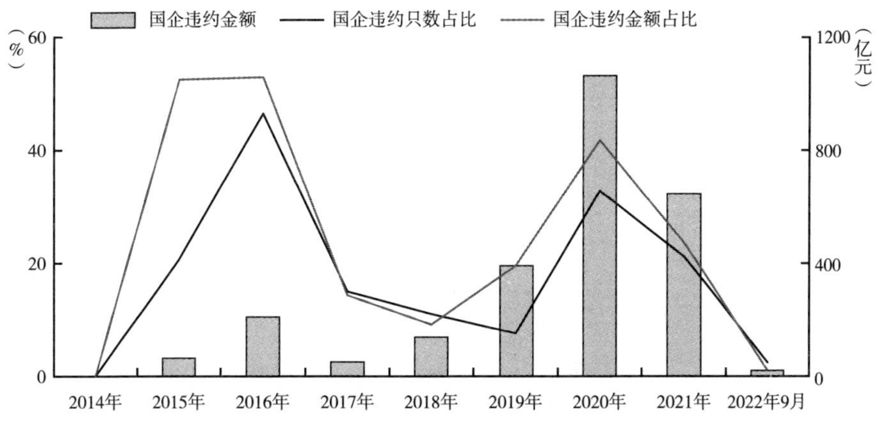

图 11-6　2014 年至 2022 年 9 月国有企业债券违约情况

资料来源：Wind。

由图 11-6 可以看出，我国在 2015 年发生国有企业债券违约以来，整体的违约数量和金额都没有出现明显的上涨，直到 2020 年，国企违约才进入高峰期和暴发期。2020 年，债券市场共发生 78 只国有企业债券违约，占全部违约债券的 32.8%，违约金额为 1062.19 亿元，占比为 41.7%。2021 年又快速回落，2022 年进一步回落。截至 2022 年 9 月底，我国债券市场共有 5 只国有企业债券违约，占比为 2.5%，违约金额为 20.54 亿元，占比为 1%。2014 年至 2022 年 9 月国有企业债券违约情况如表 11-8 所示。

表 11-8　2014 年至 2022 年 9 月国有企业债券违约情况

时间	国企违约只数(只)	国企违约金额(亿元)	国企违约只数占比(%)	国企违约金额占比(%)
2014 年	0	0	0.0	0.0
2015 年	6	64.67	20.7	52.5
2016 年	26	210.2	46.4	52.8
2017 年	6	50.7	15.0	14.3
2018 年	18	138.13	11.0	9.2
2019 年	19	392.02	7.6	19.6
2020 年	78	1062.19	32.8	41.7
2021 年	56	645.95	21.1	23.6
2022 年 9 月	5	20.54	2.5	1.0
合计	214	2584.4	20.4	22.2

总体来看，2014 年至 2022 年 9 月，国有企业发生债券违约数量为 214 只，国有企业违约债券数量占全部违约债券数量的比例为 20.4%。国有企业违约债券金额为 2584.4 亿元，占全部违约债券金额的比例为 22.2%。

这一数据与民营企业对比来看的话，自 2014 年以来，民营企业的债券违约数量是国有企业的 4.15 倍，民营企业的债券违约金额是国有企业的 3.11 倍。2022 年，这种情况表现得更加极端，2022 年 9 月，民营企业的债券违约数量是国有企业的 29.2 倍，民营企业的债券违约金额是国有企业的 74.25 倍。

（三）上市公司违约明显下降

上市公司是企业里的佼佼者，发生债券违约的风险概率较低。这主要是由上市公司的特点决定的。一是，上市公司本身资质较好。能够在证券市场上市的企业都经历了层层审核，尤其是在沪深主板上市企业，更是上市企业中的优质主体。因此，上市公司本身经营资质较好，发生债务违约的可能性就相对较低。二是，上市公司监管标准更高。交易所上市公司有一套完整的监管体系，其对上市公司信息披露、公司治理、财务报告等有明确的规定，并且要求按时披露。因此，上市公司整体监管标准高于一般企业，公司治理、财务制度等方面更加规范，发生债务风险等的可能性也相对较低。三是，上市公司相较于一般企业融资渠道更宽，除了债权融资外，还可以通过股票市场融资，因此，上市公司在发生债务问题时有更多的融资途径，这也降低了债券违约发生的概率。

从上市公司近年来的表现来看，2018 年之前极少有上市公司发生违约。但是 2018 年之后上市公司的违约数量和违约金额都有明显的上升。2014 年至 2022 年 9 月上市企业债券违约情况如图 11-7 所示。

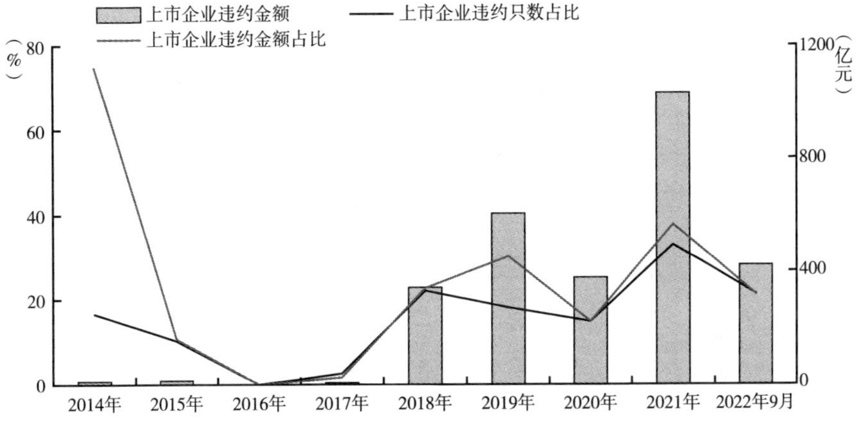

图 11-7　2014 年至 2022 年 9 月上市企业债券违约情况

资料来源：Wind。

2014 年，在债券违约“元年”，债券市场就发生了一笔上市公司债券违约。由于上市公司整体经营水平和实力较强，在发生违约后，单笔债券金额都较大。因此，该笔上市公司违约金额占全部债券违约金额的比重为 74.6%，超过了 7 成。之后债券市场又零星出现了上市公司违约的情况，但是违约数量和规模都很小，对债券市场的冲击有限。进入 2018 年后，上市公司违约的情况快速上升，2021 年达到了阶段性的峰值，违约债券数量为 87 只，占比为

32.8%，违约金额为1028.81亿元，占比为37.6%。但是这种情况在2022年有明显好转。截至2022年9月底，我国债券市场中上市公司债券违约数量为43只，占比为21.3%，违约金额为419.85亿元，占比为21.2%（见表11-9）。不论是违约数量还是违约金额都有明显的下降。

表11-9　2014年至2022年9月上市企业违约情况

时间	违约笔数(只)	违约金额(亿元)	违约笔数占比(%)	违约金额占比(%)
2014年	1	10	16.7	74.6
2015年	3	13.22	10.3	10.7
2016年	0	0	0.0	0.0
2017年	1	5.9	2.5	1.7
2018年	36	342.51	22.1	22.7
2019年	45	603.83	18.0	30.1
2020年	35	377.1	14.7	14.8
2021年	87	1028.81	32.8	37.6
2022年9月	43	419.85	21.3	21.2
合计	251	2801.22	24.0	28.9

总体来看，2014年至2022年9月，上市企业一共出现了251只债券违约，涉及金额为2801.22亿元，上市公司违约数量占全部违约债券的比重为24%，违约金额占比为28.9%。2022年上市公司违约水平明显降低，违约情况明显改善。

（四）房地产行业进入集中违约暴发期

自20世纪90年代我国进行住房市场化改革以来，房地产市场在改善居民居住条件、拉动经济增长方面发挥了巨大的作用。但是随着市场规模的不断增长，房地产行业积累的问题也在不断增多。这突出表现在以下方面：部分区域房价水平过高，房地产市场投机情绪浓厚，炒作盛行，行业风险在不断积累。在经历多轮房地产调控的基础上，2016年，中央经济工作会议明确提出“房子是用来住的，不是用来炒的”，“房住不炒”的房地产调控基调和格局正式形成。之后，在历次召开的中央经济工作会议上都反复强调了“房住不炒”的房地产调控总基调。各地也在加强对房地产行业的调控，例如北京市于 2021 年公布了《北京市住房租赁条例（征求意见稿）》，拟将“房住不炒”写入其中。

从债券市场的表现来看，我国房地产企业发行的债券直到 2017 年之前一直保持“零违约”的状态，自 2018 年北京华业资本控股股份有限公司发行的“17 华业资本 CP001”发生违约开始，房地产市场刚性兑付的神话被打破。2018 年债券市场共发生 6 只地产债违约的情况，占当年债券违约的比例为 3.7%，地产债违约金额为 34.9 亿元，占全部违约债券金额的比重为 2.3%。之后地产债违约数量快速增长。2020 年地产债违约 19 只，占全部违约债券数量的 8%，违约金额为 269.9 亿元，占全部违约债券金额的 10.6%。2021 年，地产债违约数量就达到了 61 只，占全部违约债券数量的 23%，违约金额为 734.57 亿元，占全部违约债券金额的 26.9%。2022 年，地产债违约再创新高，截至 2022 年 9 月底，地产债违约 116 只，占全部违约债券数量的 57.4%，地产债违约金额为 1505.42 亿元，占全部违约债券金额的 75.9%（见图 11-8）。

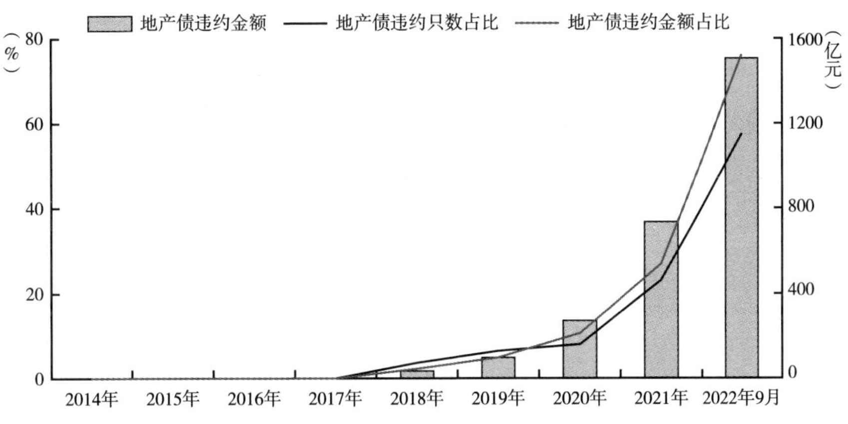

图 11-8　2014 年至 2022 年 9 月地产债违约情况

资料来源：Wind。

截至 2022 年 9 月底，地产债违约数量和金额较 2021 年都出现了大幅上涨，不论违约数量还是违约金额不断创出新高，并且远超之前年份，房地产行业的风险正在加速暴露。在这些违约的房地产企业中，不乏阳光城集团股份有限公司、深圳市龙光控股有限公司、融创房地产集团有限公司、上海世茂股份有限公司、金科地产集团股份有限公司等 AAA 评级的房地产公司。2014 年至 2022 年 9 月地产债违约情况见表 11-10。

表 11-10　2014 年至 2022 年 9 月地产债违约情况

时间	地产债 违约只数(只)	地产债 违约金额(亿元)	地产债 违约只数占比(%)	地产债 违约金额占比(%)
2014 年	0	0	0.0	0.0
2015 年	0	0	0.0	0.0
2016 年	0	0	0.0	0.0
2017 年	0	0	0.0	0.0
2018 年	6	34.9	3.7	2.3
2019 年	16	97.7	6.4	4.9
2020 年	19	269.9	8.0	10.6
2021 年	61	734.57	23.0	26.9
2022 年 9 月	116	1505.42	57.4	75.9
合计	218	2642.49	17.5	22.7

从总体数据来看，2014 年至 2022 年 9 月，地产债违约数量占比平均为 17.5%，违约金额占比为 22.7%，虽然违约数量和金额占比仅有 20%左右，但是新增数量和规模在快速增加，并且呈现指数上涨的趋势。房地产行业的信用风险在加速暴露。

三　违约原因

债券风险事件的发生是长期积累的结果，是由不同因素共同作用导致的。通过对债券违约情况的分析，我们可以将 2022 年债券违约的原因概括为以下几点。

（一）宏观经济下行压力增加

企业的经营发展与宏观经济密切相关，并且呈现明显的正相关关系，这种相关关系在周期性行业中表现得更加明显。一般而言，当宏观经济处于上升时期，不同部门的需求会不断增加，企业经营状况会有明显的好转。在盈利的刺激下，企业会有扩大再生产的动力。但是当经济增速逐步放缓时，前期的投入没有得到有效的回笼，而新增投资规模很大，对于经营杠杆水平较高的企业而言，就会带来很大的运营压力，甚至部分企业会出现入不敷出的情况，极端情况下会引发债券违约。

2022 年，受经济结构调整、疫情冲击、俄乌冲突等内外部因素的影响，我国的经济增长受到了一定的影响，经济增速有所放缓（参见第 1 章）。在经济增速放缓的背景下，企业盈利水平也有明显的下降。我们以工业企业为例，由于疫情的冲击，2022 年，我国工业企业的营业利润出现了明显的下滑，截至 2022 年 8 月，我国工业企业的营业利润累计同比下降 2%，9 月下降 3.8%。其中私营企业下降更为明显，大中型工业企业的利润水平与行业水平基本持平。

在宏观经济不断下滑的背景下，债券市场违约风险也在加大。尤其是强周期行业与宏观经济增长的关系更加密切，在经济下行时，会承受更大的压力。2022 年，债券市场违约排在前三名的行业分别是房地产、工业和金融等强周期行业，表明宏观经济下行对企业的盈利影响很大。除此之外，在宏观经济出现下行趋势时，民营企业和中小型企业的经营情况也会面临更大的压力。

（二）外部冲击事件时有发生

进入 2020 年以来，我国宏观经济受到的各类突发冲击事件明显增多，这里面除了公共卫生事件外，也有地缘政治事件和经济冲击事件等。具体而言，2022 年受到的冲击如下。

第一，疫情冲击。2022 年以来，新冠肺炎疫情再度肆虐。基于更好地保护人民群众的身体健康利益，我国坚持外防输入、内防反弹和“动态清零”的防疫政策，一旦发生疫情，就会采取各类疫情防控和管制措施防范疫情的发展和蔓延。在这种情况下，这在一定程度上会干扰和影响企业正常的生产秩序，同时降低消费、投资需求等，导致经济增速下滑。

第二，俄乌冲突。2022 年初，俄罗斯和乌克兰之间爆发了严重的军事冲突，作为世界上主要的工业品和农产品出口国，两国爆发的冲突影响了大宗商品价格的波动，进而对全球经济增长产生了冲击。以小麦为代表的粮食价格也在俄乌冲突发生后快速上涨。以芝加哥期货交易所（CBOT）小麦期货为例，俄乌冲突发生前的 2021 年 10 月，CBOT 小麦的期货结算价格为 755. 25 美分/蒲式耳。俄乌冲突爆发后，价格迅速上涨，2022 年 3 月初，一度上涨到 1294 美分/蒲式耳，创历史高点，较危机前上涨了 71. 33%。2021 年至 2022 年 8 月全球粮食价格变动情况见图 11-9。

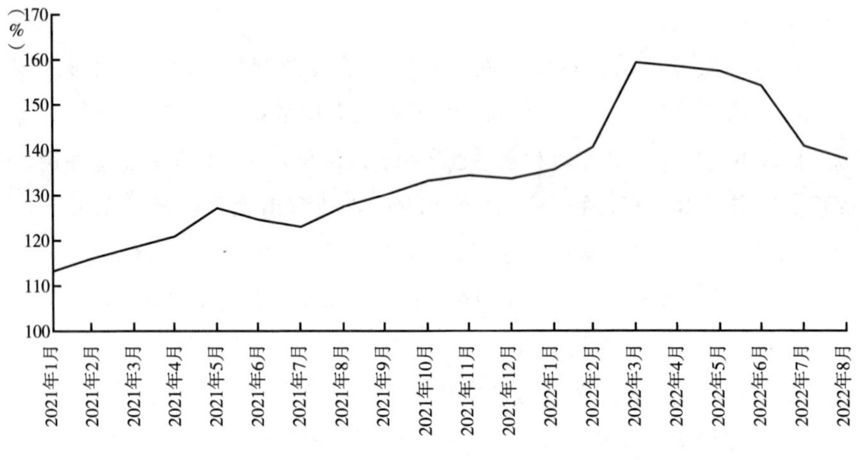

图 11-9　2021 年至 2022 年 8 月全球粮食价格变动情况

资料来源：Wind。

作为最重要的基础工业品和基础农业品，原油和粮食的价格不断上涨，必然影响企业利润增长，并通过产业链的作用不断向中下游传导。工业企业受到的影响最为直接，并有可能向其他行业传染，从而加重企业经营困难。

第三，美联储加息。2022 年美联储加息，也对债券市场的运行产生了冲击。美联储加息以及美元指数的上涨，一方面导致资本回流美国，各国都面临资本外流的压力，对债券市场形成负面冲击；另一方面以美元计价的金融资产面临贬值的压力，也会加剧中资美元债等市场信用风险的压力，并引发境内债券市场的波动。

总体而言，2022 年，宏观经济和债券市场受到的外部冲击事件频发，企业经营的不确定性和不稳定性增加，在一定程度上影响债券发行主体的债务偿还能力。

（三）宏观政策调控宽严相济

宏观政策的调整也会影响债券市场信用风险的变化。宏观政策主要包括财政政策、货币政策、产业政策等。我们对 2022 年的政策情况总结如下，并简要分析其对债券市场的影响。

第一，财政政策和货币政策整体宽松。财政政策方面，2022 年，财政政策不断发力，虽然我国适当下调了财政赤字，但是通过各类机构利润缴存等方式，加大了财政支出力度。按照年初计划，2022 年，一般公共预算支出为 26.71 亿元，较 2021 年增加 2.14 万亿元，同比增长 8.7%。除此之外，财政支出还在不断优化支出结构，对科技研发、生态环保、民生保障、小微企业等领域加大支持力度。货币政策方面，2022 年，面对国内外复杂严峻的形势，中国人民银行坚持稳中求进的工作总基调，加大政策调节力度，为实体经济发展提供了有力支撑。根据中国人民银行网站公布的数据，截至 2022 年 9 月末，央行净投放资金 2680 亿元，银行体系流动性明显充裕。9 月，社会融资规模增量为 3.53 万亿元，比上年同期多增 6274 亿元。同时，央行还积极加大对结构性工具的支持力度，加大对普惠小微贷款的支持力度，支持煤炭清洁高效利用、科技创新、普惠养老、交通物流的专项再贷款及创设和发展碳减排支持工具，促进金融资源向重点领域、薄弱环节和受疫情影响严重的行业、市场主体倾斜。在一系列总量宽松的财政政策和货币政策支持下，其缓解了部分企业融资和债务偿还的压力。这也解释了虽然 2022 年经济增长面临的压力更大，但是债券市场的整体违约水平并不高。

第二，行业调控政策仍然保持定力，尤其是在房地产行业调控方面。进入 2022 年以来，基本延续了前期的调控基调，“坚持‘房住不炒’定位，稳地价、稳房价、稳预期”。在政策调控的指导下，我国房地产市场价格稳中有降，房地产市场过热的情况明显缓解。同时，房地产行业也开始强调精准调控，更加强调调控的科学性、合理性，政策有所放松，房地产政策有所改善。中指研究院披露的数据显示，2022 年第三季度，全国各省区市已经出台 300 余条房地产相关政策，在购房补贴、公积金等方面逐步调整。

虽然根据实际情况，房地产政策有一定的微调，但是“房住不炒”的基本定位没有改变。当前购房意愿降低，购房需求不足，房地产价格和销售表现仍然较为平淡。伴随着房地产企业销售金额的不断下降，房地产行业的信贷也在不断收紧。Wind 统计数据显示，2022 年上半年，房地产开发贷款余额同比减少 0.2%。2022 年前三季度，房地产行业债市净融资为-282.38 亿元。随着房地产信贷投放、土地出让等方面的管控不断增强，房地产企业违约现象不断出现。

除此之外，进入 2022 年以来，对城投债的调控政策整体没有发生大的变化，地方政府也在不断加强对城投业务的监管。如贵州省要求城建业务不得新增隐性债务，严禁国企违规购地，坚决查处违法违规举债行为。从中央层面来看，主要是要求按市场化原则保障融资平台公司合理融资需求，不得盲目抽贷、压贷或停贷，但城投债融资政策并没有实质性放松。Wind 统计数据显示，2022 年 1~9 月，城投债净融资额为 1.49 万亿元，较上年同期下降 23.23%。在一系列政策不断收紧的过程中，城投债的融资环境在逐步收紧，部分过度扩张和经营不规范的城投公司风险正在逐步累积。

（四）自身经营存在各种问题

冰冻三尺非一日之寒，债券违约的出现是一个长期积累的过程，并且是内外部各种因素共同作用的结果。债券发行人出现债务违约一方面受外部因素，如宏观经济、宏观政策以及各种外部冲击事件的影响；另一方面，债券违约也与自身的经营密不可分。从自身经营角度来看，我们可以将影响债务违约的原因分为两大类：公司治理问题和业务经营问题。

第一，公司治理问题。公司治理问题主要是公司的组织机构和管理体制问题。公司治理问题如下。一是，公司的股权结构存在问题，股东股权划分不清晰，在公司高管任职和行使表决权方面存在重大瑕疵，公司股权涉及质押或者转移，股权结构频繁发生变动，股权过于分散，影响公司正常业务的开展等。二是，公司的高管层频繁发生变动，尤其是民营企业，公司的董事长对于公司的重大决策具有至关重要的决定作用，负责人的变动会对公司管理产生巨大的影响，一旦高管人员发生变动，就会导致公司整体的经营决策和经营风格发生重大变化，影响公司的正常运营。三是，公司的管理制度存在瑕疵或者缺陷，例如，公司的风控制度不健全，公司频繁发生风险事件，影响公司的正常盈利；公司的财务制度不健全，财务账目管理混乱，公司的管理人员无法掌握公司整体经营的真实情况，难以在此基础上做出科学合理的决策；又如公司的决策机制存在问题，对于重大的经营事项议而不决，久拖不决，导致公司的经营效率和管理效率明显下降，难以有效应对快速变化的市场环境，并最终导致错失投资机遇，无法实现持续稳定的盈利。公司治理问题在民营企业中表现得较为突出，尤其是部分“家族式”企业，管理方面不规范就容易导致公司经营出现问题，并最终引发债务违约。

第二，业务经营问题。业务经营问题主要是指公司在经营过程中过于激进，没有很好地实现业务发展和经营安全之间的平衡。公司的业务扩张表现为以下几种形式。一是，高杠杆经营。在整体经营环境比较好的时候，通过举债、贷款等方式盲目扩大生产、上项目、铺摊子，导致公司的杠杆率水平很高。当内外部环境比较有利的时候，这种激进的经营并没有暴露出风险，公司一直保持高速增长，能够通过借新还旧维持正常的运转。但是当经济下行、政策收紧或者遭遇意外冲击的时候，投资项目的回报率下降，公司的经营就会面临重大的考验。很多企业在这个过程中，盈利水平不断下降，债务水平居高不下，兑付压力不断增长，最终出现入不敷出的问题。二是，公司多元化经营。多元化又分为纵向一体化和横向一体化。纵向一体化是指在原有行业的上下游拓展产业链，通过这种方式可以降低企业经营的成本，但是也会面临投入成本过高、经营内容不熟悉的问题，导致公司的投入项目持续得不到回报，影响公司的再融资能力。如果公司的杠杆水平过高，那么财务风险不断累积和攀升，极易引发债务违约问题。横向一体化是指公司的经营逐渐拓展到与原有业务完全不相关，或者相关性较小的领域。这种多元化的经营风险更高，同时面临业务、人员和组织架构等各方面的问题，经营失败的案例不胜枚举。

2022 年违约的中国恒大集团（下文简称“恒大集团”）就是一个比较典型的代表。恒大集团于 1996 年在广州成立，2008 年底，各项核心指标都实现了 10~20 倍的增长，跻身全国房地产企业 20 强行列。2009 年在香港上市，2013 年销售额突破 1000 亿元。2014 年，各项核心指标连续 5 年年均增速在 30%以上，2015 年，公司开始多元化经营，拓展旅游及养生项目，同年成为全球 500 强企业，销售额位居全球第一，2019 年开始进军新能源汽车领域，2021 年，公司总资产达到 2.3 万亿元，年销售规模超过 7000 亿元，世界 500 强企业中排第 122 位。就是这样一个庞然大物，2022 年 7 月爆出境内公开发行的债券“20 恒大 01”无法正常兑付，发生实质性违约，引发市场关注。

恒大集团的违约是由多方面因素造成的，首先，从宏观经济和政策环境来看，宏观经济不断承压，居民收入减少，购置房产的意愿和能力在不断下降。

随着销售额不断下降，融资渠道不断收紧，公司的债务负担不断加重。其次，恒大集团高杠杆的负债经营模式难以为继。回顾恒大集团近30年的发展历程，依赖的就是高杠杆、高负债的经营模式，通过快速大规模抢占市场，打出品牌，公司销售规模从2014年的1315亿元增长到2020年的7232亿元，迅速跻身国内外房地产企业的前列。在快速发展的同时，恒大集团高杠杆的业务模式运用得更加纯熟。过高的杠杆和负债规模，导致恒大集团在面临外部冲击时表现得更加脆弱。最后，公司盲目铺摊子，在核心业务外，业务中心逐渐转移到其他方面，不断涉足健康消费、金融投资、互联网、新能源汽车等领域，仅2020年恒大集团的权益投资就超过800亿元。

从恒大集团的案例可以发现，公司的激进经营是导致公司发生违约的内因。在外部环境收紧的时候，这种压力就会传导到公司经营的内部，并对整个公司的经营发展带来严峻的考验，如果没能有效应对，很容易发生债务违约风险。

四　展望

展望2023年，我们认为信用违约事件发生的风险和概率仍然很高，并在部分领域和行业有突出表现。

第一，宏观经济在逐步复苏，但仍面临很多内外部复杂严峻的环境。2022年，宏观经济受外部政策冲击影响较大，经济增速有所放缓。除此之外，我国当前正处于经济结构调整期，新的增长动能还没有完全起来，旧的增长动能正在转换。一是，能源结构在发生转变，目前，我国的能源结构正逐步从石油、煤炭等高耗能、高污染的化工能源向光伏、氢燃料等清洁能源转变。Wind统计数据显示，截至2022年第三季度，原煤产品达到33.16亿吨，同比增长11.2%，较2021年同期增加7.5%。原油产量为1.54亿吨，同比增长3.0%，天然气产量为1601亿立方米，同比增长5.4%。而同期以水电、风电、核电和太阳能发电为代表的清洁能源发电1.9万亿千万时，同比增长6.5%。能源作为最基础的工业品，影响了企业盈利和宏观经济的整体表现，能源结构的变化，必然深刻影响宏观经济的表现。二是，产业结构面临调整，我国正在从依赖房地产行业拉动经济增长向以智能制造物联网等新动能拉动经济增长转变。

近年来，房地产在拉动经济增长方面发挥了重要作用，2007 年第三季度，GDP 增速为 14.3%，其中房地产对经济增长的贡献为 1.1%。之后，房地产对经济增长的拉动作用不断降低，2021 年第一季度，受基数影响，当季 GDP 增速为 18.3%，房地产对经济增长的拉动作用为 1.59%。截至 2022 年 9 月底，房地产对经济增长的拉动作用为-0.31%，房地产连续三个季度对经济的增长贡献为负值。同期，工业和信息服务业对经济增长的拉动作用为 1.2% 和 0.35%。经济增长的动能在转变，经济增速面临一定的放缓压力。

第二，外部冲击事件时有发生，并且容易产生同频共振效应。近年来，我国面临的外部环境更加复杂严峻。一是，地缘政治冲突加剧。年初，俄乌之间发生了大规模的军事冲突，对全球资本市场和宏观经济运行都带来了很大的冲击和负面影响。二是，新冠肺炎疫情等公共突发事件时有发生，短期来看，没有结束的迹象。新冠肺炎疫情已经肆虐三年，目前虽然致死率和重症率都有所降低，但是传染率仍然很高，对宏观经济的冲击和影响仍然很大。短时间内，其是扰动经济增长的重要因素之一。三是，美联储加息等政策的外溢效应不断增强，会对我国宏观经济发展产生扰动。随着美联储的不断加息及货币政策鹰派立场，美元对非美元货币不断升值。截至 2022 年 9 月底，在岸人民币兑美元收盘价为 7.2。人民币的快速贬值，虽然没有改变我国独立的货币政策取向，但是我国同样面临外资流出的压力。2023 年，美联储加息的预期仍然很强烈，对我国外资管控等提出了新的挑战，也对债券市场和发行主体的融资产生负面影响。

第三，宏观政策基调保持平稳，部分行业和领域仍有较高的违约风险。当前我国正在积极推进产业结构调整、防范化解风险，对于部分传统的落后产能行业和风险水平较高的行业是一次重大的考验。在结构转型和风险化解的过程中，部分传统行业逐渐走下坡路，累积风险较多的主体违约的概率在不断加大。一是，房地产行业的风险较大。2022 年，房地产行业各项核心指标都有所下降，部分房企出现公开市场的债券违约，并且愈演愈烈。展望 2023 年，虽然针对行业风险不断累积的问题，监管也提出要合理满足房企融资需求，但是“房住不炒”的政策基调不会大幅转向。行业整体信用修复仍需很长时间，房地产行业的信用风险压力仍然很大。二是，城投行业面临的压力不断增加。针对地方政府债务风险管理的政策措施不断出台，以城投债为代表的地方政府隐性债务面临压降的风险。平台公司的融资会逐步规范，跑马圈地的快速发展时代已经不再，这对过度高杠杆经营的城投企业而言会带来直接的压力。随着房地产行业的调控，房价逐步回归理性，土地出让收入也会减少。这样一来，依赖土地财政的地方政府，面临财政收入降低、财政能力减弱的问题。在这种背景下，地方政府对城投平台的隐性支持能力会下降。部分债务压力较大的区域，面临债务偿还和兑付的风险，随着城投平台业务的转型发展，部分具有产业化运营项目的平台公司，如果债务压力过大，经营资质整体较弱，就会发生公开债务违约的风险，产业城投或将打破城投刚兑的神话。

总体而言，展望2023年，受疫情冲击，全球经济正经历下行的压力。随着疫情冲击的影响边际减弱，我国经济增速逐步恢复，但是增长的动力不足。同时，经济结构调整的压力仍然存在，经济仍然面临下行风险，违约仍然会不断发生。部分区域和行业受经济结构调整的影响，仍然面临较大的违约压力。我国当前所处的外部环境异常严峻复杂，并且全球央行都在逐步收紧货币投放，企业盈利能力和融资能力仍会经受严峻考验。除此之外，部分行业和领域面临政策调控和转型的压力。在疫情冲击、经济结构调整、外部环境日趋复杂的背景下，部分行业和企业将面临资金兑付的压力。加上明年我国信用债券到期规模较大，部分低资质企业的融资仍会面临困难，个别主体的违约会持续暴露，尤其是受政策监管以及高度依赖融资的房地产企业、地方政府融资平台以及经营较为激进的民企都应该是市场关注的焦点。

面对可能出现的债券市场信用风险问题，一是，要坚持市场化出清，打破政府兜底和刚性兑付，债券违约也是实现市场出清的手段，有利于实现资源的优化配置，要正确看待债券违约。二是，要密切关注信用风险的发展和变化，避免由于单一主体的信用风险问题而引发行业或者区域的连锁反应，最终引发系统性的风险。要在遵守市场化处置的同时，实现市场平稳发展。对于有可能引发相互传染或者恐慌抛售导致的信用风险事件，要制定防范预案，并根据情况及时采取措施，防范风险过度发展。三是，加强对高风险行业和高风险区域的监管，指导相关企业及时采取措施，降低债务水平。同时，充分发挥好中介机构的专业力量的作用，做好市场服务和市场监管。四是，不断发展信用衍生品市场，通过风险转移和风险分散等机制，降低信用风险发生对投资人、债券市场的冲击，保持市场的平稳运行。

第十二章
债券衍生品市场

秦　龙*

- 2022年，在国内外复杂形势下，国内货币市场利率处于较低水平，债券利率总体呈现震荡下行态势。债券衍生品市场保持平稳发展，衍生品与现货市场的相关性维持较高水平，对外开放程度进一步加深。
- 2022年，利率互换成交笔数和成交量较上年同期均有所减少。截至2022年前三季度，利率互换市场达成交易17.75万笔，同比减少12.77%；交易名义本金总额为14.7万亿元，同比减少10.98%。2022年7月4日，中国人民银行、香港证券及期货事务监察委员会、香港金融管理局发布联合公告，香港与内地利率互换市场互联互通合作将于6个月后正式启动，境内债券市场对外开放程度进一步加深。
- 2022年，国债期货成交量和持仓量明显增长。前三季度，国债期货总成交量达到2595万手，较上年同期增长43.1%，日均持仓量为35.06万手，较上年同期增长50.1%。国债期货做市机制继续优化，进一步提升了国债期货市场的流动性，促进国债期货市场平稳运行。
- 2022年前三季度，信用风险衍生产品的发行规模有所扩大，挂钩国企的信用衍生工具占比提高。交易所市场推出组合型信用保护合约，为投资者提供了对冲信用风险的新工具。

2022年，国内经济在疫情冲击和政策托底下呈现一定波动态势，政策利率多次下调，货币市场利率总体处于较低水平，促进信贷投放，稳定国内经济

* 秦龙，中泰证券固定收益部总经理，中泰证券固定收益部陈鹏、黄盛豪、陈浩、蔡亚冬对本章亦有贡献。

大盘。而海外主要经济体通胀高企，货币政策收紧，美联储持续加息，美元指数持续创新高。在国内外复杂形势下，国内债券利率总体呈现震荡下行的特征，债券衍生品市场保持平稳发展，衍生品与现货市场的相关性维持较高水平，对外开放程度进一步加深。

2022 年，利率互换成交笔数和成交量较上年同期均有所减少，前三季度，利率互换市场达成交易 17.75 万笔，同比减少 12.77%；交易名义本金总额为 14.7 万亿元，同比减少 10.98%。继海外金融机构开始直接进入境内利率互换市场参与交易后，香港与内地利率互换市场互联互通合作将于 2023 年正式启动，境内债券市场对外开放程度进一步加深。

2022 年，国债期货交投活跃，日均持仓量和总成交量大幅增加，均创国债期货上市以来的新高。前三季度，国债期货总成交量达到 2595 万手，较 2021 年同期大幅增长 43.1%，国债期货日均持仓量为 35.06 万手，较 2021 年同期增长 50.1%。国债期货做市商实施分级管理并新增 5 家做市商，国债期货市场流动性进一步提升。2022 年前三季度，国债期货隐含回购利率呈现稳中有降、波动较小的特征。

2022 年前三季度，银行间市场信用风险缓释凭证合计发行 121 只，创设规模为 200.33 亿元，较 2021 年同期分别增长 40.70%、14.87%，挂钩国企的信用衍生工具占比提高。在产品创新方面，交易所市场推出组合型信用保护合约，已有 2 只组合型信用保护产品公布并进行了报价、交易活动，为投资者提供了观察市场整体信用风险偏好的直观指标和对冲信用风险的有效工具。

一　利率互换市场

（一）互换通将正式启动

2022 年 7 月 4 日，中国人民银行、香港证券及期货事务监察委员会（下称香港证监会）、香港金融管理局（下称香港金管局）发布联合公告，开展香港与内地利率互换市场互联互通合作（下称互换通），促进内地与香港金融衍生品市场共同发展。自公告发布之日起 6 个月后正式启动。公告日适逢“债券通”开通五周年，标志着境内债券市场对外开放程度进一步加深。

“互换通”指境内外投资者通过香港与内地基础设施机构连接，参与两个金融衍生品市场的机制安排。初期先开通“北向通”，即香港及其他国家和地区的境外投资者经由香港与内地基础设施机构之间在交易、清算、结算等方面互换互通的机制安排，参与内地银行间金融衍生品市场。未来，将适时研究扩展至“南向通”，即境内投资者经由两地基础设施机构之间的互联互通机制安排，参与香港金融衍生品市场。

（二）利率互换市场运行情况

2022 年，利率互换市场保持稳步发展，利率互换成交笔数和成交量较上年同期有所减少，主要系 3~5 月多地疫情暴发、防控措施升级所致。2022 年前三季度，利率互换市场达成交易 17.75 万笔，同比减少 12.77%；交易名义本金总额为 14.7 万亿元（见图 12-1），同比减少 10.98%。从期限结构来看，1 年及 1 年期以下交易最为活跃，名义本金总额达 8.83 万亿元，占总量的 60.07%。从参考利率来看，利率互换交易的浮动端参考利率主要包括 7 天回购定盘利率和 3 个月期 Shibor 利率，与之挂钩的利率互换名义本金占比分别为 88.55%和 10.70%。贷款市场报价利率（LPR）形成机制改革后，以 LPR 为标的的利率互换成交日趋活跃，2022 年前三季度，以 LPR 为标的的利率互换成交 555 笔，名义本金为 834.28 亿元。

利率互换交易活跃，丰富了利率风险管理工具，在一定程度上提高了货币政策向存款利率的传导效率，积极促进利率市场化改革。

在市场保持稳步发展的同时，2022 年，利率互换市场还呈现如下三个特点。

第一，挂钩 LPR 的利率互换成交活跃度较 2021 年明显上升，成交期限以短期限为主。

2019 年 8 月开始的 LPR 改革加快了贷款利率市场“最后一公里”改革，近年来，LPR 改革持续深入，贷款利率形成的市场化程度明显提高，市场风险管理需求开始增加，挂钩 1 年期 LPR 和 5 年期 LPR 的利率互换成交日趋活跃。1 年期 LPR 和 5 年期 LPR 月度名义本金成交量见图 12-2。自 2021 年 12 月以来，1 年期 LPR 和 5 年期 LPR 多次下调，截至 2022 年 9 月 30 日，1 年期 LPR 和 5 年期 LPR 较 2021 年末分别下降 15BP 和 35BP，市场对于 LPR 利率互换的交易需求明显上升。2022 年前三季度，LPR 利率互换交易量为 834.28 亿元，较上年同期 650.66 亿元的水平显著上升。

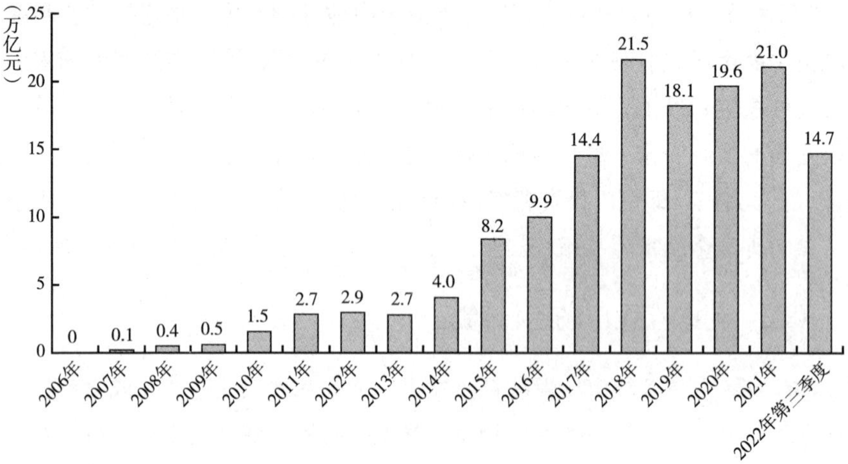

图 12-1　中国利率互换交易名义本金总额

资料来源：中国外汇交易中心。

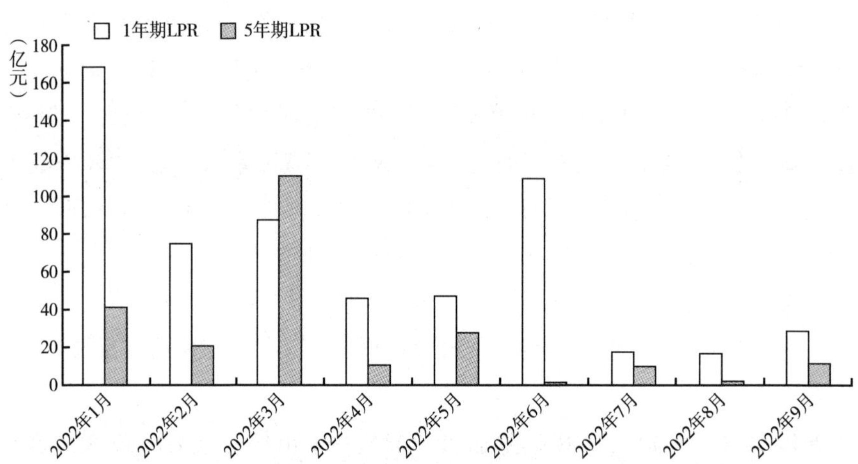

图 12-2　1 年期 LPR 和 5 年期 LPR 月度名义本金成交量

资料来源：中国外汇交易中心。

第二，利率互换的成交期限仍集中在短期限。

2022 年前三季度，利率互换中短期限占比有所下降，长期限活跃度有所增加但依旧不高。1 年及以内期限品种成交占比为 60.22%，较上年下降 7.08 个百分点；其中，1 年期名义本金达 62479 亿元，占比为 42.60%，较上年提升8.6个百分点。1年期以上的成交品种主要为5年期品种，5年期品种累计成交34438亿元，占比较上年提升2.7个百分点，为23.48%。

5年期以上品种的成交依旧不活跃，前三季度累计成交8.20亿元，较上年同期减少7.80亿元。从实际交易和报价情况来看，5年期以内品种买卖价差贴近，基本在0.5BP以内，而7~10年期品种，买卖价差通常在5BP左右。相较于10年期国债期货0.005元的最小变动价位和现券0.25BP的买卖价差，利率互换的买卖价差过大，交易成本过高，报价宽度进一步影响市场交投活跃度。2022年1~9月利率互换交易量期限分布见图12-3。

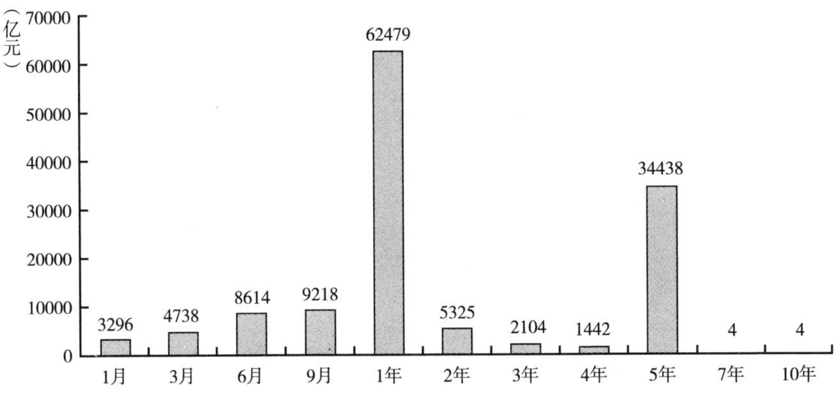

图12-3　2022年1~9月利率互换交易量期限分布

资料来源：中国外汇交易中心。

第三，利率互换标的结构进一步集中，R007标的占比增加，占据绝对领先地位。

2022年前三季度，以FR007为参考利率的利率互换继续维持市场的领先地位，占比为88.5%（见图12-3），比2021年上升2.7个百分点，其他标的品种占比小幅下降。

（三）利率互换利率走势及与其他利率相关性分析

2022年前三季度，利率互换利率总体呈现宽幅震荡的特征，波动率处于较低水平。以5年期FR007利率互换为例，前三季度整体在2.39%至2.68%区间内运行。2022年前三季度人民币利率互换业务名义本金成交规模见表12-1。

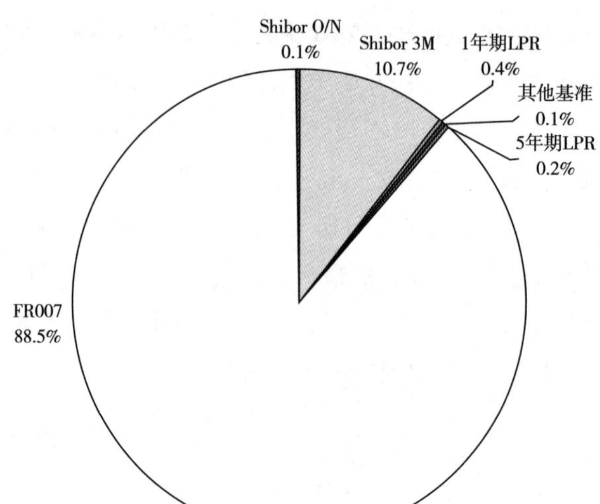

图 12-4　中国利率互换参考利率分布（2022 年 1~9 月）

资料来源：中国外汇交易中心。

表 12-1　2022 年前三季度人民币利率互换业务名义本金成交规模

单位：亿元

期限	FDR007	FDR007	FR007	Shibor 3M	Shibor O/N	1 年期 LPR	5 年期 LPR	GB10	D10/G10	其他	合计
1 月	4		3272		18			0. 5		1. 5	3296
3 月	2. 5	4. 5	4711. 5		4. 5			5	5	5	4738
6 月	1	1	6509. 5	1897	1	131. 5	9. 5	21	21	21	8613. 5
9 月		0. 5	7423. 42	1753	1	28. 5	11. 3			0	9217. 72
1 年			53828. 5	8197. 6	81	227. 6	78. 2	22	22	22	62478. 9
2 年			4072. 98	1160. 65		73. 9	17. 5			0	5325. 03
3 年			1628. 95	443. 5		29. 7	2			0	2104. 15
4 年			1329. 86	108. 4		2	2			0	1442. 26
5 年			33347. 92	1082. 1		7. 3	0. 6			0	34437. 92
7 年			3. 8							0	3. 8
10 年			3. 8	0. 6						0	4. 4
其他			13726. 64	1051. 4		96. 77	115. 91			0. 3	14991. 02
合计	7. 5	6	129858. 87	15694. 25	105. 5	597. 27	237. 01	48. 5	48	49. 8	146652. 7

资料来源：根据全国银行间同业拆借中心数据计算。

1月，中国人民银行开展7000亿元中期借贷便利（MLF）操作和1000亿元公开市场逆回购操作，中标利率均下调10BP，利率互换利率出现下行。随着货币政策支持、信贷投放增加，10年期美国国债收益率受通胀推动升至2.00%以上，2~3月利率互换利率回升至年初水平。

第二季度，多地疫情暴发，上海等地全域静默管理，经济活动受到明显冲击。为应对疫情冲击，促进疫情后的经济复苏，中国人民银行于4月下调金融机构存款准备金率0.25个百分点，8月下调公开市场操作利率和中期借贷便利利率各15BP，货币市场利率中枢持续低于公开市场操作利率，4~8月，利率互换利率总体呈震荡下行态势。

9月，国务院稳增长“一揽子政策”支持经济复苏及其接续政策的效果开始显现，经济总体呈现向好态势。同时，海外主要经济体通胀高企，货币政策收紧，美联储持续加息，美元指数持续创新高。在国内外因素共同作用下，利率互换出现抬升（见图12-5）。

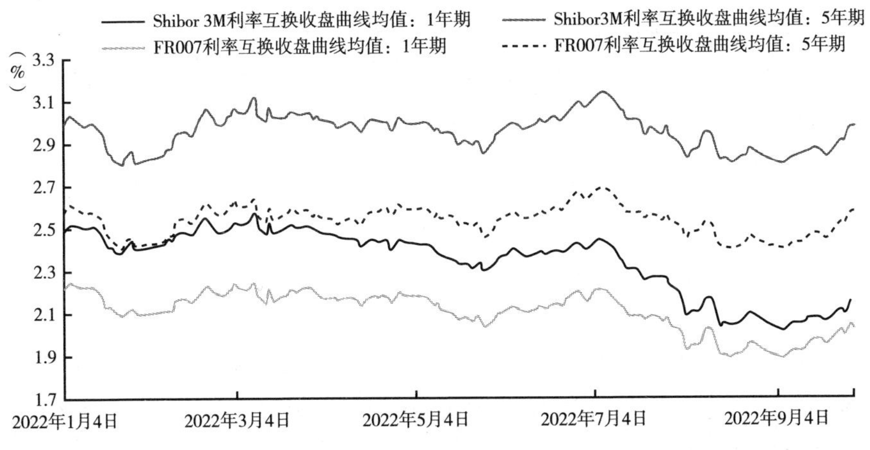

图12-5　2022年利率互换利率走势

资料来源：全国银行间同业拆借中心。

2022年前三季度，货币市场利率与短期限利率互换利率的整体相关性总体有所增强。从绝对利率来看，Shibor 3M IRS与Shibor 3M相关性较高，均在0.90以上，R007与FR007 IRS的相关系数在0.40以上，1年期及以内品种均在0.68以上，较2021年同期明显上升；从利率日变化率来看，货币市场利率与利率互换利率的相关性整体下降，相关系数总体在 0~0.15 水平，总体较低（见表 12-2）。这说明，短期而言，利率互换对货币市场利率变化的对冲效果较弱，但是从长期来看，两者对冲效果较好。

表 12-2　2022 年前三季度货币市场利率与利率互换利率的相关系数

	1月	3月	6月	9月	1年	2年	3年	4年	5年
R007 与 FR007 IRS	0.69	0.73	0.73	0.71	0.68	0.55	0.44	0.40	0.41
Shibor 3M 与 Shibor 3M IRS	—	—	0.99	0.97	0.93	0.78	0.64	0.51	0.44
R007 日变化与 FR007 IRS 日变化	0.08	0.15	0.11	0.08	0.06	0.04	0.03	0.05	0.04
Shibor 3M 日变化与 Shibor 3M IRS 日变化	—	—	0.11	0.08	0.06	0.04	0.03	0.05	0.04

资料来源：根据全国银行间同业拆借中心数据计算。

2022 年，根据国内外经济形势和疫情防控形势的特点，中国人民银行的货币政策保持稳健中性，实施逆周期调节，保持流动性合理充裕，为国内经济的恢复提供了有力支持。为有效推动实体融资成本下降，促进经济服务发展，2022 年以来，中国人民银行公开市场操作 7 天期逆回购和中期借贷便利利率均累计下调 20BP，并采用公开市场操作、降准、再贷款等多种方式提供基础货币，在特定时点加大公开市场操作量，稳定货币市场利率和市场预期。2022 年，货币市场利率总体保持在较低水平，为实体经济融资提供了有力的支持。利率互换更表现出了预期性，尽管海外市场利率一度大幅走高，波动剧烈，但境内利率互换没有简单地跟随海外市场走势而大幅波动，体现了对远期利率较好的价格发现功能。

2022 年前三季度，利率互换与国开债收益率的相关系数较上年有所降低，但依然维持在较高水平。具体而言，5 年期 Shibor 3M IRS 利率互换与中长期限国开债收益率的相关系数维持在 0.8 以上。利率互换日变化与国开债收益率日变化的相关系数维持在 0.60~0.90 水平（见表 12-3）。这种较高的相关性使利率互换和国开债之间的各种策略组合能够有效运行，为利率风险管理提供了有效的工具。

表 12-3　2022 年前三季度利率互换与国开债收益率相关系数

	1 年	3 年	5 年	7 年	10 年
5 年期 FR007 IRS 与国开债	0.60	0.87	0.90	0.85	0.84
5 年期 Shibor 3M IRS 与国开债	0.68	0.91	0.90	0.85	0.84
5 年期 FR007 IRS 日变化与国开债利率日变化	0.63	0.85	0.89	0.70	0.88
5 年期 Shibor 3M IRS 日变化与国开债利率日变化	0.66	0.84	0.87	0.68	0.86

资料来源：根据全国银行间同业拆借中心与中央结算公司数据计算。

二　国债期货市场

（一）国债期货市场运行及交割情况

2022 年前三季度，国债期货的成交量和持仓量较 2021 年显著增加。2022 年前三季度，国内货币政策保持稳健中性，疫情多地散发对经济增长产生一定影响，海外主要经济体受通货膨胀冲击而收紧货币政策。在国内外环境综合影响下，1~8 月，国债收益率走势呈现振荡特征，8 月中旬，中国人民银行下调公开市场操作利率和中期借贷便利利率，国债收益率出现下行。总体而言，前三季度债券收益率振幅和波动率较低。2022 年前三季度，国债期货总成交量为 2595 万手，较 2021 年同期增长 43.1%；其中，10 年期合约总成交量为 1396 万手，较 2021 年同期增长 16.0%，5 年期合约总成交量为 772 万手，较 2021 年同期增长 75.9%，2 年期合约总成交量为 427 万手，较 2021 年同期大幅增长 149.7%。持仓量方面，2022 年前三季度，国债期货日均持仓量为 35.06 万手，较 2021 年同期增长 50.1%，其中，5 年期合约日均持仓 11.22 万手，较 2021 年同期增长 72.6%，10 年期合约日均持仓 18.68 万手，较 2021 年同期增长 32.9%，2 年期合约日均持仓 5.15 万手，较 2021 年同期增长 83.9%。成交持仓比方面。2021 年前三季度，国债期货总体成交持仓比为 0.41，较 2021 年同期小幅下降 0.02。2 年期国债期货成交量及持仓量见图 12-6。5 年期国债期货成交量及持仓量见图 12-7。10 年期国债期货成交量及持仓量见图 12-8。

国债期货市场的平稳运行得益于国债期货做市制度的健全完善。自 2019 年

5月中国金融期货交易所（下称中金所）在国债期货市场引入做市交易机制以来，做市商积极履行报价义务，切实改善国债期货市场流动性，提升了市场运行质量，促进了市场平稳运行和功能发挥。2022年1月25日，中金所发布《关于公布国债期货主做市商、一般做市商和预备做市商名单的公告》，国债期货做市商实施分级管理，并新增5家做市商，国债期货做市制度日趋完善和成熟。

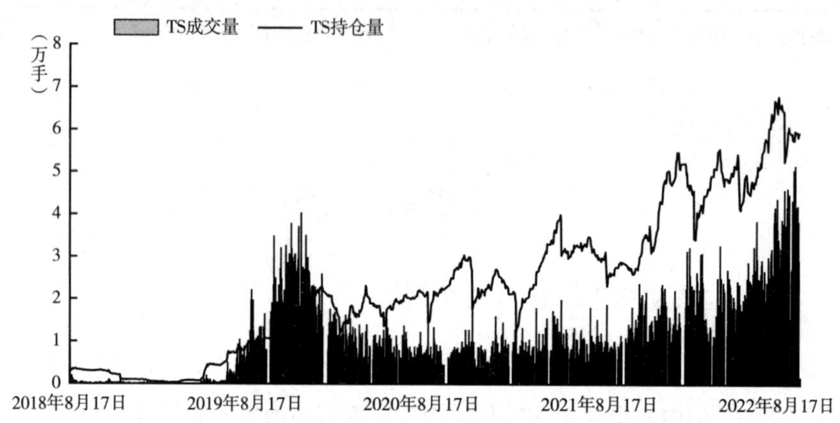

图12-6　2年期国债期货成交量及持仓量

资料来源：中国金融期货交易所。

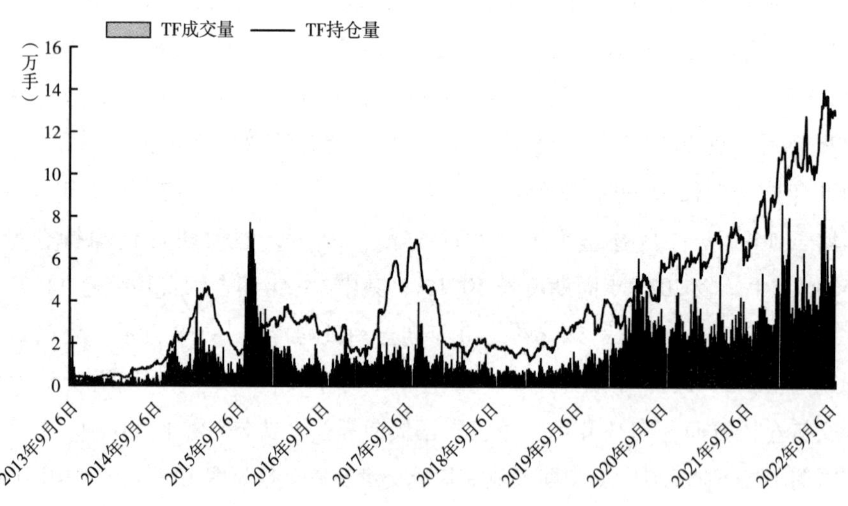

图12-7　5年期国债期货成交量及持仓量

资料来源：中国金融期货交易所。

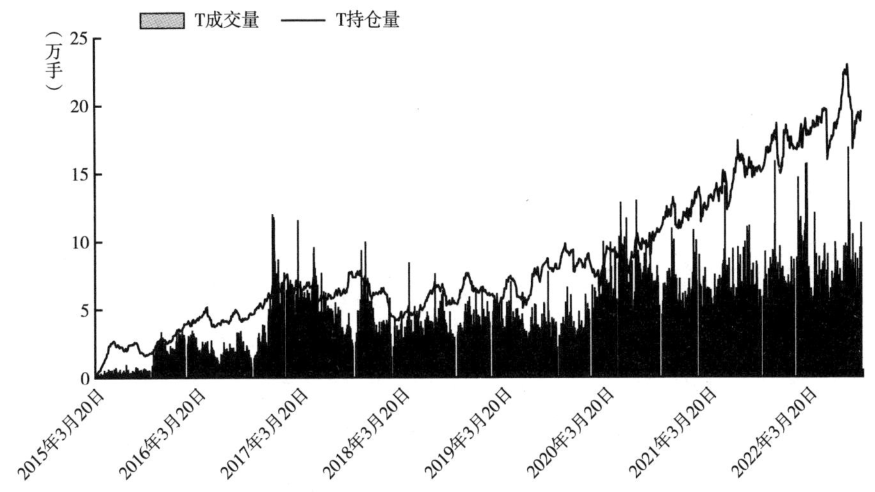

图 12-8　10 年期国债期货成交量及持仓量

资料来源：中国金融期货交易所。

2022 年前三季度，国债期货共进行 3 次交割，累计交割 12644 手，较上年同期增加 1613 手，同比增长 14.6%。其中，2 年期国债期货合约累计交割 5644 手，较 2021 年同期增长 31.1%；5 年期国债期货合约累计交割 4261 手，较 2021 年同期增长 8.3%；10 年期国债期货合约累计交割 2739 手，较 2021 年同期下降 1.8%。

2022 年前三季度，国债期货市场运行主要呈现以下两个主要特点。

第一，国债期货合约成交量和持仓量创历史最高水平，均显著高于往年峰值。2022 年前三季度，国债期货日均持仓量为 35.06 万手，日均交易量为 14.26 万手，均显著高于以往年份。成交量和持仓量大幅增加一方面缘于国债期货做市制度持续优化，市场流动性稳步提升；另一方面缘于参与者日趋丰富和多元化。

第二，隐含回购利率中枢总体呈缓慢下降态势。2022 年前三季度，2 年期、5 年期、10 年期国债期货合约最便宜可交割券的隐含回购利率平均值分别为 1.83%、1.77%、1.06%，2 年期和 10 年期国债期货合约较 2021 年同期明显下行。国债期货上市以来交割情况见图 12-9。2022 年前三季度 2 年期国债期货合约隐含回购利率走势见图 12-10。2022 年前三季度 5 年期国债期货合约隐含回购利率走势见图 12-11。2022 年前三季度 10 年期国债期货合约隐含回购利率走势见图 12-12。同时，国债期货隐含回购利率的波动率继续维持低水

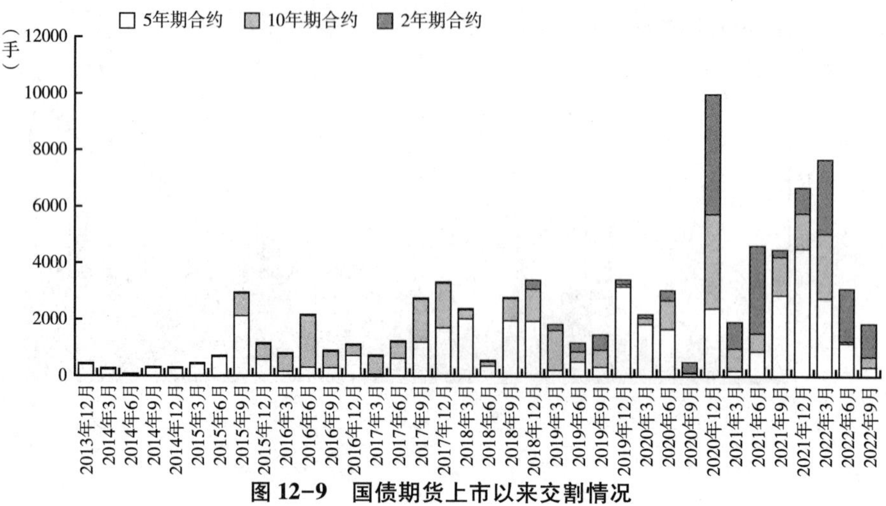

图 12-9　国债期货上市以来交割情况

资料来源：中国金融期货交易所。

平，这主要是因为国债期货做市机制进一步优化，市场流动性日益提升。国债期货隐含回购利率相比上年明显下行，主要缘于以下几个方面因素：第一，在2022年宏观经济形势下，中国人民银行采取稳健的货币和信贷政策，持续引导实体融资成本下降，公开市场操作利率和中期借贷便利利率多次下调，银行

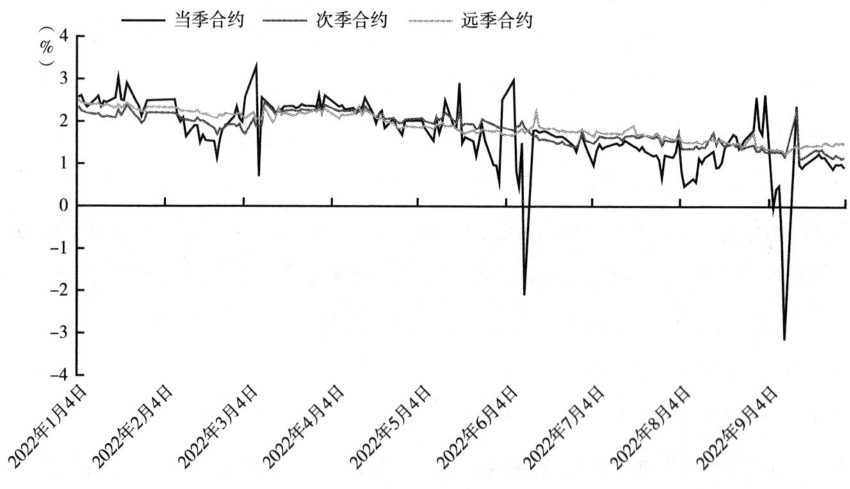

图 12-10　2022 年前三季度 2 年期国债期货合约隐含回购利率走势

资料来源：Wind。

间市场回购利率水平总体低于公开市场操作利率水平，资金利率持续处于低位推动隐含回购利率中枢下行；第二，国债收益率总体处于 3%（名义券票面利率）以下，且期限利差处于较高水平，国债期货交割期权价值处于较高水平，促使隐含回购利率下降。

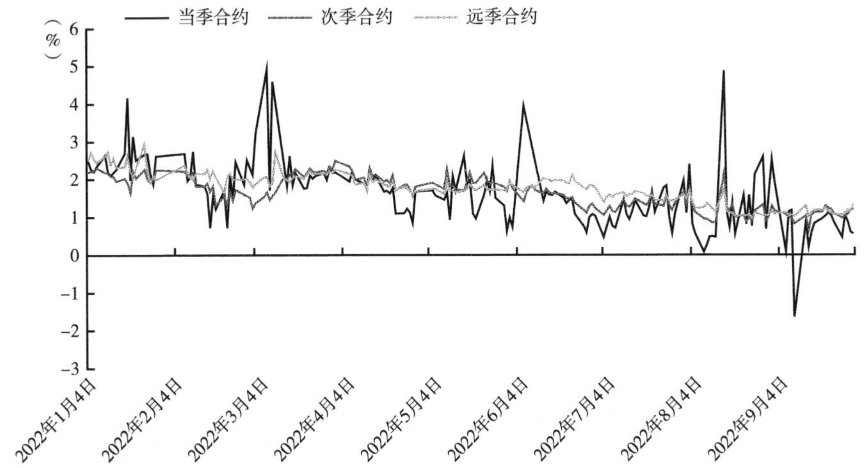

图 12-11　2022 年前三季度 5 年期国债期货合约隐含回购利率走势

资料来源：Wind。

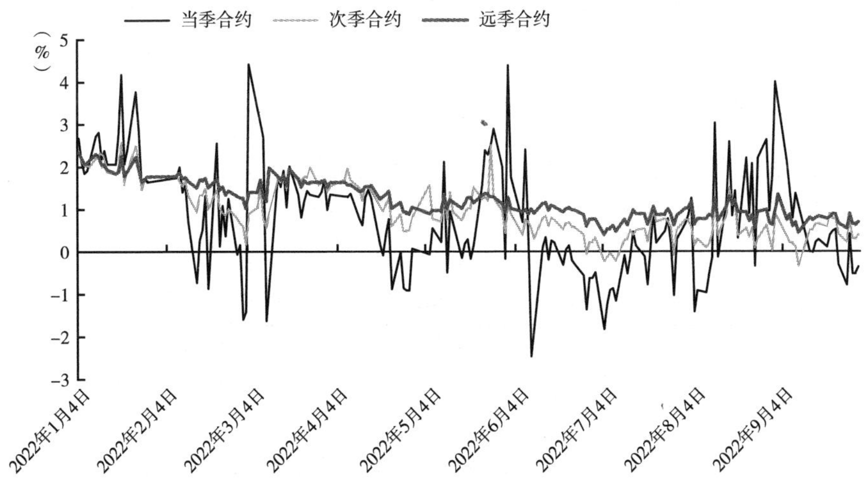

图 12-12　2022 年前三季度 10 年期国债期货合约隐含回购利率走势

资料来源：Wind。

（二）国债期货价格与国债收益率相关性分析

2022年前三季度，中短久期国债期货结算价格与国债收益率之间的相关系数低于2021年同期，长久期国债期货结算价格与国债收益率之间的相关性与2021年基本持平。10年期国债期货结算价和国债收益率相关系数绝对值均在0.94以上，5年期国债期货结算价和国债收益率相关系数绝对值在0.80以上，2年期国债虽然收益率和国债期货结算价绝对值相关系数有所下降，但两者变动值的相关系数仍在0.75以上，表明国债期货合约对国债现货具有良好的价格发现和对冲作用。

具体来看，前三季度，2年期国债期货各季合约与可交割国债收益率的相关系数处于-0.66~-0.30水平（见表12-4）；5年期和10年期国债期货各季合约与可交割国债收益率的相关系数均处于-0.95~-0.80水平（见表12-5、表12-7），具有较强的负相关性。前三季度，2年期、5年期和10年期国债期货的结算价日度变动与可交割国债现券收益率日度变动的相关系数均处于-0.86~-0.75水平（见表12-6、表12-8），较2021年同期小幅上升，表明国债期货套保对冲市场逐渐成熟化。

表12-4　2年期国债期货结算价（变动）与国债收益率（变动）的相关系数

	2年期国债收益率		2年期国债收益率变动
当季合约结算价	-0.66	当季合约结算价变动	-0.75
次季合约结算价	-0.49	次季合约结算价变动	-0.84
隔季合约结算价	-0.30	隔季合约结算价变动	-0.80

资料来源：根据中国金融期货交易所及中央结算公司数据计算。

表12-5　5年期国债期货结算价与国债收益率的相关系数

	4年期国债收益率	5年期国债收益率
当季合约结算价	-0.88	-0.93
次季合约结算价	-0.84	-0.89
隔季合约结算价	-0.80	-0.85

资料来源：根据中国金融期货交易所及中央结算公司数据计算。

表 12-6　5 年期国债期货结算价变动与国债收益率变动的相关系数

	4 年期国债收益率变动	5 年期国债收益率变动
当季合约结算价变动	-0. 77	-0. 81
次季合约结算价变动	-0. 83	-0. 87
隔季合约结算价变动	-0. 82	-0. 86

资料来源：根据中国金融期货交易所及中央结算公司数据计算。

表 12-7　10 年期国债期货结算价与国债收益率的相关系数

	7 年期	8 年期	9 年期	10 年期
当季合约结算价	-0. 95	-0. 95	-0. 95	-0. 94
次季合约结算价	-0. 95	-0. 95	-0. 94	-0. 94
隔季合约结算价	-0. 93	-0. 92	-0. 91	-0. 91

资料来源：根据中国金融期货交易所及中央结算公司数据计算。

表 12-8　10 年期国债期货结算价变动与国债收益率变动的相关系数

	7 年期	8 年期	9 年期	10 年期
当季合约结算价变动	-0. 80	-0. 81	-0. 81	-0. 81
次季合约结算价变动	-0. 85	-0. 86	-0. 86	-0. 85
隔季合约结算价变动	-0. 84	-0. 85	-0. 86	-0. 85

资料来源：根据中国金融期货交易所及中央结算公司数据计算。

（三）国债期货做市商实施分级管理并扩容

2022 年 1 月 25 日，中金所发布《关于公布国债期货主做市商、一般做市商和预备做市商名单的公告》，同意招商证券等 8 家证券公司为国债期货主做市商，国泰君安证券等 4 家证券公司为国债期货一般做市商，平安证券为国债期货预备做市商。国债期货做市商从 8 家扩容至 13 家并实施分级管理，有助于打造一支多层次做市商队伍，更好地提升市场运行质量。

自 2019 年 5 月，国债期货做市正式启动以来，国债期货做市商制度随市场发展进程持续优化，有效提升了市场运行质量，对市场发展起到积极促进作用。

第一，做市商制度有效抑制市场异常波动，起到稳定市场预期的作用。国债期货做市商入市开展做市交易后，改善了各品种非主力合约期现联动较弱、合约成交价格不连续、容易产生价格瞬时波动等问题，合约运行质量明显提升。

第二，做市商制度显著提升市场即时流动性，交易成本降低，有效满足各类型投资者交易需求。从买卖价差来看，引入做市商制度后，2 年期、5 年期和 10 年期国债期货主力合约的日均最优买卖价差均保持在 1 个最小变动价位左右，远月合约、交割月合约日均最优买卖亦明显缩窄。从报单深度来看，做市商制度引入当年，2 年期、5 年期和 10 年期国债期货主力合约的日均 5 档深度超过 300 手，远月合约的日均 5 档深度也超过 50 手，较 2018 年明显增加；2021 年，2 年期、5 年期、10 年期主力合约平均一档买卖深度分别为 59.90 手、32.19 手、40.13 手，报单深度进一步提升。市场流动性提升，有效促进投资者期现、跨期、跨品种等交易策略的开展。

第三，做市商分级管理有助于打造多层次做市商队伍，促进国债期货做市商持续提升定价和做市能力。近年来，随着国债期货市场规模持续扩大，做市商扩容和分级管理必要性提高。此次做市商实施分级管理并扩容，一方面有助于做市商队伍平稳壮大，适应市场规模扩张；另一方面利用优胜劣汰和竞争机制，促进做市商持续提升做市服务能力，更好地服务资本市场建设和实体经济发展。未来，随着国债期货投资者结构丰富，以及分级管理制度的完善，国债期货做市商的机构类型和数量有望进一步丰富和多元化。

第四，国债期货做市商制度的实践与优化，积累了丰富的市场基础设施和制度建设经验，为新品种的推出和发展奠定良好基础。随着利率市场化和对外开放的推进，利率风险管理需求日益增长，未来 30 年期国债期货、国债期权等品种有望陆续上市，与之配套的做市商制度等基础设施对新品种的平稳上市、运行和发展至关重要。国债期货做市商制度的实践表明，做市商在流动性提升方面具有明显促进作用，3 年多的实践积累也打造了一批有能力的做市机构，奠定了市场的长期发展基础。

三　其他利率类衍生产品

2022 年前三季度，除利率互换和国债期货以外的其他利率类衍生产品交易主要为标准债券远期。

标准债券远期方面，2021 年 11 月 24 日，标准债券远期实务交割合约正式上线，首批上线的合约包括 2 年期国开绿债标准债券远期实物交割合约、2 年期农发债标准债券远期实物交割合约、7 年期农发债标准债券远期实物交割合约。2022 年 3 月，首批标准债券远期实物交割合约顺利完成申报、匹配和交割工作，共有 14 家机构参与，涵盖大型商业银行、股份行、城商行和证券公司。

2022 年前三季度，标准债券远期累计成交面值为 1742.6 亿元，较 2021 年同期减少 336.5 亿元，同比下降 16.2%。2022 年前三季度标准债券远期成交金额及成交笔数情况见图 12-13。从标准债券远期各期限合约成交情况来看，5 年期品种成交占比最高。2022 年前三季度，3 年期合约成交笔数和成交金额分别占同期总量的 18.0%和 17.8%，5 年期合约成交笔数和成交金额分别占同期总量的 39.2%和 51.9%，10 年期合约成交笔数和成交金额分别占同期总量的 36.1%和 21.0%。前三季度，新上市的期限品种中，2 年期合约累计成交笔数和成交金额分别为 94 笔和 109.6 亿元，分别占同期总量的 4.6%和 6.3%，7 年期合约累计成交笔数和成交金额分别为 43 笔和 51.0 亿元，分别占同期总量的 2.1%和 2.9%。2022 年前三季度标准债券远期各期限合约成交额情况见图 12-14。

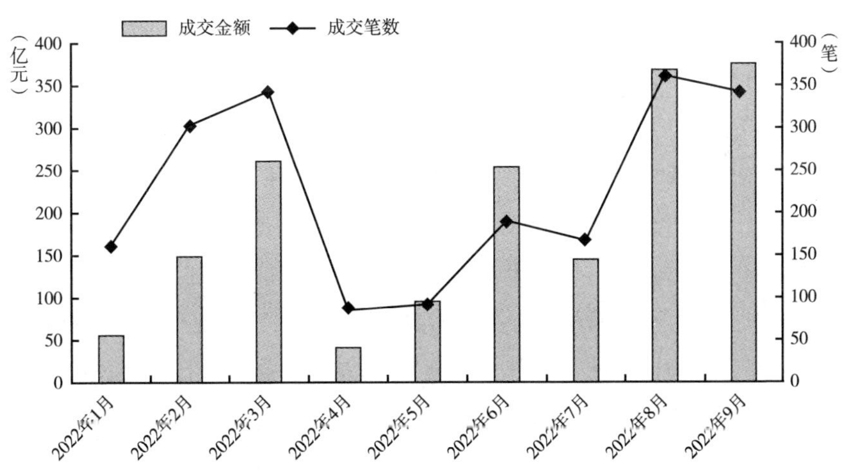

图 12-13　2022 年前三季度标准债券远期成交金额及成交笔数情况

资料来源：中国外汇交易中心。

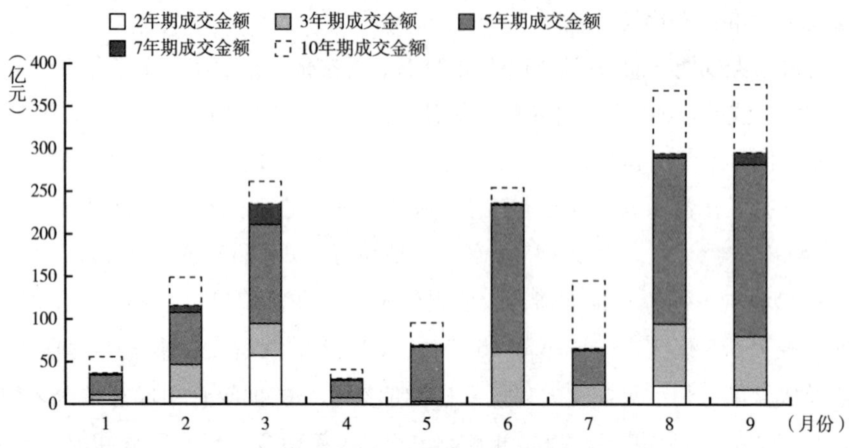

图 12-14　2022 年前三季度标准债券远期各期限合约成交金额情况

资料来源：中国外汇交易中心。

四　信用衍生产品

（一）银行间市场信用风险缓释工具发展情况

2022 年前三季度，银行间市场信用风险缓释凭证合计发行 121 只，创设规模为 200. 33 亿元，较 2021 年前三季度的发行数量 86 只、创设规模 174. 40 亿元分别增长 40. 70%、14. 87%。银行间市场信用风险缓释工具发行量见图 12-15。

2022 年前三季度，17 家民营企业发债主体搭配信用风险缓释工具在银行间市场发行了新债券，合计发行了 31 只信用风险缓释工具，占比为 15. 50%，较前期继续下降。2021 年下半年以来，房地产行业信用风险逐渐暴露，除少部分房地产央企、国企尚可正常进行债券融资外，民企房地产债券融资规模骤然下降，部分机构也开始针对部分优质民营房地产企业发行信用风险缓释工具，帮助其撬动债券融资。2022 年前三季度，以房地产企业债券为参考债务的 CRMW 名义本金发行量达到 27. 60 亿元，其中以民营房地产企业债券为参考债务的 CRMW 名义本金发行量为 16. 50 亿元，占比达到 59. 8%。

挂钩国有企业债券的信用风险缓释工具的发行比例则继续提高。2020 年第四季度以来，国有企业信用风险有所抬头，2021 年上半年，部分国企债券

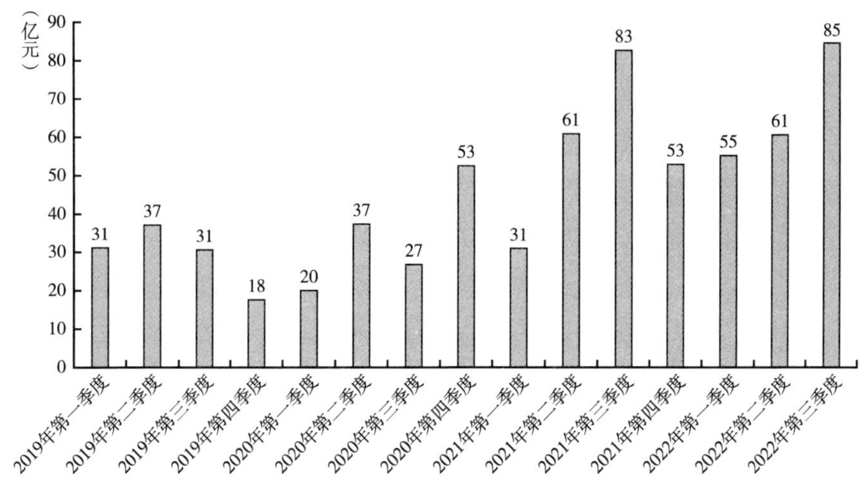

图 12-15　银行间市场信用风险缓释工具发行量

资料来源：银行间市场交易商协会。

也出现了折价成交、融资困难等问题，面临被动去杠杆的风险。部分地方城投企业也面临非标、定融舆情压力，债券融资渠道持续压缩。2022 年前三季度，累计发行 84 只挂钩国有企业债券的信用风险缓释凭证，名义本金创设规模达到 146.69 亿元，撬动了 418.60 亿元债券成功发行。搭配信用风险缓释凭证发行债券的国有企业涉及城投、基础化工、钢铁、建筑装饰等行业（见图 12-16）。CRMW 的发行帮助企业缓解了流动性压力，避免由于债务集中兑付带来的资金链断裂风险，增强了市场信心。由于国有企业牵涉面广、社会影响力大，通过信用衍生工具等市场化方法进行信用增强、风险缓释，这可以有效避免国有企业信用事件所引发的区域、行业的连锁效应，维持金融市场稳定。

（二）交易所市场信用风险保护工具的发展

在证券监督管理部门的推动下，交易所市场信用风险保护工具也在稳步发展中。根据中国证券业协会统计，2021 年 1~6 月，18 家券商核心交易商中，共有 9 家券商创设了信用保护工具，创设规模合计为 33.69 亿元（见表 12-9），较上年同期增加 28.49 亿元。2021 年 4 月，中国证券登记结算有限责任公司发布的《中国证券登记结算有限责任公司受信用保护债券质押式回购管

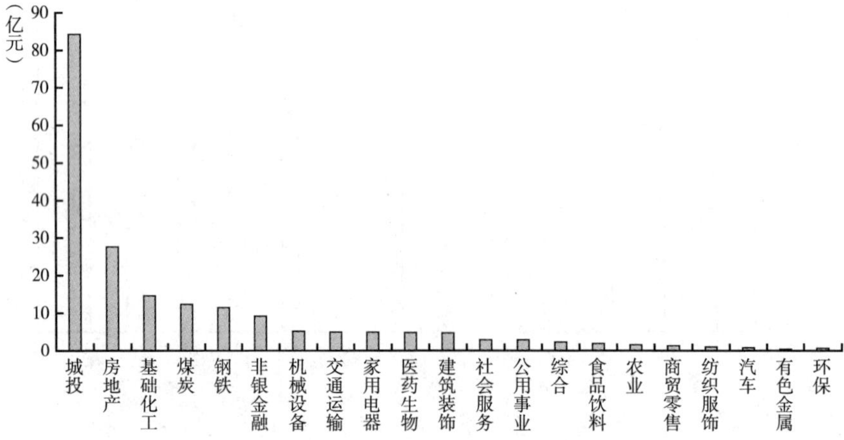

图 12-16　挂钩国企债券 CRMW 名义本金发行量按行业分布情况

资料来源：银行间市场交易商协会。

理暂行办法》，规定了受信用保护凭证保护的信用债券，在满足相关条件时可以作为标准质押品进入质押库。针对信用保护凭证出台的质押回购新规使相关标的债券除了信用资质得到更多保护外，在融资便利性方面也与同评级未受保护的其他信用债券区别开来，进一步增强了信用保护凭证的积极作用。核心交易商可以根据交易对手的需求，针对特定标的债券创设信用保护凭证。

表 12-9　2022 年 1~6 月证券公司创设信用保护工具规模

单位：万元

序号	机构名称	创设规模
1	中信证券	101000.00
2	申万宏源证券	87000.00
3	国泰君安证券	59300.00
4	中金公司	59300.00
5	招商证券	10000.00
6	中信建投证券	10000.00
7	中国银河证券	4700.00
8	海通证券	4000.00
9	华泰证券	1633.33

资料来源：中国证券业协会。

在产品创新方面，2022 年 7 月 18 日上海证券交易所推出组合型信用保护合约（CDX）试点，以市场化方式支持企业融资。这是指数型信用衍生品在交易所市场推出的又一创新产品。

首批两个 CDX 试点产品为 CSI-SSE 交易所民企 CDX 组合和 CSI-SSE 交易所大型发行人 CDX 组合，中证指数有限公司担任组合管理人。“CSI-SSE 交易所民企 CDX 组合”参考实体为一揽子优质民营企业，行业分散度高，覆盖存量民企债务规模近 600 亿元。“CSI-SSE 交易所大型发行人 CDX 组合”包含 100 个高信用等级参考实体，成分实体发行债券余额约占交易所市场信用债余额的 20%，覆盖公用事业、交通运输、能源、建筑等多个关系国计民生的主要行业。中证指数有限公司负责根据样本规则构建 CSI-SSE 交易所民企 CDX 组合和 CSI-SSE 交易所大型发行人 CDX 组合两个样本组合，并于每年 3 月 20 日和 9 月 20 日进行样本调整。中证指数有限公司根据市场机构的双边意向报价及成交数据，于每日编制并发布 CDX 组合信用曲线。CSI-SSE 交易所民企 CDX 组合反映了优质主流民营企业的组合信用风险情况，可以作为衡量市场整体信用风险和信用利差水平的直观指标，为市场提供了民企债券信用风险的组合对冲工具。CSI-SSE 交易所大型发行人 CDX 组合代表了最优质信用债发行人的存续债券，是度量市场信用风险偏好的直接指标。2022 年 9 月 30 日交易所组合型信用保护组合信用曲线见图 12-17。

2022 年，信用衍生品继续稳健发展。在产品创新方面，交易所市场推出了组合型信用保护合约，信用风险缓释工具进一步丰富。在受信用保护的信用债券可以纳入质押库等新规则下，有针对性的信用保护凭证创设业务逐渐推开，创设量稳步提升。参与者方面，虽然仍然以银行、增信机构、少部分券商等为主要的发起者和参与者，但是部分私募基金等开始介入。参考实体方面，国有企业占比继续提高。债券市场信用风险逐渐常态化，投资者对于信用风险对冲的衍生工具仍然有需求。由于投资者保护机制的不健全，各类债权人难以通过合法、简便的渠道合理地维护自身权益，反而令部分发行人侵吞资产、转移资产、长期拖延等行为有了可行性。这使我国债券市场违约回收率极低，违约损失非常高，创设机构将承担很大的风险，开展业务时尽可能选择自身熟悉、风险易于把控的主体，而真正需要进行对冲的风险偏高的主体则难以覆盖。因此，信用衍生工具的更大发展，不仅需要在工具、规则、市场基础设施等方面进行创新推进，还需要在债务人约束、债权人保护等方面进行改进，促进市场信用环境的改善。此外，信用保护工具的参与机构不够丰富多元，交易不够活跃，这也限制了信用保护工具的定价有效性和准确性，风险对冲作用难以充分发挥。CDS 指数产品、受信用保护债券质押入库等新产品、规则有助于提高信用保护工具的流动性，但仍然需要针对 CDS 产品在风险资本释放、机构分类评价等方面出台更多配套性措施，使 CDS 缓释信用风险的作用能在更多的维度起作用，激发更多产品需求，促进市场发展。

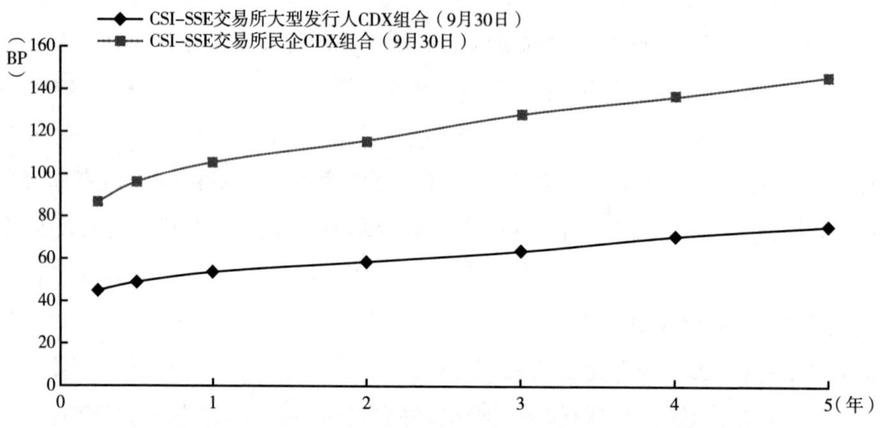

图 12-17　2022 年 9 月 30 日交易所组合型信用保护组合信用曲线

资料来源：中证指数有限公司。

第十三章
政府债券市场

曹　婧*

- 为应对新冠肺炎疫情冲击和经济下行压力，积极的财政政策持续发力，我国政府债务规模占 GDP 的比重逐渐上升，IMF 预测，2022 年，中国政府负债率上行至 76.9%。但从全球范围来看，这一比例仍显著低于美日欧等发达国家，也低于巴西和印度等新兴经济体，财政政策进一步发力空间尚存。
- 2022 年，财政政策发力明显前置，政府债券发行节奏加快。新增专项债在上半年基本发行完毕，主要投向交通基础设施、市政和产业园区基础设施、保障性安居工程、社会事业等领域，近四成用于支持“两新一重”项目建设。第三季度，地方债发行大幅缩量，投资接续动能主要来自两个方面：一是加快国债发行进度；二是用好 5000 多亿元专项债结存限额。受宏观流动性宽松、债券发行期限缩短和发行市场化程度提升等影响，前三季度，地方债发行利率整体下行。2021 年末，地方政府债务率高达 108.29%，进入国际风险警戒区间。2022 年，大规模留抵退税和土地财政低迷导致地方财力弱化，政府债务率恐进一步攀升，偿债风险随之增加。
- 2022 年，城投融资监管政策未见明显放松，前三季度，城投债发行和净融资规模同比双降，专项债与城投债一“进”一“退”凸显了稳增长和防风险并重的政策导向。城投融资区域分化较上年同期有所收敛，江苏、浙江城投债发行和净融资规模虽维持高位，但同比大幅下滑，河南、天津城投融资环境逐渐修复，东北地区和西部省区市城

* 曹婧，中国社会科学院金融研究所助理研究员。

投再融资能力堪忧。2022～2023年，城投债年均到期兑付规模均超过3万亿元。高债务区域、弱资质城投债接续和还本付息存在一定困难，尾部城投信用风险凸显。2022年以来，城投拿地托底和参与地产纾困现象屡见不鲜，需警惕房地产市场风险向城投债领域蔓延。

一　政府债券总览

作为积极财政政策的重要工具，政府债券在稳增长、扩投资、补短板中发挥积极作用，为稳定宏观经济大盘提供有力支撑。2022年，我国经济发展面临需求收缩、供给冲击、预期转弱“三重压力”，政府债券适当靠前发力，尤其是专项债发行节奏明显加快，充分发挥其投资拉动和资金撬动作用。2022年前三季度，国债发行额为6.47万亿元，地方政府债券发行额为6.35万亿元，政府债券发行总额为12.81万亿元，较上年同期增长24.15%，占债券市场发行总量的27.36%（见图13-1）。就政府债务存量而言，2015～2020年我国政府债务余额快速上涨，2021年以来增速有所放缓（见图13-2）。截至2022年9月末，国债余额为24.62万亿元，地方政府债务余额为34.53万亿元，政府债务余额规模达到59.15万亿元，较上年末增长10.06%。

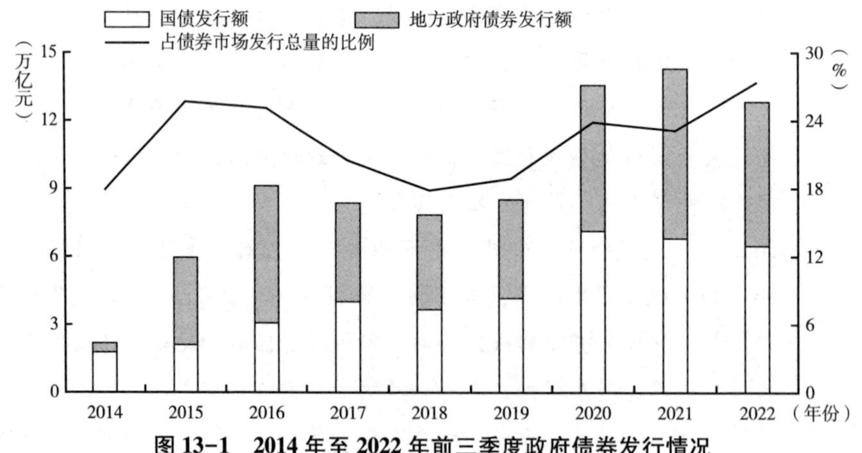

图13-1　2014年至2022年前三季度政府债券发行情况

注：2022年数据为2022年前三季度数据。

资料来源：Wind。

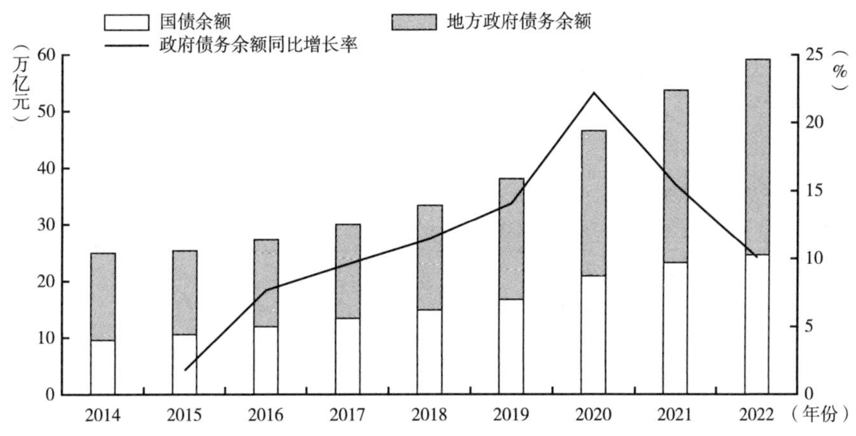

图 13-2　2014 年至 2022 年 9 月末政府债务余额情况

注：2022 年数据为截至 2022 年 9 月末数据。
资料来源：Wind。

从全球范围来看，中国政府负债率（即广义政府债务占 GDP 比重）处于中等水平，远低于美日欧等发达经济体。根据国际货币基金组织（IMF）公布的主要经济体 2017~2027 年政府负债率（见表 13-1），随着应对疫情冲击的积极财政政策和宽松货币政策逐步退出，2021~2022 年主要发达经济体（美国、法国、意大利、英国等）和低收入发展中国家（印度、巴西等）的政府负债率明显下降。中国则相反，由于国内稳增长压力较大且通胀总体可控，IMF 预计 2022~2027 年中国政府负债率继续小幅上升，积极的财政政策仍有充足空间。

表 13-1　2017~2027 年主要经济体政府负债率

单位：%

年份	中国	俄罗斯	印度	巴西	美国	日本	法国	德国	意大利	英国
2017	51.7	14.3	69.7	83.6	106.2	231.4	98.1	64.6	134.2	85.1
2018	53.8	13.6	70.4	85.6	107.5	232.3	97.8	61.3	134.4	84.5
2019	57.2	13.7	75.1	87.9	108.8	236.3	97.4	58.9	134.1	83.9
2020	68.1	19.2	89.2	98.7	134.5	259.4	114.7	68.0	155.3	102.6
2021	71.5	17.0	84.2	93.0	128.1	262.5	112.6	69.6	150.9	95.3
2022	76.9	16.2	83.4	88.2	122.1	263.9	111.8	71.1	147.2	87.0
2023	84.1	16.9	83.8	88.9	122.9	261.1	112.5	68.3	147.1	79.9

续表

年份	中国	俄罗斯	印度	巴西	美国	日本	法国	德国	意大利	英国
2024	89.8	16.4	84.1	90.6	126.0	260.3	113.5	65.6	146.1	76.7
2025	94.8	15.3	83.8	92.2	129.4	260.7	114.9	63.1	144.9	73.7
2026	99.2	13.9	83.4	93.2	132.2	262.0	116.5	61.0	143.5	70.6
2027	102.8	12.5	83.0	93.3	134.9	263.4	118.5	59.7	142.5	68.0

注：2022~2027年负债率为预测值。

资料来源：《财政监测报告（2022年10月）》，IMF。

二 国债市场

（一）国债一级市场

随着财政政策持续发力稳增长，2022年，国债发行和净融资明显放量。2022年前三季度，我国国债累计发行6.47万亿元，较上年同期增长37.40%，国债净融资规模为1.71万亿元，同比增长29.76%。分月来看，2022年下半年以来，国债发行进度明显加快，单月发行额近1万亿元（见图13-3），有助于填补专项债发力的“空窗期”。2月和8月是国债偿还高峰，国债净融资规模处于历史较低水平。根据往年情况（除2020年发行抗疫特别国债不计入财政赤字外），国债净融资额一般略低于中央财政赤字规模（见图13-4）。2022年，中央财政赤字规模为2.65万亿元，前三季度，国债净融资额完成发行限额的64.70%，但考虑到当前财政收支形势不容乐观，国债全年净融资规模可能高于中央财政赤字目标。

2022年以来，各期限国债品种发行规模扩大，国债发行期限结构趋于短期化（见表13-2）。目前，我国国债种类包括可上市流通的记账式国债与不可上市流通的储蓄国债，2022年前三季度，发行记账式国债6.34万亿元，占比为98.00%。记账式国债涵盖1年、2年、3年、5年、7年、10年等关键期限和1年期以内、30年、50年等其他期限国债，形成短、中、长、超长期兼备的丰富期限结构，而储蓄国债以3年期和5年期为主。国债期限结构多元化有利于健全国债收益率曲线，更好地发挥国债收益率的定价基准作用。2022年

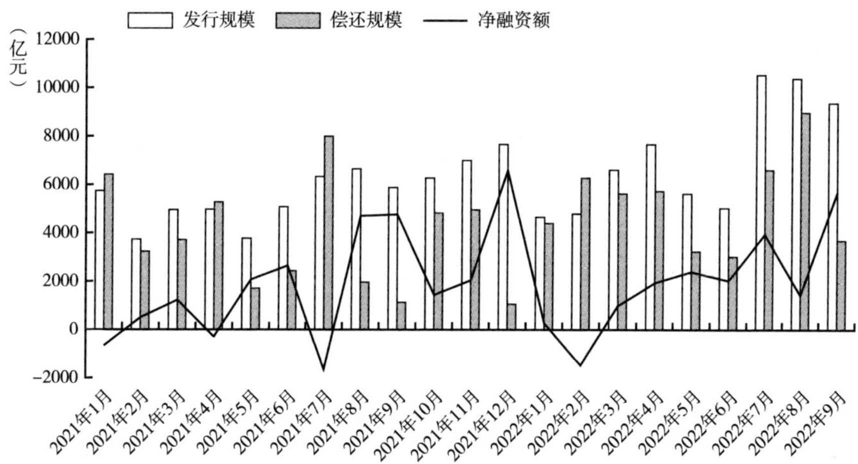

图 13-3　2021 年至 2022 年 9 月国债发行情况

资料来源：Wind。

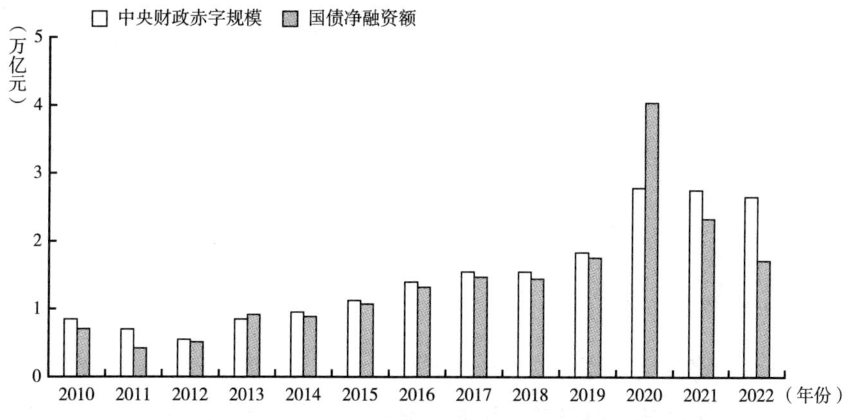

图 13-4　2010~2022 年中央财政赤字规模和国债净融资额

资料来源：Wind。

首次出现发行期限低于 1 个月的超短期国债，发行额占比为 2.20%。短期国债发行规模和占比双升，2022 年前三季度，1 年期以下的短期国债发行额为 2.04 万亿元，同比增长 90.00%，发行额占比为 31.55%，高于上年同期 8.73 个百分点。1 年期及以上、10 年期以下的中期国债发行额为 3.36 万亿元，同比增长 19.06%，发行额占比为 51.97%，低于上年同期 8.01 个百分点。10 年期及以上的长期国债发行额为1.07万亿元，同比增长31.59%，发行额占比为16.48%，与上年同期基本持平。

表13-2　2022年前三季度国债期限结构

发行期限(年)	发行只数(只)	发行额(亿元)	发行额占比(%)
0.08	5	1420.10	2.20
0.17	5	1307.90	2.02
0.25	32	11710.40	18.11
0.50	12	5961.10	9.22
1	9	6592.00	10.20
2	9	6492.50	10.04
3	14	7072.30	10.94
5	14	7407.20	11.46
7	9	6035.50	9.34
10	11	7952.90	12.30
30	9	2100.00	3.25
50	2	600.00	0.93

资料来源：Wind。

（二）国债二级市场

受国内新冠肺炎疫情反复、经济下行压力加大、货币政策稳中偏松等因素影响，以及地缘政治风险导致市场避险情绪升温，国债二级市场交易量同比明显增长。现券交易方面，2022年前三季度，国债市场现券成交量为41.00万亿元（见表13-3），同比增加35.77%。其中，银行间债券市场现券成交40.48万亿元，同比增加35.70%；交易所债券市场现券成交0.52万亿元，同比增加41.94%。分月来看，2022年下半年以来，国债市场现券交易十分活跃，月均交易量高达5.64万亿元，成交量峰值出现在8月（见图13-5）。国债市场现券交易活跃度明显提高，一方面受一级市场发行放量拉动，另一方面得益于8月贷款市场报价利率（LPR）下调，提振债市交易情绪。

表 13-3　2022 年前三季度国债二级市场交易量

单位：亿元

交易市场	现券交易	回购交易	合计
银行间债券市场	404845.06	4002831.09	4407676.15
上海证券交易所	5101.39	2598506.83	2603608.22
深圳证券交易所	53.05	330517.83	330570.88
合计	409999.49	6931855.75	7341855.25

资料来源：Wind。

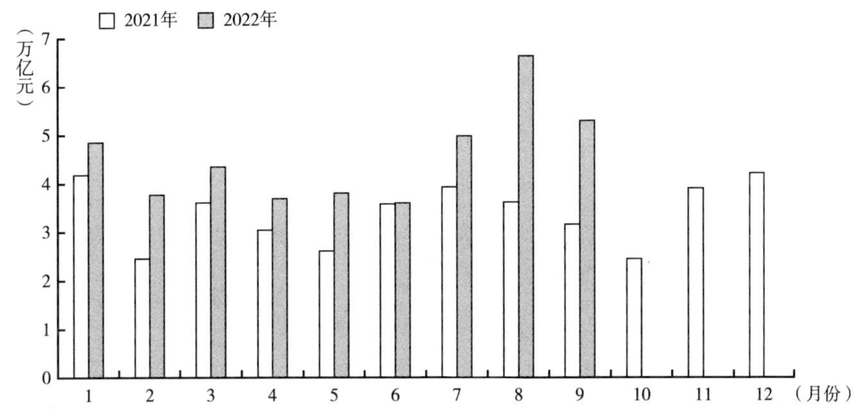

图 13-5　2021 年至 2022 年 9 月国债市场现券交易量

资料来源：Wind。

回购交易方面，2022 年前三季度，国债市场回购成交量为 693.19 万亿元，同比增加 18.88%。其中，银行间债券市场回购成交 400.28 万亿元，同比增加 19.33%；交易所债券市场回购成交 292.90 万亿元，同比增加 18.28%。分月来看，除 2 月外，国债回购月交易量均超过 70 万亿元（见图 13-6），银行体系流动性充裕支撑国债市场回购交易持续活跃。

2022 年前三季度，我国 10 年期国债收益率整体呈现区间波动态势，基本运行于［2.55%，2.85%］的区间（见图 13-7）。年初国内经济基本面较弱，叠加 1 月中旬央行降息，国债收益率不断走低。春节前资金面边际收紧，节后宽信用预期升温，债券市场情绪较为谨慎，国债收益率随之上行。3 月中下旬，国内疫

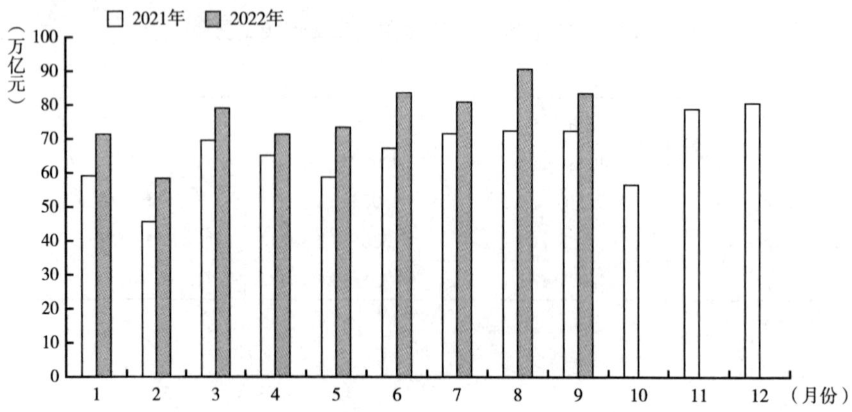

图 13-6　2021 年至 2022 年 9 月国债市场回购交易量

资料来源：Wind。

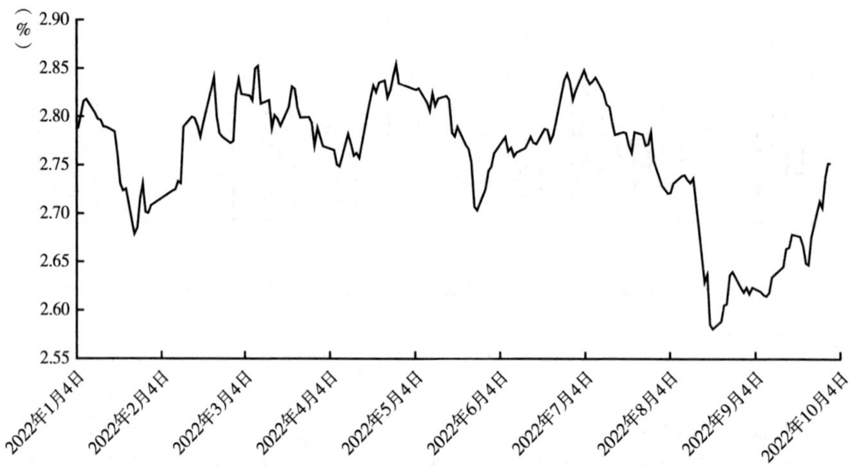

图 13-7　2022 年前三季度中国 10 年期国债收益率

资料来源：Wind。

情反弹和俄乌冲突爆发拖累经济复苏，国债收益率波动下行。随着美联储激进加息预期升温，中美利差不断收窄并出现倒挂，国债收益率转而上行。5 月经济下行压力明显加大，流动性整体较为宽松，国债收益率整体下行。5 月下旬，国务院印发《扎实稳住经济的一揽子政策措施》，随着复工复产稳步推进和多项纾困政策落地，国内经济企稳回升，国债收益率整体上行。7 月以来，流动性延续宽松格局，8 月中旬迎来超预期降息，带动国债收益率大幅下行，最低下探至 2.58%。9 月上旬，国内稳增长政策不断加码令宽信用预期升温，人民币兑美元汇率快速贬值掣肘国内货币政策宽松空间，债券市场情绪趋于谨慎，国债收益率小幅反弹。截至 9 月 30 日，10 年期国债收益率为 2.75%，较年初小幅下行 3.47BP。

（三）国债期货市场

我国国债期货市场自 2013 年 9 月重启以来不断发展壮大，产品种类逐渐丰富，交易机制不断完善。从成交量来看，2022 年前三季度，国债期货市场共成交 2595.35 万手，同比增长 43.19%，日均成交 14.26 万手；成交金额达 30.54 万亿元，同比增长 55.30%，日均成交金额为 1678.17 亿元，明显高于上年同期。10 年期国债期货依然是主要交易品种，近三年成交金额占比达 54.95%。2 年期国债期货交易活跃度提升最为明显，成交量和成交金额分别同比大增 150.17% 和 151.95%。2013~2022 年，2、5、10 年期国债期货成交金额见图 13-8。从持仓量来看，三种期限合计持仓量稳步提升，截至 2022 年 9 月末，国债期货总持仓量为 38.31 万手（见图 13-9），同比增长 56.00%。2022 年，国债期货成交量和持仓量明显增加，主因是地缘冲突升级和欧美大幅加息等超预期因素引发全球金融市场剧烈波动，国债期货成为投资者对冲风险的重要工具。

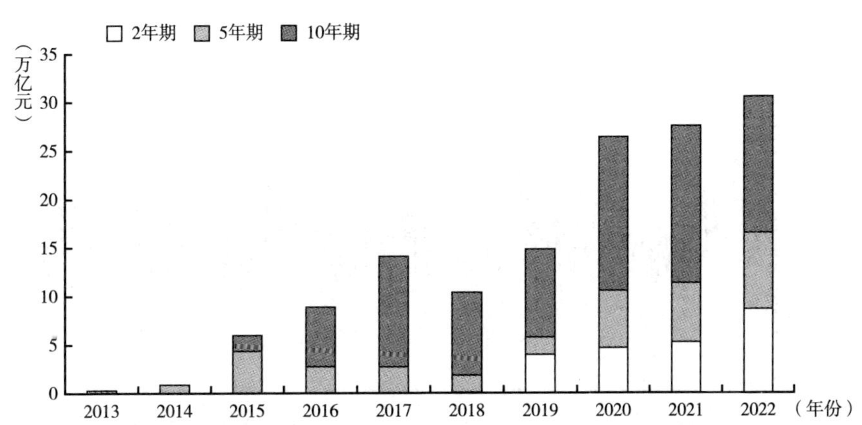

图 13-8　2013~2022 年 2、5、10 年期国债期货成交金额

注：2022 年数据截至 2022 年 9 月。

资料来源：Wind。

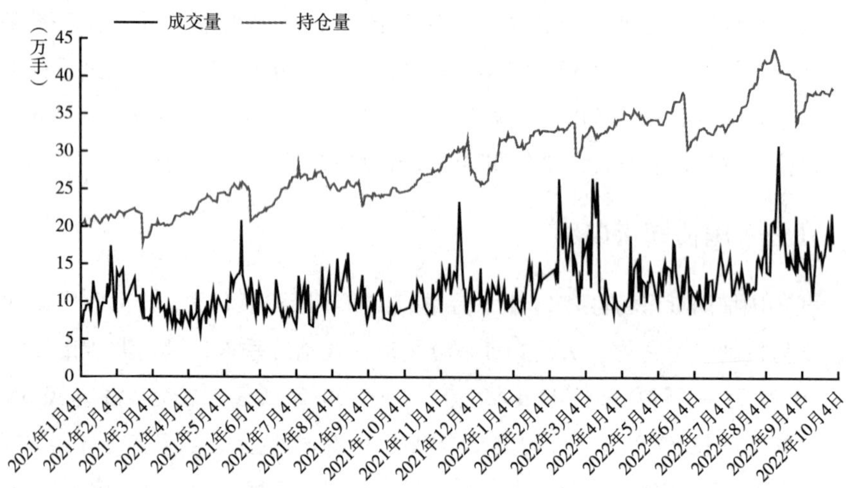

图 13-9　国债期货日均成交量和持仓量

资料来源：Wind。

从成交持仓比（即成交量/持仓量）来看，国债期货成交持仓比于 2022 年初俄乌冲突发生时达到峰值 0.8，此后保持在 0.4 附近（见图 13-10），与主要成熟市场的水平相当。2022 年前三季度，国债期货日均成交持仓比为 0.41，与上年同期基本持平。

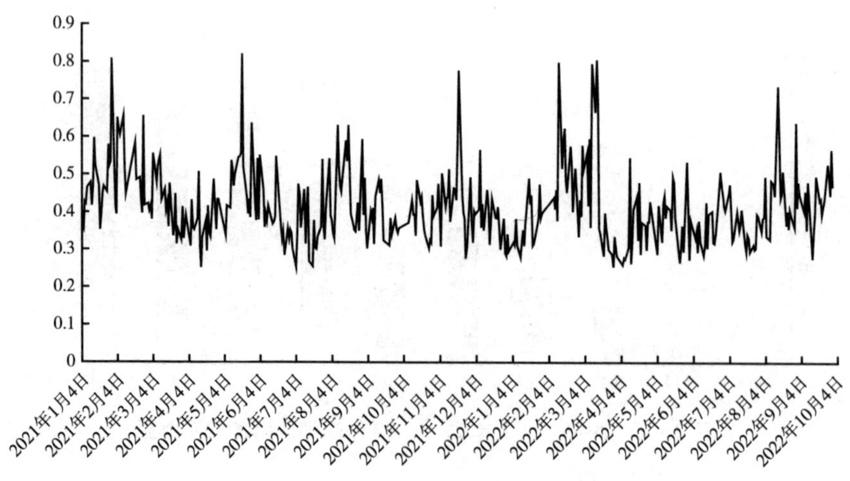

图 13-10　国债期货日均成交持仓比

资料来源：Wind。

三　地方政府债券

（一）地方政府债券发行情况

1. 发行概况

经全国人大批准，2022 年，预算安排新增地方政府债务限额 43700 亿元。其中，一般债务限额为 7200 亿元，专项债务限额为 36500 亿元。2022 年前三季度，全国共发行地方政府债券 1750 只，金额合计 63485 亿元。按债券类型分，发行一般债券 19368 亿元；发行专项债券 44118 亿元。按债券性质分，发行新增债券 42423 亿元，其中，新增一般债券 6990 亿元，新增专项债券 35433 亿元；发行再融资债券 21063 亿元，其中，再融资一般债券为 12378 亿元，再融资专项债券为 8685 亿元。

从发行进度来看，截至 2022 年 9 月末，新增一般债券和新增专项债券均完成全年发行限额的 97%，顺利完成"专项债额度在 9 月底前发行完毕"的预定目标（见表 13-4）。与往年相比，2022 年，地方债发行节奏明显前置，第三季度新增政府债券发行明显缩量。财政部于 2021 年底提前下达了 2022 年新增专项债券额度 1.46 万亿元，推动专项债早发行、早使用、早见效，新增专项债在 6 月底前基本发行完毕。9 月 7 日召开的国务院常务会议决定，依法盘活地方 2019 年以来结存的 5000 多亿元专项债限额，70%各地留用，30%中央财政统筹分配并向成熟项目多的地区倾斜，10 月底前发行完毕。此次专项债结存限额政策可填补第四季度专项债发力的"空窗期"，有助于形成投资滚动接续。

表 13-4　2022 年前三季度地方政府债券发行情况

单位：亿元

月份	发行总额	新增一般债券	新增专项债券	再融资一般债券	再融资专项债券
1	6989	993	4844	231	921
2	5071	1008	3931	109	23
3	6187	720	4206	566	695
4	2842	170	1038	774	860

续表

月份	发行总额	新增一般债券	新增专项债券	再融资一般债券	再融资专项债券
5	12077	1216	6320	3107	1434
6	19337	2041	13724	2383	1189
7	4063	635	613	1851	964
8	3909	126	516	1634	1633
9	3011	81	241	1723	966

资料来源：根据财政部网站和 Wind 整理得到。

从还本方式来看，超八成偿债资金依赖发行再融资债券。2022 年 1~8 月，地方政府债券到期偿还本金 17337 亿元，其中发行再融资债券偿还本金 14530 亿元，安排财政资金等偿还本金 2807 亿元；地方政府债券支付利息 7566 亿元。

从地域分布来看，地方政府债券发行规模呈现“东多西少”的格局（见图 13-11）。2022 年以来，中央多次强调政府债券特别是专项债，是财政政策乃至宏观调控的重要抓手，也是拉动有效投资的主要工具，稳住宏观经济大盘需要政府债券持续发力。优质项目储备较充足、融资需求较高的东部地区积极组织地方债发行。截至 2022 年 9 月末，广东、山东、江苏地方政府债券发行规模位

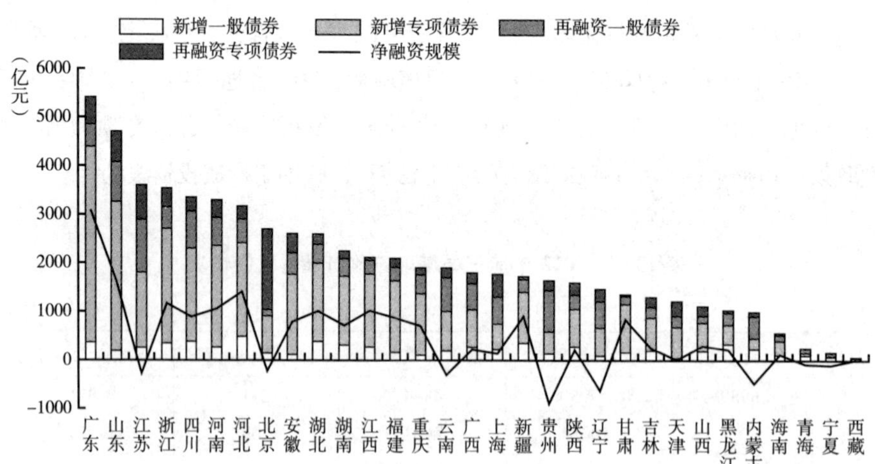

图 13-11　2022 年前三季度全国 31 个省区市地方政府债券发行额和净融资额

资料来源：根据财政部网站整理得到。

居前三，其中，广东和山东的发行额均超过4000亿元。西藏、宁夏、青海、海南为发行额最少的4个省区市，发行规模均低于1000亿元。就地方债净融资额而言，广东和山东净融资规模位居前两位，分别为3096亿元和1630亿元。贵州、辽宁、内蒙古、云南、江苏、北京、宁夏、青海等地净融资额为负值。

2. 发行期限

2022年前三季度，地方政府债券加权平均发行期限为13.3年，较上年同期增加2.1年。其中，一般债券加权平均发行期限为8.0年，同比微升0.3年；专项债券加权平均发行期限为15.6年，同比增加2.1年。分月来看，一般债券加权平均发行期限保持相对稳定，但由于期限相对较短的再融资专项债发行较多，第三季度专项债券加权平均发行期限明显缩短（见表13-5）。

表13-5　2022年前三季度地方政府债券加权平均发行期限

单位：年

月份	地方政府债券	一般债券	专项债券
1	13.8	8.6	14.9
2	15.7	8.6	17.5
3	14.6	8.8	16.4
4	11.6	7.8	13.2
5	12.9	8.3	15.6
6	14.8	8.0	16.7
7	11.1	7.8	15.2
8	8.4	7.8	9.0
9	9.9	7.0	14.1

资料来源：根据财政部网站整理得到。

分期限来看，2022年前三季度，地方政府债券发行以7年期、10年期、15年期和20年期为主，发行规模占比分别为16.66%、23.50%、15.20%和15.72%（见表13-6）。一般债券发行以7年期和10年期为主，合计占比近七成。专项债券发行期限集中于10年期及以上，15年期和20年期发行规模占比小幅回升，表明地方政府投资趋于长期化。

表 13-6　2022 年前三季度地方政府债券发行期限结构

单位：亿元

债券期限	地方政府债券	一般债券	专项债券
1 年	47.90	1.44	46.46
2 年	247.82	117.40	130.42
3 年	3110.08	1480.44	1629.64
5 年	7260.81	3252.23	4008.58
7 年	10560.70	6110.14	4450.56
10 年	14894.24	7599.22	7295.02
15 年	9635.36	346.94	9288.42
20 年	9966.33	161.57	9804.77
30 年	7665.58	234.38	7431.20

资料来源：根据财政部网站整理得到。

3. 发行利率

2022 年前三季度，地方政府债券加权平均发行利率为 3.03%，较上年同期下降 33BP（见图 13-12），宏观层面流动性宽松带动地方政府债券票面利率整体下行。其中，一般债券加权平均发行利率为 2.86%，同比下降 42BP；专项债券加权平均发行利率为 3.11%，同比下降 31BP。受新增政府债券发行大

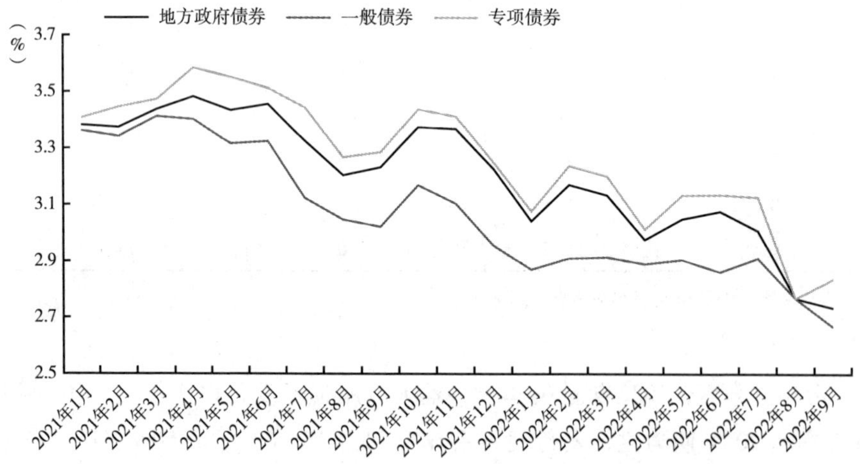

图 13-12　2021 年至 2022 年 9 月地方政府债券加权平均发行利率

资料来源：Wind。

幅缩量影响，第三季度地方政府债券加权平均发行利率显著下降。除西藏外，其余 30 个省区市地方政府债券发行利率与相应国债收益率的加权平均利差均小于 25 BP，反映出地方政府债券发行市场化程度进一步提升。

4. 新增专项债项目情况

2022 年 1~10 月，地方政府新增专项债支持投资项目 2. 92 万个（含接续项目）。其中，省级项目为 790 个，地市级项目为 1. 12 万个，区县级项目为 1. 72 万个，项目总投资额达 30. 83 万亿元。专项债已成为落实积极财政政策的重要抓手，对带动扩大有效投资、保持经济平稳运行发挥了重要作用。专项债项目分布存在明显的区域差异（见表 13-7）。广东、山东、福建等东部地区专项债支持项目为 1. 17 万个，项目总投资额达 17. 02 万亿元，项目数量和投资额分别占全国专项债支持项目总量的 40. 11%和 55. 20%。以项目总投资额与新增专项债发行额之比衡量专项债的投资撬动作用，广东、广西、海南、上海、青海、重庆等地专项债资金撬动率均超过 10 倍，专项债撬动投资作用明显，而西藏、新疆的专项债撬动效果欠佳。

表 13-7　2022 年 1~10 月全国 31 个省区市新增专项债项目情况

省区市	项目个数(个)	项目总投资额(亿元)	专项债资金撬动率(倍)
广东	2157	61472. 75	14. 47
山东	2546	31873. 53	9. 19
四川	2193	18526. 64	8. 16
福建	1293	17214. 70	9. 74
安徽	1176	15976. 57	9. 36
重庆	608	15385. 30	11. 36
浙江	1825	15340. 30	6. 51
湖北	1528	11916. 55	7. 42
河南	2491	11740. 15	4. 89
广西	671	11707. 15	13. 12
河北	2078	10870. 90	4. 71
江苏	915	7626. 85	4. 94
北京	64	7559. 23	9. 58
云南	430	7181. 93	6. 44
湖南	886	6647. 00	4. 48
江西	1373	6549. 87	4. 08

续表

省区市	项目个数(个)	项目总投资额(亿元)	专项债资金撬动率(倍)
甘肃	1301	6507.08	6.03
陕西	764	6134.95	7.15
上海	176	5964.72	11.45
天津	221	4424.54	6.38
海南	186	4101.53	12.20
新疆	1432	4082.70	3.49
吉林	508	3982.74	5.71
辽宁	258	3760.44	6.45
山西	690	3669.83	5.37
黑龙江	422	2515.38	5.81
贵州	604	2478.56	5.13
内蒙古	303	2317.93	8.34
青海	93	703.30	11.43
宁夏	5	62.54	7.82
西藏	22	34.22	1.97

资料来源：企业预警通。

2022 年 1~10 月，新增专项债主要投向稳增长、惠民生、补短板领域，支持交通基础设施 99962.12 亿元、市政和产业园区基础设施 97291.36 亿元、保障性安居工程 33786.81 亿元、社会事业（包含教育、医疗卫生、扶贫、文化旅游、职业教育、民生服务、养老、托幼等）31558.66 亿元，占比分别为 32.42%、31.55%、10.96%和 10.24%（见表 13-8）。重点支持“两新一重”项目建设（即新型基础设施、新型城镇化、交通、水利等重大工程），项目总投资额达 12.32 万亿元，占比近四成。

表 13-8　2022 年 1~10 月新增专项债项目类别

单位：亿元，个

项目类型	项目总投资额	项目个数
交通基础设施	99962.12	1923
市政和产业园区基础设施	97291.36	7835
保障性安居工程	33786.81	3608
社会事业	31558.66	8192

续表

项目类型	项目总投资额	项目个数
农林水利	22549.65	3436
生态环保	9645.12	1524
其他	9143.32	1769
城乡冷链等物流基础设施	2564.86	599
能源	1143.00	197
新型基础设施	656.90	131
土地储备	28.09	5

资料来源：企业预警通。

（二）地方政府债券二级市场情况

1. 现券交易情况

2022 年前三季度，地方政府债券二级市场现券交易金额为 107441.53 亿元（见表 13-9），同比增长 36.21%。其中，银行间债券市场现券成交 106194.70 亿元，同比增长 35.66%；沪深交易所现券成交量分别为 1213.39 亿元和 33.45 亿元，同比增长均超过 1 倍。银行间债券市场现券交易较为活跃，成交量占比高达 98.84%。

表 13-9　2022 年前三季度地方政府债券二级市场现券交易情况

单位：亿元，%

交易市场	交易金额	比重
银行间债券市场	106194.70	98.84
上海证券交易所	1213.39	1.13
深圳证券交易所	33.45	0.03
合计	107441.53	100.00

2. 投资者结构

截至 2022 年 9 月末，银行间债券市场投资者持有地方政府债券 333508.40 亿元，占比为 96.58%；柜台市场投资者持有 85.58 亿元，占比为 0.02%；其他市场投资者持有 11735. 32 亿元，占比为 3. 40%。银行间债券市场投资者中，商业银行持有 286983. 15 亿元，占比为 83. 10%；信用社持有 1646. 03 亿元，占比为 0. 48%；证券公司持有 4149. 99 亿元，占比为 1. 20%；保险机构持有 12619. 92 亿元，占比为 3. 65%；非法人产品持有 15242. 71 亿元，占比为 4. 41%；境外机构持有 95. 80 亿元，占比为 0. 03%；其他持有 12770. 80 亿元，占比为 3. 70%（见表 13-10）。

表 13-10　2022 年 9 月末地方政府债券投资者结构持有情况

单位：亿元，%

投资者结构		地方政府债券	占比
银行间债券市场	商业银行	286983. 15	83. 10
	信用社	1646. 03	0. 48
	证券公司	4149. 99	1. 20
	保险机构	12619. 92	3. 65
	非法人产品	15242. 71	4. 41
	境外机构	95. 80	0. 03
	其他	12770. 80	3. 70
柜台市场		85. 58	0. 02
其他市场		11735. 32	3. 40
合计		345329. 30	100. 00

资料来源：Wind。

（三）地方政府债券余额情况

经第十三届全国人民代表大会第五次会议审议批准，2022 年全国地方政府债务限额为 376474. 30 亿元，其中一般债务限额为 158289. 22 亿元，专项债务限额为 218185. 08 亿元。截至 2022 年 8 月末，全国地方政府债务余额为 347838 亿元，控制在全国人大批准的限额之内。其中，一般债务为 144422 亿元，专项债务为 203416 亿元；政府债券为 346215 亿元，非政府债券形式存量政府债务为 1623 亿元。地方政府债券剩余平均年限为 8. 4 年，其中，一般债券为 6. 3 年，专项债券为 9. 9 年。地方政府债券剩余平均利率为 3. 42%，其中，一般债券为 3. 42%，专项债券为 3. 42%。

负债率（即债务余额/GDP）、债务率（即债务余额/综合财力）和偿债率（即债务还本付息额/综合财力①）是衡量政府债务负担的重要指标。以地方政府负债率衡量债务风险，截至 2021 年末，地方政府债务余额为 30.47 万亿元，地方政府负债率为 26.78%；加上纳入预算管理的中央政府债务余额 23.27 万亿元，全国政府债务余额为 53.74 万亿元，政府负债率为 47.23%，低于国际通行的 60%预警线，我国债务风险总体可控。就区域债务风险而言，东部省区市地方政府负债率普遍低于中西部省区市（见表 13-11）。2021 年末，除青海和贵州外，其余省区市的负债率均处于预警线之下，债务规模与经济总量基本匹配。天津、甘肃、新疆、吉林等地负债率已接近或略超 50%。截至 2022 年 9 月末，地方政府债务余额为 34.53 万亿元，按照国家统计局公布的 2022 年第三季度 GDP 初步核算数据 87.03 万亿元计算，地方政府负债率为 39.68%，较 2021 年末增长 12.90 个百分点。

表 13-11　2021 年末全国 31 个省区市债务负担

单位：%

省区市	负债率	债务率	偿债率
天津	50.22	205.55	25.24
福建	20.67	159.97	19.10
贵州	60.61	157.53	23.83
内蒙古	43.37	154.98	21.34
云南	40.45	153.29	17.74
辽宁	37.17	150.05	26.23
青海	83.28	137.22	12.80
吉林	47.29	136.71	11.93
新疆	47.77	135.00	12.13
海南	46.45	129.37	17.16
重庆	30.87	128.82	14.26
广西	34.60	123.32	13.77
湖南	29.54	122.80	14.84
黑龙江	43.92	121.18	13.80
宁夏	42.50	118.27	16.49
河北	32.74	117.50	13.07
安徽	26.95	109.17	11.34

① 综合财力=一般公共预算收入+政府性基金收入+中央财政税收返还和补助收入。

续表

省区市	负债率	债务率	偿债率
山东	24.06	108.95	15.42
湖北	23.86	108.43	13.74
陕西	29.14	107.94	14.68
甘肃	47.80	106.94	9.72
江西	30.43	103.72	7.93
四川	28.30	100.08	11.08
北京	21.78	99.73	8.96
浙江	23.71	99.31	11.25
河南	21.05	96.06	9.18
山西	23.97	89.56	8.39
广东	16.41	84.38	9.18
江苏	16.30	74.33	9.83
上海	17.02	59.46	7.86
西藏	23.84	19.78	2.19

资料来源：根据财政部网站整理得到。

债务率是衡量政府偿债能力的关键指标，2021年末，我国地方政府债务率为108.29%，已攀升至100%～120%警戒区间，整体债务风险需引起重视。分区域来看，部分地区债务风险较高，2021年末有23个省区市的债务率超过100%预警线，其中天津、福建、贵州、内蒙古、云南、辽宁的债务率甚至高于IMF提出的150%风险上限。除2020年债务率已经超过预警线的17个省区市外，2021年新增安徽、山东、湖北、甘肃、江西、四川6个省区市，它们的债务率超过100%预警线。我国地方政府债务风险评估指标体系以债务率为主，财政部按照债务率进行“红橙黄绿”风险评级分类①。2021年末，天津债务率超过200%，进入橙档区间；福建、贵州、内蒙古、云南、辽宁、青海、吉林、新疆、海南、重庆、广西、湖南、黑龙江等地债务率超过120%，进入

① 财政部根据债务率数据，将债务风险分为红（债务率≥300%）、橙（200%≤债务率<300%）、黄（120%≤债务率<200%）、绿（债务率<120%）4个等级，风险依次由高到低。参见《财政部关于印发〈地方政府法定债务风险评估和预警办法〉的通知》（财预〔2020〕118号）。

黄档区间，其余 17 个省区市的债务风险均位于绿档区间。

以偿债率反映政府偿债压力，2021 年，地方政府偿债率为 12.77%，低于 20%预警线，较 2020 年增长 2.12 个百分点，整体风险不高但上升较快。分区域来看，辽宁、天津、贵州、内蒙古的偿债率超过 20%预警线，福建、云南的偿债率逼近 20%预警线。地方政府债券允许借新还旧，2021 年，地方政府债券到期偿还本金 26685 亿元，其中仅 3666 亿元由财政资金偿还，剩余 23019 亿元通过发行再融资债券滚续，到期接续比高达 86.26%。

四　城投债

（一）城投债发行情况

1. 发行概况

2022 年以来，城投融资监管政策没有明显放松（见表 13-12），城投债融资有所压缩。以 Wind 城投债口径为基础，2022 年前三季度，城投债累计发行 5534 只，同比减少 6.80%；发行总额为 39440.87 亿元，同比下降 7.78%；净融资额为 11754.47 亿元，同比下降 34.69%。由于 2022 年城投债处于到期高峰，净融资规模明显回落。

表 13-12　2022 年城投债监管政策汇总

时间	政策/案例	主要内容
1 月 18 日	《国务院关于支持贵州在新时代西部大开发上闯新路的意见》(国发〔2022〕2 号)	按照市场化、法治化原则,在落实地方政府化债责任和不新增地方政府隐性债务的前提下,允许融资平台公司对符合条件的存量隐性债务,与金融机构协商采取适当的展期、债务重组等方式维持资金周转
3 月 5 日	《关于 2021 年国民经济和社会发展计划执行情况与 2022 年国民经济和社会发展计划草案的报告》	优化企业外债分类管理,完善对房地产、地方融资平台、低信用企业的外债调控,持续防范外债风险
4 月 18 日	《关于做好疫情防控和经济社会发展金融服务的通知》	要在风险可控、依法合规的前提下,按市场化原则保障融资平台公司合理融资需求,不得盲目抽贷、压贷或停贷,保障在建项目顺利实施

续表

时间	政策/案例	主要内容
4月29日	《关于发布〈上海证券交易所公司债券发行上市审核规则适用指引第3号——审核重点关注事项（2022年修订）〉的通知》（上证发〔2022〕63号）	在涉及融资平台公司申报发行公司债的表述中，将其审核重点关注范围从“主体信用评级低于AA（含）”修订为“主体资质较弱”，将“审慎确定公司债券申报方案”调整为“合理确定公司债券申报方案”
5月6日	《关于推进以县城为重要载体的城镇化建设的意见》	对准公益性项目和经营性项目，提升县域综合金融服务水平，鼓励银行业金融机构特别是开发性政策性金融机构增加中长期贷款投放，支持符合条件的企业发行县城新型城镇化建设专项企业债券
5月6日	《中国银保监会关于银行业保险业支持城市建设和治理的指导意见》（银保监发〔2022〕10号）	坚决遏制新增地方政府隐性债务，严禁银行保险机构配合地方政府通过新增隐性债务上新项目、铺新摊子
5月18日	《财政部关于地方政府隐性债务问责典型案例的通报》	财政部通报8起隐性债务问责典型案例
7月29日	《财政部关于融资平台公司违法违规融资新增地方政府隐性债务问责典型案例的通报》	财政部通报8起融资平台公司违法违规融资新增隐性债务问责典型案例
8月25日	《支持贵州加快提升财政治理能力奋力闯出高质量发展新路的实施方案》	按照市场化、法治化原则，在落实地方政府化债责任和不新增地方政府隐性债务的前提下，允许融资平台公司在与金融机构协商的基础上采取适当展期、债务重组等方式维持资金周转，降低债务利息成本
8月26日	《国家发展改革委关于〈企业中长期外债审核登记管理办法（征求意见稿）〉公开征求意见的通知》	企业中长期外债资金不得新增地方政府隐性债务
9月24日	《关于加强“三公”经费管理严控一般性支出的通知》（财预〔2022〕126号）	严禁通过举债储备土地，不得通过国企购地等方式虚增土地出让收入，不得巧立名目虚增财政收入，弥补财政收入缺口。进一步规范地方事业单位债务管控，建立严格的举债审批制度，禁止新增各类隐性债务，切实防范事业单位债务风险

资料来源：根据中华人民共和国中央人民政府网站、沪深证券交易所网站、财政部网站整理得到。

分月来看，城投债发行和净融资规模均延续同比下降趋势（见图13-13）。受春节因素影响，2月城投债发行规模环比锐减57.22%。4月，城投融资迎来政策利好，强调按市场化原则保障融资平台公司合理融资需求，同时边际放松公司债发行上市审核规则，但受制于“坚决遏制新增地方政府隐性债务”的监管红线，城投债发行规模未见明显改善。5 月，城投债发行规模和净融资额出现季节性下降，主要受财报更新、疫情反弹等因素影响，但整体好于上年同期。7~9 月是城投债偿还高峰，城投债净融资额处于历史较低水平，同比降幅均超过 1000 亿元。

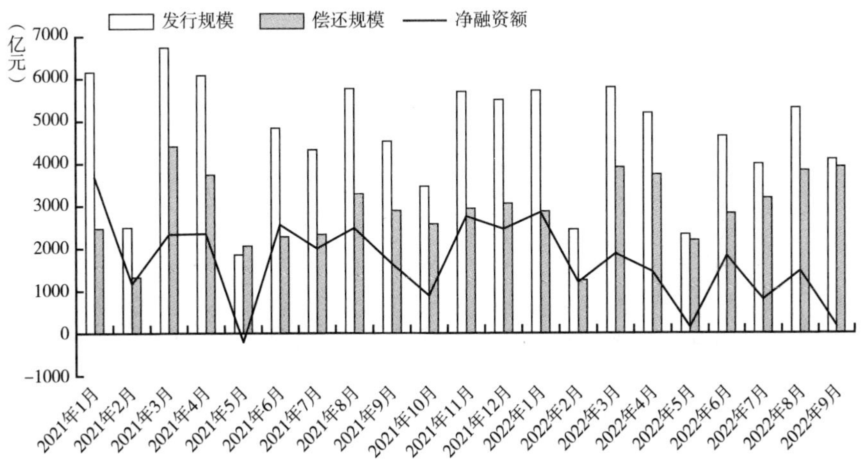

图 13-13　2021 年至 2022 年 9 月城投债发行情况

资料来源：Wind。

城投债融资延续区域分化，超半数省区市发行额和净融资额同比下降。2022 年前三季度，江苏和浙江城投债发行额分别以 8930. 45 亿元和 4575. 80 亿元位居前二，大幅领先其余省区市（见图 13-14）。海南、内蒙古、青海、黑龙江、宁夏、辽宁、甘肃、西藏等经济和财政实力相对较弱的区域，城投债发行规模均位于 100 亿元以下。从同比变化来看，19 个省区市的城投债发行规模同比有所减少，其中江苏和浙江降幅分别高达 1975. 22 亿元和 1244. 14 亿元，主要原因是区县级城投债发行缩量。河南和天津城投融资能力明显修复，城投债发行额分别同比增长 693. 63 亿元和 542. 32 亿元。

从净融资额来看，浙江和江苏是城投债净融资最大流入省区市，前三季度累计净融资额分别为 2614. 27 亿元和 2407. 71 亿元。山东和四川净融资额依序次之，均在1000亿元以上。甘肃、贵州、青海、吉林、云南等地城投偿债压力较大，加之受区域信用风险事件影响，城投债净融资额由正转负。从同比变化来看，19个省区市城投债净融资额同比有所减少，其中江苏和浙江分别同比大幅下降2612.60亿元和1629.26亿元。天津、河南和河北净融资额改善明显，分别同比增长743.02亿元、505.23亿元和292.80亿元。

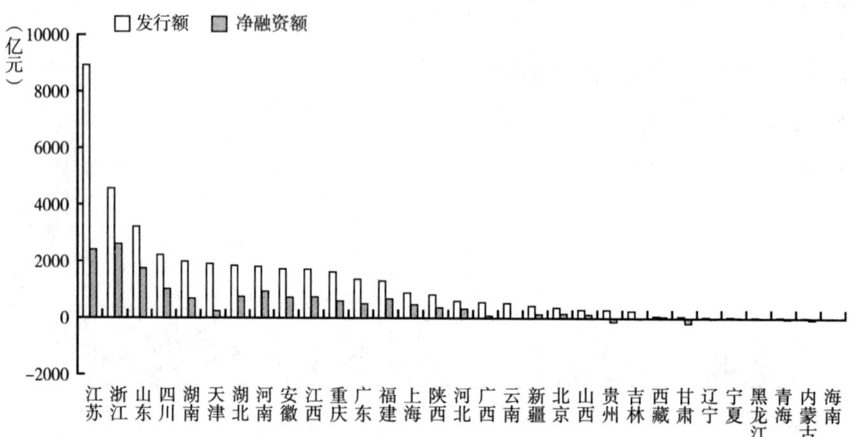

图13-14　2022年前三季度全国31个省区市城投债发行额和净融资额

资料来源：Wind。

从发行品种来看，2022年前三季度发行的城投债以公司债（含私募债）、短期融资券和中期票据为主，发行规模分别为13760.65亿元、9911.04亿元和7952.53亿元（见图13-15），占比分别为34.92%、25.15%和20.18%。上年底，国家发改委要求对2022年企业债券本息兑付风险进行全面排查，企业债融资有所降温，发行规模同比下降10.83%。从2022年起，沪深交易所和中国银行间市场交易商协会均对城投债进行分档审理，根据债务率“红橙黄绿”分档约束高债务地区城投发债，公司债、中期票据和定向工具发行规模分别同比减少11.17%、6.49%和12.72%，短期融资券发行规模小幅增加0.65%。

从发行期限来看，2022年前三季度，城投债发行以中短期为主，集中分布于4~5年期、2~3年期以及1年期以内的短期限品种，发行规模分别为11760.14亿元、10739.67亿元和11743.09亿元（见图13-16），占比分别为29.84%、27.25%和29.80%。从同比变化来看，2年期以内城投债发行规模占

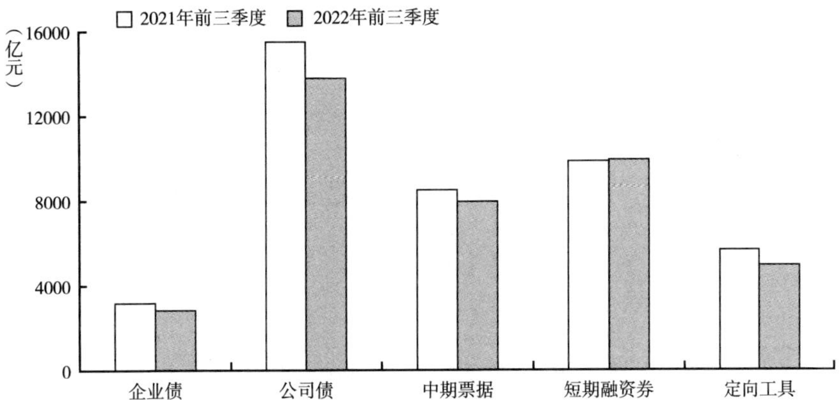

图 13-15　2021 年前三季度、2022 年前三季度不同类型城投债发行额

资料来源：Wind。

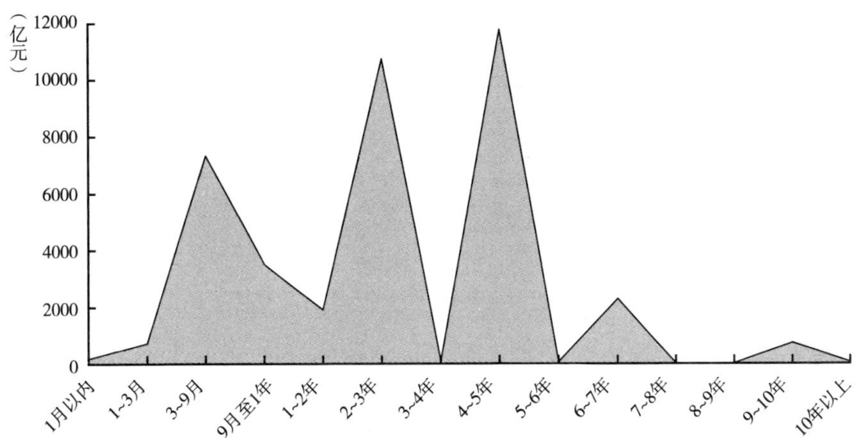

图 13-16　2022 年前三季度不同期限城投债发行额

资料来源：Wind。

比同比上升 4.42%，4~5 年期城投债发行规模占比同比下降 3.77%。城投债融资期限趋于短期化有两方面原因：一是 2022 年国内稳增长压力较大，货币政策维持总量宽松，部分资质较好的融资平台公司主动进行债券期限管理，发行成本较低的短期债券置换成本较高的长期债券；二是由于城投融资政策延续收紧态势以及市场风险偏好下降，部分资质较弱的融资平台公司难以发行期限较长的债券。

2. 信用评级

中低等级城投债发行规模明显收缩，弱区域、弱资质城投发债难度加大。就债项评级而言，2022 年前三季度，AAA 级和 AA+级城投债发行规模分别为 5815.62 亿元和 3625.65 亿元（见表 13-13），同比下降 27.75%和 49.25%。低评级债券缩量显著，AA 级和 A-1 级城投债发行规模分别为 543.80 亿元和 380.05 亿元，同比下降近七成。

表 13-13 2022 年前三季度各债项评级城投债发行额

单位：亿元

债项评级	发行额	1 年以下	1~3 年	3~5 年	5~7 年	7~10 年	10 年以上
AAA 级	5815.62	0.00	390.70	1804.54	2135.23	956.65	528.50
AA+级	3625.65	0.00	228.39	1159.39	1215.12	951.55	71.20
AA 级	543.80	0.00	28.80	194.95	182.65	137.40	0.00
A-1 级	380.05	35.15	344.90	0.00	0.00	0.00	0.00

资料来源：Wind。

就主体评级而言，2022 年前三季度，AAA 级和 AA+级融资平台公司是发债主力，城投债发行规模分别为 12853.72 亿元和 16767.11 亿元（见表 13-14），占比合计为 75.16%。低评级融资平台公司发债受限，AA 级和 AA-级融资平台发债规模分别为 9653.64 亿元和 72.80 亿元，较上年同期分别下降 12.45%和 32.20%。

表 13-14 2022 年前三季度各主体评级城投债发行额

单位：亿元

主体评级	发行额	1 年以下	1~3 年	3~5 年	5~7 年	7~10 年	10 年以上
AAA 级	12853.72	4568.60	1402.07	2626.75	3225.20	345.60	685.50
AA+级	16767.11	2614.65	2286.46	4354.77	6451.13	962.40	97.70
AA 级	9653.64	1073.58	1702.30	3832.95	2098.91	945.90	0.00
AA-级	72.80	0.00	5.00	15.00	7.90	44.90	0.00
A+级	3.00	0.00	3.00	0.00	0.00	0.00	0.00

资料来源：Wind。

分区域来看，天津、上海、广东等地AAA级融资平台公司发债占比较高，均超过70%，中低评级融资平台公司向黑龙江、内蒙古、青海、西藏、安徽集中（见图13-17），AA+级和AA级融资平台公司发债占比合计超过90%。在黑龙江、吉林、青海、宁夏等弱资质区域，低评级主体逐步退出市场，AA级融资平台公司不再发行债券。

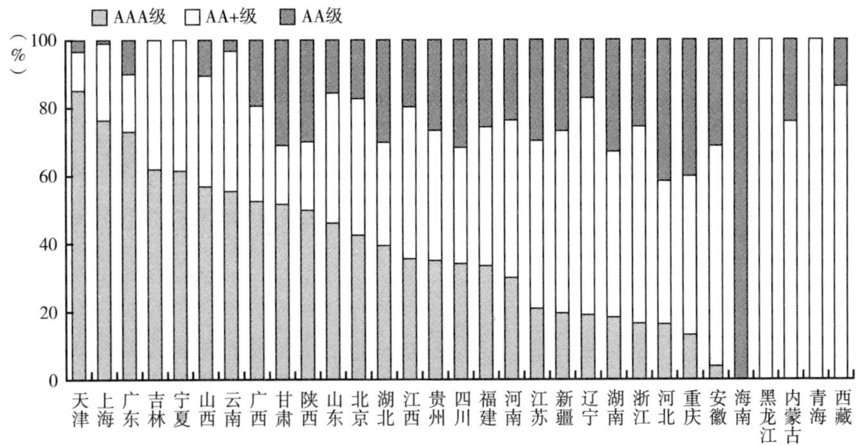

图13-17 2022年前三季度全国31个省区市不同主体评级城投债发行额占比

资料来源：Wind。

3. 发行利率

从发行利率来看，2022年城投融资监管延续收紧态势，但市场流动性较为宽松，前三季度城投债加权平均发行利率为3.84%①，低于上年同期64.03BP。区分主体评级来看，AAA级、AA+级、AA级主体城投债加权平均发行利率分别为3.29%、3.74%、4.71%，各等级城投债发行成本整体震荡下行（见图13-18）。

城投债发行利率呈现明显区域分化，东北三省和西部地区城投融资成本较高。2022年前三季度，青海、辽宁、甘肃等弱资质省区市的城投债加权平均发行利率超过5.5%，而广东和上海城投债加权平均发行利率低于3%（见表13-

① 按发行金额为权重对票面利率进行加权平均而得。

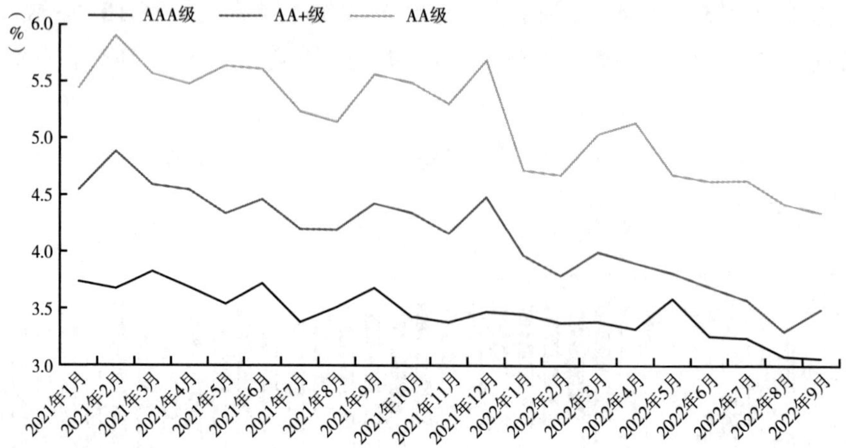

图 13-18　2021 年至 2022 年 9 月不同主体评级城投债加权平均发行利率

资料来源：Wind。

15)。天津城投融资规模显著回升，但城投债发行成本居于高位。分行政级别来看，弱资质区域地级市及以下平台融资成本高企，贵州、甘肃、辽宁、内蒙古等弱资质省区市的地级市和区县级城投发债成本高于或等于 6.5%。在陕西、辽宁、广西、湖南、上海等地，区县级平台与地级市及以上平台的城投债发行利率出现倒挂，主要是因为一些区县级平台通过引入外部担保增信降低发债成本。

表 13-15　2022 年前三季度全国 31 个省区市城投债加权平均发行利率

单位：%

省区市	平均发行利率	省级	地市级	区县级
青海	5.88	—	5.88	—
辽宁	5.73	—	6.72	6.50
甘肃	5.57	3.98	6.88	—
贵州	5.47	3.36	7.16	7.30
吉林	5.42	3.64	5.60	—
天津	5.08	4.79	—	6.42
云南	5.06	4.60	5.44	—
黑龙江	4.99	—	4.99	—
重庆	4.80	3.91	—	5.11
陕西	4.60	3.20	4.96	3.75

续表

省区市	平均发行利率	省级	地市级	区县级
河北	4.45	3.16	4.40	5.55
广西	4.33	3.05	6.37	6.30
湖南	4.30	2.78	4.54	4.50
四川	4.29	3.32	4.15	4.72
海南	4.27	—	4.27	—
宁夏	4.18	3.15	5.83	—
河南	4.18	3.23	4.06	5.23
内蒙古	4.06	3.46	6.50	—
山东	3.99	3.14	3.68	4.86
新疆	3.91	4.41	3.70	4.81
山西	3.78	3.83	3.77	—
湖北	3.76	3.28	3.66	4.59
江西	3.72	2.25	3.90	5.04
西藏	3.70	—	3.70	—
江苏	3.63	2.00	3.59	3.66
安徽	3.57	2.09	3.52	4.10
浙江	3.35	2.00	3.14	3.48
福建	3.18	3.37	3.09	3.36
北京	3.10	2.86	—	3.17
上海	2.79	3.03	—	2.96
广东	2.69	1.99	2.66	2.90

资料来源：Wind。

4. 资金用途

从资金用途来看，近九成城投债用于借新还旧。2022 年前三季度，资金用于偿还或置换存量到期债务的城投债规模为 29732.80 亿元，用于项目建设的城投债规模为 3112.75 亿元，用于补充流动性或营运资金的城投债规模为 1583.94 亿元，占比分别为 86.36%、9.04%和 4.60%。由于 2022 年城投债迎来偿还高峰，叠加监管部门对融资平台发债用途有所限制，借新还旧成为城投融资的主要用途。

从全国 31 个省区市发行城投债资金用途来看，偿债压力较大和弱资质区域城投借新还旧占比居高不下（见图 13-19）。2022 年前三季度，天津、云南、西藏等18个省区市用于借新还旧的城投债占比均超过90%，上海和四川城投发债用于项目建设的规模占比近两成，陕西和浙江用于补充流动性的城投债占比约为9%。

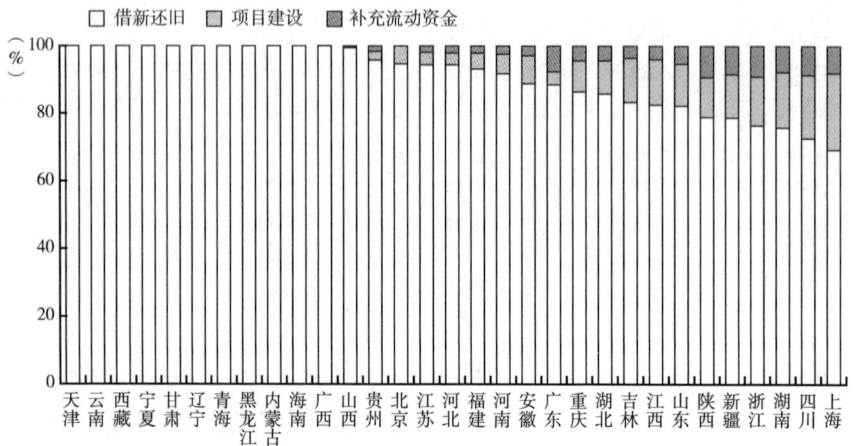

图 13-19　2022 年前三季度全国 31 个省区市城投债资金用途占比

资料来源：Wind。

（二）城投债存续情况

截至2022年9月末，全国有存续城投债的融资平台公司共3062家，较年初增加27家；存续债券共21454只，较年初增加2360只；债券余额为13.84万亿元，较年初增加1.18万亿元。从地区分布来看，江苏城投债余额为27950.80亿元，占全国城投债余额的20.20%，居于首位；浙江、山东、四川和湖南分列第2~5名，占比分别为13.58%、8.70%、6.82%和5.85%。黑龙江、贵州和辽宁城投存量债务付息成本较高，平均票面利率超过6%（见表13-16），增加了融资平台公司的偿债和再融资压力。

从存续品种来看，截至2022年9月末，全国存续城投债品种以公司债（含私募债）、中期票据和定向工具为主，存续规模分别为57559.40亿元、34940.44亿元和19669.73亿元（见图13-20），占比分别为41.63%、25.27%和14.23%，较上年同期分别增长20.10个百分点、17.53个百分点和8.84个百分点。

表 13-16　2022 年 9 月末全国 31 个省区市城投债存续情况

省区市	债券余额（亿元）	存债数量（只）	存量平均票面利率（%）
江苏	27950.80	5421	4.52
浙江	18797.71	2647	4.32
山东	12037.59	1654	4.63
四川	9434.08	1380	5.05
湖南	8091.49	1300	5.07
湖北	6535.89	876	4.61
重庆	6346.84	982	5.39
江西	6166.43	884	4.75
安徽	5084.14	804	4.54
河南	4860.77	820	4.59
广东	4406.81	442	3.55
福建	3928.09	637	4.04
天津	3643.58	534	5.27
陕西	3065.27	397	5.12
贵州	2814.44	439	6.28
广西	2448.53	406	5.79
上海	2377.95	256	3.45
北京	1818.83	172	3.86
河北	1666.22	246	4.76
新疆	1373.91	249	4.62
云南	1272.26	238	5.96
吉林	1131.17	130	5.63
山西	1005.62	147	4.55
甘肃	743.67	110	4.72
辽宁	328.04	91	6.26
黑龙江	263.15	57	6.68
西藏	230.53	19	4.06
宁夏	197.90	38	4.95
海南	133.00	14	3.87
内蒙古	126.30	38	5.61
青海	93.40	26	5.94

资料来源：Wind。

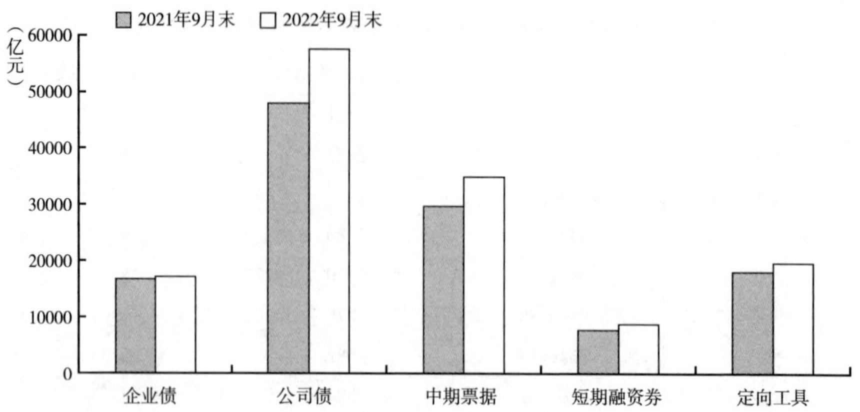

图 13-20　2021 年至 2022 年 9 月末不同类型城投债余额

资料来源：Wind。

从存续期限来看，截至 2022 年 9 月末，近九成全国存续城投债为 5 年期及以内的中短期品种，集中分布于 2～3 年期和 1 年期以内，存续规模分别为 34819.62 亿元和 27590.64 亿元（见图 13－21），占比分别为 25.19% 和 19.96%。

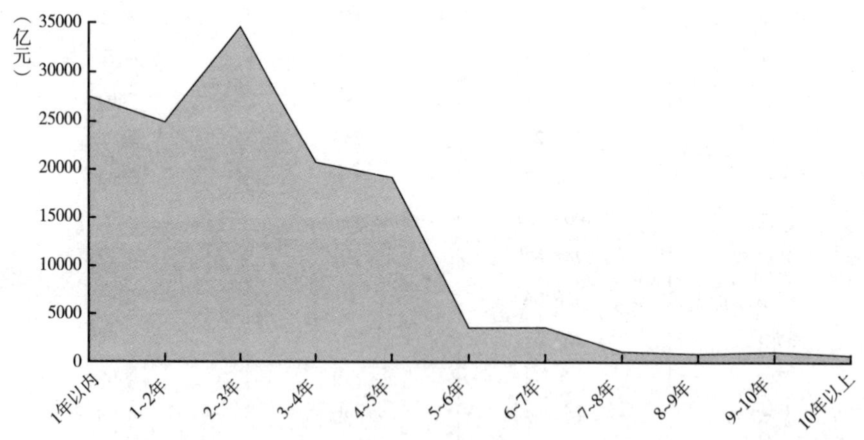

图 13-21　2022 年 9 月末不同期限城投债余额

资料来源：Wind。

从债项评级来看，截至 2022 年 9 月末，全国存续城投债中 AAA 级、AA+

级、AA 级和 AA-级存续规模分别为 34678. 94 亿元、25293. 09 亿元、9612. 39 亿元和 121. 51 亿元（见表 13-17），以中短期高级别城投债为主。

表 13-17　2022 年 9 月末各债项评级城投债余额

单位：亿元

债项评级	债券余额	1 年以下	1~3 年	3~5 年	5~7 年	7~10 年	10 年以上
AAA 级	34678. 94	5189. 20	14081. 59	9430. 14	3254. 92	2280. 45	442. 65
AA+级	25293. 09	3101. 16	11048. 07	8030. 61	2563. 16	369. 09	181. 00
AA 级	9612. 39	1833. 73	4508. 36	2545. 53	606. 47	86. 40	31. 90
AA-级	121. 51	4. 52	68. 51	22. 08	16. 40	10. 00	0. 00

资料来源：Wind。

从债券负面事件来看，2022 年前三季度，全国共发生 83 次城投评级负面事件。其中，73 只债券的中债隐含评级下调，5 只债券被推迟评级，1 只债券债项评级自 AA+级下调至 AA 级，2 家融资平台公司主体评级自 AA+级下调至 AA 级，1 家融资平台公司被列入评级观察名单，1 家融资平台公司评级展望由稳定调整为负面。分区域来看，山东、四川、贵州等地为城投信用风险事件高发区域。

五　地方政府债务潜在风险与化解策略

（一）地方政府债券潜在风险分析

第一，地方债务结构与公共支出结构发展趋势不匹配。当前，我国形成了以专项债为主、一般债为辅的地方政府债务格局，而实现共同富裕发展目标，要求财政支出从基建投资进一步向民生领域倾斜。鉴于社会保障、基础教育、就业保障等民生领域确难产生可观收益，势必需要通过发行国债或一般债弥补资金缺口。

第二，地方债发行市场化水平有待提升。一方面，绝大多数地方政府债券债项评级为 AAA 级，信用级别难以准确反映不同地区的项目风险和收益情况。另一方面，地方政府债券的购买主力仍为商业银行，“一家独大”的局面不利于地方政府债券的市场化发展及流动性改善。

第三，专项债用途“泛化”，项目收益持续下降。部分专项债项目缺乏内生市场化营收能力，偿债来源单一，项目经营性现金流较弱，对预算内资金依赖程度较高。大量的市政道路建设、污水处理厂等项目收益与原有政府性基金预算收入有所重叠，甚至存在“一地多用”现象，事实上限制了未来财政发力空间。

（二）城投债潜在风险分析

第一，2022~2023年是城投债到期高峰，年均兑付规模均超过3万亿元，城投还本付息压力较大。城投偿债资金主要来自再融资、政府回款和内生现金流，当前信贷、债券和非标三大再融资渠道均面临严监管，加之稳增长压力下地方财力和企业经营不容乐观，高债务区域、弱资质城投债务兑付和接续存在一定困难。

第二，房地产市场下行压力对城投债风险的负面传导明显增强。首先，房地产行业遇冷造成土地出让收入锐减，政府的城投回款明显滞后。2022年前三季度，土地出让收入同比大幅下降28.3%，19个省区市土地出让收入对城投有息债务和地方债利息支出的覆盖比例不足100%。其次，城投举债拿地成为地方政府托底土地市场的无奈之举，大规模购地增加城投资金占用及偿债压力，土地资产变现能力较差拖累城投盈利表现。2022年前三季度，城投拿地金额占全国土地出让金的比重为11.8%，以区县级和地市级城投为主。

第三，城投市场化转型存在风险隐忧，以贸易和房地产开发业务为例，2022年以来，俄乌冲突、通胀高企、欧美加息等多空因素交织，加剧大宗商品价格波动，城投盈利能力存在较大不确定性，反而面临贸易业务风险。此外，城投传统公益性业务与房地产开发业务关联度较高，在“保交楼、稳民生”的政策基调下，城投参与地产纾困（例如，城投联合地方资产管理公司成立房地产纾困专项基金，或收购烂尾楼盘并投资续建）成为推动烂尾楼复工的重要力量。对于拟向房地产业务市场化转型的城投而言，贸然参与地产纾困或削弱自身盈利和偿债能力，加剧房地产风险与城投债务风险互溢。

（三）地方政府债务风险的化解策略

第一，调整政府债务结构，明确债务资金的应用领域。探索发行基础设施建设特别国债，加大中央基建投资力度，推动全国性基础设施建设。增强国债和一般债对公益性基础设施、民生工程的支持力度，控制并适当压缩专项债，坚决遏制专项债“泛化”“一般化”“万能化”。

第二，鼓励采用“专项债+市场化融资”模式，充分挖掘社会投资潜力。适度加大专项债用作项目资本金的范围和使用力度，注重发挥政府资金在项目融资中的引导和杠杆作用，通过制度优化突破自身财力约束。探索专项债与政府投资资金、产业引导资金、公募 REITs 等“专项债+市场化融资”组合模式，提高项目融资能力。

第三，多措并举保障城投债平稳滚续，降低城投短期流动性风险。一是对于城投非标违约频发、城投债市场认可度较低的地区，融资平台公司应充分利用当前低利率资金环境，借助非标债务展期、重组来缓冲短期资金周转压力，实现存量债券的借新还旧和顺利滚续。二是对于城投债务风险整体可控但尾部城投信用风险较高的地区，鼓励通过兼并重组、整合归并同类业务等方式，推动区县级城投整合重组，降低尾部城投风险。

第四，关注城投转型过程中理顺政企关系、化解存量债务、新业务选择等难题，避免城投盲目激进转型引致竞争力不足和风险集中暴露。一是厘清地方政府和融资平台公司之间的偿债责任。对于公益性项目形成的债务，可由财政出资偿还或通过发行地方政府债券予以置换。对于经营性项目形成的债务，融资平台公司应通过改善经营状况、提高资产收益率、盘活存量资产等方式，按照市场化原则进行融资偿还。二是结合业务积累优势和区域资源禀赋，因地制宜推动城投转型。在“十四五”新型基础设施建设规划的背景下，作为地方基建的主力，城投可抓住政策机遇参与城市更新，获取优质经营资产，减轻自身偿债压力。

第十四章 资产支持证券市场

秦　龙*

- 2022 年，我国资产支持证券市场稳健发展，一级市场发行量有所下降，但二级市场交易活跃度持续提升。REITs 市场蓬勃发展，既助力基础设施资产的盘活、运营效率的提高，又有助于资产支持证券市场活跃度的提升。
- 2022 年前三季度资产支持证券发行总规模 1.49 万亿元，同比下降 34%。其中信贷 ABS 同比下降 57.30%，企业 ABS 同比下降 32.27%，ABN 同比下降 12.93%。
- 财政部联合国家税务总局发布《关于基础设施领域不动产投资信托基金（REITs）试点税收政策的公告》，针对 REITs 设立阶段减轻原始权益人税负负担。
- 银保监会发布了《关于保险资金投资有关金融产品的通知》，针对保险机构投资 ABS 产品相关规定进行了部分调整。
- 2021 年 6 月，我国首批基础设施公募 REITs 完成募集并挂牌上市。我国基础设施公募 REITs 采取公募基金+ABS 的双层架构，对于盘活基础设施资产、提升基础设施投融资效率有重要意义。未来在税制完善、信息披露、市场扩容等方面需要继续发展。

一　资产支持证券市场运行情况

2022 年，资产支持证券发行规模有所下降。在居民中长期贷款增量有限、

---

* 秦龙，中泰证券固定收益部总经理，中泰证券固定收益部蔡亚冬对本文亦有贡献。

存量优质贷款出表意愿下降的背景下，信贷 ABS 发行量同比下降接近六成。地产行业风险事件层出不穷，相关的供应链、CMBS 等企业 ABS 发行量也显著萎缩。资产支持证券二级市场交易量与 2021 年基本持平，RMBS 等产品交易活跃度仍然较高。

（一）资产支持证券一级市场

2022 年前三季度，新发行资产支持证券共计 3295 只，发行规模达 1.49 万亿元，较 2021 年同期下降 34%，为 2021 年全年发行规模的 48%（见图 14-1）。单只证券平均发行规模为 4.52 亿元，较 2021 年单只证券平均发行规模减小 15%。

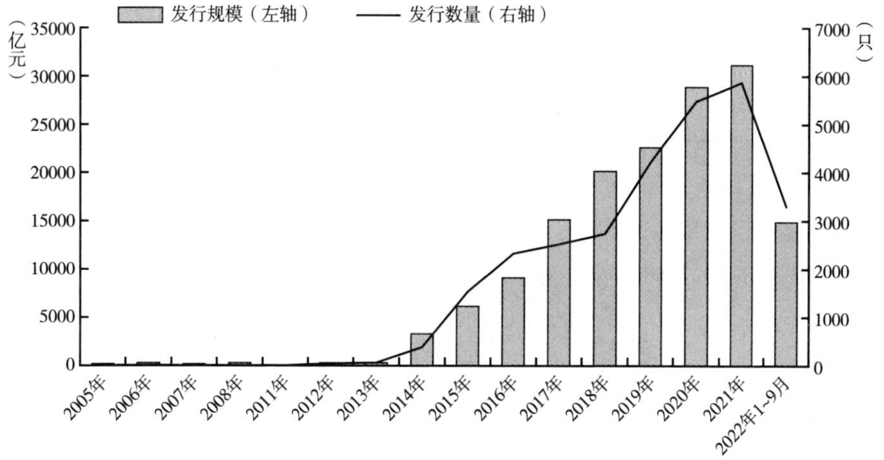

图 14-1　资产支持证券历年发行数量及发行规模

资料来源：Wind。

分品种看，截至 2022 年第三季度末，信贷 ABS 发行规模 5.36 万亿元，共计发行 3642 只，存量规模 1.50 万亿元，存量数量 1300 只；企业 ABS 发行规模 7.35 万亿元，发行数量 19539 只，存量规模 2.09 万亿元，存量数量 6209 只；ABN 发行规模 1.81 万亿元，发行数量 3909 只，存量规模 8834 亿元，存量数量 1841 只（见图 14-2、图 14-3）。

信贷 ABS 前三个季度发行量分别为 978 亿元、823 亿元以及 846 亿元，前

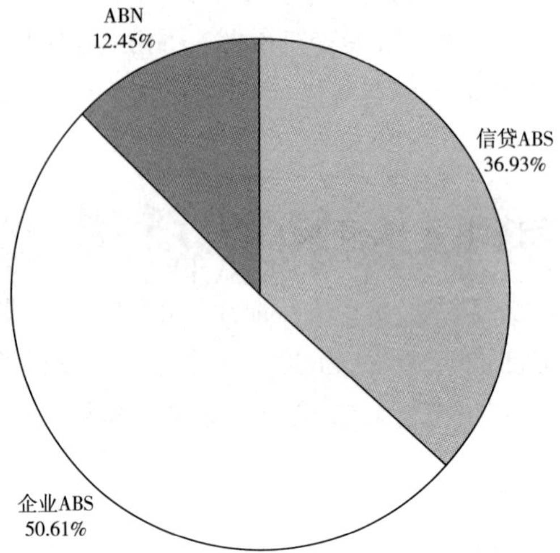

图 14-2　资产支持证券发行规模分布

资料来源：Wind。

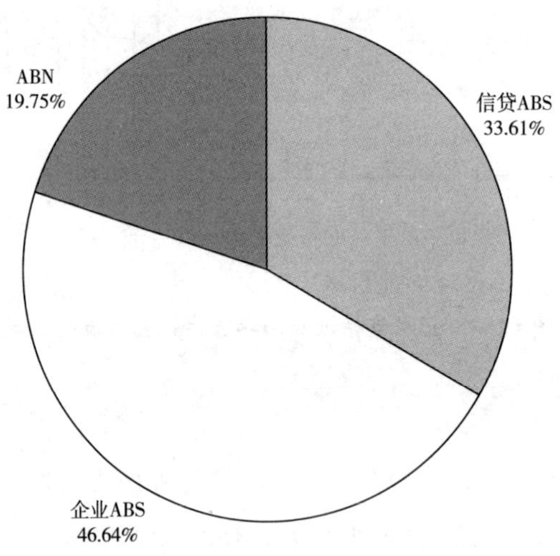

图 14-3　资产支持证券存量规模分布

资料来源：Wind。

三季度总发行量 2647 亿元，较去年同期大幅降低 57. 30%。从结构上来看，汽车贷款 ABS 成为第一大信贷 ABS 品种，前三季度发行量达到 1733. 01 亿元，较 2021 年同期下降 3. 80%，占全部信贷 ABS 发行量的 65. 48%。个人住房抵押贷款 ABS（RMBS）发行量大幅下降，前三季度仅发行 245. 41 亿元，较 2021 年同期下降 93. 41%，仅占全部信贷 ABS 发行量的 9. 27%。受地产开发商信用事件影响，2022 年个人住房抵押贷款发放量同比负增长较多，RMBS 的发行相对缺乏增量基础资产，同时按揭贷款的高利率、长久期特性使其在低利率环境下更受银行青睐，出表动力下降。受疫情影响，居民收入增长及其预期有所恶化，与个人消费相关的消费贷款 ABS、信用卡贷款 ABS 发行量也出现不同程度的负增长。不良贷款 NPL 发行量小幅增加。在政策向小微企业融资倾斜的背景下，小微企业贷款 ABS 大幅增长 73. 73%，前三季度发行量达到 306. 68 亿元（见图 14-4）。

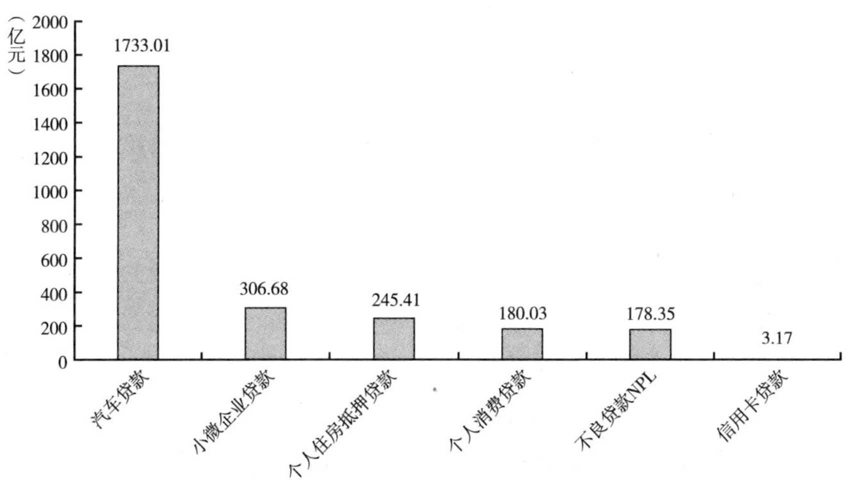

图 14-4　2022 年前三季度信贷 ABS 发行量分资产类型统计

资料来源：Wind。

企业 ABS 前三个季度发行量分别为 1894 亿元、3046 亿元以及 3357 亿元，前三季度总发行量 8297 亿元，比去年同期下降了 32. 27%。从结构上来看，发行量占比较高的前三位分别为租赁资产 ABS、应收账款 ABS、供应链账款

ABS。租赁资产 ABS 在前三季度发行量达到 1967.31 亿元，较去年同期增长 36.96%，在企业 ABS 发行量中占比达到 23.73%。此外，受公募 REITs 开闸影响，作为项目前期储备与融资方式的类 REITs 发行量也有明显放大，前三季度发行量达到 248.81 亿元，同比增长 121.28%。如上文所述，与个人消费、房地产相关的个人消费贷款、小额贷款、购房尾款等均出现明显下降（见图 14-5）。

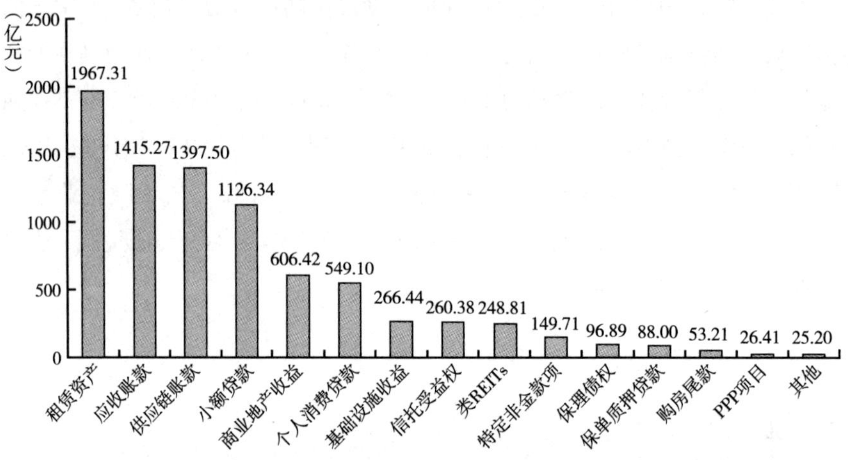

图 14-5　2022 年前三季度企业 ABS 发行量分资产类型统计

资料来源：Wind。

ABN 前三个季度发行量分别为 1164 亿元、1590 亿元以及 895 亿元，前三季度总发行量为 3649 亿元，较去年同期下降 12.93%。从结构上来看，发行量占比较高的前三位分别为信托受益债权 ABN、小微企业贷款 ABN、租赁债权 ABN。信托受益债权 ABN 发行量 1069.55 亿元，占比 29.31%，主要由于大型国企发行较多以合伙公司发放的信托贷款为基础资产的 ABN。小微企业贷款 ABN 发行量 748.09 亿元，占比 20.50%。租赁债权 ABN 发行量 728.54 亿元，占比 19.97%。应收账款 ABN、个人消费贷款 ABN 等发行量较去年有明显下降（见图 14-6）。

（二）资产支持证券二级市场

2022 年前三季度，我国 ABS 二级市场总成交额 12954 亿元，较去年同期小幅增长 3.23%。其中银行间债券市场信贷 ABS 与 ABN 的总成交金额约为

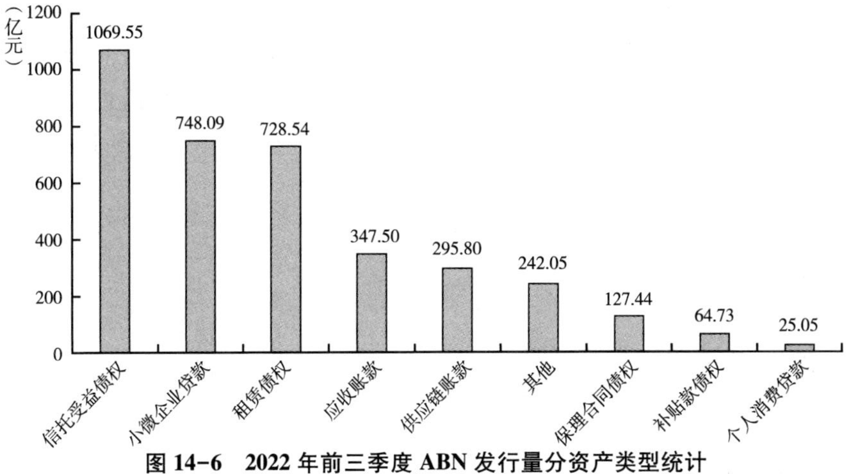

图 14-6　2022 年前三季度 ABN 发行量分资产类型统计

资料来源：Wind。

8048 亿元（同比减少 57 亿元，增长率约为-0.70%）。交易所市场企业 ABS 总成交金额约为 4906 亿元（同比增加 463 亿元，增长率约为 10.42%）。

2022 年前三季度信贷 ABS 各资产类型成交金额统计如图 14-7 所示，交易量前三的资产类型分别为个人住房抵押贷款，交易量为 2575 亿元，占比 71.65%；个人汽车贷款，交易量为 708 亿元，占比 19.69%；不良贷款 NPL，交易量为 127 亿元，占比 3.52%。

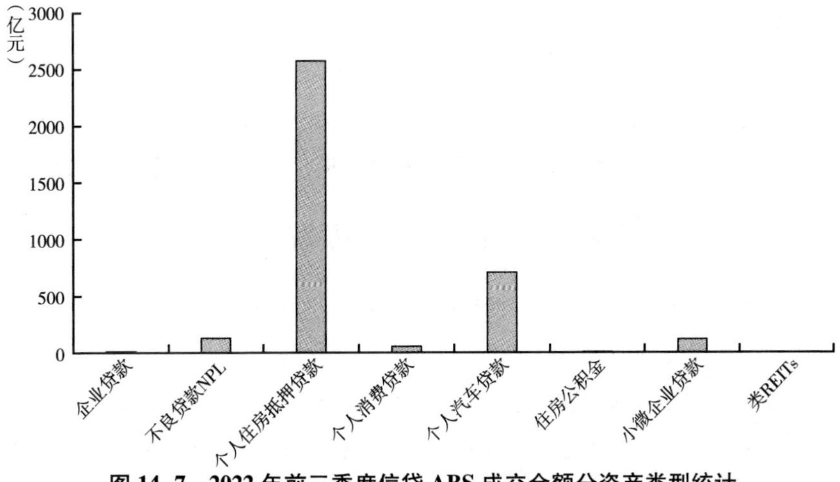

图 14-7　2022 年前三季度信贷 ABS 成交金额分资产类型统计

资料来源：Wind。

2022 年前三季度企业 ABS 各资产类型成交金额统计如图 14-8 所示。交易量前三的资产类型分别为应收账款 ABS，交易量为 817 亿元占比 16.64%；供应链账款 ABS，交易量 712 亿元，占比 14.52%；商业地产抵押借款 ABS（CMBS），交易量675 亿元，占比 13.77%。融资租赁债权、小微企业贷款 ABS 交易量也有所上升。

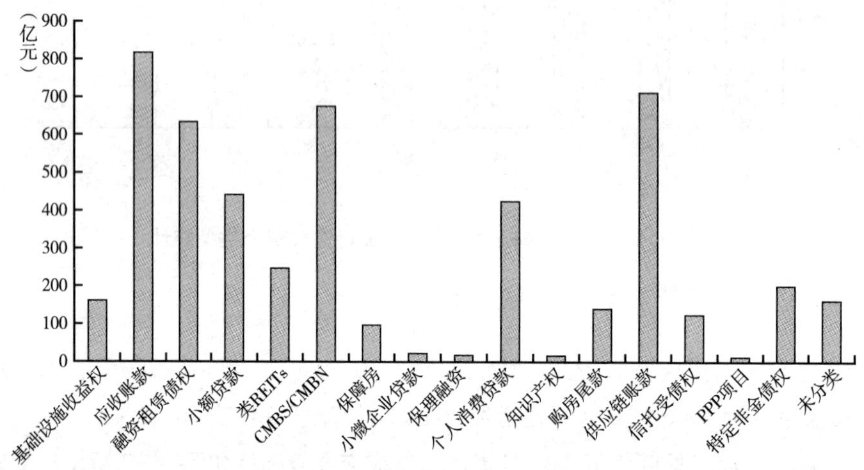

图 14-8　2022 年前三季度企业 ABS 成交金额分资产类型统计

资料来源：Wind。

2022 年前三季度 ABN 各资产类型成交金额统计如图 14-9 所示。交易量前三的资产类型分别为信托受益债权 ABN，交易量为 1654 亿元，占比 37.15%；小微企业贷款 ABN，交易量为 602 亿元，占比 13.53%；融资租赁债权 ABN，交易量为 428 亿元，占比 9.60%。得益于并表类 ABN 发行提速与活跃度提升，信托收益债权 ABN、优先有限合伙股份 ABN 发行量显著增加。

（三）资产支持证券发行利率和期限情况

2022 年前三季度，ABS 发行期限整体平稳小幅增长，而整体发行利率跟随债券市场利率变动呈现整体下行走势。

AAA 级别信贷 ABS 发行利率集中位于 2.33%～2.87%区间，整体较去年同期下行约 70BP 左右（见图 14-10）。发行利率中位数为 2.58%，平均数为 2.59%，期限加权平均利率为 2.70%。AA+级别信贷 ABS 发行利率集中在

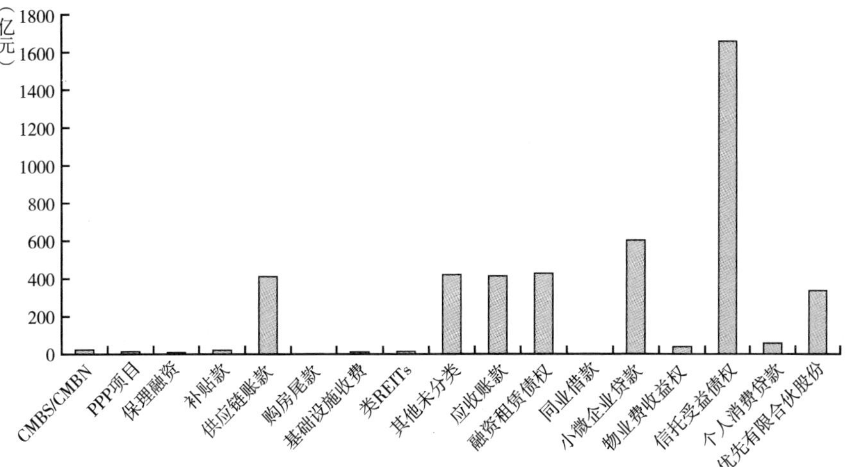

图 14-9　2022 年前三季度 ABN 成交金额分资产类型统计

资料来源：Wind。

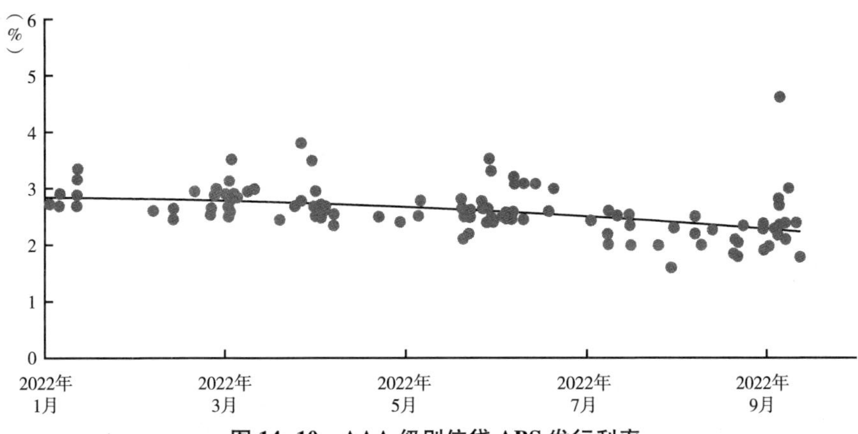

图 14-10　AAA 级别信贷 ABS 发行利率

资料来源：Wind。

2.08%　3.18%区间，较上年同期下降 80BP 左右（见图 14-11）。发行利率中位数为 2.65%，平均数为 2.64%，期限加权平均利率为 2.73%，与 AAA 级别信贷 ABS 利差约为 14BP，较上年同期 34BP 收窄 20BP。

在发行期限方面，AAA 级别信贷 ABS 发行数量中 80%以上发行期限在 1.5 年以内，AAA 级别信贷 ABS 发行加权平均期限为 1.12 年（见图 14-12）。AAA 级别信贷 ABS 发行期限中位数为 0.20 年，平均数为 0.83 年，相比上年同期减少

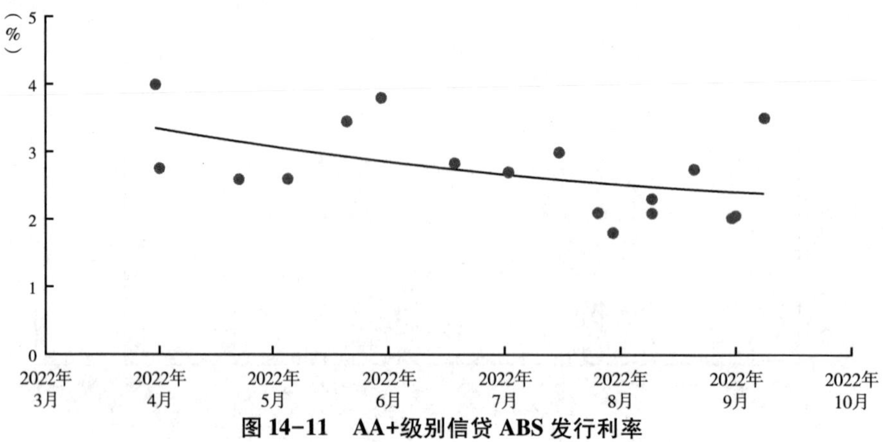

图 14-11　AA+级别信贷 ABS 发行利率

资料来源：Wind。

3.2 年左右。AA+级别信贷 ABS 发行数量中 95%的发行期限在 2 年以内，AA+级别信贷 ABS 发行加权平均期限为 1.51 年（见图 14-13）。AA+级别信贷 ABS 发行期限中位数为 1.09 年，平均数为 1.24 年，期限长于 AAA 级别信贷 ABS。

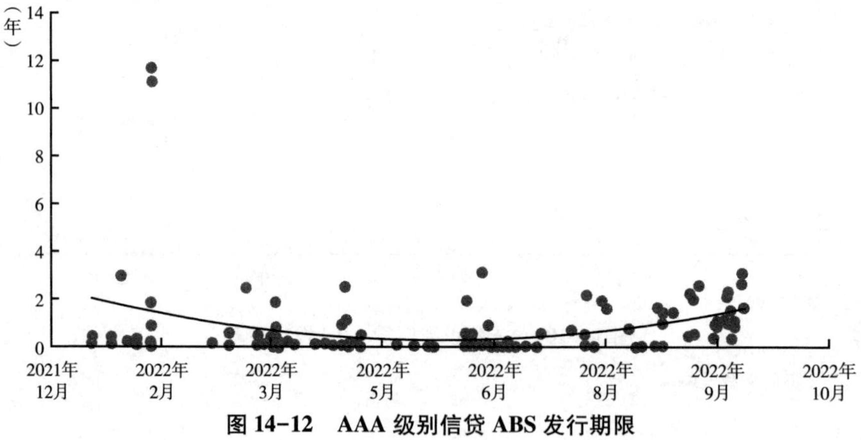

图 14-12　AAA 级别信贷 ABS 发行期限

资料来源：Wind。

AAA 级别企业 ABS 发行利率集中位于 2.70%~3.78%区间（见图 14-14），发行利率区间幅度明显宽于信贷 ABS，发行利率中位数为 3.10%，平均数为 3.28%，期限加权平均利率为 3.11%，相比上年同期下降约 100BP，与 AAA 级别信贷 ABS 中位数、平均数、期限加权平均利率相比，分别高出 52BP、69BP 和

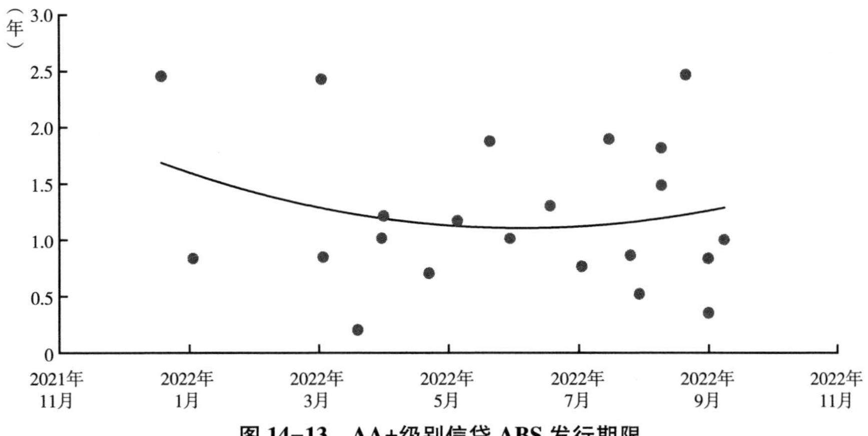

图 14-13　AA+级别信贷 ABS 发行期限

资料来源：Wind。

41BP，较去年同期有 5~10BP 左右收窄。AA+级别企业 ABS 发行利率大部分位于 3.18%~4.50%区间（见图 14-15），发行利率中位数为 3.67%，平均数为 3.95%，期限加权平均利率为 3.83%，利率水平高于 AAA 级别 67BP。

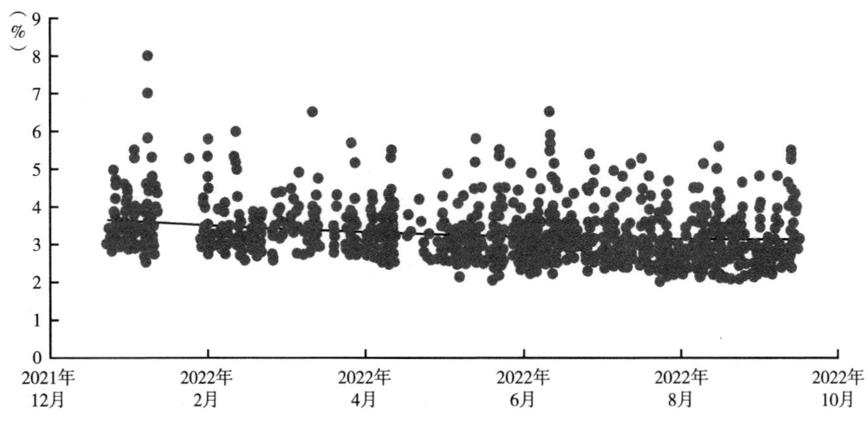

图 14-14　AAA 级别企业 ABS 发行利率

资料来源：Wind。

在发行期限方面，AAA 级别与 AA+级别企业 ABS 发行期限主要集中在 0.5~3 年（见图 14-16、图 14-17）。从发行只数看，AAA 级别企业 ABS 中 65%的期限在 2 年以内，90%的期限在 3 年以内，发行期限中位数为 1.07 年，

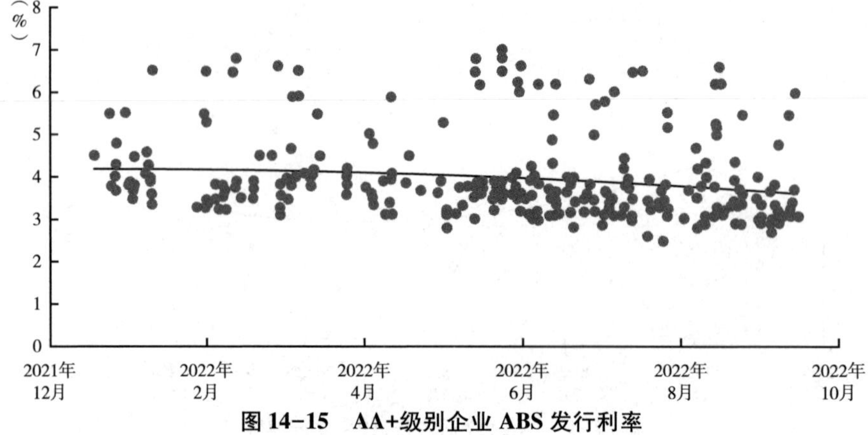

图 14-15　AA+级别企业 ABS 发行利率

平均数为 1. 50 年。AA+级别企业 ABS 中 90%的期限在 3 年以内，发行期限中位数为 1. 75 年，平均数为 1. 89 年。

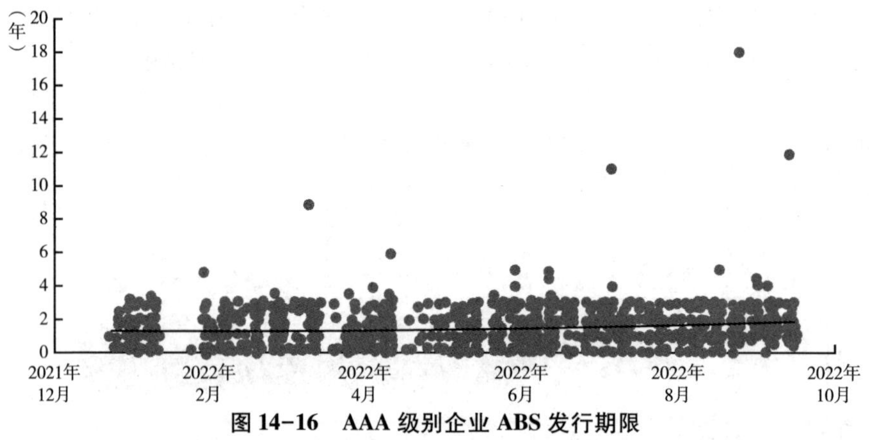

图 14-16　AAA 级别企业 ABS 发行期限

AAA 级别 ABN 发行利率集中于 2. 50%～3. 56%区间（见图 14-18），发行利率中位数为 2. 99%，平均数为 3. 08%，期限加权平均利率为 3. 21%，整体利率水平较上年同期下降 60BP 左右，平均利率与 AAA 级别企业 ABS 相比低 20BP 左右。AA+级别 ABN 发行利率主要位于 3. 17%～4. 14%区间（见图 14-19），发行利率中位数为 3. 35%，平均数为 3. 78%，期限加权平均利率为 3. 96%，利率水平较上年同期下降 120BP 左右。

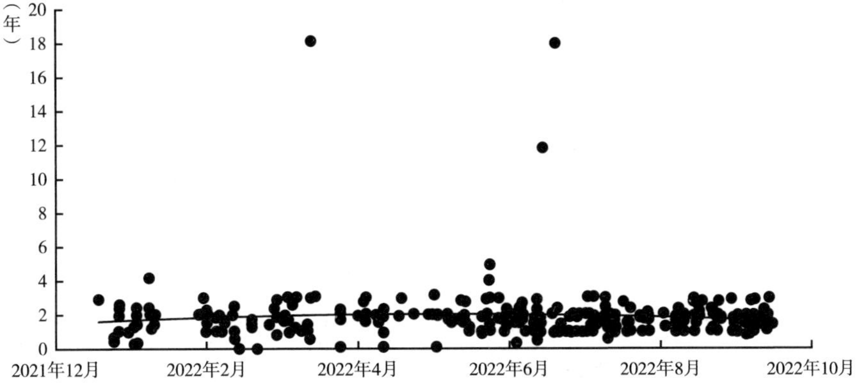

图 14-17　AA+级别企业 ABS 发行期限

资料来源：Wind。

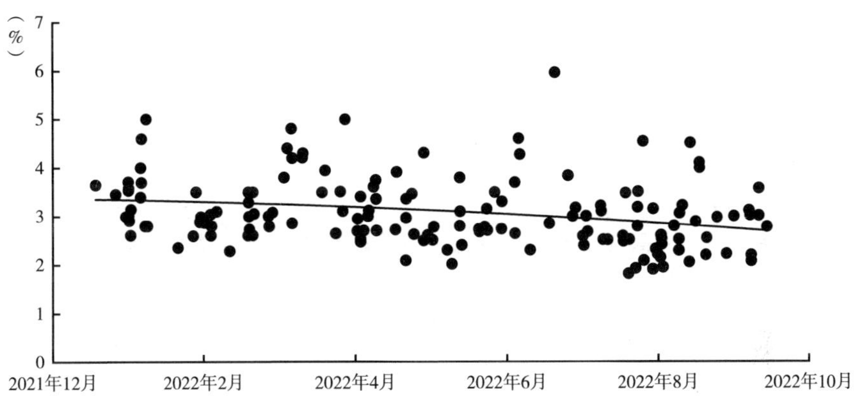

图 14-18　AAA 级别 ABN 发行利率

资料来源：Wind。

在发行期限方面，ABN 发行期限大部分低于 3 年（见图 14-20、图 14-21）。从发行只数看，AAA 级别 ABN 中 77%的期限不超过 2 年，发行期限中位数为 1.00 年，平均数为 1.47 年，相比去年同期基本持平。AA+级别 ABN 中 50%的期限不超过 2 年，发行期限中位数为 2.00 年，平均数为 1.80 年，发行期限相比 AAA 级别 ABN 整体有所延长。

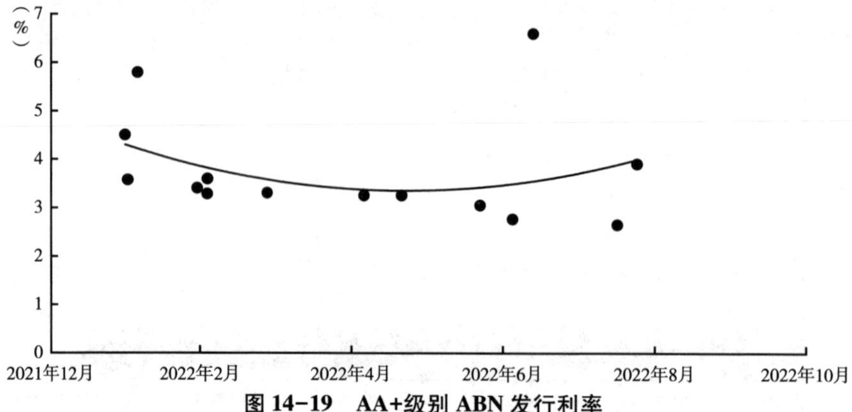

图 14-19　AA+级别 ABN 发行利率

资料来源：Wind。

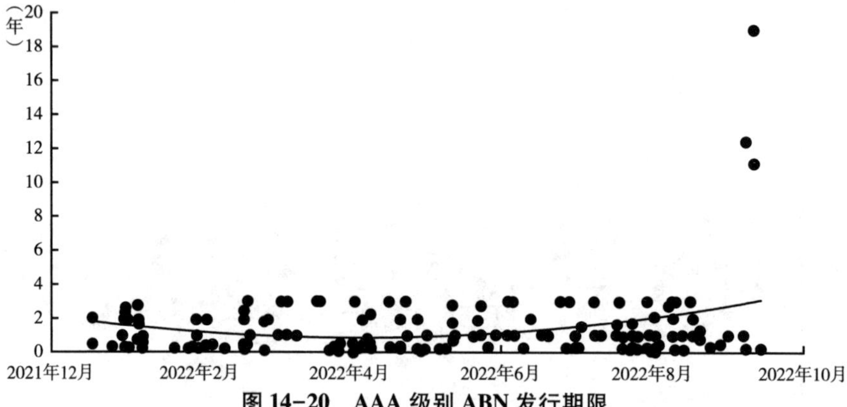

图 14-20　AAA 级别 ABN 发行期限

资料来源：Wind。

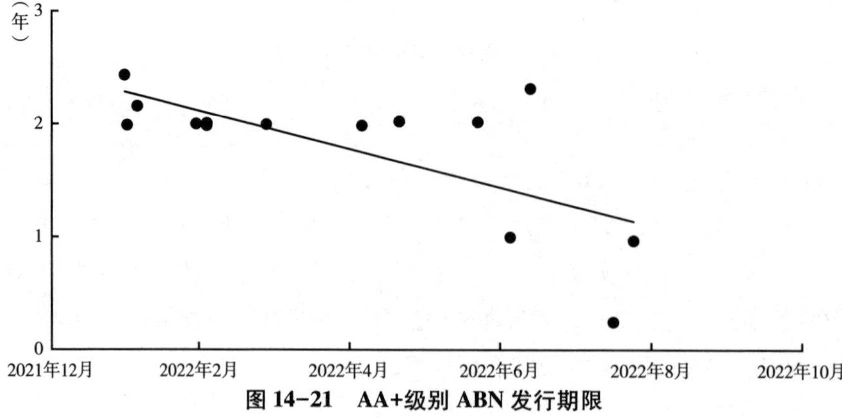

图 14-21　AA+级别 ABN 发行期限

资料来源：Wind。

二　监管政策和市场规则发展情况

资产支持证券市场经过数年的快速发展后，逐步进入稳健发展阶段，产品形态相对稳定。2021 年 12 月，信贷 ABS 信息披露评价体系进一步完善，对于信贷 ABS 发行和存续期内受托机构、发起机构的信息披露质量进行了更细化的评价标准。2022 年 1 月，财政部就 REITs 试点中部分税收政策进行了明确，减少了资产重组环节的企业所得税负担。2022 年 5 月，银保监会针对保险资金投资金融产品的规定中就投资 ABS 产品的要求进行了调整。

（一）中国银行间市场交易商协会制定信贷 ABS 信息披露评价体系

2021 年 12 月，中国银行间市场交易商协会发布《信贷资产证券化信息披露评价体系（试行）》，对于受托机构、发起机构在信贷 ABS 发行、存续期间信息披露的评价标准进行了规范、细化。

评分主要以负面清单机制为主，详细规定了未披露某些信息或披露错误时，如何对被评价单位进行扣分。该评价体系分为 7 个一级指标，包括信息披露情况（客观共性部分，15%）、信息披露（客观受托机构、发起机构差异部分，15%）、投资人及交易商打分（25%）、发起机构与受托机构相互打分（5%）、专业机构打分（评级机构为主，10%）、金融基础设施打分（10%）、管理单位打分（20%）。信息披露情况（客观共性部分）包括注册发行披露情况、存续期披露情况两个二级指标，就注册发行内容、资金募集披露等信息中不完备的部分，规定了缺失信息、信息错误时如何扣分。信息披露（客观受托机构、发起机构差异部分）部分，包括受托机构部分和发起机构部分两个二级指标，受托机构部分考察要点包括注册申请报告、发行说明书、防范利益输送报告、信托账户设置、交易条款披露等，发起机构部分考察要点包括房贷历史数据披露、静态池披露要求、回收金额披露等。投资人及交易商打分部分，包括发行期间沟通情况、存续期管理、信息披露质量、重大事项沟通情况等 4 个二级指标，对于向投资人问询、联系方式披露、披露不及时、交易结构披露等事项进行了规定。发起机构与受托机构相互打分部分，分为受托机构向发起机构打分及发起机构向受托机构打分等两个部分，受托机构向发起机构打分部分涉及发起机构是否向受托机构披露基础资产、向受托账户进行支付、违约率计算等问题，发起机构向受托机构打分部分涉及兑付情况、账户混同等信息披露情况。专业机构打分（评级机构为主）分为信息披露、跟踪评级配合、存续期事项管理等 3 个二级指标，涉及受托及发起机构是否向评级机构定期披露未来现金流、提供相应跟踪评级材料、重大事项沟通等事项。金融基础设施打分部分包括信息披露及时性、平台沟通情况两个二级指标，对于未及时上传披露文件、格式错误、沟通不畅、无披露责任人等情况予以罚分。管理单位打分部分，包括信息披露情况、存续期管理、人员配备及内控制度建设、配合程度、鼓励披露内容等，该项指标由央行市场司、交易商协会进行打分，正向赋分制，对于注册发行阶段、存续期合规准确进行信息披露的情况进行打分，对于以 Excel 披露历史数据、违约率等则予以加分。

信贷 ABS 信息披露评价体系，对于发起机构及受托机构的信息披露职责进行细化规定，同时采纳投资者、评级机构、监管机构的多方意见，有助于客观评价发起机构及受托机构的信息披露情况，鼓励受托机构及发起机构提升信息披露质量。

（二）财政部公布基础设施公募 REITs 试点税收政策

2022 年 1 月 29 日，财政部联合国家税务总局共同发布了《关于基础设施领域不动产投资信托基金（REITs）试点税收政策的公告》（以下简称“2022 版《公告》”）。公告明确了 REITs 产品设立运作中的部分相关税收政策。

试点税收政策明确了基础设施资产转让过程中的计税基础，减少了资产重组过程中企业所得税负担。在 REITs 产品设立搭建过程中，目前我国通行做法为原始权益人将标的资产注入项目公司并取得项目公司股权。该类资产按照评估值转让，而原始权益人报表中按照历史成本入账，转让过程会产生巨额增值。2022 版《公告》明确了原始权益人转让基础设施资产时适用特殊税务处理，原基础设施资产计税基础保持不变，避免了评估增值并转让形成的企业所得税。

试点税收政策规定了原始权益人向 REITs 转让项目公司股权或自持 REITs

份额行为产生的资产增值收益可递延缴纳企业得税。在该项政策下，原始权益人转让项目公司股权仍应按公允价值入账，评估增值形成的所得税负担可以递延至 REITs 募资结束、原始权益人取得交易对价后再行缴纳，避免了原始权益人在项目公司转让支出需要先行垫付企业所得税的额外支出，降低了原始权益人在 REITs 设立过程中的交易成本，有助于鼓励原始权益人更多利用 REITs 进行投融资活动。

总体来看，2022 版《公告》的发布，标志着我国公募 REITs 相关税制的进一步完善。相关计税基础的确定、递延缴纳所得税的规定，在税负总量不变的情况下，减少了原始权益人发行 REITs 成功前涉及所得税的资金垫付负担，提高了发行积极性，降低了发行失败的风险，有利于公募 REITs 进一步发展。

（三）保险机构投资 ABS 的监管要求有所变化

2022 年 5 月，中国银保监会发布《关于保险资金投资有关金融产品的通知》（银保监规〔2022〕7 号）（以下简称“2022 版《通知》”），其中对于保险资金投资 ABS 的要求进行了部分调整，主要包括以下方面。

取消保险机构投资 ABS 的外部评级要求。相较于 2012 年监管机构对保险机构的投资要求，2022 年版《通知》取消了保险资金投资信贷 ABS、专项资产管理计划信用等级不低于境内评级 A 级的规定，同时取消了保险资金投资的信贷 ABS 的发起机构境内评级不低于 A 级、境外评级不低于 BB 级的规定。

降低保险机构投资的交易所 ABS 计划管理人的净资产要求。2022 版《通知》对担任信贷 ABS 发起机构的商业银行的净资产要求不变，降低了担任管理人的证券公司的净资产要求，将担任交易所 ABS 计划管理人的证券公司净资产要求，由 60 亿元降至 30 亿元。

明确保险机构不能投资 ABS 的次级。虽然 2012 年规定中，对于所投资的 ABS 的外部评级要求为 A 级以上，已隐性地将无外部评级的 ABS 次级档排除在可投范围之外，2022 版《通知》进一步明文表述了这一要求。但对于保险公司以自持资产作为基础资产发行的结构化金融产品可以投资劣后级份额，这与 ABS 的发起机构/原始权益人自持一定比例次级的要求相一致。

信贷 ABS 基础资产剔除关注类贷款，仍不能投资 NPL 产品。2022 版《通知》将信贷 ABS 基础资产限定为正常类贷款，删除了关注类贷款，基础资产范围有所缩窄。NPL 基础资产为次级及以下，因此 NPL 仍然无法纳入保险机构的可投范围。

ABS 纳入其他金融资产投资比例管理。根据《中国保监会关于加强和改进保险资金运用比例监管的通知》（保监发〔2014〕13 号）的规定，其他金融资产投资比例应符合：（1）大类资产监管比例要求方面，对于其他金融资产的账面余额要求是合计不高于本公司上季末总资产的 25%；（2）集中度风险监管比例方面，投资单一固定收益类资产、权益类资产、不动产类资产、其他金融资产的账面余额，均不高于本公司上季末总资产的 5%；（3）监测比例方面，投资其他金融资产的账面余额合计占本公司上季末总资产的比例高于 15%。

2022 版《通知》对于保险机构投资 ABS 的规定有一定调整。明确保险机构不能投资次级档，同时取消外部评级要求，在目前高息资产相对匮乏的情况下，或将促使部分保险机构关注期限偏长、收益相对高的中间档、夹层档。降低对担任计划管理人的证券公司的净资产要求，保险机构可挑选的产品范围也将相应扩大。

三　公募 REITs 专题

2021 年 6 月 21 日，随着第一批 9 只公募 REITs 产品在上海和深圳证券交易所挂牌上市，我国公募 REITs 正式扬帆起航。作为一类特殊的资产证券化产品，REITs 在国际市场已经较为成熟，全球已有 40 余个国家和地区创建了 REITs 市场。其兼具股性和债性的特点，与股票与债券的相关性相对低，也使其成为分散风险、扩展投资组合有效边界的重要金融工具。前期，我国金融市场中仅有私募、偏债属性的类 REITs 产品发行流通。此次我国选择基础设施作为公募 REITs 产品的基础资产进行试点和初步发展，对于盘活我国众多的优质基础设施资产、创新基础设施资产的投融资市场具有里程碑式的意义，是金融服务实体经济的又一例证。

（一）REITs 产品概述

REITs，即不动产投资信托基金，是国际市场中一种较为成熟的资产证券化金融工具。一般而言，REITs 通过发行权益型证券募集资金，由专业的投资管理机构进行底层不动产的购买、经营、管理，并将不动产运营的综合收益按照约定的比例向投资者进行分配。REITs 既可以作为一种融资工具，从证券市场募集资金进行较大规模的不动产资产投融资，也是一种特殊的有价证券，使得一般投资者可以以小额参与的方式分享实体资产的运营收益，是证券与实体资产直接联通的一种理想工具。国际市场中 REITs 产品的典型结构如图 14-22 所示。

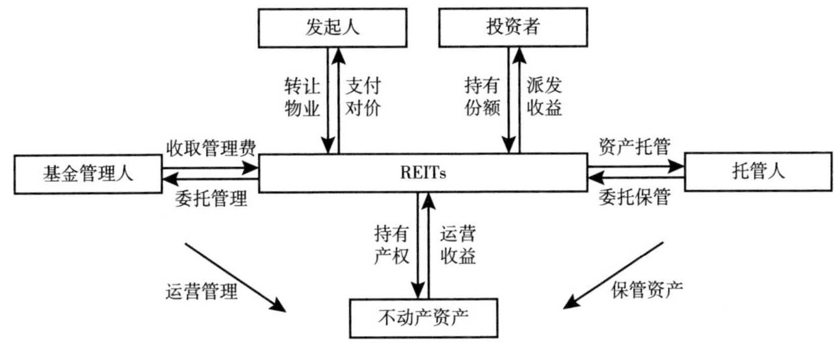

图 14-22 国际市场中 REITs 产品的典型结构

资料来源：中金公司。

我国公募 REITs 采取“公募基金+ABS”的架构，典型结构如图 14-23 所示。公募基金+ABS 的结构与国际市场 REITs 典型结构有所区别，主要在于基金与项目公司股权之间嫁接了一层资产支持专项计划（ABS），即由 ABS 持有项目公司［或通过特殊目的载体（SPV），设立后再由项目公司对 SPV 进行反向收购］的全部股权和债权，再由公募基金持有 ABS 的全部份额，最终由各类投资者持有公募基金份额，完成公募 REITs 产品的搭建。由 ABS 实现实体资产及其收益的证券化，再由公募基金实现证券份额的挂牌上市，实现公募化。海外 REITs 通常由基金直接持有项目公司股权。

采取公募基金+ABS 的结构，是在当前法律规定、监管规则下相对较优的一种选项。由于公募基金不允许直接投资非上市公司股权，因此采取了 ABS 持有项目公司股权和债权，公募基金再持有 ABS 份额，实现了间接对项目公司的持有。而公募基金分红免征所得税，也在一定程度上实现了 REITs 产品的税收优惠。

在监管部门的规范下，目前公募 REITs 的发行、运作规则已经较为明确、

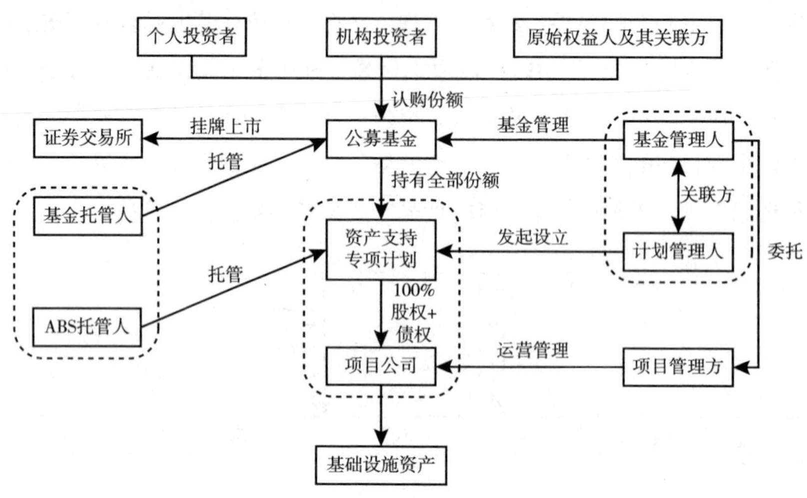

图 14-23　我国公募 REITs 典型结构

资料来源：中国证监会、中金公司、华安基金、Wind。

规范。在运作模式方面，公募 REITs 采取契约制模式，公募基金采取封闭式运作，基金期限不低于基础设施资产的特许经营年限。在成立条件方面，基金募集期届满时需满足基金份额总额达到准予注册规模的 80%，募集资金规模不低于 2 亿元，投资人不低于 1000 人，且原始权益人或其同一控制下的关联方按规定参与战略配售。在投资范围方面，80%以上的基金资产应投资于基础设施资产支持证券，其余基金资产应当依法投资于利率债、AAA 级信用债或者货币市场工具等低风险品种。在负债率与融资要求方面，公募 REITs 可以直接或间接对外借入款项，用于基础设施资产的日常运营、维修改造、项目收购等，基金总资产不超过基金净资产的 140%。在收益分配方面，基金管理人主动管理运营基础设施项目以获取稳定现金流，合并后基金年度可供分配金额 90%以上应按要求分配给投资者。在发售与投资者方面，公募 REITs 认购价格由网下询价方式确定，参与网下询价和认购的专业机构投资者包括证券公司、基金管理公司、信托公司、财务公司、保险公司及保险资产管理公司、QFII、RQFII、商业银行及其理财子公司、政策性银行符合规定的私募基金管理人、全国社保基金、基本养老保险基金、年金基金及中国证监会认可的专业机构投资者，可作为网下投资者参与公募 REITs 的网下询价。包括个人投资者在内的公众投资者可以参与公募 REITs 的网上公众发售。基础设施资产的原始权益人或其同一控制下的关联方应参与公募 REITs 战略配售，参与的战略配售比例合计不低于本次基金发售份额数量的 20%，其中基金份额发售总量 20%部分自上市之日起持有期不少于 60 个月，超过 20%的部分自上市之日起持有期不少于 36 个月，且基金份额在持有期间不允许质押。其他战略配售份额自上市之日起持有期不少于 12 个月。扣除战略配售部分后，向网下投资者发售比例不低于本次公开发售数量的 70%。

相较于国际市场中 REITs 多以商业房地产物业作为基础资产，而我国选择基础设施作为公募 REITs 产品的基础资产进行试点和初步发展。基础设施资产作为社会公共物品，有较强的正外部性，可以提升经济效率，保障公共服务。长期以来，我国基础设施建设依靠财政预算内资金，及地方投融资平台的外部借贷资金等来源进行融资建设，基础设施建设虽然取得了非凡的成就，但也遗留了诸如地方政府隐性债务等问题。其间虽然有 PPP 模式等，但社会资本参与热情仍然不高，部分沦为地方融资平台新增债务的通道。公募 REITs 的推出与发展，是基础设施投融资领域的重要创新，对于盘活存量资产、改善投融资体制、提升基础设施资产运营效率等具有重要意义。同时，REITs 与其他大类资产的相关性较低，是优化投资组合的良好工具。

公募 REITs 可以助力盘活基础设施资产。基础设施建设在我国过去 20 年的经济发展中起到了重要作用，是拉动经济发展、拖底经济的重要手段。但这也造成了大量的基础设施资产堆积于地方政府和地方融资平台的资产负债表中，缺少盘活方式，并不利于公共资金的循环利用。原始权益人以存量基础设施资产发行 REITs，以更好的回报率收回投资，吸引社会资本参与基础设施的投融资活动，并可以进一步降低原始权益人的杠杆率或用于新项目的建设，实现资金的滚动、高效利用，改善基础设施行业长周期、高负债、重资产的运营模式。

公募 REITs 可以改善基础设施投融资模式，实现闭环运作。基础设施资产缺乏盘活、流通渠道时，只能堆积在地方政府及融资平台的报表中，使用成本计量，缺乏有效的定价、退出模式。公募 REITs 推出后，一方面，有利于进一步形成基础设施资产流通的一、二级市场，市场交易价格可以为基础资产提供以收益折现等方法实现的定价依据，并进一步助力交易市场的活跃发展；另一方面，公募 REITs 为前期投入资本提供了退出渠道，在资产进入稳定运营期后可逐步退出，并与风险偏好较低、追求长期稳定收益的金融资本、社会资本更好地衔接。

公募 REITs 帮助提升基础设施资产运营效率。公募 REITs 挂牌上市后，需要长期、持续地进行运营管理，并需要定期向市场披露财务表现、运营状况，维护投资者关系。运营稳健、财务表现良好的基础设施资产才能带动 REITs 市场价格提升。市场价格提升有助于彰显基金管理人的管理能力，为其收购资产、拓展合作伙伴等提供帮助；市场价格上涨也意味着基础设施资产的估值水平提升，原始权益人持有的资产及其他类似资产可以享受资产增值。这就使得基金管理人、原始权益人等各参与方均有相应的激励去提升运营效率、提高管理水平。

对于社会资本而言，公募 REITs 提供了一个便捷的通道，可以小额参与大体量的基础设施资产的投资，分享优质资产的运营收益。从国际市场经验来看，REITs 产品与其他大类资产的相关度较低，可以作为分散投资、拓展投资组合有效边界的金融工具。基础设施资产多数具有收益稳定、运营周期长的特点，也是保险等长期资金的理想投资标的。

（二）公募 REITs 市场发展情况

1. 公募 REITs 一级市场情况

截至 2022 年 9 月 30 日，已有 17 只公募 REITs 完成募集并在沪深交易所挂牌上市。17 只公募 REITs 初始发行合计 112 亿份，初始募集资金规模达到 579.4 亿元（见表 14-1）。按照基础资产类型的不同，可大致将公募 REITs 划分为产业园类、物流园类、高速公路类、环保设施类、清洁能源类、保障房类六大类。其中，产业园类合计发行 4 只 REITs，募集资金 99.46 亿元；物流园类合计发行 2 只 REITs，募集资金 76.75 亿元；高速公路类合计发行 5 只 REITs，募集资金 297.96 亿元；环保设施类合计发行 2 只 REITs，募集资金 31.88 亿元；清洁能源类合计发行 1 只 REITs，募集资金 35.38 亿元；保障房类合计发行 3 只 REITs，募集资金 37.97 亿元。

表 14-1　公募 REITs 发行与募集情况

公募 REITs 名称	发售价（元）	份数（亿份）	初始募集规模（亿元）	基础资产类型	上市日期
东吴苏园产业 REIT	3.88	9	34.92	产业园	2021 年 6 月 21 日
华安张江光大 REIT	2.99	5	14.95	产业园	2021 年 6 月 21 日
博时蛇口产园 REIT	2.31	9	20.79	产业园	2021 年 6 月 21 日
浙商沪杭甬 REIT	8.72	5	43.60	高速公路	2021 年 6 月 21 日
平安广州广河 REIT	13.02	7	91.14	高速公路	2021 年 6 月 21 日
富国首创水务 REIT	3.70	5	18.50	环保设施	2021 年 6 月 21 日
中航首钢绿能 REIT	13.38	1	13.38	环保设施	2021 年 6 月 21 日
中金普洛斯 REIT	3.89	15	58.35	物流园	2021 年 6 月 21 日
红土盐田港 REIT	2.30	8	18.40	物流园	2021 年 6 月 21 日
华夏越秀高速 REIT	7.10	3	21.30	高速公路	2021 年 12 月 14 日
建信中关村 REIT	3.20	9	28.80	产业园	2021 年 12 月 20 日
华夏中国交建高速 REIT	9.40	10	93.99	高速公路	2022 年 4 月 28 日
国金中国铁建高速 REIT	9.59	5	47.93	高速公路	2022 年 7 月 8 日
鹏华深圳能源 REIT	5.90	6	35.38	清洁能源	2022 年 7 月 26 日
华夏北京保障房 REIT	2.51	5	12.55	保障房	2022 年 8 月 31 日
中金厦门安居 REIT	2.60	5	13.00	保障房	2022 年 8 月 31 日
红土深圳安居 REIT	2.48	5	12.42	保障房	2022 年 8 月 31 日

资料来源：Wind。

公募 REITs 主要面向战略投资者定向配售（以下简称“战略配售”）、向符合条件的网下投资者询价发售（以下简称“网下配售”）、向公众投资者公开发售（以下简称“公众配售”）三种方式进行发行募资。配售价格通过网下询价确定。战略配售份额一般在 55%~80%，由基金管理人、财务顾问负责组织，各参与方协商确定战略配售投资者及获配份额。网下配售份额一般在 17%~32%，由基金管理人、财务顾问负责组织，通过交易所投资者系统实施。2021 年 6 月第一批公募 REITs 发售时，网下配售中签率整体偏高，除博时蛇口产园 REIT、富国首创水务 REIT 外，其余产品网下配售中签率均在 10%以上。2021 年 12 月后发行的公募 REITs 网下配售中签率则绝大部分下降至 3%以下，获配难度有所提高（见表 14-2）。公众配售占比一般在 13%以下，由基金管理人负责组织，通过交易所场内申购、基金管理人及其委托的场外基金销售机构实施，网下配售中签率整体低于网上配售中签率。

表 14-2　公募 REITs 各类配售渠道发售比例及中签情况

公募 REITs 名称	份数（亿份）	战略配售占比（%）	网下配售占比（%）	网下配售中签率（%）	公众配售占比（%）	公众配售中签率（%）
东吴苏园产业 REIT	9	60.00	32.00	25.95	8.00	12.30
华安张江光大 REIT	5	55.33	31.27	11.29	13.40	4.26
博时蛇口产园 REIT	9	65.00	25.00	5.94	10.00	2.39
浙商沪杭甬 REIT	5	74.30	21.85	20.58	3.86	3.68
平安广州广河 REIT	7	78.97	16.03	20.03	5.00	10.80
富国首创水务 REIT	5	76.00	19.20	9.30	4.80	2.41
中航首钢绿能 REIT	1	60.00	30.00	10.72	10.00	1.76
中金普洛斯 REIT	15	72.00	22.40	14.95	5.60	10.04
红土盐田港 REIT	8	60.00	28.00	11.80	12.00	8.80
华夏越秀高速 REIT	3	70.00	21.00	2.60	9.00	2.14
建信中关村 REIT	9	70.09	20.94	1.83	8.97	1.96
华夏中国交建高速 REIT	10	75.00	17.50	2.69	7.50	0.84
国金中国铁建高速 REIT	5	75.00	17.50	3.22	7.50	2.45
鹏华深圳能源 REIT	6	70.00	21.00	0.93	9.00	1.16
华夏北京保障房 REIT	5	60.00	28.00	0.89	12.00	0.64
中金厦门安居 REIT	5	62.47	26.27	0.94	11.26	0.69
红土深圳安居 REIT	5	60.00	28.00	0.77	12.00	0.39

资料来源：Wind。

2. 公募 REITs 二级市场情况

自 2021 年 6 月首批公募 REITs 上市以来，考虑分红等收益后，以发行价值（发售价乘以公募 REITs 份额）作为基期 100，以收盘价计算总市值作为指数变动依据，我们以市值法编制了公募 REITs 总指数与按基础资产类型分类的 4 个子指数（由于清洁能源类、保障房类上市时间较晚，故仅编制产业园指数、物流园指数、高速公路指数、环保设施指数四个子指数）。从指数走势来看，自 2021 年 6 月 21 日至 2022 年 9 月 30 日，REITs 总指数由 100 上涨至 122.92，其中产业园指数、物流园指数、环保设施指数涨幅较大，分别收于 142.59、146.82、142.55。高速公路指数涨幅较小，收于 104.38（见图 14-24）。

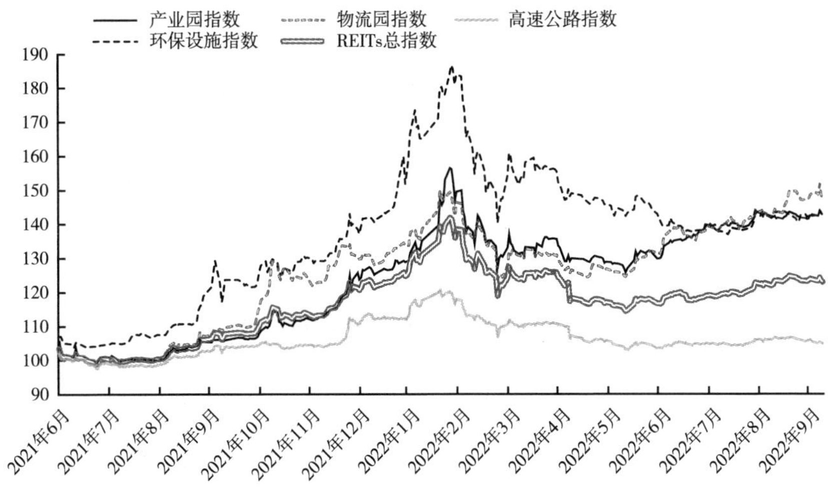

图 14-24 公募 REITs 市场走势情况

资料来源：Wind。

分阶段来看，公募 REITs 市场表现可划分为以下几个阶段：

2021 年 6~8 月，公募 REITs 在国内市场处于刚问世阶段，各产品在发行价附近震荡，总指数于 8 月 17 日收于 100.13，此期间日均成交金额为 8330 万元。

2021 年 8~11 月，公募 REITs 派息率的优势逐渐凸显，市场价格逐步上涨。REITs 总指数自 8 月 17 日的 100.13 上涨至 11 月 30 日的 113.45，此期间日均成交金额放大至 1.62 亿元。

2021 年 12 月~2022 年 2 月，REITs 市场在 12 月继续扩容，新 REITs 上市首日涨幅均超过 20%。REITs 总指数由 2021 年 11 月 30 日的 113.45 上涨至 2022 年 2 月 14 日的 141.67，日均成交金额扩大至 2.84 亿元。

2022 年 2~3 月，监管机构陆续发声，强调市场异常波动风险，并向部分持仓机构直接发送函件提示价格风险；基金管理人也陆续刊发价格风险提示公告。公募 REITs 市场在 2~3 月下跌，REITs 总指数由 2 月 14 日的 141.67 下跌至 3 月 15 日的 118.82，日均成交金额扩大至 3.76 亿元。

2022 年 3~6 月，REITs 市场呈现反弹后再度下跌的走势，市场成交量有所萎缩。REITs 总指数由 3 月 15 日的 118.82 反弹至 4 月 13 日的 126.16，随后逐步下跌，至6月22日下跌至116.54，日均成交金额降至1.93亿元。

2022年6~9月，6月21日公募REITs外部战略配售份额解禁，解禁当天及第二个交易日市场表现平稳。6月后REITs市场稳步上行，总指数由6月22日的116.54小幅上涨至9月30日的122.92，日均成交金额回升至2.51亿元。

公募REITs的投资者中，仍以机构投资者为主，但在市值相对小的产品中，个人投资者的占比偏高（见表14-3）。

表14-3　公募REITs持有人结构情况

公募REITs名称	2021年12月31日		2022年6月30日		2022年6月30日市值（亿元）
	个人投资者（%）	机构投资者（%）	个人投资者（%）	机构投资者（%）	
中金普洛斯REIT	5.27	94.73	4.24	95.76	77.55
东吴苏园产业REIT	5.58	94.42	4.93	95.07	42.83
富国首创水务REIT	16.57	83.43	24.43	75.57	24.77
浙商沪杭甬REIT	6.65	93.35	8.18	91.82	45.23
华安张江光大REIT	11.36	88.64	10.44	89.56	19.71
中航首钢绿能REIT	26.05	73.95	24.19	75.81	17.22
红土盐田港REIT	13.13	86.87	14.91	85.09	26.82
平安广州广河REIT	5.10	94.90	5.51	94.49	86.19
博时蛇口产园REIT	17.22	82.78	16.57	83.43	28.02
华夏越秀高速REIT	13.34	86.66	14.20	85.80	25.75
建信中关村REIT	11.67	88.33	12.56	87.44	41.25
华夏中国交建高速REIT			8.14	91.86	94.89

资料来源：Wind。

（三）公募REITs展望

虽然公募REITs运行一年多来，整体表现稳定，发行与运营相对规范、顺畅，但目前市场规模仍然偏小，扩募机制尚未进行实践，税收优惠等配套规则尚不完善，未来发展仍需在部分领域持续发力。

税收配套政策仍需完善。目前，我国公募REITs采用公募基金+ABS、股权+债权的交易结构设计，通过公募基金分红免所得税以及发行设立阶段所得税递延等方式进行税务筹划，但尚未建立起完整的税收配套政策，尤其是项目公司运营期间的应纳税所得额中拟分配股利的税收优惠等问题需要进一步明确。长期来看，我们认为有必要在 REITs 运营全周期（发行设立、存续经营、资产收并购和处置以及投资者分红等阶段）的各个阶段进行税收明确以减少重复征税，进一步提升 REITs 产品的投资吸引力。

信息披露工作需要继续加强。公募 REITs 的信息披露基本框架已经确立，涵盖定期财务报告、重大事项报告、收益分配报告等各类形式。相较于以往基础设施投融资领域，公募 REITs 结构下信息披露的质量已经得到了显著的提高。但在披露内容的标准化等方面仍需持续建设。对于基础设施的运营数据，各个产品披露的口径不一，建议可对同一类型的基础设施资产的运营数据披露予以统一、基础性的要求。例如，对于产业园资产，应至少披露平均出租率、报告时点出租率、租金水平、物业费率等；对于高速公路资产，应至少披露车流量、收费标准、养护标准与频率等信息。信息披露的持续加强有助于增强市场认知，便于产品更准确地定价，提高市场效率。

持续推动市场扩容。在当前阶段，公募 REITs 市场总量仍然偏小，加之限售等因素，实际流通盘更加有限，为部分投资资金提供了炒作的条件。2022 年 2~3 月的市场大起大落与上述因素有较大关联。这并不利于市场稳健发展。我国基础设施存量大，推动公募 REITs 市场持续扩容，为更多优质基础设施资产提供规范、透明的投融资渠道，加快资金循环，提高基础设施项目的发展质量，也是发展公募 REITs 市场的应有之义。在保证资产质量的前提下，通过新发 REITs、存量 REITs 扩募可以有效扩大市场规模。

一、二级市场定价差异需要进一步规范。公募 REITs 在一级市场发售时的定价会受到多方影响。从当前市场运行情况来看，部分小市值品种一级定价偏低，与二级价格差异较大。这导致打新套利模式盛行，一级申购时资金蜂拥而至，认购倍数畸高，而挂牌上市首日则出现 30%封停、打新资金大幅流出。这种大幅波动加剧了市场炒作，挤出了一部分长期投资资金，不利于市场稳定。建议对于一级市场发行时的询价区间、最终发售价格，应更多考虑二级市场定价水平，引导一、二级市场价差处于合理水平，减少打新套利资金对于市场的干扰。

第十五章 绿色债券

刘 康　杨成元　韩梦彬*

- 2022 年，我国支持绿色低碳发展的政策文件相继出台，有力地推动了绿色债券市场发展。《中国绿色债券原则》等政策的发布出台有利于我国绿色债券标准初步统一，上交所、交易商协会推出低碳转型类债券等债券品种创新持续助力企业低碳转型，中欧分类目录共同认可的《可持续金融共同分类目录》的更新进一步促进中外绿色标准融合。
- 从一级市场发行情况来看，2022 年以来，我国绿色债券发行规模逐步加快，1~9 月发行总额已超上年发行总额。发行场所覆盖境内外，发行品种结构趋于均衡丰富，期限结构保持稳定，发行人主要集中在北京及东部沿海地区，发行主体主要是国有企业，主要集中在金融业、公用事业和工业等领域，发行利率较普通债券的相对优势进一步凸显。从二级市场来看，绿色债券交易占比上升、成交活跃度较好，绿色债券收益率处于相对低位，得到投资者一定的认可。
- 下一步，建议进一步推动国内外绿色债券认证评估标准的趋同及与国际接轨。加强绿色债券市场机制建设，规范环境效益披露评估相关制度安排。建立绿色债券信息共享平台，提高“漂绿”“洗绿”等行为的违规成本。建立统一的绿色债券数据库，降低绿色投资的信息获取和识别成本。继续增加绿色债券的发行规模，尝试发行我国绿色主权债券，积极推出绿色债券新品种，引导市场资金流向可持续发展、绿

---

* 刘康，经济学博士，中国工商银行金融市场部副研究员，国家金融与发展实验室特聘高级研究员；杨成元，经济学博士，华夏银行总行计划财务部；韩梦彬，北京金融街研究院研究员。

色低碳转型领域，推动广义的绿色、社会、可持续债券发行保持增长。优化绿色债券发行结构，缓解绿色债券期限错配问题，鼓励中西部地区通过绿色债券发行募集资金支持绿色产业发展，支持非国有企业发行绿色债券。持续优化投资者结构，丰富绿色债券产品，提高境外投资者投资境内债券市场的意愿和效率。

一　2022年绿色债券发展的政策背景

自 2015 年确立绿色金融发展顶层设计以来，促进绿色债券发展的政策文件陆续出台（详见附表 1），使得我国绿色债券市场快速发展。特别是 2022 年以来，多项推动绿色低碳发展的政策相继发布，比如绿色债券标准委员会发布《中国绿色债券原则》，上交所、交易商协会推出低碳转型类债券，中欧分类目录共同认可的《可持续金融共同分类目录》更新等，对我国绿色债券的高质量发展提供了有力支持。

国内绿色债券标准初步统一，助推绿色金融高质量发展。2022 年 7 月 29 日，绿色债券标准委员会发布《中国绿色债券原则》（以下简称《原则》），是我国绿色债券标准国内初步统一、与国际接轨的标志。《原则》参考国际资本市场协会（ICMA）发布的《绿色债券原则》，结合国内实际，明确了绿色债券的四项核心要素。在募集资金用途方面，《原则》要求绿色债券募资资金用途须 100%用于绿色项目，实现了与国际的全面接轨；在项目评估与遴选方面，《原则》要求发行人应明确绿色项目具体信息，若暂无具体募投项目的，应明确评估与遴选流程，并向市场公示；在募集资金管理方面，《原则》要求发行人应开立募集资金监管账户或建立专项台账，全流程跟踪募集资金流向；在存续期信息披露方面，《原则》要求发行人每年披露募集资金使用情况，鼓励增加募集资金使用情况、第三方评估认证报告的披露频次。另外，《原则》还对绿色债券品种进行了说明和定义，指出当前我国绿色债券品种主要包括普通绿色债券（蓝色债券、碳中和债，其他绿色债券）、碳收益绿色债券（环境权益相关的绿色债券）、绿色项目收益债券、绿色资产支持证券。

债券品种创新助力企业低碳转型，支持转型金融发展。2022 年 3 月 1 日，上交所发布《上海证券交易所“十四五”期间碳达峰碳中和行动方案》，方案提出，要通过扩大绿色债券发行规模、完善绿色债券制度建设、提高绿色债券类产品的投资吸引力等途径，加快绿色债券发展，助力企业低碳融资。为深化对低碳转型领域融资支持，支持传统行业绿色低碳转型，2022 年 6 月 2 日，上交所发布《上海证券交易所公司债券发行上市审核规则适用指引第 2 号——特定品种公司债券（2022 年修订）》，其中新增了低碳转型公司债券；6 月 6 日，交易商协会发布《关于开展转型债券相关创新试点的通知》，推出转型债券。低碳转型类债券的推出，丰富了我国绿色金融和转型金融的产品类别，助力实现“双碳”目标。

中外可持续金融标准逐渐融合，国际合作进一步深化。2022 年 6 月 3 日，由中欧等经济体共同发起的可持续金融国际平台（IPSF）在官方网站上发布了《可持续金融共同分类目录》（以下简称“《共同分类目录》更新版”）。《共同分类目录》更新版共包含 7 大门类、16 个类别以及 72 项经济活动，与去年 11 月初版相比，增补了 17 项对制造业和建筑业绿色转型有重要意义的经济活动。《共同分类目录》更新版包括了中欧分类目录共同认可的、对减缓气候变化有实质性贡献的经济活动，有助于降低绿色资本跨境投资的识别成本，提升全球可持续金融标准的可比性、兼容性，为中外投资者参与全球绿色低碳发展创造条件，也是中外在可持续金融标准制定方面进一步深化交流合作的具体体现。

二　绿色债券市场发展现状

（一）绿色债券一级市场发行情况

自 2016 年以来，我国开始发行绿色债券，起步较晚但发展较快，发行场所覆盖境内外，发行量稳步上升。2022 年以来，绿色债券发行数量和发行金额依然保持较高增速。从发行结构来看，绿色债券发行品种基本覆盖主流债券品种，并逐渐趋于均衡，期限结构基本保持稳定；北京及东部沿海地区仍为绿色债券主要发行区域，且集中度有所上升；发行人主要为中央国有企业和地方

国有企业，民营企业占比仍较小；发行人所属行业主要集中在金融业、公用事业和工业领域，且金融业占比有所上升；发行利率较普通债券的相对优势进一步凸显，境内发行的免税力度仍需加大。具体特征如下。

1. 绿色债券发行场所覆盖境内外

绿色债券发行币种方面，主要以人民币发行的绿色债券为主（见表 15-1）。2022 年 1~9 月，本外币绿色债券发行共计 683 只（包括人民币债券 650 只、外币债券 33 只），较上年同期增加 144 只，增长 26.72%。具体来看，人民币债券发行金额 9092.99 亿元，较 2021 年同期增加 3415.48 亿元，增长 60.16%；外币绿色债券发行 92.48 亿美元债、150 亿港币债（见图 15-1）。

表 15-1　2018 年至 2022 年 9 月我国境内外绿色债券发行情况

日期	人民币	美元	港币	欧元	加拿大元	新加坡元	发行数量
2018 年	2340.66 亿	10.00 亿	26.00 亿	—	6.00 亿	—	227 只
2019 年	3975.43 亿	85.25 亿	80.00 亿	—	—	—	433 只
2020 年	5488.07 亿	40.20 亿	—	5.00 亿	—	—	488 只
2021 年	8326.05 亿	64.90 亿	—	8.00 亿	—	—	786 只
2022 年 1~9 月	9092.99 亿	92.48 亿	150.00 亿	—	—	—	683 只

资料来源：Wind。

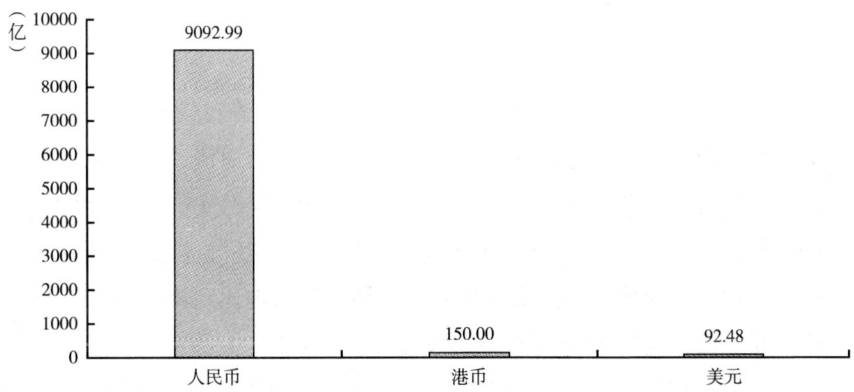

图 15-1　2022 年 1~9 月我国绿色债券发行总量及币种结构情况

资料来源：Wind。

绿色债券发行场所覆盖境内外，主要以银行间债券市场、上海证券交易所及深圳证券交易所为主，发行金额分别为 7525.80 亿元、1336.22 亿元和 224.27 亿元，发行数量分别为 417 只、195 只和 36 只（见图 15-2）。从发行数量占比来看，银行间债券市场为主要的发行场所，发行数量占比已超过一半。各市场发行数量占比依次为：银行间债券市场占比 61.05%，上海证券交易所占比 28.55%，深圳证券交易所占比 5.27%，香港联交所、澳门金交所和新加坡证券交易所等其他场所占比 5.12%。

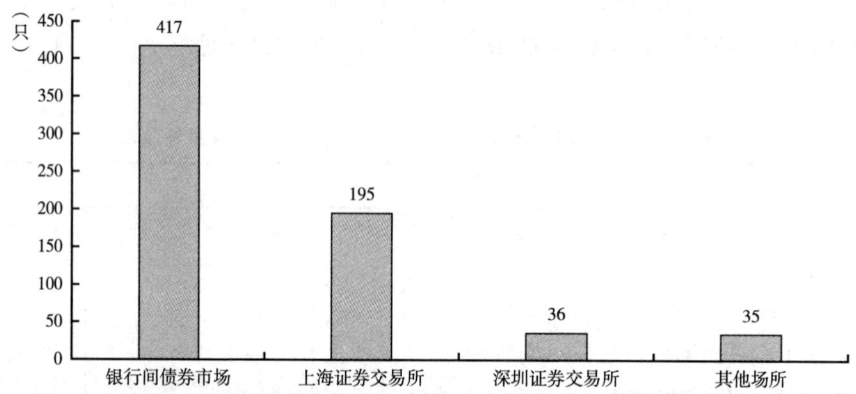

图 15-2　2022 年 1~9 月我国绿色债券在境内外发行场所情况

资料来源：Wind。

2. 绿色债券发行品种及结构逐步均衡

当前，绿色债券发行品种逐渐多元化，已基本涵盖我国债券市场主流品种、结构更为均衡。从具体品种看，主要以金融债、公司债、企业债为主，但三者占比整体有所下降，其中，金融债占比从 2018 年的 55.08%下降至 2022 年 1~9 月的 23.94%，公司债从 16.08%下降至 10.47%，企业债从 9.14%下降至 2.05%；地方政府债、资产支持证券、中期票据的占比则相对有所上升，其中，地方政府债占比从 2018 年的 5.64%上升至 2022 年 1~9 月的 27.03%，资产支持证券从 5.87%上升至 16.70%，中期票据从 7.38%上升至 14.00%。经过几年的发展，我国绿色债券发行结构逐步趋于均衡（见图 15-3）。

3. 绿色债券发行期限及结构总体稳定

从发行期限看，不同期限的绿色债券发行数量占比有升有降，绿色债券发

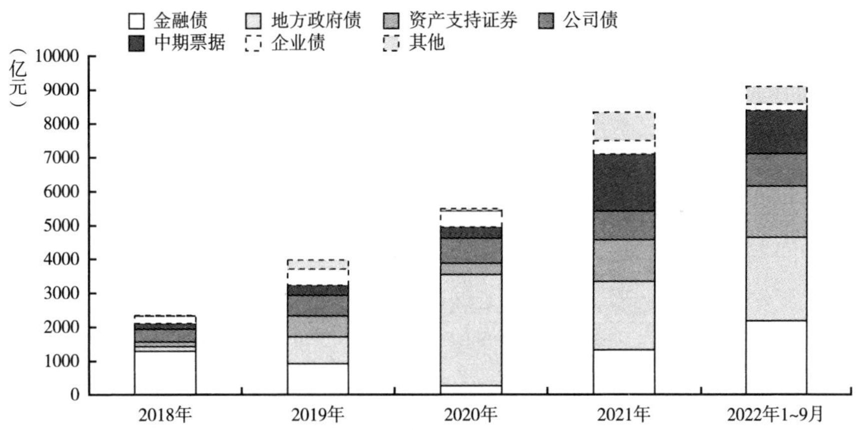

图 15-3　2018 年至 2022 年 9 月人民币绿色债券发行品种结构情况

资料来源：Wind。

行期限结构总体保持稳定，但在利率下行环境下，中短期品种占比有所上升。具体来看，2022 年 1～9 月，1 年期以内、1～3 年期品种发行数量占比 18.46%、42.31%，分别较上年同期提升 3.95 个、2.08 个百分点；3～5 年期、5～10 年期品种发行数量占比 9.69%、14.62%，分别较上年同期下降 0.08 个、6.94 个百分点（见表 15-2）。

表 15-2　2018 年至 2022 年 9 月人民币绿色债券发行期限结构情况

单位：只，%

期限	2022 年 1～9 月		2021 年		2020 年		2019 年		2018 年	
	数量	占比	数量	占比	数量	占比	数量	占比	数量	占比
1 年期以内	120	18.46	116	15.22	28	5.91	23	5.52	11	5.00
1～3 年期	275	42.31	301	39.50	105	22.15	126	30.22	102	46.36
3～5 年期	63	9.69	117	15.35	149	31.43	115	27.58	45	20.45
5～10 年期	95	14.62	112	14.70	78	16.46	115	27.58	52	23.64
10 年期及以上	97	14.92	116	15.22	114	24.05	38	9.11	10	4.55
合计	650	100	762	100	474	100	417	100	220	100

资料来源：Wind。

4. 绿色债券发行主体集中在北京及东部沿海，以国有企业为主，发行行业集中在金融业、公用事业和工业领域

2022 年 1~9 月，北京、山东绿色债券发行金额分别为 2897.33 亿元、1971.61 亿元，发行金额位居全国前两名，合计超过总发行金额的一半。整体来看，北京及东部沿海区域仍为绿色债券主要的发行区域，合计占比 76.36%，较上年同期提升约 4.28 个百分点；东北及中西部省份绿色债券发行占比有所下降。从省份分布来看，北京、山东、上海绿色债券发行量占比 31.86%、21.68%和 7.24%，分别较上年同期提升 0.24 个、8.27 个和 3.4 个百分点；湖北、天津占比 4.64%、1.66%，分别较上年同期下降 3.3 个、1.72 个百分点。整体看，绿色债券的发行区域集中度有所上升（见图 15-4）。

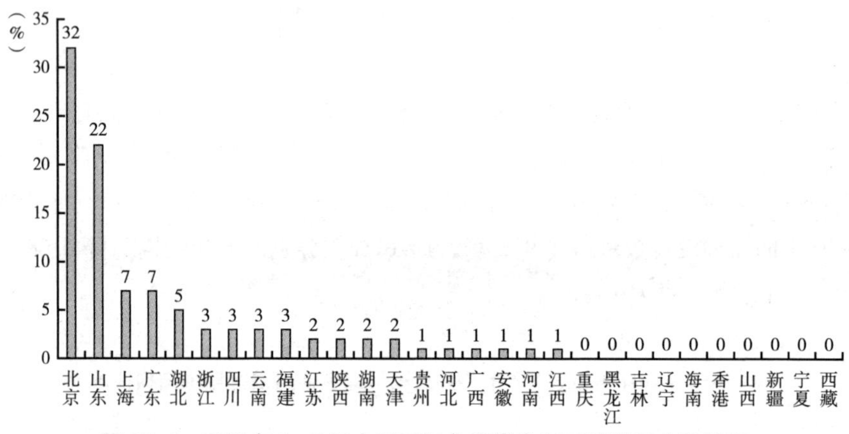

图 15-4　2022 年 1~9 月人民币绿色债券发行区域总量占比情况

资料来源：Wind。

从发行企业性质来看，国企是人民币绿色债券的主要发行主体。中央国有企业和地方国有企业发行占比较高，分别为 63.09%和 26.04%，合计占比接近九成。公众企业发行占比为 5.77%，民营企业发行占比为 4.73%（见图 15-5）。

从发行主体所在行业来看，前三大行业合计占比 86.95%，依次为金融业、公用事业和工业，发行金额占比分别为 43.28%、26.50%和 17.16%（见图 15-6）。其中，金融业发行金额占比较上年同期上升 11.57 个百分点，公用事业发行金额占比较上年同期下降 9.04 个百分点，工业发行金额占比较上年同期下降 8.75 个百分点。

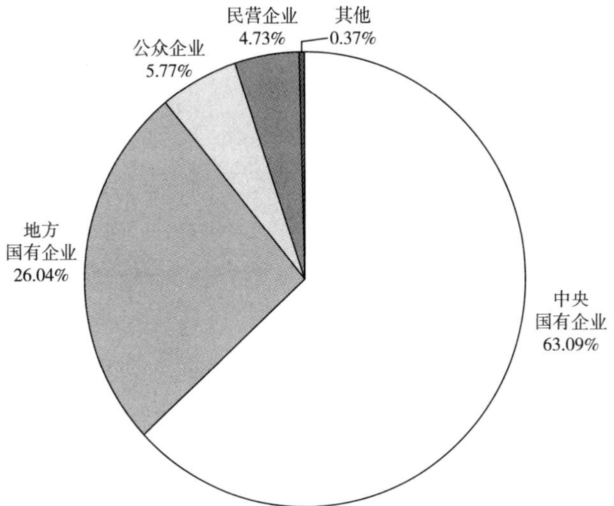

图 15-5　2022 年 1~9 月人民币绿色债券发行主体性质情况

资料来源：Wind。

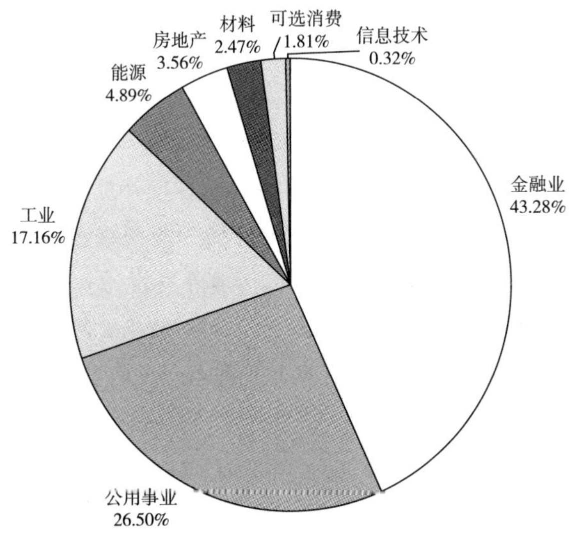

图 15-6　2022 年 1~9 月人民币绿色债券发行行业分布情况

资料来源：Wind。

5. 绿色债券的发行利率较普通债券呈现一定的优势

通过绿色债券和普通债券发行利率对比来看，我国绿色债券的发行利率呈现一定的发行优势。根据 2018 年至 2022 年 9 月期间样本来看①，我国绿色债券的年平均发行利率较同期普通债券低 28BP，其中，2022 年 1~9 月绿色债券的平均发行利率较普通债券低 35BP，相对优势进一步凸显（见图 15-7）。

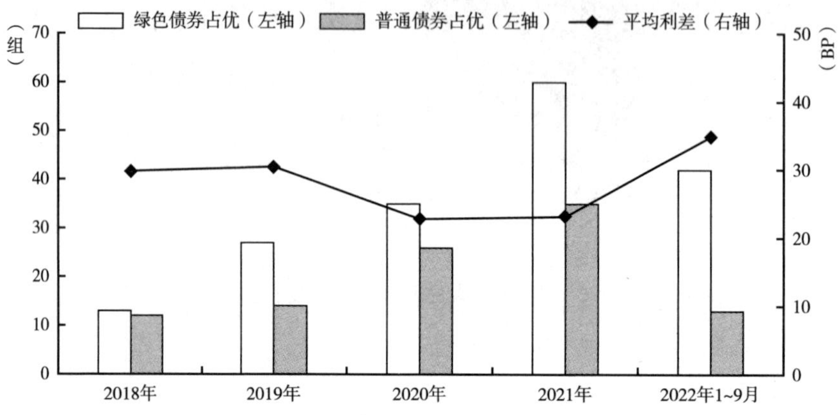

图 15-7　绿色债券、普通债券发行利率对比

资料来源：Wind。

6. 境内发行绿色债券的免税政策支持力度较弱

在税收减免方面，2018 年至 2022 年 9 月，在境外发行的绿色债券均免税，在境内发行的绿色债券，目前只有地方政府债为免税绿色债券。2022 年 1~9 月，共有 130 只绿色债券为免税债券，包括境外发行的 35 只绿色债券、境内发行的 95 只绿色地方政府债（见表 15-3）。可以看出，除了地方政府债以外，境内发行绿色债券尚不能获得免税优惠，我国对于境内发行绿色债券的免税政策支持力度亟须加大。

① 通过筛选 2018 年至 2022 年 9 月期间发行的具有相同发行日期、发行期限、企业性质、债券类别、债券评级的绿色债券与普通债券，并求其平均发行利率，得到 279 组有效数据，其中 177 组数据中绿色债券的平均发行利率相对较低（即“绿色债券占优”）、占比达 63.44%，100 组数据中普通债券的平均发行利率相对较低（即“普通债券占优”）、占比达 35.84%，2 组数据中绿色债券和普通债券的平均发行利率相同。

表 15-3　2018 年至 2022 年 9 月我国境内外、本外币绿色债券免税情况

单位：只

免税情况	2022 年 1~9 月	2021 年	2020 年	2019 年	2018 年
否	553	631	278	345	207
是	130	155	210	88	20
合计	683	786	488	433	227

资料来源：Wind。

（二）绿色债券二级市场交易投资情况

1. 绿色债券交易占比上升，成交活跃度较好

从绿色债券成交量来看，2022 年第三季度，绿色债券现券交易金额达 4587.27 亿元，同比增长 49.52%，中期票据、金融债、地方政府债为二级市场交易的主要类型。具体来看，绿色中期票据、绿色金融债、绿色地方政府债等成交量占比分别为 27.12%、26.43%、23.56%，绿色企业债、绿色短期融资券、绿色资产支持证券、绿色可交换债、绿色公司债、绿色定向工具等成交量占比较小，合计占比仅为 22.89%。

从绿色债券成交数量占比来看，2022 年第三季度末，绿色现券交易数量占全市场流通绿色债券总数量的 47.31%。从月度成交情况来看，2022 年以来，绿色债券成交活跃度较高并保持稳定，月度绿色现券交易数量占已发行绿色债券总数比重（绿色债券月度交易数占比）已上升至近 20%。其中，2022 年 9 月绿色债券月度交易数量占比 22.18%，较上年同期高 3.28 个百分点，总体交易活跃度较好（见图 15-8）。

2. 绿色债券收益率处于相对低位

以中债指数为基础，将绿色债券发行期初（2016 年）的各指数基数确定为 100，得到相同基数的中国绿色债券指数、金融债指数、企业债指数以及高信用等级债券指数（见图 15-9）。从指数走势分析来看，截至 2022 年 9 月，绿色债、金融债、企业债和高信用等级债累计涨幅分别为 32.78%、29.73%、38.50%和 32.32%，从年涨幅来看，年化平均收益率①分别为 4.86%、4.40%、

① 平均收益率计算方法：对 2016 年至 2022 年 9 月上涨总收益率进行算术平均。

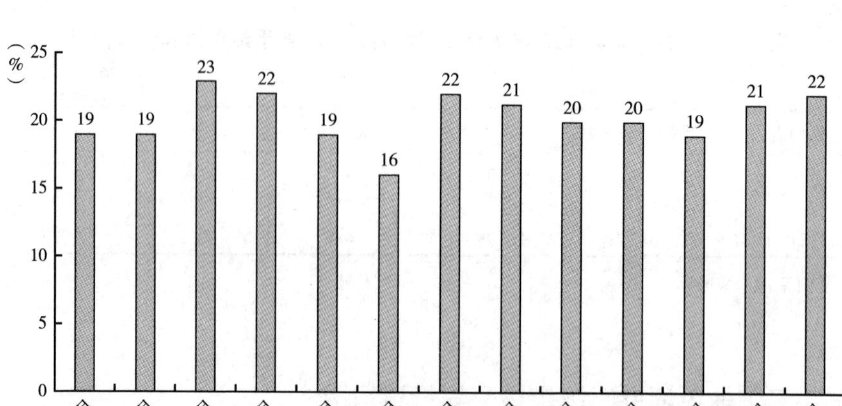

图 15-8　2021 年 9 月至 2022 年 9 月绿色债券月度交易数占比走势

资料来源：Wind。

5.70%和 4.79%。从上述各品种收益率对比来看，绿色债券收益率低于企业债，与高等级信用债基本持平，略高于金融债，处于相对低位，说明绿色债券得到投资者的认可。

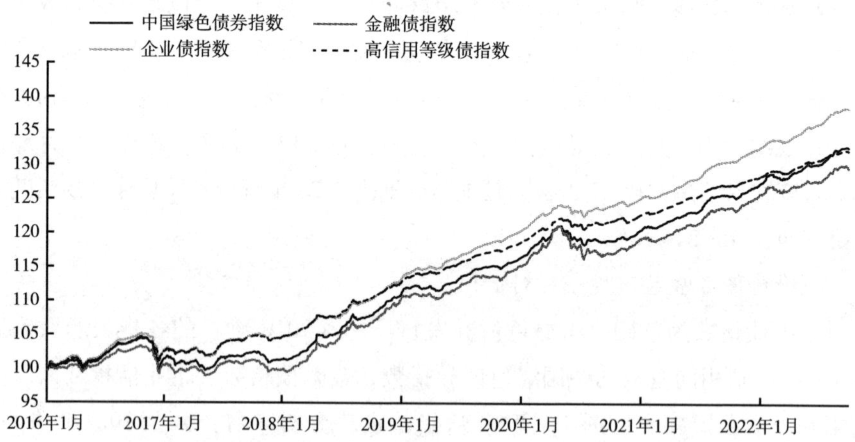

图 15-9　2016 年 1 月至 2022 年 9 月绿色债券指数与金融债、企业债及高信用等级债指数对比

资料来源：Wind。

三　绿色债券市场发展面临的问题

第一，国内外绿色标准仍待进一步统一。2022 年 7 月 29 日《中国绿色债券原则》的发布，对绿色债券的四项核心要素进行了明确，特别是提出“绿色债券的募集资金需 100%用于符合规定条件的绿色产业、绿色经济活动等相关的绿色项目”，统一了国内不同市场对绿色债券募集资金投向的比例，标志着国内与国际市场在绿色债券标准方面的进一步接轨。但是，在清洁能源、绿色交通、绿色制造、污染防治、绿色服务等绿色项目领域，国内《绿色债券支持项目目录（2021 年版）》与 ICMA《绿色债券原则》、CBI《气候债券标准（2021 年版）》等国际标准仍存在些许差异。此外，部分国内发行的绿色债券依然无法被纳入 CBI 绿色债券数据库等国际绿色债券数据库，加大了绿色资本跨境投资的识别成本。

第二，环境效益披露评估尚需进一步规范。一是针对违规使用募集资金、未按要求进行信息披露、未达环境效益等违规行为缺乏相应的惩戒措施，增加了绿色债券的监督管理难度。二是绿色债券环境效益的核算、评估缺乏统一标准，环境效益量化结果的可信度不高、可比性不强。三是负责对募集资金用途、环境效益进行评估认证的第三方机构，其评估结果公信力有待加强，绿色债券评估认证机构的独立性及专业性仍有待进一步加强。

第三，规范化发展及市场化程度亟待提升。一是绿色债券市场总体规模仍然较小。截至 2022 年 9 月，我国人民币绿色债券仅占国内债券市场总体存量规模约 3%；此外，绿色债券在国内的发展速度慢于绿色贷款，其存量规模目前仍不足绿色贷款存量规模的 1/10。二是绿色债券发行时的“漂绿”、“洗绿”现象依然存在，不仅增加了投资者信息识别成本，也扰乱了绿色债券市场秩序。三是不同机构在绿色债券的识别分类上尚未统一，导致绿色债券的统计信息存在差异，并且募集资金投向等部分关键信息仍有待进一步明确。

第四，绿色债券发行结构仍有待优化。一是绿色债券发行期限待优化。我国绿色债券发行期限以 5 年期以下为主，而绿色项目的投资期限则相对较长，导致绿色债券发行期限与绿色项目投资期限存在错配。二是绿色债券发行主体地域分布待优化。目前绿色债券的主要发行主体集中在北京及东部沿海地区，中西部地区的绿色债券发行占比较低。三是绿色债券发行主体企业性质待优化。中央国有企业和地方国有企业是绿色债券的主要发行企业，非国有企业的绿色债券发行规模仍然较少。

第五，绿色债券投资端需求亟待释放。一是税收减免、贴息补贴等投资方面的政策优惠支持仍可加大。目前我国在境外发行的绿色债券均获得了免税优惠，相较而言，我国境内仅有绿色地方政府债获得免税优惠，后续对境内发行绿色债券的税收减免支持力度还需加大。二是绿色债券投资端的市场需求仍然较低。截至 2022 年 9 月，境外投资者持有我国的债券余额为 3.4 万亿元，占全市场债券余额的比例为 2.7%，且目前主要集中于国债与政策性银行债的投资，境外投资者投资于我国绿色债券的规模仍然较小。

四　绿色债券市场发展建议

为促进我国绿色债券市场的高质量发展，要继续完善绿色债券标准、推动国内外绿色标准接轨，持续加强市场机制建设，增加绿色产品供给，优化绿色债券发行结构及投资者结构。

第一，继续推动国内外绿色债券标准接轨。一是提升我国在全球绿色债券领域的话语权。近年来，我国绿色债券的发展规模和增速持续加快，未来可进一步加强与国际组织在绿色标准方面的交流合作，积极参与国际标准和评定规则制定，提升我国在全球绿色政策制定领域的话语权与影响力。二是推动国内外绿色债券认证评估标准趋同。针对目前国内外在有关绿色债券标准方面的差异，积极推动国内外主流绿色债券标准的逐渐统一，增强绿色债券互认度，为绿色债券的跨境投资提供便利。三是可借鉴法国、德国、英国等发达国家经验，尝试发行绿色主权债券，为国内绿色债券发行提供市场基准。

第二，持续加强绿色债券市场机制建设。一是规范环境效益披露评估的相关制度。完善环境效益信息披露具体要求，推进环境效益评估测算方法的标准化，做到可量化、可验证；完善第三方评估认证机构的激励约束机制，促使其客观、公平、公正地开展评估认证工作，并向市场及监管部门提供真实的环境效益评估信息。二是建立绿色债券信息共享平台，借助金融科技力量进行全流程跟踪，对发行人、中介机构等主体在绿色债券发行、评估、信息披露等工作开展中的不良行为进行公示或惩罚，提高“漂绿”“洗绿”等行为的违规成本。三是规范绿色债券的统计收集工作，建立统一的绿色债券数据库，降低绿色投资的信息获取成本和识别成本。

第三，多维度增加绿色产品供给。一是继续加大绿色债券发行规模，在现有碳中和债、蓝色债券、绿色乡村振兴债、绿色熊猫债等新型绿色债券品种基础上加大创新力度，积极推出绿色债券新品种，满足不同发行人和投资者的需求。二是引导市场资金流向可持续发展、绿色低碳转型领域。针对可持续发展类债券，可以扩大可持续发展债券、可持续发展挂钩债券等的应用范围和发行规模，而在绿色低碳转型领域，则可以继续完善转型类债券相关指引文件，支持高碳行业向绿色低碳转型，从而推动广义的绿色、社会、可持续债券发行保持增长。

第四，优化绿色债券发行结构。一是压实发行人、中介机构等主体责任，要求绿色债券的发行期限要与绿色项目的实际投资时长相匹配，持续优化绿色债券期限错配问题。二是引导多元化市场机构支持中西部地区发行人积极发行绿色债券，为地区绿色发展提供资金支持。三是可研究出台非国有企业绿色债券发行指引等专项措施，强化政策扶持和激励机制，降低企业绿色债券的发行成本费用，支持非国有企业发行绿色债券。

第五，持续优化投资者结构。对于不同期限偏好投资者，可激励优质发行人发行中长期限的绿色债券，以满足不同期限偏好投资者的投资需求。对于个人投资者，加强宣传和培养 ESG 投资理念，研发更多优质的绿色债券基金产品、理财产品，并在申购、赎回、服务费等方面给予一定的优惠。对于境外投资者，逐步开放额度限制、精简投资入市流程、优化信息交互机制，提高境外投资者投资境内债券市场的意愿和效率。

附表 1：

2015~2022 年我国绿色债券主要政策梳理

<table>
<tr><th>时间</th><th>文件名称</th><th>发布单位</th><th>主要内容</th></tr>
<tr><td>2015 年 5 月</td><td>《关于加快推进生态文明建设的意见》</td><td>中共中央、国务院</td><td>作为我国落实生态文明建设的顶层设计和总体部署，文件强调要大力推进绿色发展、循环发展、低碳发展，并首次提出“绿色化”的概念</td></tr>
<tr><td>2015 年 9 月</td><td>《生态文明体制改革总体方案》</td><td>中共中央、国务院</td><td>首次明确了建立绿色金融体系的顶层设计，并将发展绿色债券市场作为其中的一项重要内容，初步建立了我国绿色债券发展的顶层设计</td></tr>
<tr><td>2015 年 12 月</td><td>《关于在银行间债券市场发行绿色金融债券有关事宜的公告》</td><td rowspan="2">中国人民银行</td><td rowspan="2">作为首个对绿色债券发行制定的正式规则和重要基础性指导文件，对银行间债券市场发行绿色金融债券有关事宜进行规范引导。明确了发行人具备的条件、报送材料清单、评估或认证意见等；要求发行人开立专门账户或建立专项台账，对绿色金融债券募集资金到账、拨付及资金收回加强管理，保证资金专款专用，在债券存续期内全部用于绿色产业项目，并按季度向市场披露募集资金使用情况。并明确绿色金融债券的登记、托管、结算业务，在中国人民银行认可的登记托管结算机构办理，绿色金融债券可以按照规定纳入中国人民银行相关货币政策操作的抵（质）押品范围。鼓励政府相关部门和地方政府出台优惠政策措施支持绿色金融债券发展</td></tr>
<tr><td>2015 年 12 月</td><td>《绿色债券项目支持目录》</td></tr>
<tr><td>2015 年 12 月</td><td>《绿色债券发行指引》</td><td>国家发展改革委</td><td>明确了绿色债券的适用范围、支持重点、审核要求，以及其他相关政策支持</td></tr>
<tr><td>2016 年 8 月</td><td>《关于构建绿色金融体系的指导意见》</td><td>中国人民银行、财政部、国家发展改革委、环境保护部、银监会、证监会、保监会</td><td>明确提出推动证券市场支持绿色投资，为进一步发展绿色债券市场指明了方向。文件指出要完善绿色债券的相关规章制度，统一绿色债券界定标准；采取措施降低绿色债券的融资成本；研究探索绿色债券第三方评估和评级标准；积极支持符合条件的绿色企业上市融资和再融资；支持开发绿色债券指数、绿色股票指数以及相关产品；逐步建立和完善上市公司和发债企业强制性环境信息披露制度；引导各类机构投资者投资绿色金融产品。还提出要积极稳妥推动绿色证券市场双向开放</td></tr>
</table>

续表

时间	文件名称	发布单位	主要内容
2017 年 3 月	《关于支持绿色债券发展的指导意见》	证监会	明确绿色公司债券募集资金必须投向绿色产业项目，严禁名实不符，冒用、滥用绿色项目名义套用、挪用资金。鼓励证券公司、基金管理公司、私募基金管理机构、商业银行、保险公司等市场主体及其管理的产品投资绿色公司债券，探索建立绿色投资者联盟。证券交易所研究发布绿色公司债券指数，建立和完善绿色公司债券板块，扩大绿色公司债券市场影响力。鼓励市场投资机构以绿色指数为基础开发公募、私募基金等绿色金融产品，满足投资者需要
2017 年 3 月	《非金融企业绿色债务融资工具业务指引》	银行间市场交易商协会	首次明确企业在发行绿色债务融资工具时，应在注册文件中披露绿色项目具体信息；首次提出鼓励第三方认证机构在评估结论中披露债务融资工具的绿色程度，对评估认证机构及其从业人员提出更详细要求；首次明确绿色债务融资工具可纳入绿色金融债券募集资金的投资范围；同时鼓励养老基金、保险资金等各类资金投资绿色债务融资工具；进一步加强信息披露要求
2017 年 12 月	《绿色债券评估认证行为指引（暂行）》	中国人民银行、证监会	明确绿色债券评估认证包含发行前和存续期评估认证两部分。发行前评估认证重点判断发行人绿色债券框架“是否合规完备”，主要包括绿色项目以及绿色项目筛选和决策程序是否合规、募集资金管理、信息披露报告制度是否完备、环境效益目标是否合理；存续期评估认证重点判断上述内容“是否有效执行”，主要包括对募集资金使用、信息披露合规性以及环境效益预期目标实现程度的评价
2018 年 2 月	《关于加强绿色金融债券存续期监督管理有关事宜的通知》	中国人民银行	加强对存续期绿色金融债券募集资金使用的监督核查，确保资金切实用于绿色发展；加强对存续期绿色金融债券信息披露的监测评价，提高信息透明度；加强对存续期绿色金融债券违规问题的督促整改，完善动态管理机制；加强组织协调，明确工作责任，确保将绿色金融债券存续期监督管理工作落到实处

续表

时间	文件名称	发布单位	主要内容
2018 年 2 月	《绿色金融债券存续期信息披露规范》	中国人民银行	明确绿色金融债券募集资金使用情况季度报告和年度报告应重点说明报告期内募集资金的使用情况，并制定了信息披露报告模板
2019 年 2 月	《绿色产业指导目录》	国家发展改革委、工业和信息化部、自然资源部、生态环境部、住房城乡建设部、中国人民银行、国家能源局	绿色产业指导目录主要遵循了服务国家重大战略、切合发展基本国情、突出相关产业先进性、助力全面绿色转型的原则。对节能环保产业、清洁生产产业、清洁能源产业、生态环境产业及基础设施绿色升级、绿色服务方面加以分类。作为各地区、各部门明确绿色产业发展重点、制定绿色产业政策、引导社会资本投入的主要依据，统一各地方、各部门对绿色产业的认识，确保精准支持、聚焦重点
2020 年 7 月	《关于印发〈绿色债券支持项目目录（2020 年版）〉的通知（征求意见稿）》	中国人民银行、国家发展改革委、证监会	通知主要对《绿色产业指导目录（2019 年版）》三级分类进行了细化，增加为四级分类。其中一级分类包括节能环保产业、清洁生产产业、清洁能源产业、生态环境产业、基础设施绿色升级、绿色服务六大类。二级和三级分类延用《绿色债券支持项目目录（2015 年版）》的基本思路，增加了《绿色产业指导目录（2019 年版）》中有关绿色农业、可持续建筑、水资源节约和非常规水资源利用的分类层级，并扩展了农业和生态保护等领域的支持项目范围。进一步完善了绿色项目的分类标准体系，有利于推动我国绿色债券标准趋向统一并逐步与国际接轨
2020 年 7 月	《关于印发〈银行业存款类金融机构绿色金融业绩评价方案〉的通知（征求意见稿）》	中国人民银行	对 2018 年 7 月发布的《关于开展银行业存款类金融机构绿色信贷业绩评价的通知》（银发〔2018〕180 号）进行了更新，明确了绿色金融业绩评价的实施原则、覆盖的业务范围等内容，并将此前对商业银行绿色业绩的评价从绿色信贷拓展至绿色债券等新的业务领域
2020 年 10 月	《关于促进应对气候变化投融资的指导意见》	生态环境部、国家发展改革委、中国人民银行、银保监会、证监会	首次从国家政策层面将应对气候变化投融资提上议程，并从多个角度进一步强调了气候投融资与绿色金融的协同，提出要加强气候投融资与绿色金融的政策协调配合，支持和激励各类金融机构开发包括绿色债券在内的各类气候友好型的绿色金融产品

续表

时间	文件名称	发布单位	主要内容
2021年2月	《国务院关于加快建立健全绿色低碳循环发展经济体系的指导意见》	国务院	主要对建立健全绿色低碳循环发展的经济体系作出了全方位、全过程的部署，以助力实现碳达峰、碳中和目标，推动我国绿色发展迈上新台阶。并指出要大力发展绿色金融，其中包括统一绿色债券标准，建立绿色债券评级标准
2021年3月	《关于明确碳中和债相关机制的通知》	中国银行间市场交易商协会	明确了绿色债务融资工具项下的碳中和债的定义和募集资金用途范围，包括清洁能源类项目、清洁交通类项目、可持续建筑类项目和工业低碳改造类项目等，并对项目评估与遴选、募集资金管理、存续期信息披露等方面作了规范，为碳中和债的高效发行、助力“30·60目标”的实现提供了政策支持
2021年4月	《绿色债券支持项目目录（2021年版）》	中国人民银行、国家发展改革委、证监会	文件采纳国际通行的“无重大损害”原则，对绿色债券界定标准问题进行了进一步明确和细化，为我国绿色债券市场发展提供了稳定框架和灵活空间，也实现了与欧盟标准更进一步的协同。一是明确了详细的支持目录，主要包含6个领域：节能环保产业、清洁生产产业、清洁能源产业、生态环境产业、基础设施绿色升级、绿色服务。二是明确对煤炭等化石能源清洁利用等项目不再纳入支持范围，并增加了绿色农业、绿色建筑、可持续建筑、水资源节约和非常规水资源利用等新时期国家重点发展的绿色产业领域类别，更加符合当前国家产业政策及转型导向
2021年5月	《环境信息依法披露制度改革方案》	生态环境部	明确2025年基本形成强制性环境信息披露制度的目标，建议将强制性环境披露要求纳入绿色产品和绿色制造评估体系，并鼓励大型企业编制绿色和低碳发展报告
2021年7月	《上海证券交易所公司债券发行上市审核规则适用指引第2号——特定品种公司债券（2021年修订）》	上海证券交易所	新增碳中和绿色债券、蓝色债券和乡村振兴公司债券相关制度规定

续表

时间	文件名称	发布单位	主要内容
2021年9月	《绿色债券评估认证机构市场化评议操作细则（试行）》 《绿色债券评估认证机构市场化评议标准》 《绿色债券评估认证机构市场化评议材料清单》	绿色债券标准委员会	文件明确了评估认证机构开展绿色债券评估认证业务需满足的条件，界定了市场化评议申请步骤、市场化评议内容及评议结果运用等内容
2022年1月	《中国银行间市场交易商协会关于加强绿色金融债券存续期信息披露自律管理的通知》	中国银行间市场交易商协会	要求绿色金融债券发行人应做好绿色金融债券存续期的信息披露。按季度向市场披露募集资金使用情况、绿色项目相关信息等，并于每年4月30日前披露上一年度募集资金使用情况的年度报告和专项审计报告。要求市场机构一旦发现绿色金融债券存续期信息披露的相关问题，请反馈至交易商协会；同时也欢迎市场机构提供信息披露质量较高的发行人名单，或者有关提升信息披露质量的意见和建议。要求交易商协会持续对绿色金融债券存续期信息披露情况进行监测排查，汇总市场机构的反馈评价信息，并定期将有关情况报送中国人民银行
2022年3月	《上海证券交易所“十四五”期间碳达峰碳中和行动方案》	上海证券交易所	行动方案主要提出了6个方面的举措：优化股权融资服务，强化上市公司环境信息披露，推动企业低碳发展；扩大绿色债券发行规模，完善绿色债券制度建设，提升产品投资吸引力；完善绿色指数体系，推动绿色投资产品开发，丰富绿色投资标的；稳妥推进绿色金融市场对外开放，参与国际组织绿色金融工作，深化国际合作；加强绿色金融研究力度，加强绿色投资者培育，推进绿色金融宣传推广；加强自身节能减排，推进绿色低碳交易所建设

续表

时间	文件名称	发布单位	主要内容
2022 年 3 月	《非金融企业债务融资工具专项产品指南（2022 年版）》	中国银行间市场交易商协会	明确了各专项产品定义及相关产品规范文件，并从募集资金管理、注册发行以及存续期管理等方面列示了相关要求，有利于债务融资工具注册发行及存续期管理工作的规范化与透明化
2022 年 6 月	《上海证券交易所公司债券发行上市审核规则适用指引第 2 号——特定品种公司债券（2022 年修订）》	上海证券交易所	在前期发布修订的《特定品种公司债券指引》的基础上，本次指引新增了低碳转型公司债券事项，归并了可交换公司债券、“一带一路”公司债券、疫情防控公司债券等单行规则，其发布有助于进一步深化特定品种公司债券对疫情防控、低碳转型领域融资支持，发挥服务国家战略及实体经济的功能
2022 年 6 月	《关于开展转型债券相关创新试点的通知》	中国银行间市场交易商协会	交易商协会通知创新推出转型债券，应对气候变化目标，支持传统行业绿色低碳转型。转型债券是指为支持适应环境改善和应对气候变化，募集资金专项用于低碳转型领域的债务融资工具，除要求募集资金应专项用于企业的低碳转型领域，重点推动传统行业转型升级外，还要求发行人建立与双碳目标相符的清晰的总体转型规划
2022 年 7 月	《中国绿色债券原则》	绿色债券标准委员会	明确绿色金融债、绿色债务融资工具、绿色公司债等多个绿债品种将同步使用《中国绿色债券原则》。除企业债以外，国内绿色债券标准实现统一，标志着与国际接轨的绿色债券标准正式建立，是我国绿色债券标准实现国内初步统一、国际接轨的重要标志

资料来源：根据公开资料整理。

第十六章 中国债券市场开放

王静斐*

- 《中华人民共和国国民经济和社会发展第十四个五年规划和2035年远景目标纲要》中明确指出要稳妥推进金融领域开放，深化境内外资本市场互联互通，健全合格境外投资者制度，稳慎推进人民币国际化。2022年以来，中国债券市场对外开放从广度的提升逐步过渡到深度的增加，相关部门不断完善对外开放政策保障，在制度框架以及基础设施方面为我国债券市场开放奠定重要基础。总体上看，政策主要焦于进一步提升境外机构参与中国债市的便利度、扩宽境外机构投资范围，在加强对增量资金吸引力的同时，开始布局如何提升存量资金的稳定性。
- 从境外资金“引进来”情况来看，2022年以来，中国国债陆续纳入三大国际指数等多个国际主要指数；熊猫债发行政策制度进一步完善，注册发行流程进一步优化；境外机构投资者数量稳步提升，交易量同比大幅增长。从境内资金“走出去”情况来看，2022年随着“南向通”正式上线，内地金融机构“走出去”配置全球债券规模持续增加，交易量大幅增长，投资者日趋活跃，通过金融基础设施互联互通模式托管的“南向通”债券投资余额较年初增长50倍。
- 随着我国债券市场开放力度的增加，不能忽视在持续开放进程中我国金融市场可能面临的风险。债券市场的开放意味着资本流动的增加，资本流动增加将进一步放大金融市场的波动性。一是要关注欧美发达国家货币政策的外溢效应对于国内资本市场的扰动；二是要更加关注

* 王静斐，CFA，FRM，工银理财固定收益投资二部高级经理。

洗钱风险，加强跨境反洗钱监管合作。

- 展望未来，我国将坚定不移推进高水平对外开放，继续探索如何稳步实现债券市场的高质量发展。一是债券市场监管制度将进一步得到统一，包括债券市场信息披露、信用评级、违约处置、跨市场执法等规则；二是境外投资者参与国内信用债市场的规模或将逐步提升；三是境外投资者参与境内市场的深度将进一步拓展，涉及领域或将包括衍生品等风险对冲工具的使用等，这将有助于促进国内金融产品创新的增强。

《中华人民共和国国民经济和社会发展第十四个五年规划和2035年远景目标纲要》中明确指出要稳妥推进金融领域开放，深化境内外资本市场互联互通，健全合格境外投资者制度，稳慎推进人民币国际化。党的十九大以来，我国债券市场功能和市场化运行机制进一步完善，对外开放水平稳步提高，服务实体经济能力进一步增强，迈入高质量发展的新阶段。2017年至2021年，中国债市开放主要聚焦在基础设施搭建、境外机构准入渠道扩展、中国债券纳入国际指数、海外评级机构引入等多个维度，2022年以来，中国债券市场对外开放从广度的提升逐步过渡到深度的增加。

一　2022年中国债券市场对外开放的重要政策举措

2022年，相关部门不断完善对外开放政策保障，在制度框架以及基础设施方面为我国债券市场开放奠定重要基础。总体上看，政策主要焦于进一步提升境外机构参与中国债市的便利度、扩宽境外机构投资范围，在加强对增量资金吸引力的同时，开始布局如何提升存量资金的稳定性。

2022年1月，上海证券交易所、深圳证券交易所、全国银行间同业拆借中心、银行间市场清算所股份有限公司、中国证券登记结算有限责任公司共同发布《银行间债券市场与交易所债券市场互联互通业务暂行办法》，改善当前国内债券双市场运行的情况，在促进债券市场统一对外开放方面迈出关键一步。

2022年5月27日，央行、证监会、国家外汇局发布联合公告〔2022〕第

4 号《关于进一步便利境外机构投资者投资中国债券市场有关事宜》（以下简称“《公告》”），统筹同步推进银行间和交易所债券市场对外开放，《公告》自 2022 年 6 月 30 日起施行，内容主要包含入市程序简化、投资范围扩展、包容性制度安排等。《公告》对境外机构入市程序进行了简化，同时统一了各渠道下的投资范围，施行后，CIBM 和“债券通”下的入市的境外机构投资范围将进一步扩充到交易所市场，已入市的境外机构可以持相关材料申请开立证券账户后直接投资交易所债券市场，也可通过互联互通方式投资交易所债券市场；托管制度包容性更强，结算代理模式和托管银行模式并存；QFII 和 RQFII 项下的债券及资金可与根据本公告所投资的债券和开立的资金账户进行双向划转，便于境外机构内部的统一管理。《公告》是深入推进中国债券市场制度型开放的重要一步，有利于健全多元化投资者队伍，提升债券市场的流动性与稳健性，扩大资本项目流入，更好地促进国际收支平衡，有利于统筹利用国内国际两个市场，更好服务实体经济，有利于加快培育具备全球竞争力的托管银行，提升金融体系应对国际复杂局势的能力。

2022 年 7 月 4 日，央行、香港证券及期货事务监察委员会、香港金融管理局发布联合公告，决定同意中国外汇交易中心、银行间市场清算所股份有限公司和香港场外结算有限公司开展中国香港与中国内地利率互换市场互联互通合作（简称“互换通”），具体启动时间为公告发布之日 6 个月后。根据公告，“互换通”实施初期先开通“北向通”，让香港及其他境外投资者经由香港与内地指定机构之间的交易、清算、结算等方面的安排，参与内地银行间金融衍生产品市场，“南向通”的研究将在未来适时开展，以期让境内投资者经由两地指定机构之间的互联互通安排，参与香港金融衍生产品市场。“北向通”遵守现行内地银行间金融衍生品市场对外开放政策框架，同时尊重国际惯例做法，便捷境外投资者进行内地银行间金融衍生品交易和风险对冲，初期为利率互换产品，其他品种后续将根据市场情况适时开放。此外，中国人民银行与香港金管局将双方已建立的货币互换机制升级为常备互换安排，升级后协议无须再续签，也即将长期有效，互换规模从 5000 亿元人民币扩大至 8000 亿元人民币，互换流程进一步优化，资金使用更加便利，这也是中国人民银行第一次签署常备互换协议。

“互换通”是在“债券通”的基础上，境内外投资者通过香港与内地金融市场基础设施的连接，参与两地金融衍生品市场的一项机制性安排，有利于满足投资者的利率风险管理需求。“互换通”的推出，一是有利于境外投资者管理利率风险，减少利率波动对其持有债券价值的影响，平缓资金跨境流动，进一步推动人民币国际化；二是有利于推动境内利率衍生品市场发展，推出“互换通”后，境外机构带来差异化需求增加，辅之以高效电子化交易、紧密衔接的交易清算环节等优势，有助于提升市场流动性，推动银行间利率衍生品市场进一步发展，并形成良性循环；三是有利于巩固香港国际金融中心地位，作为我国金融衍生品市场对外开放的重要举措，“互换通”的推出是对“十四五”规划关于强化香港国际资产管理中心及风险管理中心功能的具体落实，有利于增强香港作为国际金融中心的吸引力，深化内地与香港金融市场合作。

二　中国债券市场对外开放
——境外资金“引进来”

2017 年以来，债券市场境外机构投资者范围从境外央行类机构、人民币境外清算行和参加行，稳步扩大至商业银行、资管机构、养老基金等，进入银行间市场的境外机构数量从 407 家扩大至 1057 家，涵盖包括主要发达国家在内的 60 多个国家和地区。在银行间市场发行债券的境外机构数量从 24 家扩大至 67 家。

（一）中国国债已陆续纳入三大国际指数等多个国际主要指数

自 2019 年至今，中国债券先后获准被纳入彭博资讯巴克莱全球综合指数（彭博资讯 Barclays Global Aggregate Index，BBGA，2019 年 4 月起开始纳入）、摩根大通全球新兴市场多元化指数（JPM GBI-EM Diversified Index，GBI-EM，2020 年 2 月起开始纳入）、富时罗素全球政府债券指数（FTSE World Government Bond Index，WGBI，2021 年 10 月起开始纳入），目前 BBGA 和 GBI-EM 的纳入已全部完成，WGBI 的纳入仍在按月逐步进行中（计划 36 个月分阶段纳入）（见表 16-1）。此外，国际主要指数供应商近些年也陆续将中国债券纳入其他指数，或针对中国债券本身推出特定指数。由于中国债券相对较高的收益回报，海外管理规模相对较大的资管公司，也都相继有挂钩中国境内人民币债券的基金产品发行上市。

表 16-1　中国债券市场纳入国际指数情况

指数供应商	指数名称	纳入对象	占指数比重(%)	统计日期
Bloomberg	Global Aggregate Index	人民币计价中国国债、政金债	8.5	2022年8月31日
	Global Aggregate Treasuries Index	人民币计价中国国债	7.8	2022年8月31日
	Global Aggregate ex-USD Index	人民币计价中国国债、政金债	15.8	2022年8月31日
	Global Aggregate ex-CHF Index	人民币计价中国国债、政金债	8.6	2022年8月31日
	Multiverse Index	人民币计价中国国债、政金债	8.1	2022年8月31日
	Global Aggregate ex-USD 10% Issuer Capped	人民币计价中国国债、政金债	10.0	2022年8月31日
	Bloomberg China Treasury 1-10 Years Index	人民币计价中国国债	100.0	2022年8月31日
	China Treasury+Policy Bank Index	人民币计价中国国债、政金债	100.0	2022年8月31日
JPM	GBI Broad	人民币计价中国国债	4.2	2022年8月1日
	GBI-EM Index	人民币计价中国国债	61.6	2022年8月1日
	GBI-EM Broad	人民币计价中国国债	50.2	2022年8月1日
	GBI-EM Broad Diversified	人民币计价中国国债	9.9	2022年8月1日
	GBI-EM Diversified	人民币计价中国国债	10.0	2022年8月1日
	GBI-EM Global	人民币计价中国国债	51.5	2022年8月1日
	GBI-EM Global Diversified	人民币计价中国国债	10.0	2022年8月1日
	GBI-EM Global Diversified IG 15% Cap	人民币计价中国国债	15.0	2022年8月1日
	JESG GBI-EM	人民币计价中国国债	6.4	2022年8月1日
	GBI-EM Global Core	人民币计价中国国债	10.0	2022年8月1日
	EM Enhanced Multi-Factor Local ccy Bond Index	人民币计价中国国债	8.0	2022年8月1日
	CGB + Policy Bank 20% Capped	人民币计价中国国债、政金债	100.0	2022年8月1日
	China Custom Liquid ESG Capped Index	人民币计价中国国债、政金债	100.0	2022年8月1日
	China Government Bond Under 3 Years Maturity Liquid Index	人民币计价中国国债	100.0	2022年8月1日

续表

指数供应商	指数名称	纳入对象	占指数比重(%)	统计日期
FTSE	World Government Bond Index	人民币计价中国国债	2.1	2022 年 7 月 31 日
	Non-JPY World Government Bond Index	人民币计价中国国债	2.5	2022 年 7 月 31 日
	Non-EUR World Government Bond Index	人民币计价中国国债	3.0	2022 年 7 月 31 日
	FTSE Chinese Government Bond Index	人民币计价中国国债	100.0	2022 年 7 月 31 日
	FTSE Chinese Government and Policy Bank Bond Index	人民币计价中国国债、政金债	100.0	2022 年 7 月 31 日

资料来源：彭博资讯、JPM、FTSE、中金公司研究部。

中国债券在三大国际指数的纳入意义重大，纳入指数之后，为国内债券市场带来的不仅是跟踪相关指数的被动资金流入，很多以这些指数为业绩基准的海外主动管理型产品，也将同步加大对境内人民币债券的持仓。对业绩基准对标包含中国债券的主要国际指数的境外基金梳理来看（仅统计每个指数下资产管理规模相对靠前的基金），随着指数的逐步纳入，这些基金对境内人民币债券的配置也同步提高，且主动管理属性更强的基金，其持有人民币债券占比的灵活性调节也相对更强。

（二）境外机构发行熊猫债

1. 熊猫债发行政策制度

自 2005 年首批熊猫债发行以来，熊猫债发行人类型逐渐扩充，发行条件及配套要求逐渐完备。2022 年 7 月，交易商协会发布《关于开展熊猫债注册发行机制优化试点的通知》，进一步推出一揽子熊猫债机制优化举措，主要是优化注册发行流程，减少重复性披露、提高信息披露质量。一是将熊猫债"多品种统一注册（DFI）"模式适用范围扩大至境外基础层企业；二是统一基础层和成熟层境外企业信息披露差异；三是针对国际开发机构、外国政府类机构试点开展债券增发机制；四是境外非金融企业、国际开发机构和外国政府类机构可试点采用"常发行计划"发行熊猫债。

一方面，随着熊猫债政策框架逐步完善，尤其是此次交易商协会优化熊猫债注册发行机制的政策出台，境外机构注册发行熊猫债的效率将显著提升，熊猫债供给端有望进一步扩容；另一方面，随着境内市场对外开放，熊猫债作为受境外机构投资者欢迎的债券品种，需求端预期也会迎来重要发展契机。

2. 熊猫债发行概况

历年熊猫债发行规模基本保持在 600 亿~1000 亿元区间，截至 2022 年 9 月 30 日，银行间市场和交易所共有存量熊猫债 2345 亿元（147 只），其中银行间市场熊猫债 109 只，合计规模 1793 亿元，规模占比 76%，为主要发行场所；交易所熊猫债 38 只，合计规模 552 亿元，规模占比 24%。从新发行情况看，2022 年 1~9 月银行间市场共发行 43 只，交易所共发行 3 只（见图 16-1）。

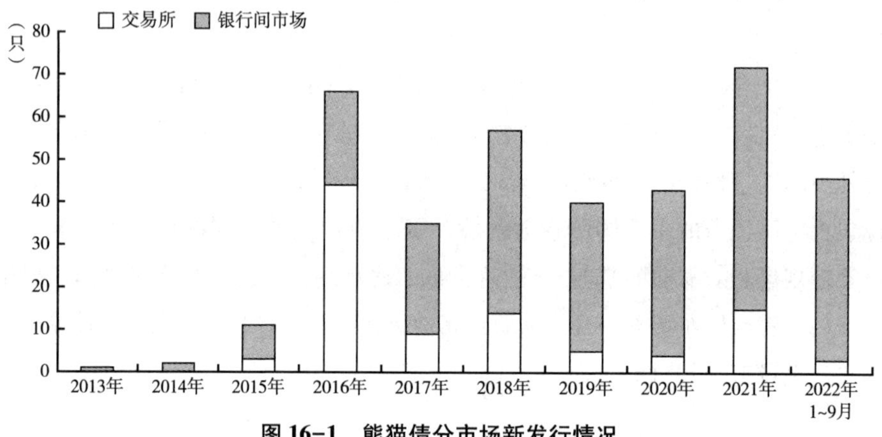

图 16-1　熊猫债分市场新发行情况

资料来源：Wind。

从发行人类型分布看，境外金融和非金融机构法人发行的熊猫债合计 1980 亿元（134 只），规模占比 84%；外国政府类机构熊猫债为波兰、匈牙利的 2 只主权熊猫债，合计发行 40 亿元，规模占比 2%；11 只国际开发机构熊猫债由金砖国家新开发银行（7 只）、亚投行（2 只）和亚洲开发银行（2 只）发行，规模占比 14%（见图 16-2）。

从剩余期限分布看，34%的熊猫债将于 1 年内到期，49%将于 1~3 年到期，绝大部分债券期限位于 3 年以内（见图 16-3）。从行业与主体评级分布来看，存量熊猫债多为 AAA 主体发行，采用 Wind 二级行业进行分类，主要集中在多元

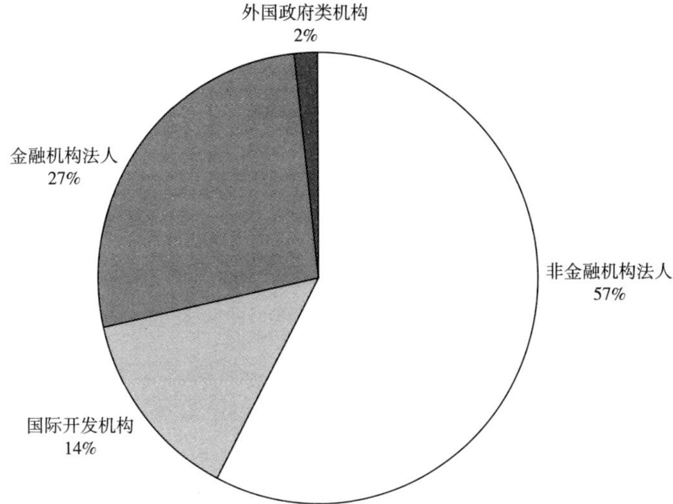

图 16-2　存量熊猫债发行人类型分布占比

资料来源：Wind。

金融、公用事业、运输、房地产、食品饮料等行业（见图 16-4）。从国际主体评级分布看，大部分发行熊猫债的企业无国际三大评级机构评级，2016 年 BB+及以下投机级发行人纷纷选择在交易所市场发行熊猫债，规模占比接近 50%；2018 年以来，发行熊猫债的企业法人多集中在 BBB 类级别（见图 16-5）。

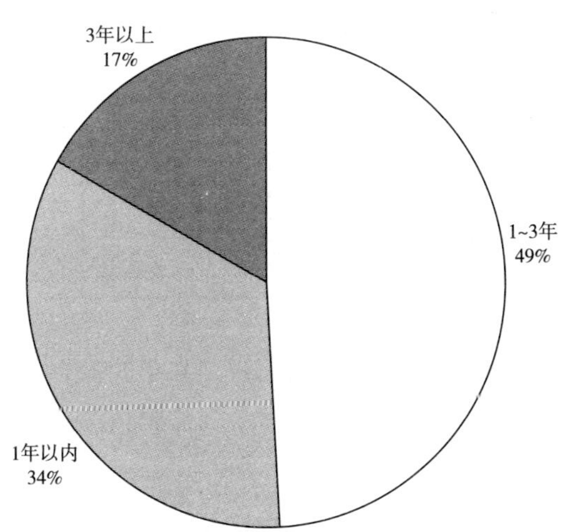

图 16-3　熊猫债发行期限分布占比

资料来源：Wind。

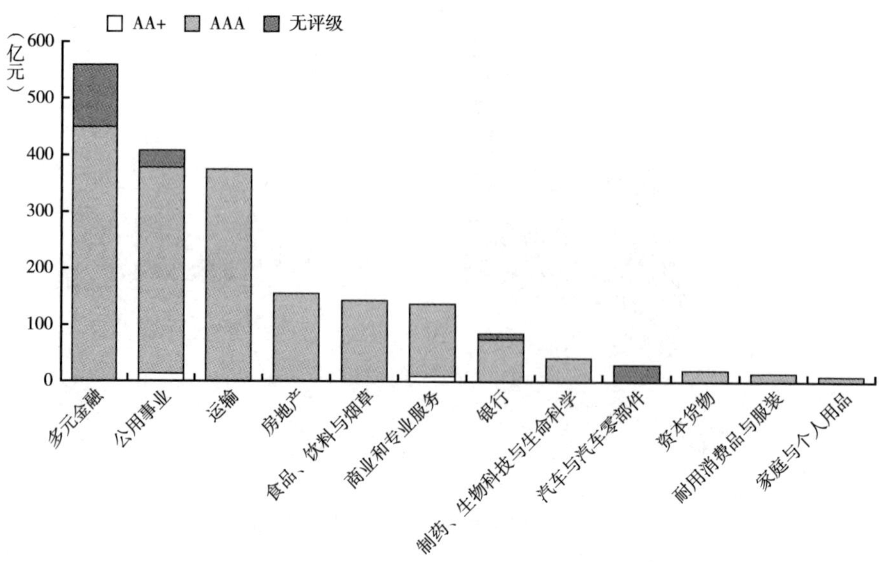

图 16-4 熊猫债发行行业及国内评级分布情况

资料来源：Wind。

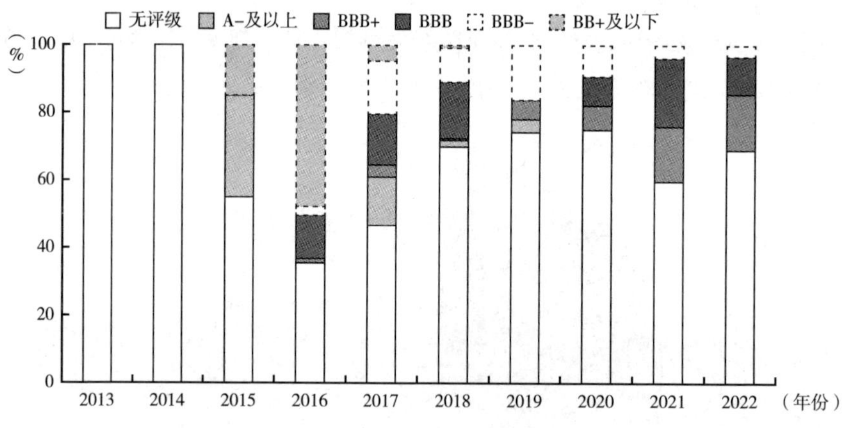

图 16-5 熊猫债发行国际评级分布情况

资料来源：Wind。

3. 熊猫债发行利率

国际开发机构与外国政府类机构熊猫债的发行利率整体相对稳定，以市场最为关注也是最常见的企业法人熊猫债的发行利率变化情况 3 年期为例：从存量企业法人熊猫债发行利率来看，非金融机构法人熊猫债的平均票面利率变化趋势在 2016 年以来处于持续下行区间，金融机构法人平均发行票面利率受个别企业影响波动较大，但整体来看，金融机构法人平均发行票面利率较非金融机构法人较低（见图 16-6）。

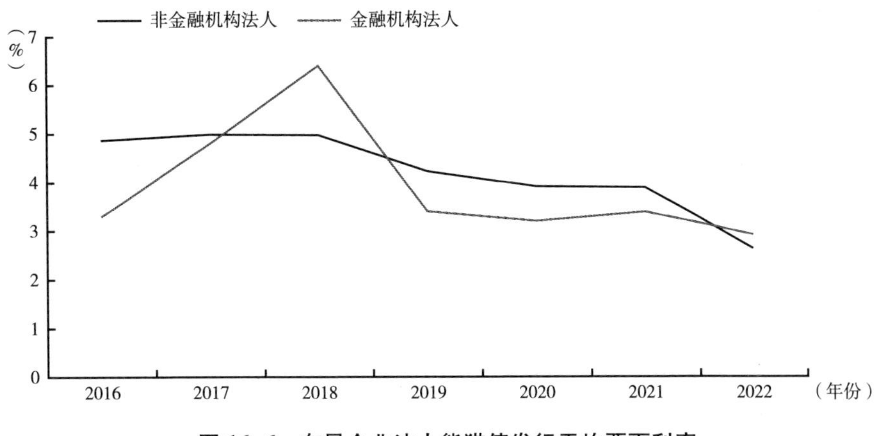

图 16-6　存量企业法人熊猫债发行平均票面利率

资料来源：Wind。

从存量企业法人熊猫债平均发行利差来看，除 2016 年上半年海航集团发行的熊猫债和 2018 年法国液化空气集团财务公司发行利差较高外，金融机构法人熊猫债与同期限国开债的发行平均利差基本处于 80BP 以内，非金融机构法人熊猫债的发行平均利差在 120BP 以内，且 2020 年以来呈现缩窄趋势（见图 16-7）。

（三）境外机构在中国债券市场投资

1. 境外机构进入中国市场渠道开户

目前，境外机构可通过合格境外投资者制度（QFII/RQFII）、直接投资（CIBM Direct）、“债券通”（Bond Connect）这三种渠道参与中国债券市场。从此前渠道选择来看，多数境外机构选择通过 CIBM 和“债券通”渠道入市，以参与银行间市场为主，《关于进一步便利境外机构投资者投资中国债券市场有关事宜》出台前，仅通过 QFII/RQFII 入市的境外机构能够参与交易所市场

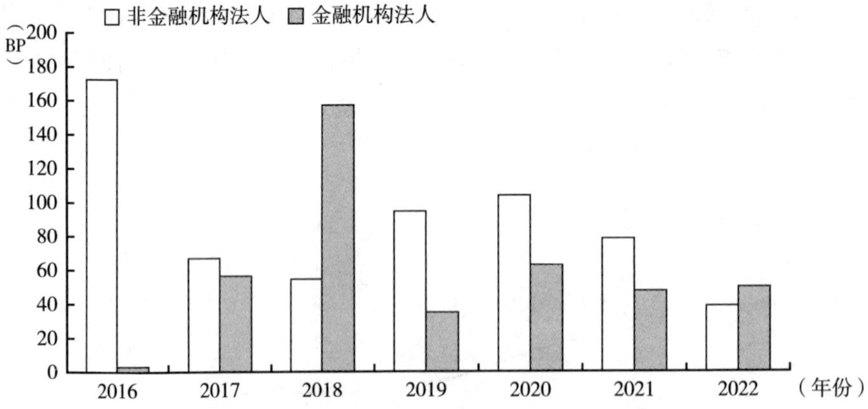

图 16-7　存量企业法人熊猫债与同期限国开债平均利差

资料来源：Wind。

且受到一定的额度限制，因此参与交易所债券市场的规模相对有限。在银行间市场方面，自 2017 年中国加大债券市场对外开放力度以来，通过 CIBM 模式和"债券通"模式入市的境外机构数量均不断增长。截至 2022 年 6 月，以法人为统计口径，共有 1043 家境外机构入市，其中 518 家通过 CIBM 模式参与境内债券市场，757 家境外机构通过"债券通"模式参与境内债券市场。自 2019 年 4 月起，通过"债券通"入市的境外机构数量开始超过 CIBM 渠道（见图 16-8）。

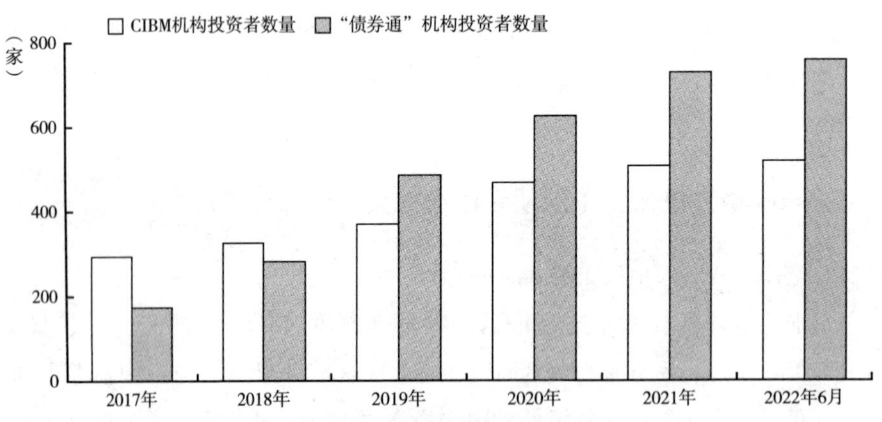

图 16-8　CIBM 与"债券通"机构投资者数量

资料来源：中国人民银行、中金公司研究部。

从交易规模看，2022 年上半年境外机构在银行间市场共达成现券交易 6.76 万亿元，同比增长 18%，其中通过结算代理模式达成的交易量为 2.95 万亿元，同比增长 15%，包括代理交易 2.62 万亿元和直接交易 0.33 万亿元；通过“债券通”模式达成的交易量为 3.81 万亿元，同比增长 21%（见图 16-9）。

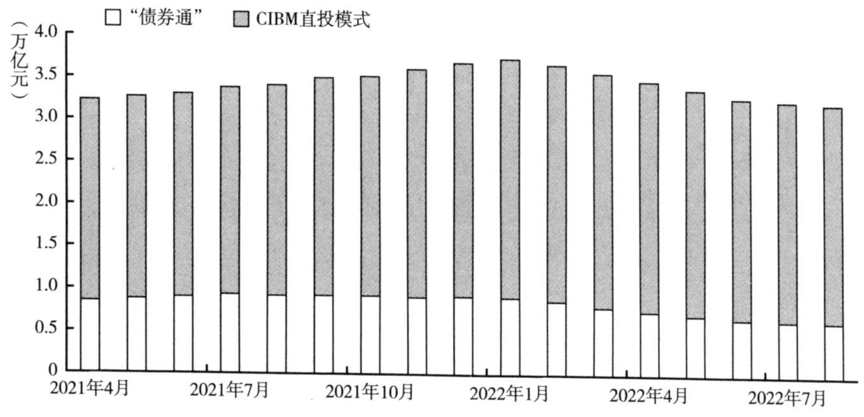

图 16-9　银行间市场境外机构债券托管余额

资料来源：中国人民银行、中金公司研究部。

从境外机构投资境内债券市场情况来看，2022 年 2 月之前，随着中国债市对外开放不断推进，境外机构参与的意愿和热情不断走高，对境内债券的持有规模整体呈上升趋势，较少出现规模较大的持续性外流，持仓规模占境内债券市场的比重也随之提高。主要是因为 2021 年，海外发达经济体通胀水平攀升，带动海外多国债券利率水平自 2020 年第四季度起开始上行，中外利差虽有所收敛，但仍位于 100~150BP 高位区间内，高利差对境外资金吸引力仍在。2022 年 1 月末，境外机构对境内债券持仓规模达到 4.07 万亿元新高，占境内债券市场的比重也处于 3.47%的历史高位。2022 年 2 月以来，随着中国国内降准、降息等政策出台，国内债券利率回落，而海外通胀持续超预期，美联储连续大力加息缩表，10 年期美债收益率一度突破 4.27%关口，创下 2008 年以来新高，中美利差急剧缩窄，由 2020 年高点 249BP 急剧缩窄至-152BP，创下历史新低（见图 16-10）。受美联储加息、美元走强、中美利差倒挂影响，全球避险情绪有所增强，境外机构转为持续减持境内人民币债券，截至 6 月减持规模共计5064亿元，但整体来看，境外机构持有中国债券规模仍然处于历史高位，截至2022年8月末，境外机构持有境内债券3.5万亿元，较2017年末增长2.3倍。

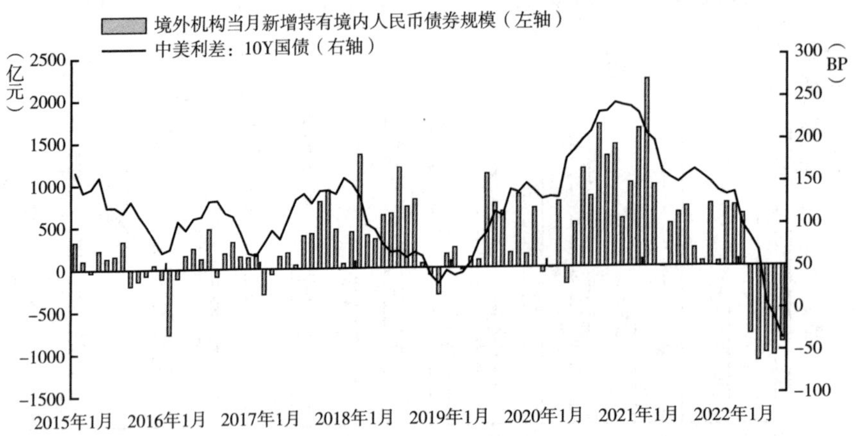

图16-10　境外机构投资境内人民币债券新增规模及中美利差

资料来源：中国人民银行、中债登、上清所。

2. 境外机构投资境内债券市场券种及期限偏好

从持仓结构来看，境外机构对境内人民币债券的投资主要集中在利率债（主要包括国债和政策性金融债），截至2022年6月对国债和政策性金融债持有规模分别为2.32万亿元和8545亿元，分别占境外机构持仓的65.1%和24.0%。对同业存单、信用债和地方债的持仓相对较低，截至2022年6月，境外机构分别持有同业存单、信用债和其他1402亿元、922亿元、1593亿元，分别占其持有境内债券总规模的3.9%、2.6%、4.5%（见图16-11、图16-12）。

国债成为境外机构配置的主力品种，主要是由于其金边属性以及国际指数的纳入带来的被动资金流入；而2019年以来政金债占比有所提高，则可能是受益于2018年11月监管机构推出的阶段性境外免税优惠政策（境外机构投资者投资中国债券市场免征企业所得税和增值税，目前政策延续至2025年底）。据统计，2018年至2021年间，境外机构持有国债和政金债的年均增速分别高达41.8%和35.6%，其持有存量规模占银行间国债和政金债的比例分别从2017年末的5.0%和2.4%，升至2021年末的10.9%和5.5%。境外机构很大程度上丰富

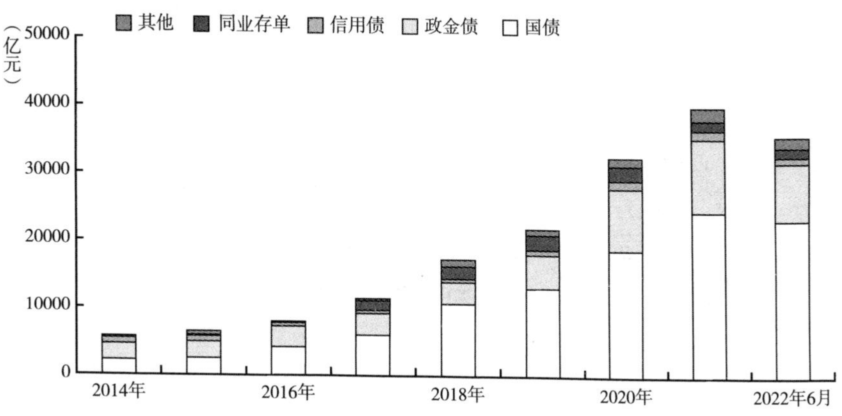

图 16-11　境外机构历年投资境内债券市场配置结构

资料来源：中债登、上清所。

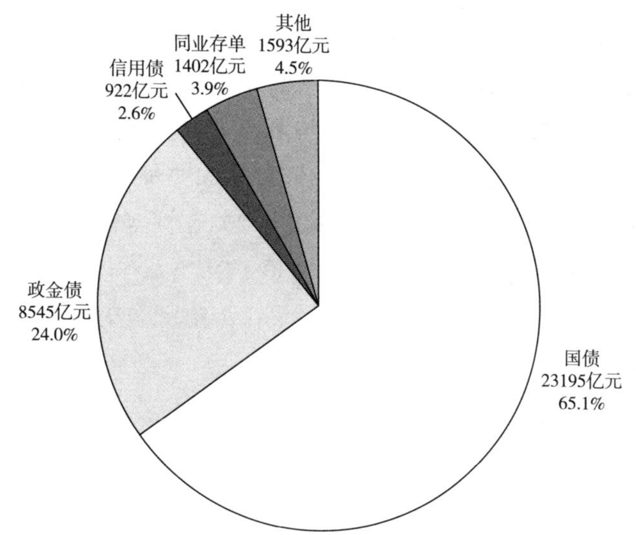

图 16-12　境外机构投资境内债券市场配置结构（2022 年 6 月）

资料来源：中债登、上清所。

了中国债券市场投资主体的多元化，成为国内债券市场的重要投资力量。

从境外机构在银行间市场二级累计净买入情况看，外资机构的期限偏好主要集中在 1 年及以内、1~3 年、3~5 年和 7~10 年品种上。其中，1 年及以内的净买入主要以存单为主，主要因为 1 年及以内品种流动性较好，如果剔除存单，仅看国债和政金债二级累计净买入时序，则境外机构长期净买入为负。此外，从 2019 年开始，境外机构对人民币债券的久期偏好有所拉长，7~10 年的累计净买入比重增加。

三　中国债券市场对外开放——境内资金“走出去”

在“南向通”正式设立之前，我国机构投资者主要通过收益互换和 QDII/RQDII 配置境外债券，但 QDII/RQDII 面临一定的通道成本或者管理费，对投资收益会造成一定挤压。2021 年 9 月 24 日，随着“南向通”的正式上线，内地金融机构“走出去”配置全球债券规模持续增加，交易量不断增长，投资者日趋活跃。根据上海清算所发布的数据，截至 2022 年 8 月底，通过金融基础设施互联互通模式托管的“南向通”债券达到 437 只，投资余额则达到 3014.5 亿元，是 2022 年 1 月底规模的 50 倍（见图 16-13）。根据监管要求，“南向通”跨境资金净流出额上限不超过年度总额度和每日额度，目前，年度总额度为 5000 亿元等值人民币，每日额度为 200 亿元等值人民币，预计 2022 年有可能触及 5000 亿元等值人民币年度额度上限。

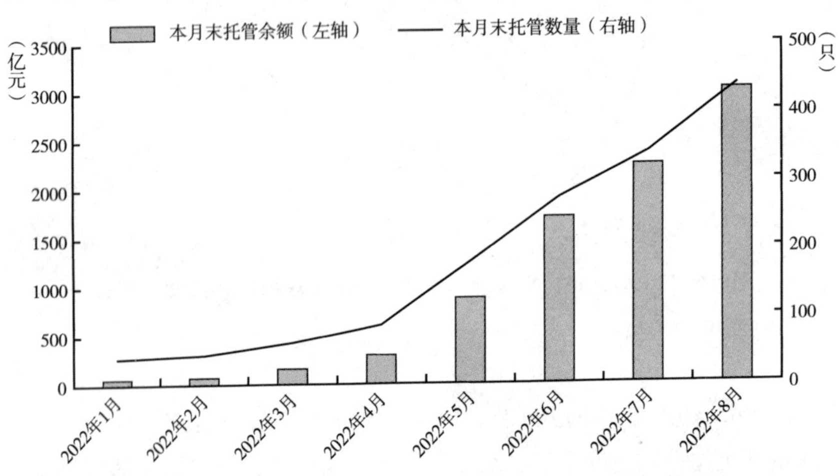

图 16-13　2022 年 1~8 月以来“南向通”托管数量及规模

资料来源：上清所。

自2022年5月起，“南向通”之所以骤然获得大量内地资金青睐，主要原因是中美货币政策持续分化导致中美利差倒挂幅度扩大，引发香港美元计价债券收益率高于内地人民币债券收益率，导致内地资金通过南向通投资香港市场美元计价债券的需求大幅增加。

“南向通”作为中国金融市场双向开放格局的重要一环，正在逐步发挥其重要作用，为境内投资者提供多元化资产配置的机会，满足不同投资者的风险偏好。“南向通”的开通不仅有利于满足实体经济更加多元化的融资需求，为内地投资者提供了更多参与国际金融市场的机会，还将进一步扩大了香港离岸人民币资金池，有助于巩固香港国际金融中心地位，与此同时，“南向通”将稳步推动境内外资金双向有序流动，有助于推进中国金融市场的高水平双向开放和人民币国际化进程。

“南向通”的突然火爆是一把双刃剑，若“南向通”资金流出额持续扩大，无疑也将加重债券端的资本流出压力，给国内证券项资本跨境流动均衡提出新的挑战。作为我国资本项目开放的重要组成部分，债券市场的双向开放对于境内外资金相互流通、提高我国国际收支平衡的调节能力、平衡境内外市场金融资源的供需关系以及有效应对欧美主要国家货币政策的外溢性风险有重大影响。因此，如何妥善解决证券项资本跨境流动均衡问题，吸引更多海外投资者流入人民币债券市场，从而达到金融资本跨境流动相对均衡的态势，还需相关部门持续稳步提进境内金融市场对外开放水平，进一步完善我国债券市场的相关制度建设。

四　中国债券市场对外开放的思考与下一步展望

2017年至2021年，中国债市开放主要聚焦在基础设施搭建、境外机构准入渠道扩展、中国债券纳入国际指数、海外评级机构引入等多个维度，2022年以来，中国债券市场对外开放从广度的提升逐步过渡到深度的增加，在不同领域均取得更大突破和进展，有效促进了我国债券市场交易方式和债券产品的创新，通过基础设施双向互联互通，逐步建立起与国际市场接轨的交易规则和制度文化，进一步优化了境内市场在信用评级、信息披露和结算登记等方面的操作实践，大力推动了我国人民币国际化水平的进一步提升。

值得注意的是，随着我国债券市场开放力度的增加，决不能忽视在持续开放进程中我国金融市场可能面临的风险。2022 年以来，新冠肺炎疫情阴霾仍未散去，全球经济增长放缓、通胀高位运行，地缘政治冲突持续，外部环境更趋复杂严峻，多国进入加息周期，本轮无论是加息力度还是节奏都是空前的，我国股市、债市、汇率经历了大幅波动。债券市场的开放意味着资本流动的增加，资本流动增加将进一步放大金融市场的波动性。当前多个发达经济体面临经济危机的风险，通过金融风险的传导，或将对国内金融市场造成一定的负面影响。因此，在讨论债券市场对外开放时，也必须要考虑到开放带来的高波动性，强调国际金融风险的传导性。一是要关注欧美发达国家货币政策的外溢效应对于国内资本市场的扰动，例如美联储加息带来的资本回流风险，特别是随着国内债券市场开放不断推进过程中，境外投机性热钱的频繁进出将进一步加强金融市场波动性，必须加强对跨境资本流动的监测力度，建立风险防范和处置机制，维护金融安全体系；二是要更加关注洗钱风险，在债券市场开放过程中，随着与国际机构的逐步接轨，投资链条不断增加，资金交易可能涉及多个国家和多个账户，将对跨境反洗钱监管合作提出更高要求。

当然，更应看到的是，债券市场的对外开放仍是大势所趋，展望未来，我国还将坚定不移推进高水平对外开放，继续探索如何稳步实现债券市场的高质量发展。

一是债券市场监管制度，包括债券市场信息披露、信用评级、违约处置、跨市场执法等规则将进一步得到统一。2022 年 4 月 10 日，《中共中央国务院关于加快建设全国统一大市场的意见》发布，提出要加快建立全国统一的市场制度规则，打破地方保护和市场分割，打通制约经济循环的关键堵点，促进商品要素资源在更大范围内畅通流动，加快建设高效规范、公平竞争、充分开放的全国统一大市场。2022 年 5 月，央行联合证监会、国家外汇局发布《公告》，按照“一套制度规则、一个债券市场”原则，统一债券市场对外开放制度框架和跨境资金管理。央行与国务院国资委、证监会还共同建立国有企业债券风险监测预警工作机制，并将成员单位扩大至发展改革委、财政部、银保监会，牵头起草公司债券管理条例，推动完善公司债券法律法规框架。未来，可以预见，我国债券市场多头监管的局面将终结，逐步走向统一监管新格局，只有全面建立在新开放形势下的统一监管制度，提升监管效能，才能防范系统性风险的发生，有效杜绝监管套利，促进金融市场健康有序发展。

二是境外机构参与国内信用债市场的规模或将逐步提升。当前境外机构对境内债券市场的投资仍然以利率债为主，近年来开始逐步拓展到同业存单以及信用债领域，但是占比仍然偏小，合计仅为10%左右。主要是由于境外机构对境内信用主体相对了解较少，且境内外评级标准存在一定差异，一定程度上限制了境外机构对信用债的投资配置，地方债虽然信用风险较低，但发行期限通常较长且流动性较弱，因此也较少受到境外机构的关注。2021年8月6日，中国人民银行、国家发展改革委、财政部、银保监会、证监会等五个部门发布《关于促进债券市场信用评级行业健康发展的通知》，引导信用债评级从发行人付费模式逐步向投资人付费、多机构交叉评级等方式转变，以期促进债券市场信用评级行业规范发展，提升我国信用评级质量和竞争力，这将有效改善我国当前信用债市场评级虚高的问题，有助于提升我国债券市场在风险定价和标准制定方面的国际话语权和主动权，提升境内信用债市场对境外机构的吸引力。此外，随着《公告》的发布，获准进入银行间债券市场的境外机构投资者，可以直接或通过互联互通方式投资交易所债券市场，这些举措预计将有效提升境外资金持有中国信用债券的规模。

三是境外机构参与境内市场的深度将进一步拓展，涉及领域或将包括衍生品等风险对冲工具的使用等，这将有助于促进国内金融产品创新的增强。当前部分境外机构反映由于风险对冲工具的缺乏，令海外资本对某些债券交易策略的境内投资额度设限，一定程度上也影响这些机构的配置热情。2022年，“互联互通”和“互换通”陆续推出，进一步完善了中国债券及衍生品市场的产品体系，提升了我国债券及利率衍生品市场的系统性、整体性和协同性。随着我国债券市场基础设施建设的不断增强，以及金融监管的不断完善，预计未来我国将对境外机构进一步放开国债期货、利率互换等便于外资进行风险对冲的衍生品工具市场，这也有助于提升国内衍生品市场的交易规模和活跃度，平滑市场波动。此外，随着境外机构参与品种的丰富，国外丰富的金融产品和交易策略也将有助于国内金融产品的创新，可以更好满足国内投资者的投融资需求。

图书在版编目（CIP）数据

中国债券市场.2022／李扬，王芳主编.--北京：社会科学文献出版社，2023.1
ISBN 978-7-5228-1248-9

Ⅰ.①中… Ⅱ.①李…②王… Ⅲ.①债券市场-研究-中国 Ⅳ.①F832.51

中国版本图书馆 CIP 数据核字（2022）第 239843 号

中国债券市场：2022

主　　编／李　扬　王　芳

出 版 人／王利民
组稿编辑／恽　薇
责任编辑／孔庆梅
责任印制／王京美

出　　版／社会科学文献出版社·经济与管理分社（010）59367226
地址：北京市北三环中路甲 29 号院华龙大厦　邮编：100029
网址：www.ssap.com.cn
发　　行／社会科学文献出版社（010）59367028
印　　装／三河市龙林印务有限公司

规　　格／开　本：787mm×1092mm　1/16
印　张：26.5　字　数：444 千字
版　　次／2023 年 1 月第 1 版　2023 年 1 月第 1 次印刷
书　　号／ISBN 978-7-5228-1248-9
定　　价／158.00 元

读者服务电话：4008918866

版权所有 翻印必究